权威·前沿·原创

皮书系列为
"十二五""十三五"国家重点图书出版规划项目

文化金融蓝皮书

BLUE BOOK OF CULTURE FINANCE

中国文化金融发展报告
（2019）

ANNUAL REPORT ON CHINA'S CULTURE FINANCE DEVELOPMENT (2019)

主　编／杨　涛　金　巍
副主编／刘德良　陈能军

社会科学文献出版社
SOCIAL SCIENCES ACADEMIC PRESS (CHINA)

图书在版编目（CIP）数据

中国文化金融发展报告.2019/杨涛，金巍主编.--北京：社会科学文献出版社，2019.6
（文化金融蓝皮书）
ISBN 978-7-5201-5021-7

Ⅰ.①中… Ⅱ.①杨…②金… Ⅲ.①文化产业-金融支持-研究报告-中国-2019　Ⅳ.①G124②F832.48

中国版本图书馆 CIP 数据核字（2019）第 115504 号

文化金融蓝皮书
中国文化金融发展报告（2019）

主　　编／杨　涛　金　巍
副 主 编／刘德良　陈能军

出 版 人／谢寿光
组稿编辑／恽　薇　关少华
责任编辑／关少华

出　　版／社会科学文献出版社·经济与管理分社（010）59367226
　　　　　地址：北京市北三环中路甲29号院华龙大厦　邮编：100029
　　　　　网址：www.ssap.com.cn
发　　行／市场营销中心（010）59367081　59367083
印　　装／三河市东方印刷有限公司

规　　格／开　本：787mm×1092mm　1/16
　　　　　印　张：22.5　字　数：334千字
版　　次／2019年6月第1版　2019年6月第1次印刷
书　　号／ISBN 978-7-5201-5021-7
定　　价／128.00元

本书如有印装质量问题，请与读者服务中心（010-59367028）联系

▲ 版权所有 翻印必究

《中国文化金融发展报告（2019）》
编委会

学术顾问 李　杨　王永利　姚余栋　侯光明　于德江
　　　　　 柴　森　张晓明　魏鹏举　黄　隽

主　　编 杨　涛　金　巍

撰稿人（以文序排列）
　　　　　 金　巍　杨　涛　王邦飞　蓝子淇　刘德良
　　　　　 段卓杉　董　昀　李　鑫　陈婷婷　张　琦
　　　　　 卢孟杰　范　勇　韩汉君　杨永民　田　威
　　　　　 陈能军　史占中　王正凯　李明充　陈泽文
　　　　　 丁　铭　陶甜甜　边晓红　朱　嘉

编辑部 齐孟华　常军强

编写单位

国家金融与发展实验室

文化金融50人论坛

特别鸣谢

梅花与牡丹文化创意基金会

中国社会科学院产业金融研究基地

金融科技50人论坛

深圳文化产权交易所

北京新元文智信息技术有限公司

主编简介

杨　涛　研究员，博士生导师，拥有中国注册会计师与律师资格证书。现为国家金融与发展实验室副主任，中国社会科学院金融研究所所长助理、产业金融研究基地主任、支付清算研究中心主任，中国社会科学院陆家嘴研究基地理事。主要学术兼职包括：中国人民银行支付结算司外部专家、中国银行间市场交易商协会交易专委会委员、中国保险行业协会学校教育专委会副主任委员、中国支付清算协会金融科技专委会副主任委员、中国投资协会理事、互联网金融安全技术工信部重点实验室学术委员、中国人民大学国际货币研究所学术委员、北京市金融学会学术委员、金融科技50人论坛首席经济学家、文化金融50人论坛学术委员、上海立信会计金融学院特聘教授、山东省现代金融服务产业智库专家、广州市文化产业智库专家、青岛金家岭金融区财富管理智库专家等。主要研究领域包括：宏观金融与政策、产业金融、金融科技、文化金融等。

金　巍　现任国家金融与发展实验室文化金融研究中心副主任，文化金融50人论坛秘书长，中关村梅花与牡丹文化创意基金会常务副秘书长。兼任中国社科院产业金融研究基地特约研究员、财政部文化司国资预算评审专家、华夏经济学研究发展基金会监事、腾讯研究院互联网文化产业智库专家、如是金融研究院专委会委员、广州市文化产业智库专家、中国经济网文化产业特约专家、深圳文化产权交易所专家顾问等。主要研究领域为文化经济学、文化金融、产业金融、金融科技等。

编写单位简介

国家金融与发展实验室（NIFD） NIFD 系中央批准设立的国家级高端金融智库。实验室遵循科学性、建设性、独立性和开放性原则，针对国内外金融发展、金融治理、货币政策、金融监管和国际宏观政策协调等广泛领域，展开高质量、专业性、系统化、前瞻性研究，为提高我国经济和金融综合研判、战略谋划和风险管理能力服务，为国家制定货币金融政策和宏观经济政策服务，为各地区金融发展服务，为推动国内外金融学术交流和政策对话服务，为国内外科研组织、金融机构和工商企业提供应用性研究成果和咨询服务。2017 年底，NIFD 正式成立文化金融研究中心，目标是建设成为国内外文化金融领域的理论、政策与实践研究高地。

文化金融 50 人论坛（CCF50） CCF50 系我国文化金融领域高端学术性交流平台，由梅花与牡丹文化创意基金会联合十家单位发起成立。目前论坛共有论坛成员、特邀成员 50 多人，来自金融机构、高校、科研机构和知名企业，均为在金融和文化产业领域具有较高学术水平和行业影响力的学者和专家。论坛旨在整合金融资源，关注文化事业和文化产业发展，并支持就文化金融领域热点课题开展科研活动。2016 年成立以来已经成功举办数次高质量的文化金融高峰论坛、研讨会和沙龙，并与政府、金融机构和文化企业开展了多方面的合作。

前　言

《中国文化金融发展报告（2019）》是社会科学文献出版社蓝皮书系列之"文化金融蓝皮书"的第三本报告，由国家金融与发展实验室与文化金融50人论坛共同推出。2018年，国家金融与发展实验室成立了文化金融研究中心，这为我们进行文化金融研究提供了更好的保障。

作为首部报告，2017年度文化金融蓝皮书的编写中，我们在三个方面予以了重点把握：一是正确认识文化和金融的关系；二是关注互联网技术和互联网金融对文化金融创新的影响；三是关注新机制、新制度和新规则等。在2018年度文化金融报告的编写过程中，我们突出了文化金融研究中的四个"新"要素，即新文化、新产业、新金融和新政策，所以在报告中特别关注了融合性产业的金融服务与资本市场（文化旅游、创意设计服务、版权产业等）、文化金融基础设施、金融政策环境变化对文化金融的影响等。

本年度报告的关注重点主要包括三个方面：一是政策环境和监管环境对文化金融发展的影响，这与往年是一致的；二是进一步聚焦文化金融的一些基础性问题，如文化产业信用管理、文化企业无形资产评估、文化金融市场信息系统等问题。我们在这里提出了"文化金融发展两大支柱"的命题；三是兼顾区域发展视角，重点关注了我国正在形成的一些文化金融中心城市的发展情况。

在编写和研究框架上，与2017年度、2018年度报告相同，本报告继续使用原有的比较稳定的框架。从金融视角上，本报告从债权类、股权类、风险管理类和互联网金融四个方面对文化金融发展进行分析；从文化产业视角上，本报告依旧关注了电影、艺术品、传媒产业、创意设计服务四个比较典型的文化金融业态，同时本报告用专题形式分析了互联网时代的文化金融创

新探索。与往年不同的是，本年度报告增加了"区域篇"，对我国文化金融发展较典型的四个城市进行了介绍，分别是北京、深圳、广州和南京。

文化金融蓝皮书的编写工作已经进入第三个年头，应该说有"回头看"的必要了，而文化金融的发展历程，如果从文化金融专门政策出台开始算起，也已经整整十年，是需要好好总结了。十年来，对宏观经济、金融发展、文化产业发展以及文化金融发展来说，都是一个不平凡的十年，有飞速发展的激情，也有"新常态"下的冷却，有创新发展的风云际会，也有规范发展的静水深流。我们欣喜地看到文化金融发展呈现了一个喜人的局面，同时也看到成长期的文化金融还有诸多的不足。我们希望能够通过文化金融蓝皮书的编写，记录时代发展的脚步，观察产业发展的规律，为政策制定、学术研究和产业实践都能够提供一个良好的参考。如果能够如此，我们才有动力一直持续这项工作。

本报告在编写过程中得到了梅花与牡丹文化创意基金会、中国社会科学院产业金融研究基地、金融科技50人论坛、深圳文化产权交易所、北京新元文智信息技术有限公司等机构的大力支持。报告课题组的诸位顾问都对报告给予了有益的意见。中国人民大学经济学院黄隽教授、北京银行文创金融事业总部总经理徐毛毛、中国文化产业投资基金副总裁于淼等专家在本报告开题研讨时提出了极有建设性的建议，在此一并表示诚挚的感谢！

本报告由杨涛和金巍担任主编，负责本报告的框架设计、组织编写、部分报告撰写、统稿和审定；副主编为刘德良和陈能军，负责部分报告写作和统稿。各部分执笔人分别为：第1篇报告（金巍、杨涛），第2篇报告（王邦飞、蓝子淇），第3篇报告（刘德良、段卓杉），第4篇报告（董昀），第5篇报告（李鑫、陈婷婷），第6篇报告（张琦、卢孟杰），第7篇报告（范勇、韩汉君），第8篇报告（杨永民、田威），第9篇报告（刘德良、段卓杉），第10篇报告（段卓杉），第11篇报告（陈能军、史占中、王正凯），第12篇报告（李明充、陈泽文），第13篇报告（丁铭、陶甜甜、边晓红、朱嘉）。

2019年正值中华人民共和国建国70周年，谨以此报告向共和国和人民致敬！

摘 要

本报告是"文化金融蓝皮书"系列的第三本,由国家金融与发展实验室与文化金融50人论坛共同组织编写并发布。报告是对2018年中国文化金融发展的一个总结,共分为总报告、工具篇、行业篇和区域篇四个部分。

总报告是报告的核心部分,集中了报告课题组对文化金融研究和实践的主要观点和思想。总报告首先总结和分析了2018年初以来的文化金融发展环境及相关政策,包括宏观经济环境、文化产业发展环境、金融政策、文化金融政策、文化财税相关政策等,其次从工具视角、行业视角、区域视角三个视角对文化金融发展做了概述,最后对文化金融发展提出了政策建议,包括:进一步推动机构专营化、产品专属化及要素市场专门化建设;推动文化和金融两大支柱建设;推动文化金融专项统计与文化金融市场信息系统建设等。

在工具篇中,通过四篇报告分析了2018年文化金融发展的各个侧面,包括债权类文化金融、股权类文化金融、风险管理类文化金融、互联网文化金融。行业篇分为四篇报告,分别对电影产业、艺术品行业、传媒产业、创意设计服务业的金融服务和资本市场进行了分析和研究。本报告首次设置"区域篇",对文化金融发展具有典型性的四个城市进行了研究和总结,这四个城市分别是北京、深圳、广州和南京。

关键词: 文化金融　债权　股权　风险管理　互联网金融

Abstract

This report is the third edition of the Blue Book Series on Cultural Finance, which is compiled and published jointly by National Institution for Finance & Development and China Culture Finance 50 Forum. It summarizes of the development of China's culture finance in 2018, and is divided into four parts.

Part I is the General Report, which is the core of the whole report, focusing on the main ideas and thoughts of the research group on the research and practice of cultural finance. This part first summarizes and analyzes development environment and related policies on culture finance since the beginning of 2018, including macroeconomic environment, development environment for cultural industry, financial policies, policies of culture finance, cultural industry related finance and taxation policies, etc. Then it outlines the development of cultural finance from three perspectives: market (tool) perspective, industry perspective and regional perspective. Finally, it gives policy recommendations on the development of China's culture finance, including specialization of institutions, products and factor markets, construction of two pillars of cultural finance, establishment of special statistics and information system of cultural financial market, etc.

Part II analyzes the development of China's culture finance in 2018 from four aspects: debt instruments, equity instruments, risk management instruments and internet finance. Part III focuses on four industries: film, art, media and creativity & design services for the studies on culture finance and capital market from the perspective of industries. Part IV consists of four regional reports, which are added to the Blue Book for the first time to separately study and summarize the developments of culture finance in four typical cities—Beijing, Shenzhen, Guangzhou and Nanjing.

Keywords: Culture Finance; Debt Instruments; Equity Instruments; Risk Management Instruments; Internet Finance

目 录

Ⅰ 总报告

B.1 中国文化金融发展：在多重压力下前行 …………… 金 巍 杨 涛 / 001
    一 文化金融发展环境及相关政策 ……………………………… / 002
    二 2018年我国文化金融发展状况 …………………………… / 015
    三 发展文化金融的政策建议 …………………………………… / 023

Ⅱ 工具篇

B.2 2018年债权类文化金融发展报告 …………… 王邦飞 蓝子淇 / 027
B.3 2018年股权类文化金融发展报告 …………… 刘德良 段卓杉 / 053
B.4 2018年风险管理类文化金融发展报告 ……………………… 董 昀 / 085
B.5 2018年互联网文化金融发展报告 …………… 李 鑫 陈婷婷 / 096

Ⅲ 行业篇

B.6 2018年中国电影金融发展报告 ……………… 张 琦 卢孟杰 / 112
B.7 2018年中国艺术品金融发展报告 …………… 范 勇 韩汉君 / 135

B.8　2018年中国传媒产业与资本市场发展报告……杨永民　田　威 / 169

B.9　2018年中国创意设计服务业与资本市场发展报告
……………………………………………………刘德良　段卓杉 / 215

Ⅳ　区域篇

B.10　2018年北京市文化金融发展报告 ………………段卓杉 / 248

B.11　2018年深圳市文化金融发展报告
……………………………………陈能军　史占中　王正凯 / 274

B.12　2018年广州市文化金融发展报告 ……………李明充　陈泽文 / 291

B.13　2018年南京市文化金融发展报告
………………………………丁　铭　陶甜甜　边晓红　朱　嘉 / 314

皮书数据库阅读使用指南

CONTENTS

I General Report

B.1 Development of China's Culture Finance: Progress under
　　　Dual Pressure　　　　　　　　　　　　　　　　*Jin Wei, Yang Tao* / 001
　　　1. Development Environment and Related Policies on Culture Finance　/ 002
　　　2. General Picture in 2018　　　　　　　　　　　　　　　　　/ 015
　　　3. Policy Recommendations on the Development of Cultural Finance　/ 023

II Instruments Reports

B.2 Development of Debt Instruments in Culture Finance
　　　　　　　　　　　　　　　　　　　　　　Wang Bangfei, Lan Ziqi / 027
B.3 Development of Equity Instruments in Culture Finance
　　　　　　　　　　　　　　　　　　　Liu Deliang, Duan Zhuoshan / 053
B.4 Development of Risk Management Instruments in Culture Finance
　　　　　　　　　　　　　　　　　　　　　　　　　　Dong Yun / 085
B.5 Development of Internet Culture Finance　　*Li Xin, Chen Tingting* / 096

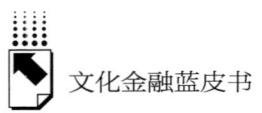

III Industries Reports

B.6　Development of Movie Finance in China　　*Zhang Qi, Lu Mengjie* / 112

B.7　Development of Ars Finance in China　　*Fan Yong, Han Hanjun* / 135

B.8　Development of Media Industry and Capital Market in China
　　　　　　　　　　　　　　　　　Yang Yongmin, Tian Wei / 169

B.9　Development of Creativity and Design Service Industries and Capital Market in China　　*Liu Deliang, Duan Zhuoshan* / 215

IV Regional Reports

B.10　Development of Culture Finance in Beijng　　*Duan Zhuoshan* / 248

B.11　Development of Culture Finance in Shenzhen
　　　　　　Chen Nengjun, Shi Zhanzhong and Wang Zhengkai / 274

B.12　Development of Culture Finance in Guangzhou
　　　　　　　　　　　　　　　　Li Mingchong, Chen Zewen / 291

B.13　Development of Culture Finance in Nanjing
　　　　Ding Ming, Tao Tiantian, Bian Xiaohong and Zhu Jia / 314

总 报 告
General Report

B.1 中国文化金融发展：在多重压力下前行

金巍 杨涛*

摘　要： 2018年，文化金融发展的总体环境更为趋紧，政策方面防风险压力持续，文化监管加强，股权资本市场普遍低迷，文化金融发展在多重压力下前行，正处于发展的成长期。我国的文化金融政策体系已经有了一定的雏形，2018年又有些新的政策内容丰富进来。从金融工具和市场视角上，债权类、股权类、风险管理类和互联网金融类的发展各有各的特色；从文化产业分业的视角看，文化金融服务和资本市场有较大的差异，也有很多新的亮点。文化金融发展政策建议方面，主要包括三个方面：推动机构专营化，产品专属化，市场专门

---

* 金巍，国家金融与发展实验室文化金融研究中心副主任，文化金融50人论坛秘书长，梅花与牡丹文化创意基金会常务副秘书长。杨涛，国家金融与发展实验室副主任，研究员，博士生导师，中国社会科学院产业金融研究基地主任，文化金融50人论坛创始成员。

化，完善文化金融体系；推动文化领域的无形资产评估和文化企业信用管理两大支柱的建设；推动文化金融专项统计与文化金融市场信息系统建设。

关键词： 文化金融　文化产业　金融政策　金融监管

一　文化金融发展环境及相关政策

（一）文化产业发展情况

2018年是我国经济在多重压力下取得平稳发展、稳中有进的一年。根据国家发展改革委的报告①，2018年我国经济社会发展的主要目标任务已经较好完成。其中包括：着力创新和完善宏观调控，经济运行保持在合理区间；供给侧结构性改革深入推进，高质量发展取得积极进展；扎实打好三大攻坚战，重点任务取得积极进展；深化改革扩大开放，经济社会发展动力进一步激发；大力实施乡村振兴战略，农业农村发展新动能加快培育。统筹推动区域协调发展，空间发展格局更趋优化；着力保障和改善民生，发展成果更多更公平惠及人民群众等。文化产业发展的新时期，受经济下行压力影响和供给侧结构性改革影响，文化产业既有新的机遇，也遇到前所未有的挑战。

根据国家统计局发布的《2018年国民经济和社会发展统计公报》，初步核算，2018年国内生产总值为900309亿元，比上年增长6.6%。② 我们注意到，

---

① 受国务院委托，国家发展改革委于2019年3月5日提请十三届全国人大二次会议审查《关于2018年国民经济和社会发展计划执行情况与2019年国民经济和社会发展计划草案的报告》。
② 国家统计局：《2018年国民经济和社会发展统计公报》，国家统计局网站，http://www.stats.gov.cn/tjsj/zxfb/201902/t20190228_1651265.html，2019年2月28日。

2012年以来,虽然国民经济发展整体下行的形势严峻,但我国文化产业发展依旧行进在中高速发展区间,可以称之为"新常态速度",即11%~13%。

2018年,我国在文化产业方面的统计分类有所调整,国家统计局公布了新的统计分类标准①。2018年10月,国家统计局发布统计公报,按照新的统计分类,经核算,2017年全国文化及相关产业增加值为34722亿元,占GDP的比重为4.2%,比上年提高0.06个百分点;按现价计算,比上年增长12.8%,比同期GDP名义增速高1.6个百分点。2017年文化及相关产业增加值保持平稳快速增长,占GDP的比重稳步上升,在加快新旧动能转换、推动经济高质量发展中发挥了积极作用②。

2005~2017年我国文化及相关产业增加值相关数据见图1。

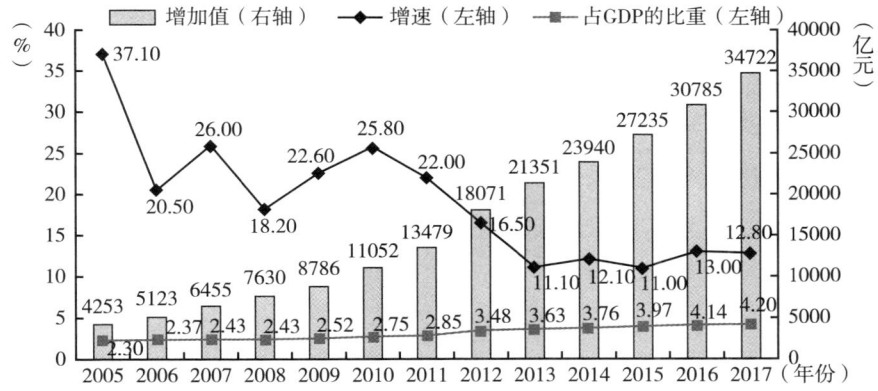

图1　2005~2017年文化及相关产业增加值相关数据

资料来源:根据国家统计局公布数据整理。

---

① 2018年4月2日,《国家统计局关于印发〈文化及相关产业分类(2018)〉的通知》(国统字〔2018〕43号),将原十大类调整为九大类,保留文化制造业、文化批发和零售业、文化服务业三个产业类别的划分方法。2018年5月,国家统计局和中宣部联合发文,要求加强和规范文化产业统计工作,明确不能以文化创意产业等新概念代替文化产业概念。

② 国家统计局:《2017年我国文化及相关产业增加值占GDP比重为4.2%》,国家统计局网站,http://www.stats.gov.cn/tjsj/zxfb/201810/t20181010_1626867.html,2018年10月10日。

值得注意的是我国文化产业发展与第三产业之间的关系。在三次产业划分中，文化产业一般被归类于第三产业。虽然其中的文化制造业部分属于第二产业，但文化产业与第三产业的对比关系仍具有一定的意义。我国文化产业发展增速趋缓，但仍远远高于 GDP 的增速，所以其在 GDP 和第三产业中的比重都有进一步提高，在国民经济中的地位日益重要。2018 年文化产业增加值还未公布①，我们以 2017 年文化产业增加值做基础，分析文化产业与国内生产总值、第三产业增加值的关系。

2015 年我国第三产业增加值为 341567 亿元，比上年增长 8.3%，占 GDP 比重已经超过 50%。这成为我国经济转型的重要标志之一。2017 年的第三产业增加值达到 427032 亿元，比上年增长 8.0%。2018 年的第三产业增加值为 469575 亿元，比上年增长 7.6%。十几年来文化产业增加值增速一直高于第三产业增加值增速，2012 年前文化产业增加值占第三产业的比重连年增加；2012 年后，文化产业进入平稳的中高速发展状态，同时文化产业统计口径产生了一些变化，文化产业占第三产业发展的比重趋于稳定，连续四年保持在 8% 左右，其中 2013 年曾经达到最高点，比重为 8.13%，2015 年、2016 年有所下降，2017 年比重再次达到 8.13%。

（二）文化改革及文化经济政策环境

1. 文化体制改革及文化领域开放政策

2018 年，在国务院机构改革中，文化相关行业主管部门做了调整，文化部与国家旅游局合并组建了文化和旅游部，除此以外，还组建了国家广播电视总局、中央广播电视总台、国家新闻出版署（国家版权局）、国家电影局等。在新的机构方案中，中宣部统一管理新闻出版工作和电影工作。2018 年，

---

① 根据国家统计局公布数据，对全国规模以上文化及相关产业 6.0 万家企业调查，2018 年，上述企业实现营业收入 89257 亿元，比上年增长 8.2%（为名义增长，未扣除价格因素）。分产业类型看，文化制造业营业收入 38074 亿元，比上年增长 4.0%；文化批发和零售业 16728 亿元，比上年增长 4.5%；文化服务业 34454 亿元，比上年增长 15.4%。国家统计局：《2018 年全国规模以上文化及相关产业企业营业收入增长 8.2%》，国家统计局网站，http://www.stats.gov.cn/tjsj/zxfb/201901/t20190131_1647735.html，2019 年 1 月 31 日。

我国在广播电视、网络文化娱乐、游戏等领域加强了监管，先后出台或发布了《游戏申报审批重要事项通知》《国家新闻出版广电总局关于加强网络直播答题节目管理的通知》《关于进一步规范网络视听节目传播秩序的通知》《关于进一步加强广播电视和网络视听文艺节目管理的通知》等政策文件。

我国的文化产业发展是与文化体制改革紧密相关的。2003年12月31日，国务院办公厅印发了《文化体制改革试点中支持文化产业发展的规定（试行）》和《文化体制改革试点中经营性文化事业单位转制为企业的规定（试行）》（以下将两个文件简称"两个规定"），期限为5年，执行到2008年12月31日。此后，"两个规定"又在2008年、2014年进行了修订并延续。2018年12月25日，国务院办公厅发布《关于印发文化体制改革中经营性文化事业单位转制为企业和进一步支持文化企业发展两个规定的通知》（国办发〔2018〕124号）①。

2019年3月5日，国务院总理李克强在第十三届全国人民代表大会第二次会议上的《政府工作报告》中指出：我国的"改革开放取得新突破"。文化领域的开放是对外开放的重要领域，在我国自贸试验区建设、北京市深化服务业扩大开放综合试点等领域均有较好的体现。2017年6月25日，《深化改革推进北京市服务业扩大开放综合试点工作方案》由国务院批复，同意北京市进一步深化服务业开放综合试点②。2019年2月，国务院批复《全面推进北京市服务业扩大开放综合试点工作方案》，将"立足文化中心建设，提升文化软实力和国际影响力"作为其中的主要任务之一，包括推进文化行业扩大对外开放、多形式助推国际文化交流、大力发展文化贸易等重要内容。在具体措施上，有"四项允许"，集中在娱乐场所、演出场所经营单位、演出经营机构、音像制品制作业务等方面。

---

① 《国务院办公厅关于印发文化体制改革中经营性文化事业单位转制为企业和进一步支持文化企业发展两个规定的通知》，中华人民共和国中央人民政府网站，http://www.gov.cn/zhengce/content/2018-12/25/content_5352010.htm，2018年12月25日。

② 2015年5月5日，国务院批复《北京市服务业扩大开放综合试点总体方案》，同意在北京市开展为期3年的服务业扩大开放综合试点，试点两年多来，北京市积极探索创新，取得了重要的阶段性成果。

2. 文化财政政策

我国与文化产业相关的文化财政政策主要包括以下几项：发放文化产业专项资金；设立或注资文化产业投资基金①；设立国有文化投资机构；文化领域PPP；等等。由于国家近年来对财政资金的引导和杠杆作用越来越重视，所以在这些方面的政策变化对文化产业和文化金融发展会有很大的影响。

我国自2008年开始设立文化产业专项资金，对推动文化产业发展起到了重要的作用。2014年和2015年为文化产业专项资金使用的最高峰，这两年财政部下发的文化产业专项资金均为50亿元。2016年开始，文化产业专项资金的使用方式有了重大的调整，财政部下发的文化产业发展专项资金共计44.2亿元；2017年，财政部下发的文化产业发展专项资金为32.5亿元；2018年，财政部下发的文化产业发展专项资金共计30.5亿元（见图2）。为了更好地发挥财政资金引导和杠杆作用，财政部已经开始改变使用方式，文化产业专项资金呈逐年下降的趋势。2018年10月，财政部办公厅、中宣部办公厅、商务部办公厅联合印发《关于申报2019年度文化产业发展专项资金（重大项目方面）的通知》，项目范围大大缩小，资金额度大为减少。

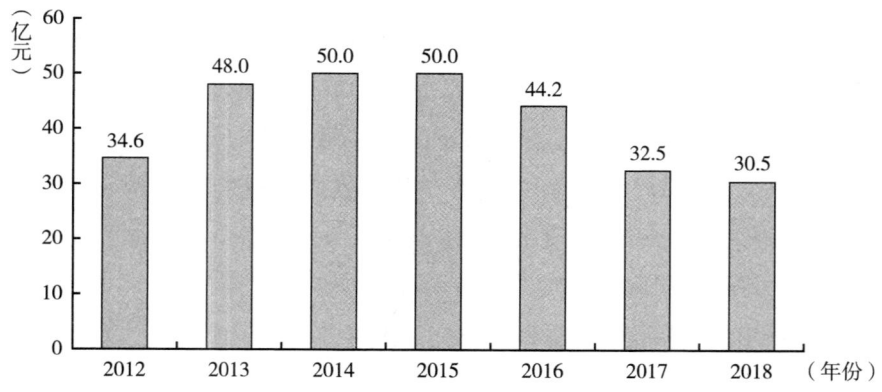

图2 2012~2018年财政部文化产业专项资金额度

---

① 2011年财政部会同中国银行等单位出资联合设立了中国文化产业投资基金。在地方层面，2012年财政部向江苏紫金文化产业发展基金和湖南省文化旅游产业投资基金注资。

财政部自 2013 年起开始实施文化金融扶持计划，并将其纳入文化产业发展专项资金重大项目管理，当年支持项目有 92 个，贴息金额为 4.61 亿元，撬动银行贷款高达 770 亿元①。2018 年起，文化金融扶持计划不再纳入重大项目。

自 2014 年起，财政部开始分批公布政府和社会资本合作示范项目（PPP 示范项目）。2018 年 2 月，财政部公布了第四批 PPP 示范项目名单，共计 396 个项目，涉及投资额 7588 亿元。本批次 PPP 示范项目中，文化类项目共计 56 个（其中文化项目 18 个，体育项目 11 个，旅游项目 27 个），比重约为 14%；与第三批 PPP 示范项目相比，本批次 PPP 示范项目中，文化、旅游及体育项目数量增加了 25 个。2018 年，文化和旅游部成立，自此文化产业和旅游产业统归一个部门管理。2018 年 4 月文化和旅游部、财政部联合发布《关于在旅游领域推广政府和社会资本合作模式的指导意见》。2018 年 11 月，文化和旅游部、财政部联合发布《关于在文化领域推广政府和社会资本合作模式的指导意见》（文旅产业发〔2018〕96 号）②。

3. 文化税收政策

国务院办公厅发布的《关于印发文化体制改革中经营性文化事业单位转制为企业和进一步支持文化企业发展两个规定的通知》中，关于今后五年的税收政策做了较为详细的规定，如："经营性文化事业单位转制为企业后，五年内免征企业所得税。2018 年 12 月 31 日之前已完成转制的企业，自 2019 年 1 月 1 日起可继续免征五年企业所得税。"③ 为贯彻落实新的"两

---

① 《关于"改进投放文化产业发展专项资金"提案的答复（摘要）》，财政部网站，http://www.mof.gov.cn/zhengwuxinxi/tianbanli/2014lh/2014zx/201602/t20160216_1705339.htht。

② "鼓励社会需求稳定、具有可经营性、能够实现按效付费、公共属性较强的文化项目采用 PPP 模式，重点包括但不限于具有一定收益性的文化产业集聚发展、特色文化传承创新、公共文化服务、非物质文化遗产保护传承以及促进文化和旅游、农业、科技、体育、健康等领域深度融合发展的文化项目。"资料来源：《关于在文化领域推广政府和社会资本合作模式的指导意见》，文化和旅游部网站，http://zwgk.mct.gov.cn/auto255/201811/t20181123_836209.html?keywords=。

③ 《关于印发文化体制改革中经营性文化事业单位转制为企业和进一步支持文化企业发展两个规定的通知》，中华人民共和国中央人民政府网站，http://www.gov.cn/zhengce/content/2018-12/25/content_5352010.htm，2018 年 12 月 25 日。

个规定",2019年2月13日,财政部、国家税务总局联合印发了《关于继续实施支持文化企业发展增值税政策的通知》(财税〔2019〕17号)①。

2018年最引人注目的是影视界"阴阳合同"事件②,由此,影视产业税收与明星高片酬等乱象受到了监管部门的高度关注。2018年6月,中宣部等部门联合发布了《关于治理影视行业天价片酬"阴阳合同"偷逃税等问题的通知》,要求加强对影视行业天价片酬、"阴阳合同"、偷逃税等问题的治理,控制不合理片酬,推进依法纳税,促进影视业健康发展③。2018年10月2日,国家税务总局下发《关于进一步规范影视行业税收秩序有关工作的通知》,要求从2018年10月开始,"按照自查自纠、督促纠正、重点检查、总结完善等步骤,逐步推进规范影视行业税收秩序工作",④ 整体工作预计到2019年7月底前结束。

这一轮影视业税收治理工作对影视业资本市场有较大的影响,总体上对净化市场环境、推动产业健康发展有积极的推动作用,但还需要在治理过渡期间对社会资本进行正向引导。治理期间,各种地方性税收优惠政策被叫停,以税收优惠吸引投资的霍尔果斯型地区或产业园区出现大批企业注销现象。当资本需要在规范的环境中进行投资选择,以往的一些投机资本开始撤出,新的投资开始观望。

(三)金融政策与文化金融政策

自2016年以来,我国政府在金融改革方面主要有三大任务,简单概括

---

① 2014年发布的《关于继续实施支持文化企业发展若干税收政策的通知》(财税〔2014〕85号)自2019年1月1日起停止执行。
② 原中央电视台主持人、中国传媒大学教授崔永元在2018年5月爆出范冰冰"阴阳合同"和偷逃税事件,引起社会和监管部门的强烈关注。2018年10月,根据《中华人民共和国税收征收管理法》规定,江苏省税务局将对范冰冰及其担任法人的企业追缴税款2.55亿元和滞纳金0.33亿元,对范冰冰利用拆分合同隐瞒真实收入和工作室账户隐匿个人报酬的真实性质以偷逃税分别处以4倍和3倍的罚款。最终范冰冰需要补齐的税款和罚金约为8.84亿元。
③ 《中宣部等部门联合印发〈通知〉治理影视行业天价片酬"阴阳合同"偷逃税等问题》,新华网,http://www.xinhuanet.com/politics/2018-06/27/c_1123046209.htm,2018年6月27日。
④ 《关于进一步规范影视行业税收秩序有关工作的通知》,国家税务总局网站,http://www.chinatax.gov.cn/n810341/n810755/c3792513/content.html,2018年10月2日。

就是：金融体制改革、服务实体经济和防范系统性金融风险。2018年我国金融领域的政策环境继续保持着这种基调，并在多个方面取得了重大进展，但金融创新活力仍旧有待恢复。

1. 金融政策与金融监管环境持续趋紧，服务实体经济与防风险并行

一方面，金融体系继续加大服务实体经济的力度①。文化产业中小微企业和民营企业所占比重较高，国家在金融支持小微企业和民营企业方面的政策对文化产业具有很大的影响。

服务小微企业是金融服务实体经济的重要内容。2018年8月18日，《中国银保监会办公厅关于进一步做好信贷工作提升服务实体经济质效的通知》（银保监办发〔2018〕76号）发布。根据这一通知要求，未来信贷资源将向服务小微企业、"三农"、民营企业，支持基础设施补短板项目，发展消费金融，服务进出口企业等几大领域倾斜。中国人民银行、中国银保监会、中国证监会、国家发展改革委及财政部五部委联合发布了《关于进一步深化小微企业金融服务的意见》（银发〔2018〕162号），就深化小微企业金融服务提出了具体措施，共计23条。

服务民营经济和民营企业是金融服务实体经济的另一项重要工作。习近平总书记在2018年11月1日召开的民营企业座谈会上发表了重要讲话，为民营经济问题定下了总的基调。习近平总书记讲话的主要内容包括三个方面：充分肯定民营经济的重要地位和作用；正确认识当前民营经济发展遇到的困难和问题；大力支持民营企业发展壮大。2019年2月14日，中共中央办公厅、国务院办公厅印发了《关于加强金融服务民营企业的若干意见》；2019年2月25日，中国银保监会发布了《关于进一步加强金融服务民营企业有关工作的通知》（银保监发〔2019〕8号）。

另外，防范金融风险依旧是重大攻坚任务，在防范金融风险的基调下文化金融领域防风险工作持续进行。

---

① 中国人民银行的统计数据显示，2018年全年新增信贷投放持续强劲，全年金融机构对实体经济发放的人民币贷款增加15.67万亿元，比上年多增加1.83万亿元，金融脱虚向实成效显著。

2017年，国务院金融稳定发展委员会设立，我国金融监管格局发生重大变化，有力促进了我国金融改革和防范金融风险工作。2018年7月2日，新一届国务院金融稳定发展委员会成立。在防范金融风险方面，《关于规范金融机构资产管理业务的指导意见》（以下简称"资管新规"）发布是2018年金融领域的典型事件。2018年3月28日，《关于规范金融机构资产管理业务的指导意见》由中央全面深化改革委员会第一次会议审议通过。2018年4月27日，"资管新规"正式发布，在加强监管方面的具体内容包括投资者适当性管理、打破刚性兑付、不得承诺保本保收益、禁止资金池、消除多层嵌套、抑制通道业务等。2018年7月20日，中国人民银行等部门又联合发布了《进一步明确规范金融机构资产管理业务指导意见的通知》。

在金融监管强化的背景下，文化金融领域受到重点监管的领域包括文化产权交易市场与艺术品金融、证券市场和上市公司并购、境外投资等。2018年，清理整顿各类交易场所的工作处于持续进行当中。2018年3月20日，清理整顿各类交易场所"回头看"后续工作会议在北京召开。会议认为，"邮币卡、原油、贵金属等交易场所违法违规交易虽已关停，后续处置任务依然繁重，问题尚未彻底解决。部分停业的违规交易场所在等待观望，因此要始终保持高度警惕，严防死灰复燃"①。2018年9月13日，清理整顿各类交易场所部际联席会议在北京组织召开交易场所清理整顿工作专题会议，会议强调，"要始终保持高度警惕，严防交易场所违规问题死灰复燃"②。

2018年10月，中国证监会下发《再融资审核财务知识问答》《再融资审核非财务知识问答》。其中涉及文化产业类投融资的问题有"境外投资"和"募集资金投向"两个方面。非财务知识第11个问题中：审核中，涉及对外投资的，保荐机构及申请人律师应对对外投资的境内审批是否已全部取

---

① 《部际联席会议组织召开清理整顿各类交易场所"回头看"后续工作会议》，中国证监会网站，http：//www.csrc.gov.cn/pub/newsite/djffzqqhhdj/fgbqlzdgljycs/fgbgzdt/201804/t20180417_336812.html，2018年4月17日。
② 《联席会议组织召开交易场所清理整顿工作专题会议》，中国证监会网站，http：//www.csrc.gov.cn/pub/newsite/djffzqqhhdj/fgbqlzdgljycs/fgbgzdt/201809/t20180926_344635.html，2018年9月25日。

得,本次对外投资项目是否符合国家近期相关政策,是否属于国家发展改革委等四部门密切关注的在房地产、酒店、影城、娱乐业、体育俱乐部等领域出现的一些非理性对外投资,以及大额非主业投资、有限合伙企业对外投资、"母小子大""快设快出"等类型对外投资,是否属于《关于进一步引导和规范境外投资方向的指导意见》限制或禁止类对外投资进行核查并发表意见。财务知识问答第6条:为引导上市公司合理确定募集资金投向,防止募集资金投向"脱实向虚",上市公司募集资金应服务于实体经济、符合国家产业政策,主要投向主营业务。募集资金原则上不得跨界投资影视或游戏。除金融类企业外,募集资金不得用于持有交易性金融资产和可供出售金融资产、借予他人、委托理财等财务性投资和类金融业务。

2019年2月22日,中共中央政治局举行第十三次集体学习,学习主题为"完善金融服务、防范金融风险"。中共中央总书记习近平在主持学习时强调:"要深化对国际国内金融形势的认识,正确把握金融本质,深化金融供给侧结构性改革,平衡好稳增长和防风险的关系,精准有效处置重点领域风险,深化金融改革开放,增强金融服务实体经济能力,坚决打好防范化解包括金融风险在内的重大风险攻坚战,推动我国金融业健康发展。"① 根据习近平总书记的讲话精神,在金融供给侧结构性改革框架下,我国金融改革有了更明确的方向和思路。

2. **国家文化体制改革及文化产业发展相关政策中,相关投融资政策继续丰富**

在国务院办公厅发布的《关于印发文化体制改革中经营性文化事业单位转制为企业和进一步支持文化企业发展两个规定的通知》(国办发〔2018〕124号)中对通过投融资体系支持文化企业发展做了详细的规定,主要内容有三个方面。

第一,鼓励和引导文化资源与资本相融合。主要包括:鼓励和引导社会资本投资文化产业和参与国有文化体制改革;鼓励国有文化产业投资基金投

---

① 《深化金融供给侧结构性改革增强金融服务实体经济能力》,《人民日报》2019年2月24日,第1版。

资重点领域文化产业；鼓励文化企业利用资本市场，鼓励上市、并购、重组，特别提出鼓励在科创板上市；鼓励发行企业债券、公司债券、非金融企业债务融资工具以及资产证券化产品等。

第二，鼓励发挥无形资产在文化产业投融资活动中的作用。主要包括三个方面：建立无形资产评估、质押、登记、托管、投资、流转和变现等办法；完善无形资产抵（质）押权登记公示制度；推广知识产权质押融资贷款业务等。

第三，加强文化企业信用管理和风险管理。主要包括"探索建立符合文化企业特点的公共信用综合评价制度"；鼓励文化产业融资担保业务；加强文化企业监管等。

从 2010 年我国出台第一个全国性文化金融专门政策《关于金融支持文化产业振兴和发展繁荣的指导意见》（银发〔2010〕94 号）以来，经过多年的不断丰富和扩展，我国文化金融政策已经呈现了体系化的雏形。近两年来，虽然没有新的全国性专门政策文件，但在一些与文化发展相关的其他全国性政策文件中也有文化金融相关内容，如 2018 年 3 月国务院办公厅印发的《关于促进全域旅游发展的指导意见》，2018 年 3 月中央网信办、中国证监会发布的《关于推动资本市场服务网络强国建设的指导意见》等。

3. 文化金融政策体系在北京等地方相关政策中继续得到丰富

2017 年，北京市成立"北京市推进全国文化中心建设领导小组"，提出在建设全国文化中心的战略背景下推动公共文化服务体系示范区和文化创意产业引领区建设①。2018 年 2 月 5 日，北京市银监局、北京市文资办对外公布《关于促进首都文化金融发展的意见》，这是在北京市首都经济发展的新形势下推出的文化金融专门政策，主要内容涉及政策、组织服务体系、文化产业新业态、资金投入方向、服务产品创新、业务流程和管理模式、金融服

---

① 2017 年 8 月，北京市召开推进全国文化中心建设领导小组第一次会议。市委书记、市推进全国文化中心建设领导小组组长蔡奇强调，建设全国文化中心，要集中做好首都文化这篇大文章，重点抓好"一核一城三带两区"，即以培育和弘扬社会主义核心价值观为引领，以历史文化名城保护为根基，以大运河文化带、长城文化带、西山永定河文化带为抓手，推动公共文化服务体系示范区和文化创意产业引领区建设，把北京建设成为弘扬中华文明与引领时代潮流的文化名城、中国特色社会主义先进文化之都。

务平台、文化金融生态圈等八个方面。2017年11月，北京市文化改革和发展领导小组办公室发布《北京市实施文化创意产业"投贷奖"联动推动文化金融融合发展管理办法（试行）》（京文领办文〔2017〕3号），正式推出文化金融"投贷奖"联动政策，并面向社会公开征集北京市文化创意产业"投贷奖"支持资金储备项目。经过一年多的实施，已经初见成效。

北京市还出台了系列文化产业发展政策，其中包含文化金融的政策内容，如2017年12月31日发布的《关于保护利用老旧厂房拓展文化空间的指导意见》（京政办发〔2017〕53号）、2018年6月发布的《关于加快市级文化创意产业示范园区建设发展的意见》和《北京市文化创意产业园区认定及规范管理办法》等。2018年6月21日，中共北京市委、北京市人民政府印发《关于推进文化创意产业创新发展的意见》。这一政策文件特别提出"文化金融创新行动"并作为九大"产业促进行动"之一，主要内容包括以下方面。

■依托国家文化产业创新实验区和文化金融合作示范区，先行探索文化金融融合发展模式，促进金融产品、服务模式创新，打造国家文化金融创新高地。

■健全完善文化创意产业投融资服务体系，鼓励文创企业合理利用债券、票据、定增、并购等资本市场工具，扩大直接融资规模。

■开通文创企业上市"绿色通道"，建立拟上市、新三板挂牌企业储备库，培育资本市场的"北京文创"板块。探索建设北京市文创企业股权转让平台，促进文化版权和文创企业股权的交易或流转。

■鼓励金融机构设立支持文化创意产业发展的专业性机构或业务部门，积极推动文创银行建设。

■实施"投贷奖"联动，发挥财政资金放大效应，撬动社会资本服务文化创意产业。

■鼓励保险机构加强文化创意产业保险产品创新，积极开展知识产权、影视、演艺、体育、会展、旅游等方面保险保障服务。

■完善文化金融中介服务市场体系和企业信用评价体系。

2017年8月,中共陕西省委办公厅、陕西省人民政府办公厅印发《关于进一步加快陕西文化产业发展的若干政策措施》。2018年1月,中国人民银行西安分行与陕西省委宣传部联合出台《关于金融支持陕西文化产业进一步加快发展的指导意见》,这是一个地方性文化金融专门政策。文件提出,要丰富文化金融组织体系,加大文化产业信贷投放,拓展多元化融资渠道,不断提升文化金融服务水平,通过构建"大、新、优、强"的文化金融支撑体系,着力助推陕西文化产业实现跨越式发展。

在2018年发布的《广州市人民政府办公厅加快文化产业创新发展的实施意见》(穗府办规〔2018〕28号)中要求"加大文化产业投融资力度",具体内容为:"充分发挥广州市文化产业投资基金的引导作用,鼓励、引导各类民营资本、境外资本投资广州文化产业。整合现有国有文化企业资源,组建具有较大规模和实力的广州市文化产业投资集团(或广州文化发展总公司),提高资产运营能力和企业竞争能力。充分发挥文化金融服务中心、广州股权交易中心'文化创意企业板'等投融资平台的作用,撬动社会资本投资文化产业。鼓励金融机构设立文化特色分支机构,开发文化产业信贷产品,建立融资担保企业库,完善融资担保体系,创建国家文化与金融合作示范区,将广州建设成为全国文化产业风投创投中心。"①

在2018年6月上海市经济和信息化委员会、中共上海市委宣传部等十五部门联合印发的《促进上海创意与设计产业发展的实施办法》中,文化金融相关内容为:"鼓励金融机构创新产品和服务,为创意设计企业提供综合金融产品和特色金融服务,拓展贷款抵(质)押物范围,探索开展软件著作权、品牌等无形资产和收益权抵(质)押贷款。"②

---

① 《广州市人民政府办公厅关于加快文化产业创新发展的实施意见》,广州市人民政府网站,http://www.gz.gov.cn/gzgov/s2812/201901/bca2ac2904d84268be69185090905394.shtml,2019年1月7日。
② 《上海市经济和信息化委员会等关于印发〈促进上海创意与设计产业发展的实施办法〉的通知》,上海市人民政府网站,http://www.shanghai.gov.cn/nw2/nw2314/nw2319/nw12344/u26aw56214.html,2018年6月19日。

二 2018年我国文化金融发展状况

（一）市场视角的文化金融发展状况

1. 债权类文化金融

商业银行是债权类文化金融的主要力量。近年来，银行业对文化产业信贷市场的投入较大，以中国工商银行、北京银行、杭州银行为代表，在产品创新、组织创新、服务创新方面取得了很大的成绩。在政策推动和银行业的努力下，文化产业信贷市场规模有很大增长，文化产业贷款余额从2011年的不足千亿元，至2018年已经增长了八倍以上[①]。中国银行业协会于2018年8月发布的《银行业支持文化产业发展报告（2018）》显示：截至2017年底，包括政策性银行、大型商业银行、邮储银行和股份制商业银行在内的21家主要银行文化产业贷款余额达7260.12亿元；自2013年以来，21家主要银行文化产业贷款余额平均增长率达到16.67%，高于同期人民币贷款余额增长率2.98个百分点[②]。

债券市场也是文化产业融资的重要渠道，但在整体债券市场中的比重仍然非常低。根据WIND资讯数据统计，2018年文化产业企业（中国证监会行业分类——传播与文化产业）发行债券有所回升，共发行债券49支，发行数量占全年债券发行数量的0.13%，发行金额272.20亿元，占全年债券发行总额的0.08%。而根据新元文智-文化产业投融资大数据系统（文融通）较宽口径的统计，2018年我国文化产业通过债券渠道流入资金为1528.79亿元。

2. 股权类文化金融

2018年的股权投资市场总体趋紧，在私募基金市场更是遇到"寒冬"。

---

① 由于中国人民银行并未连续每年发布文化产业贷款余额的数据，"八倍的增长"是根据多方数据推算。
② 《〈银行业支持文化产业发展报告（2018）〉发布会在京召开》，中国银行业协会网站，https://www.china-cba.net/Index/show/catid/14/id/19375.html，2018年8月16日。

根据新元文智－文化产业投融资大数据系统（文融通）的数据，2018年我国文化产业通过私募股权融资、上市首次募资、上市再融资、信托、新三板融资、众筹渠道总流入资金为2074.88亿元，比2017年有所下降。其中私募股权融资渠道流入资金为1152.40亿元；上市再融资、信托、新三板融资、众筹渠道流入资金均在400亿元以下。

2017~2018年，我国共有58家文化企业成功上市，首次募集资金规模达到692.56亿元。从年度分布来看，2018年有20家企业上市，较2017年减少18家；首次募资376.60亿元，同期上涨19.19%。其中，爱奇艺、腾讯音乐首次募集资金规模领先，分别为141.85亿元、73.39亿元。2014~2018年，全国共计新增1758家文化企业挂牌新三板。2018年新增挂牌企业数量出现较大波动。2017~2018年，我国共计新增303家文化企业挂牌新三板，其中，2018年新增47家，较2017年减少209家，降幅达81.64%。

创业投资（包含VC投资与天使投资）是我国成长期的文化企业获得资金的重要途径之一。2017~2018年，我国文化产业创投渠道共发生融资案例1039起，募集资金规模达到435.28亿元。从年度数据来看，2018年569起创投融资案例涉及资金269.55亿元，较2017年分别增长21.06%、62.65%。其中VC投资涉及案例353起，募集资金251.49亿元；天使投资涉及事件216起，吸纳资金18.05亿元。2018年我国文化产业通过PE基金进行融资的案例数量、融资规模实现双向增长，案例数量由2017年的153起增长至222起（增加了69起），融资规模由2017年的545.06亿元增长至882.85亿元（同比增长61.97%）。

3. 风险管理类文化金融

文化保险为文化企业在经营中的风险提供保障，而文化产业融资担保是一种在债权融资关系中起重要作用的风险管理工具。风险管理类文化金融一直是我国文化金融发展较缓慢的领域。

2011年后，我国启动文化保险试点，明确了11个文化产业保险试点险种，中国人民财产保险股份有限公司（简称"中国人保财险"）、中国太平洋财产保险股份有限公司（简称"太平洋保险"）和中国出口信用保险公司成为文化产业保险试点公司。多年来，中国人保财险等保险公司不断加强文化产业保险专属产品创新，扩大文化产业保险的覆盖范围。但由于文化生产的特殊性、保险观念等方面的原因，文化产业保险还未取得突破性发展。2017年10月，《融资担保公司监督管理条例》正式实行，2018年4月，七部委又联合印发《融资担保公司监督管理条例》四项配套制度，在加强融资担保行业监管的同时，为担保业持续健康发展提供了制度保障。在2018年出台的文化金融相关文件中，文化保险依旧是重要的内容。在实践中，2018年虽然成功案例较少，但仍出现了一些有亮点的探索，如宋城演艺、太平洋保险浙江分公司、浙江涌嘉保险经纪有限公司三方共同签署了全面战略合作协议；上海育影文化传媒有限公司成立了影视制作保险风控管理网站"拍片保"等。

4. 互联网文化金融

2016年开始的互联网金融治理整顿对这一领域起到了抑制作用，很多互联网金融公司退出了市场。2018年，互联网金融的整顿力度进一步加大，合规和出清有逐渐取代创新的趋势，成为互联网金融未来发展的主基调。但从另一个角度上看，金融科技的崛起使大数据、云计算、区块链等技术日益得到各界的认可，并不断催生出新的金融业态。

2018年，专注于文化产业的网络众筹、P2P网贷等互联网融资中介都面临困境，基本上处于"关停并转"状态。但互联网文化金融仍有些发展的亮点，主要表现为文化企业尤其是互联网文化企业正在扩张自己的金融布局，持牌金融机构在互联网文化领域进行了大胆探索，另外，由各级政府主导的线上文化金融服务平台建设较往年有更大的进步。

5. 其他层次资本市场

证券交易所主板、创业板以及新三板是多层次资本市场的主要组成部分，但其他层次的资本市场在文化产业资本市场中的作用也开始显现。区域性股权交易市场方面，2018年1月，宁波文创板在宁波股权交易中心正式开板，93家文创企业成功挂牌。2018年12月，浙江省股权交易中心文创板开板，省内30家优质文创类中小企业首批上板。

中证机构间私募产品报价与服务系统是由中国证监会授权中国证券业协会管理的全国性场外市场，是中小企业信息展示、项目宣传、资本运作的重要平台。2018年起，中证机构间私募产品报价与服务系统和长沙天心区合作设有文化创意金融综合服务平台。2018年8月16日，湖南金贝中匠文化产业发展有限公司在中证机构间私募产品报价与服务系统文创板成功挂牌（企业代码：E01733）。2018年11月20日，湖南亚文传媒股份有限公司正式登陆文创板（企业代码：E01757）。

深圳文化产权交易所在原有"文化四板"上进一步提出了"文化产业板"业务框架，并重新确立了以构建中国文化产业专属的要素交易市场为立足点的服务定位。经过三年的实践和探索，深圳文化产权交易所已形成了以"文化产业板"为核心，以文化金融业务和艺术金融业务为主要内容的总体业务框架和模型。截至2019年3月底，"文化产业板"各类挂牌企业达2000余家。目前，深圳文化产权交易所的业务范围已经涵盖文化产权中的股权、资产、无形资产和版权全要素，整合了柜台交易、线下撮合、层级路演和线上交易等全平台服务。

（二）行业视角的文化金融发展状况

1. 电影金融

电影产业和金融的关系是文化金融中的重要领域。2018年全国电影总票房首次突破600亿元，达到609.76亿元。不仅巨大的行业发展规模为电影金融提供了良好的产业基础，而且金融也为电影发展提供了强大的动力。

2018年电影总票房同比增长9.06%，中国电影市场自产业化改革以来增速首次低于10%，产业发展从高速发展逐渐进入平稳发展阶段。从金融视角看，电影产业的发展需要重新审视，在2018年，电影金融市场有收紧的趋势。在资本市场上，2018年，华视娱乐、新丽传媒、开心麻花、和力辰光等影视企业纷纷中止IPO，2018年，传统影视企业无一成功上市。同时，2018年上半年"阴阳合同"事件的发酵，让经历了野蛮生长时期的影视行业逐渐趋于理性。截至2018年12月底，电影产业共发生并购案例67

起。院线整合与跨界并购为主要的并购行为。

2. 艺术品金融

艺术品市场的发展主要是基于高净值客户对财富传承、避税管理、资产投资等金融理财方面的需求，而艺术品金融市场的发展也是围绕这些内容展开的。我国宏观经济持续快速发展所积累的庞大的财富非常有利于艺术品金融的发展。同时，高净值人群的财富管理新哲学、CRS全球税收征管以及城市文化发展等，都对艺术品金融产生强劲的需求。但2018年我国艺术品拍卖市场、画廊市场都处于较为平淡的时期，而各地举办的艺博会，以非遗文化为主题，形式多样、内容丰富。近年来，国家和地方从政策层面逐步重视艺术品金融的国际化进程，逐步放松艺术品金融国际化的外部条件。当前政府相关管理部门、文化艺术界、金融业界在内的各相关领域对艺术品金融的巨大市场空间、发展潜力及其重要作用还没有充分的认识。

3. 传媒产业资本市场

2018年我国传媒行业资本市场在传统媒体与新媒体之间呈现完全不同的境地。传统媒体中，图书业与剧集行业企业在权益资本市场（无论是二级还是一级）都较为冷淡。但图书业企业的债券融资尚在规模以上，剧集行业企业债券融资较少。反观新媒体，无论网络音频、在线直播还是短视频，其行业头部公司的资本运作都较为活跃，且市场认可度较高。网络音频行业龙头——喜马拉雅FM（以下简称"喜马拉雅"）于2018年完成E轮，投后估值约34亿美元。在线直播行业的头部公司通过PE融资、IPO、资产重组等方式引入了重要的战略投资及财务投资人。短视频行业中，快手于2018年完成E轮融资，投后估值180亿美元；抖音母公司——字节跳动完成E轮融资，投后估值750亿美元。

4. 创意设计服务业资本市场

创意设计服务是文化产业的重要组成部分，占文化产业增长值的12%左右。近年来我国创意设计服务业发展态势良好，新涌入的创业者及投资者数量不断增长，特别是随着"大众创业，万众创新"政策的贯彻与落实，产业融合以及技术更新换代，融资需求日益旺盛。

2018年国家政府及相关部门先后出台系列政策促进和规范行业发展，

主要包括推动创意设计与主题公园、乡村旅游等方面融合发展,丰富其融资渠道、所得税收优惠和行业监管等几个方面。

2018年我国创意设计服务业流入资金221.84亿元,私募股权渠道所占比重近六成。从创意服务业资金流入地区来看,主要集中在上海、广东、浙江、北京四个全国经济领先的地区。由于资本市场监管趋严信号,上市及新三板投融资规模、债券等渠道融资规模均出现了不同程度的下滑。相反,创意设计服务领域的私募股权融资进入高速发展的时期。

(三)区域性文化金融发展状况

本报告选取北京、深圳、广州、南京四个在文化金融发展方面具有典型性的城市,反映区域性文化金融发展的状况。总体来看,这些城市的文化金融发展各有特色,极大地推动了文化产业的发展,在全国文化金融发展中起到了示范性作用。

1. 北京市文化金融发展

北京市的文化产业发展一直处于全国领先地位,在文化金融方面也具有引领作用。近年来,北京市积极推动全国文化中心建设,大力促进文化金融发展,不断完善金融政策、市场及产业环境,文创企业融资的多元性显著增强,相关文化金融产品与业务模式不断创新,文化金融繁荣发展。据新元文智-文化产业投融资大数据系统(文融通)数据,2018年,北京市文化创意产业资金流入总额达834.59亿元,其中,私募股权融资、上市首次募资成吸金主渠道。2018年北京文创企业发行债券融资案例总计12起,同比下降40.00%;发行规模为77.19亿元,同比减少71.77%。同时,以北京银行为代表的银行业在文化产业金融服务方面有了新的创新。北京银行设立了首家银行系文化创客中心,截至2018年已经累计为近6500户文创企业提供贷款2500余亿元,市场份额始终位居北京市首位①。

---

① 王兆寰:《北京银行:党建引领实现高质量发展创新驱动拥抱数字化转型——2018年年报暨2019年一季报发布》,《华夏时报》2019年4月26日。

北京市"投贷奖"政策经过一年多的实施，已经初见成效。已组织实施两批奖励资金发放，合计金额超过9亿元，直接支持企业1300余家，其中中小企业的比重为93.76%，对文化中小企业支持明显。截至2019年1月底，"文创金融服务网络平台"和"文创板"两家平台已入驻企业超过10000家，建立合作关系的运营商、文创园区和文化金融服务中心共计200家，共受理融资申请1270笔，成功对接融资190.86亿元。

2. 深圳市文化金融发展

2018年深圳市文化创意产业实现增加值2621.77亿元，占全市GDP的比重超过10%，文创产业已经成为支柱产业。深圳市一直鼓励文化金融合作及相关业态的发展。2014年，深圳市出台了《关于深入推进文化金融合作的意见》；近年来，深圳陆续出台了《深圳文化发展"十三五"规划》《深圳战略新兴产业"十三五"规划》《深圳文化发展2020（实施方案）》等政策法规，文化产业取得长足发展的同时，也进一步明确了金融对文化产业的助力方向。

2016年是深圳文化产业私募股权融资金额的小高峰，2016年的融资金额略高于其他三年。以2015年为起点，融资金额在经历2017年的短暂回调后，2018年依旧实现了正的增长。2018年深圳文化产业通过私募股权融资43.13亿元，通过新三板定增融资3.78亿元，上市公司通过IPO、定增融资18.72亿元、7.02亿元，截至2018年9月，深圳文化类上市公司长期借款843.37亿元，短期借款367.50亿元，应付债券余额177.32亿元。

3. 广州市文化金融发展

近年来，广州市在文化产业发展与文化金融建设方面取得了一定成效。2017年，广州市文化产业实现增加值1161.07亿元，同比增长18.87%，占全市GDP的比重达到5.40%。2017年4月，广州市印发了《广州市推进文化金融融合发展的实施意见》。2018年，广州市人民政府办公厅印发《加快文化产业创新发展的实施意见》，提出要加大文化产业

投融资力度,将广州建设成为全国文化产业风投创投中心。2018年12月,广州市印发了《广州市创建国家文化与金融合作示范区筹备工作方案》。

广州市在文化金融机构专业化、专营化方面具有特色,推动设立文化特色银行,大力发展文化小贷、文化融资担保、文化融资租赁,同时推动设立文化基金。广州市重视文化企业上市融资和利用多层次资本市场,目前广州市全市主板、中小板及境外市场上市的企业共计30家。经过多年发展,广州市文化金融融合逐步深入,文化金融服务平台建设加快,文化信贷业务不断拓展,各类社会性文化投资基金相继成立,文化上市企业数量不断增多,直接融资成效显著。

4. 南京市文化金融发展

南京市的文化金融发展得比较早,在全国范围内较有特点,被称为"金融服务小微文化企业的南京模式"。南京市文化金融政策内容的特点包括:将科技金融政策适用于文化金融;较早实行贷款贴息和贷款增量补贴政策;较早建立文化信贷的风险补偿金制度;设立贷款风险补偿和"文化征信贷"等。

南京市鼓励金融机构提供文化金融专业化服务,推动金融机构的专营化。南京的文化银行由银行业金融机构自主申报,经南京市文化改革发展领导小组认定授牌;成立了全国第一家文化小额贷款公司——金陵文化科技小额贷款有限公司,2018年发放各类贷款3296笔,总额达11.45亿元;鼓励各类民营文化产业投资基金,同时设立国有资本主导的文化产业投资基金;南京市推出了文化企业大数据信用平台,被文化部评选为国家文化创新工程项目。

南京文化金融服务中心是我国最早成立的文化金融服务中心,近年来有多项创新,为文化企业融资提供了专业化的服务。截至2019年2月底,通过南京文化金融服务中心的服务,共计有10家文化银行及文化小贷为文化企业累计发放贷款136.15亿元,服务企业4056批次,户均469.32万元。

三 发展文化金融的政策建议

（一）进一步推动机构专营化、产品专属化及要素市场专门化建设

文化金融发展已经进入规范与创新的平衡发展期，这是我国文化发展在成长阶段的重要时期。这一时期，既要加强监管，又要鼓励创新；既要扩大市场规模，又要提质增效，提高文化金融的服务质量。建议政策在以下几个方面予以进一步倾斜。

第一，进一步推动文化金融机构专营化。一是应结合中小银行改革形势，鼓励中小银行设立专营支行，鼓励特色行向专营行转型，应对文化金融专营机构在营业范围内、地域上有所倾斜。二是制定文化金融机构专营化的相关公共标准，如文化产业专营银行的标准等。三是应重点推动在文化保险、文化担保方面成立文化产业服务方向的专门机构，弥补短板。

第二，进一步推动文化金融产品专属化。经过近十年的努力，以信贷市场产品为代表的文化金融产品体系正在形成，其中一些产品已经具有了专属化性质，但还存在类型不平衡、效果不充分等问题，如信托、保险等方面仍较为匮乏。一是要鼓励丰富银行、保险机构的现有文化金融产品体系，鼓励研究文化金融产品体系的标准，提高专属产品的比重；二是推动文化信托、文化担保、文化融资租赁等薄弱领域的文化金融产品专属化。

第三，进一步推动文化要素市场专门化。一方面，应进一步推动多层次资本市场中文化产业服务的力度和广度，探索独立的文化产业资本市场建设，探索建立与主板、科创板和创业板相连接的文化创意类资本交易市场。另一方面，加快推动文化产业要素市场的专门化建设，以资本市场为中心，整合人力资源市场、知识产权市场（版权市场和技术市场），形成深圳等全国性文化产业要素市场。借鉴深圳文化产权交易所的经验，推动以原有文化产权交易所转型为基础，在全国形成三到五个专门化的区域性文化产业要素市场。

（二）推动文化金融两大支柱建设

文化金融服务要建立在良好的基础设施之上，良好的金融基础设施不仅能够提高金融服务的效率，而且是防范金融风险的重要保障。在当前文化金融发展的规范与创新平衡发展时期，文化金融基础设施建设显得尤为重要。在具有文化金融特色的基础设施中，文化产业信用体系和无形资产评估体系是文化金融发展的两大支柱。

第一，构建完善的文化产业信用体系。文化产业信用体系是多层次信用体系，包括公共服务性质的企业信用信息系统，金融机构的文化企业信用管理体系、社会组织的文化产业信用管理体系、社会信用机构（征信和评级）的文化企业信用服务体系等。2010年发布的《关于金融支持文化产业振兴和发展繁荣的指导意见》、2014年发布的《关于深入推进文化金融合作的意见》两个全国性文化金融政策文件，以及一些地方性文化金融政策中，信用体系建设一直是重要内容。但由于其成长期的特点，人们过于关注规模的扩大，还未深刻理解信用体系对于文化产业发展的重要意义。一方面，应尽快将文化产业信用体系建设作为国家社会信用体系建设的重要内容来抓，制定相关政策推动这一工作。另一方面，发挥市场机构和社会组织的力量。同时，要充分发挥现代金融科技发展的时机，打造全新的文化产业信用管理体系。

第二，构建有效的无形资产评估体系。这是文化金融发展的另一个支柱。无形资产的重要性早为人们所认识，其经常能够带来巨大利润和企业核心竞争力的提升，这也激励业界探索无形资产评估的体系化、标准化、专业化。2016年3月，中国资产评估协会发布了《文化企业无形资产评估指导意见》，对文化产业无形资本评估、流转提供了很有价值的参照系。但目前政策内容还显得零散，需要就这个方面出台专门政策，并推动政府法规性立法，同时在执行层面推动细则等出台。应制定政策鼓励文化金融领域基础设施的创新活动，尤其鼓励市场化机构对于无形资产评估类基础设施建设进行长期投资，鼓励以PPP方式建设无形资产评估类基础设施项目等。

（三）推动文化金融专项统计与文化金融市场信息系统建设

第一，推动文化金融专项统计是政策要求。

文化金融专项统计与市场信息系统建设是文化金融基础设施的重要组成部分。2010年我国文化金融政策开始金融专门化，对如何以公共服务形式保障文化金融发展已经有所关注。2010年由中宣部等九部委印发的《关于金融支持文化产业振兴和发展繁荣的指导意见》（银发〔2010〕94号），要求"各金融机构要逐步建立和完善金融支持文化产业发展的专项统计制度，加强对文化产业贷款的统计与监测分析"。在2014年文化部、中国人民银行和财政部联合发布的《关于深入推进文化金融合作的意见》（文产发〔2014〕14号）中，要求"研究开展文化产业融资规模统计，探索制定文化金融服务标准。"

第二，建立文化金融市场信息系统具有重要意义。

一方面，全面了解和掌握文化金融市场的发展状况，有利于政府决策部门有针对性地制定政策或做出决策，有利于金融服务文化实体经济。另一方面，建立文化金融专项统计制度，有利于防范由文化金融领域引发的金融风险。虽然我国文化金融发展的成就有目共睹，但由于文化金融涉及多个金融监管部门和各类金融机构，同时金融体系对文化产业的认识也口径不一，我国还没有能够完整反映文化金融市场方面的统计和信息系统，使政府决策及市场主体还无法完全了解文化金融发展的基本情况。目前，除了信贷市场方面偶尔有些公开数据以外[①]，债券市场、股票市场、私募股权投资市场、信托及资产管理市场等与文化产业关系密切的市场，较少有相关的连续性的专项指标、数据或报告，更无法将这些相对独立的市场数据进行整合。融资租赁市场、文化保险市场有一些产品创新，但暂时也没有全行业的统计机制。

---

① 中国人民银行总行和中国人民银行各地分行（如广东、陕西）相关统计报告间断含有"文化产业本外币中长期贷款余额"等指标数据（指文化、体育和娱乐业），但较少就文化产业信贷专门发布较详细的数据。

所以，建立国家文化金融市场信息系统是具有文化金融基础设施意义的工作。建立统一的文化金融市场专项统计制度，需要通过中国人民银行、中国银保监会、中国证监会等各系统，并由专门机构统合专项统计。专项统计需要在国家统计局《文化及相关产业分类2018》标准的基础上，统一统计口径；在一般统计基础上，结合文化产业特点分类统计；整理统计文化产业专门服务、专属产品类别；影视、演艺、传媒等行业的文化金融市场类别等。另外，专项统计需要依靠现代大数据技术，由研究机构建设国家文化金融市场信息系统，其中包括政府数据分析系统、大数据分析系统、文化金融指数系统等。

参考文献

［1］杨涛、金巍：《中国文化金融发展报告（2017）》，社会科学文献出版社，2017。
［2］杨涛、金巍：《中国文化金融发展报告（2018）》，社会科学文献出版社，2018。

工 具 篇

Instruments Reports

B.2
2018年债权类文化金融发展报告

王邦飞 蓝子淇*

摘 要： 本文围绕2018年债权类文化金融发展状况，从五个角度进行了分析。第一部分运用案例分析法解读2018年文化产业银行信贷工具与信贷市场，商业银行作为文化金融服务链条上的主力军，2018年创新推出了"孵化器"、"政产融"合作、"区域服务链"等信贷模式，并进一步加大了对文化产业跨界信贷产品的开发与投放力度。第二部分研究文化产业信托产品与市场，剖析近10年来文化产业信托发展历程。总的来看，2018年文化产业信托呈现总体规模增速放缓、收益率上涨、通道业务收紧的态势。第三部分分析文化融资租赁市场与产品，以北京市文化科技融资租赁有限公司为分析案例，

---

* 王邦飞，中国社会科学院金融研究所副研究员。蓝子淇，中央财经大学商学院2016级硕士。

重点梳理了2018年文化产业无形资产融资租赁案例。第四部分运用定量分析法研究文化产业债券融资情况,从债券发行的利率、期限、类型以及发债主体的信用评级等方面,多角度分析了2018年文化企业债券发行情况。第五部分分析了我国前10大文化产业上市公司债权类融资情况(截至2018年三季度末)。总体来看,2018年行业龙头文化企业债权融资以短期融资为主,面临着较大的融资收缩压力,部分企业呈现去杠杆的特征。

关键词: 债权类融资 文化产业 文化金融

2018年,全国6万家规模以上文化及相关产业企业实现营业收入89257亿元,同比增长8.2%,文化娱乐业固定资产投资同比增长21.2%,较上年增加了10.67个百分点。相关政策推动了2018年文化产业的全面、有序发展,并进一步带动了社会资本进入文化产业(见表1)。为促进文化企业资产价值转化,解决中小文化企业融资难等问题,多项政策鼓励金融机构积极开发适合文化企业特点的金融产品,建立文化企业信用评价体系、融资风险补偿机制和信用担保体系,全面引导金融资本与文化资源的有效对接。文化产业的投融资体系基本成型。

表1 政策推动文化产业与社会资本全面融合

发布时间	颁发部门	政策名称	主要内容
2017年3月	国务院办公厅	《国务院办公厅关于进一步激发社会领域投资活力的意见》	出台文化专项债券发行指引,支持企业发行公司债、非金融企业债务融资工具、资产证券化产品和股债结合型产品,推进银行业金融机构创新开发有利于社会领域企业发展的金融产品,通过投贷联动加大服务力度

续表

发布时间	颁发部门	政策名称	主要内容
2017年4月	文化部	《文化部"十三五"时期文化产业发展规划》	推广PPP模式文化项目,鼓励金融机构加大文化金融产品和服务的创新力度,探索文化资产管理、文化融资租赁等业务;推广无形资产评估和质押融资,建立文化企业信用评价体系、融资风险补偿机制和信用担保体系;鼓励发展文化金融专营机构、特色支行、小额贷款公司等
2018年4月	文化和旅游部	《关于在旅游领域推广政府和社会资本合作模式的指导意见》	鼓励各地设立PPP项目担保基金,带动金融机构创新PPP金融服务,鼓励可产生预期现金流的旅游PPP项目通过发债和资产证券化进行融资
2018年9月	国务院	《国务院关于推动创新创业高质量发展打造"双创"升级版的意见》	鼓励银行加快发展转型,为创新创业提供针对性金融产品和差异化服务;支持银行运用定向降准、信贷政策支持再贷款等结构性货币政策工具增强小微信贷供给能力
2018年11月	文化和旅游部、财政部	《关于在文化领域推广政府和社会资本合作模式的指导意见》	鼓励各类市场主体竞争参与文化领域PPP项目,政府性融资担保和再担保机构为参与文化PPP项目的小微企业提供增信服务,鼓励文化PPP项目运用债券和资产证券化等方式拓宽融资渠道
2018年12月	国务院办公厅	《文化体制改革中经营性文化事业单位转制为企业的规定》和《进一步支持文化企业发展的规定》	鼓励创新文化产业投融资体制,推动文化资源与金融资本有效对接;鼓励国有文化产业投资基金对文化企业进行股权投资,文化企业通过发行债券、股票增发等方式扩大融资;鼓励以无形资产和项目未来收益权提供质押担保以及第三方公司提供增信;鼓励金融机构开展金融产品和服务方式创新,推广知识产权质押融资、供应链融资、并购融资、订单融资等贷款业务,开发文化消费信贷产品

资料来源:根据相关政策文件整理。

一 文化产业银行信贷工具与信贷市场

2018年,商业银行作为文化产业融资服务链条上的主力军,通过机制创新和产品创新继续探索文化金融发展的新路径，试图破解文化企业轻资产、高风险的先天劣势，不断加大信贷对文化企业的支持力度。本文以案例形式介绍 2018 年银行信贷支持文化产业发展的主要举措。

（一）机制创新

1. "孵化器"模式，为入孵企业融资融智

北京银行作为国内最早涉足文化金融领域的中小股份制银行之一，在信贷产品、业务结构、服务模式等方面不断探索创新，已成为业内引领文化金融市场的风向标。2018 年 11 月，北京银行在京成立了国内首家文化创客中心，提出打造"创客孵化器"模式，对创意设计、影视传媒、出版发行、游戏娱乐、文博非遗等文化产业重点发展领域的创新创业企业提供一站式融资融智服务。创客中心打通线上、线下双向服务空间，通过开展"创业培育工程""导师讲堂""创业路演""精品私享会""投贷一对一"等主题活动，对入孵企业提供创业指导、政策解读以及投融资支持等方面的全方位服务。对于入孵的初创文化企业，北京银行推出"创业贷""文创普惠贷"等专属信贷产品。针对高成长创新企业，推出版权质押"软件贷""智权贷"等特色信贷产品。针对成熟企业，推出包括并购贷款、中小企业集合票据、产业基金、现金管理等系列综合服务金融产品。截至 2018 年第三季度，北京银行已累计为 6000 余家文化产业企业提供信贷支持，金额超过 2000 亿元。

2. "政产融"合作模式，财政资金撬动信贷

以无形资产为核心资产的文化企业普遍具有资产价值难评估、风险处置不确定性高等问题。杭州银行联合政府部门、担保公司共同发起并设立了风险池资金作为中小文化企业向杭州银行借款的风险补偿保证金，目前资金规模达 3800 万元。杭州银行以风险池资金为担保，放大贷款比例向三方共同认可的中小文化企业发放贷款。如若风险池内企业贷款项目出现不良，则风险池资金先行代偿，由此降低了单个项目风险的不确定性。杭州银行"政产融"三方合作的模式，利用政府风险补偿保证金撬动信贷额度，为近 300 家企业累计提供无形资产抵质押贷、信用贷约 30 亿元，是国内首个以文化企业无形资产担保贷款为风险补偿对象的针对性机制。

3. "区域服务链"模式，构建文化金融服务网络

2018年11月，南京文化金融服务中心联合上海、北京、西安、广州四大城市文化金融中心成立了全国文化金融中心联盟。北京银行南京分行凭借出色的文化信贷服务经验与服务资源成为联盟的主要合作方，并推出了区域文化金融服务链方案——"梧桐计划"，尝试构建一个贯穿文化金融上下游、全过程的生态服务体系。北京银行"梧桐计划"以南京本土"梧桐树"为立意，将南京本土具有高成长性、能带动区域经济发展的各类文化企业作为服务对象，创设了"梧桐予"——特色文化信贷产品体系、"梧桐苑"——南京文化投融资商会、"梧桐锦"——文创投资基金、"梧桐谷"——文创展示交易平台以及南京文化金融千企信用评价系统。"梧桐计划"为列入计划的梧桐企业提供贷款信息、投贷联动、担保增信、业务撮合等全链条金融创新服务，全面纾解文化企业融资难、融资贵、融资慢的难题。未来，北京银行将以南京"梧桐计划"为支点，在联盟城市复制推广"服务链"模式，促进文化信贷资源互通互融，为文化企业构建区域金融服务网络。

（二）"文化+"信贷产品创新

文化机构改革和产业结构的优化升级推动了文化产业与相关业态的跨界融合。2018年，文化和旅游部正式成立，中央一号文件《中共中央国务院关于实施乡村振兴战略的意见》提出了"休闲农业+乡村旅游精品工程"的战略部署。国家统计局颁布的《文化及相关产业分类（2018）》将互联网文化娱乐平台、观光旅游航空服务、娱乐用智能无人飞行器制造等"文化+科技"的新业态纳入产业细分。在国家全面促进产业融合发展的政策下，"文化+"新兴业态成为带动文化产业发展的新引擎。各大银行也紧随政策步伐，相继推出了"文化+"信贷产品，进一步拓宽了文化企业的融资渠道。

1. "文化+互联网"信贷产品

"IP－泛娱乐"是中国特有的文化业态。IP原意为知识产权，而泛娱乐指基于互联网与移动互联网的多领域共生，打造明星IP的粉丝经济，是

文化与互联网产业融合的现象。泛娱乐经济时代激活了文化IP市场，国内众多的优秀动漫、电影、小说IP被不断挖掘，实现了内容创作的价值变现。南京银行上海分行看好文学IP的价值转化能力，于2018年9月携手中国电影频道以及多家文学出版集团，为中小型影视公司开放文化IP贷款，提供单户不超过500万元、累计不超过2亿元的影视化制作信贷支持。北京银行推出"文化IP通"产品，根据IP价值成长阶段为文化企业提供IP孵化贷、IP收购贷、IP开发贷以及IP产品衍生贷等各类融资支持。未来5年，北京银行还将为北京市广播电视局提供500亿元授信额度成立"版权银行"。企业可把IP当作存款存入"版权银行"，再利用IP或是IP的未来收益权进行抵押贷款，不再需要有形资产的抵押担保，将IP价值最大化、实物化。

2. "文化+旅游"信贷产品

中国工商银行（本文以下简称"工行"）积极响应文旅体制改革的号召，加大文化旅游产业信贷产品的研发力度。2018年7月，工行深圳分行与去哪儿网签署战略合作协议，通过对工行"融e借"信贷产品的系统改造，成功对接了去哪儿网客户小额高频消费贷款需求。目前，工行与去哪儿网基于旅游出行场景的"融e借秒支付"项目已正式上线，并引入中国人民保险集团股份有限公司作为合作承保方，实现了金融与"文化+旅游+互联网"业态的融合创新。9月，工行贵州分行为贵州省西江千户苗寨国家4A级旅游景区成功办理收费权质押贷款4.8亿元。年底，工行河南省分行与河南省农业信贷担保有限责任公司签署担保业务合作方案，为栾川县重渡沟风景区农家休闲宾馆发放乡村旅游贷款120万元。

3. "文化+农业+旅游"信贷产品

2018年，国家多项政策文件聚焦农村文化和乡村旅游发展，刺激了"文化+旅游"业态进一步向农业铺开。中国农业银行专门针对农户推出"农家乐"乡村农业旅游贷款，服务对象为经营休闲农业和乡村旅游的农户，主要用于农户新建、改造休闲旅游经营设施，以及补充休闲旅游经营项目日常周转资金等。"农家乐"旅游产品具备额度高、期限长、担保方式多样的特点，贷款额度原则上不超过总投入的70%；采用一般方式贷款的，期限不超过8年；采用可循环方式贷款的，额度有效期不超过3年。农户可通过信用方式，或保证、抵质押、政府增信以及多户联保等担保方式申请贷款。

北京银行也针对经营休闲农业和乡村旅游的小微企业、专业合作社以及个体工商户推出了特色信贷产品"农旅贷"，目标客户既面向采摘园、民俗餐饮、手工艺品销售等休闲农业领域，也覆盖乡村民俗、旅游景点设施建设等乡村旅游领域。"农旅贷"最高融资额度可达2000万元，期限最长为5年，且可获得政府贴息支持，是北京地区首个面向休闲农业和乡村旅游特色业态的专属对公信贷产品。北京银行已与大兴区签署"农旅贷"业务合作协议，并为北京金福艺农农业科技集团有限公司、延庆区民宿联盟等4家单位提供超过2.6亿元的"农旅贷"授信支持。

二 文化产业信托产品与市场

近10年来，文化产业信托[①]经历了增长、回落、调整上升三个阶段，波段式上涨的发展历程是整体信托行业的缩影，更是宏观经济发展与政策支持的一面镜子。2009～2012年，货币政策收紧，银行贷款投放受到限制，"银信合作"成为银行表内资产表外化的重要渠道。与此同时，2010年九部委联合发布了《关于金融支持文化产业振兴和发展繁荣的指导意见》，从国家政策层面首次提出加大金融支持文化产业力度。文化产业信托在经济和政策的推动下快速增长。2012～2015年，信托规模增速整体放缓，资管行业的全面开放导致信托规模受到严重挤压，进而导致信托产品发行数量锐减，资金投向文化产业规模出现负增长，连续两年降幅达40%以上。进入2016年，信托行业进入转型调整时期。受银行理财新规影响，券商与基金子公司通道业务回流，加之文化产业相关政策继续加深社会资本与文化产业间融

---

① 以下文化产业信托部分的数据来源于新元文智－文化产业投融资大数据系统（文融通）、WIND资讯，以及用益金融信托研究院。

合，信托资产规模在调整中上升。2010～2018年文化产业信托资金流入情况见图1。

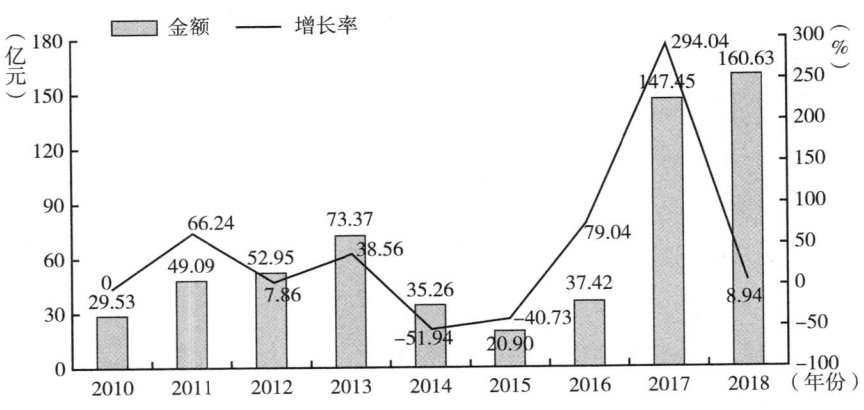

图1 2010～2018年近十年文化产业信托资金流入情况

（一）2018年文化产业信托市场整体情况

根据文化产业投融资大数据系统统计，2018年文化产业信托整体融资规模达到近10年以来的最高值。全年信托资金流入文化产业的规模达160.63亿元，文化类信托产品发行共78期。数据显示，第一季度文化产业信托资金流入13.42亿元，共发行信托计划8期；第二、第三季度信托资金流入规模均在35亿元左右，分别发行信托计划13期、18期；第四季度有较大规模资金流入，共发行信托计划39期，合计流入资金78.74亿元。2018年文化产业信托金额和发行数分布见图2。

从规模增速看，2018年文化产业信托规模增速明显放缓。受《关于规范金融机构资产管理业务的指导意见》《关于规范银信类业务的通知》等一系列监管政策影响，信托公司受托资产规模（文化类）较2017年仅增加13.18亿元，增速从294.04%放缓至8.94%。

从资金端来源看，全年未发行文化产业单一资金信托计划，发行的78期文化产业信托产品均为集合资金信托计划。一方面，体现了信托公司配合

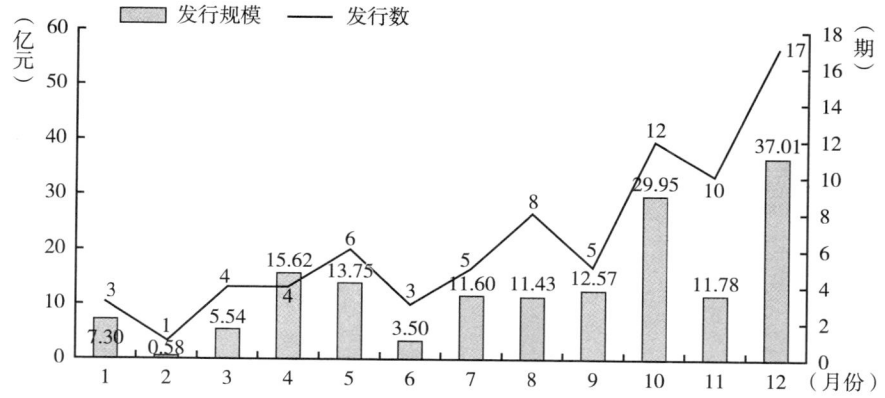

图2 2018年文化产业信托金额和发行数分布

监管政策要求,积极抑制通道业务以防范风险。另一方面,说明投资门槛相对较低的集合资金信托更吸引社会投资者参与文化产业项目投资。信托公司的主动管理能力在文化产业投融资领域发挥重要作用。

从发行期限和收益率看,在文化产业领域新发行的78期集合信托产品中,有75期产品公布了发行期限,平均为22个月;有38期产品公布了预期收益率,其中23期产品收益率突破全年集合信托产品平均收益率(7.93%)[1]。经济去杠杆造成了市场资金短缺与企业融资需求上升之间的矛盾,文化企业以高成本获取资金支持,面临着较大的融资压力。

(二)2018年文化产业信托产品发行情况

1. 产品区域分布

对产品的发行区域[2]进行统计发现,2018年文化产业信托呈现区域分化的现象。信托资金大比例流入了经济发达、文化产业总体营收较高的东部地区,

---

[1] 用益金融信托研究院研报数据显示,2018年成立的集合信托产品平均预期收益率为7.93%,较2017年提升1.15个百分点。

[2] 发行区域(东部、西部、中部、东北部地区)按国家统计局对规模以上文化及相关产业企业的区域划分为划分标准。

或是文化旅游业发达、产业政策支持力度较大的西部地区，中部和东北部地区信托资金对文化产业融资的支持力度较弱。全年共17个省份发行了文化类信托产品。其中，东部地区（江苏、山东、海南、广东、福建、浙江）共发行产品45期，发行规模为92.41亿元，占全年文化类信托产品发行总规模的58%；西部地区（广西、贵州、陕西、四川、云南、重庆）共发行产品21期，发行规模为50.09亿元，占总规模的31%；中部地区（安徽、河南、湖南、湖北）发行产品11期，发行规模为16.13亿元，占总规模的10%；东北地区仅辽宁省发行1期文化类信托产品，发行规模为2亿元。信托资金流入区域分布情况见图3。

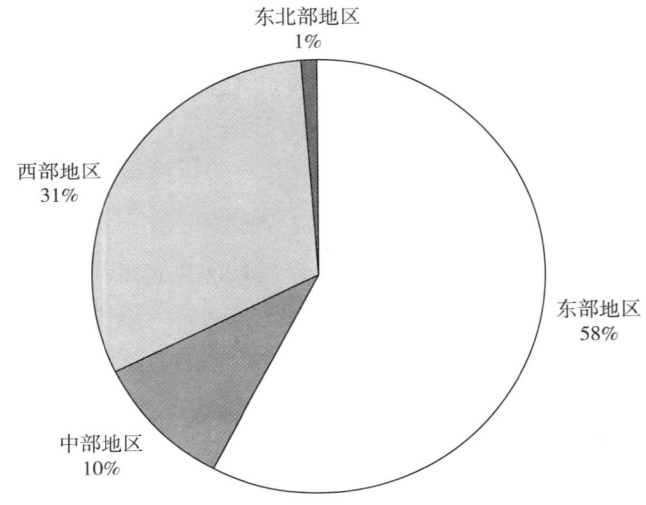

图3　信托资金流入区域分布情况

从2018年文化类信托产品发行规模排名看，规模排名前五位的省份均来自东部和西部地区。其中，江苏省继续保持文化产业信托领头羊的位置，全年共发行23期文化类信托产品，发行规模达51.17亿元（见图4），较2017年实现翻倍增长。山东省、陕西省分别位列第二、第三，全年均发行8期文化类信托产品，规模均为24亿元左右。四川省、广东省排名第四位、第五位，发行规模分别为11.08亿元和8.99亿元，其余12个省份2018年文化类信托产品发行规模均为10亿元以下。

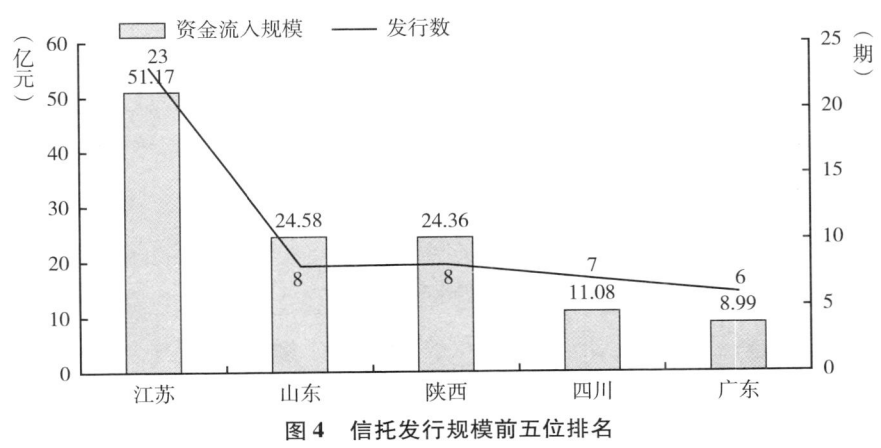

图 4 信托发行规模前五位排名

2. 产品类型分布

按照产品受托资金运用方式的不同，2018 年发行的文化产业信托产品可分为贷款类信托、权益投资类信托、股权投资类信托和组合运用类信托四种。各类别产品受托资金规模占总规模的比例分别为 34.89%、59.60%、5.31% 和 0.20%。其中，贷款类文化信托发行规模从 2017 年的 71.11 亿元下降至 56.05 亿元，降幅达 21.18%，发行产品期数从 2017 年的 37 期下降至 25 期（见图 5）。权益投资类文化信托产品发行规模为 95.73 亿元，占总规模的 59.60%，较 2017 年增长 152.45%，发行期数 49 期，增长 226.67%。股权投资类文化信托产品发行规模为 8.53 亿元，占总规模的 5%，较 2017 年减少 19.47 亿元，降幅为 69.54%。组合运用类文化信托产品全年仅发行 1 期，发行规模 0.32 亿元。

3. 产品行业分布

从发行产品的行业分布①看，产品资金主要投向文化娱乐休闲服务、文化投资运营和内容创作生产三大细分行业。全年信托资金投向文化娱乐休闲服务业的规模最大，共发行相关信托产品 49 期（见图 6），资金用于主题游乐园、文化旅游城、名胜景区项目建设等。其次是文化投资运营业，共发行相

---

① 行业分类以 2018 年 4 月 2 日修订颁布的《文化及相关产业分类（2018）》为分类标准。

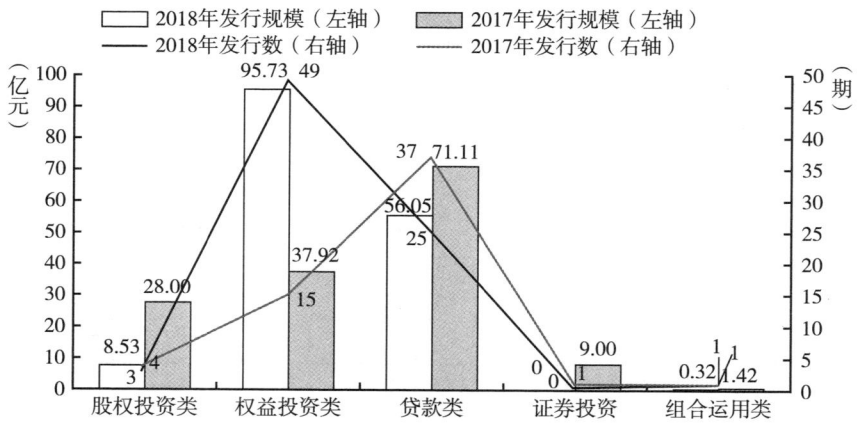

图5 2017~2018年信托资金投资方式对比

关信托产品18期,资金主要投向万达东方影都、汝州市文化展览中心、滨海旅游度假区等项目建设。信托资金投向内容创作生产业的规模排名第三位,全年共发行7期产品,用于珠宝首饰原材料加工销售、移动游戏研发商并购、博物馆项目建设等。其余信托产品分布在创意设计服务、文化辅助生产和中介服务,以及文化消费终端生产板块,共发行产品5期,资金主要用于文化辅助用品制造项目的工程建设、为文化用品制造商、文化经纪公司提供流动资金支持等。

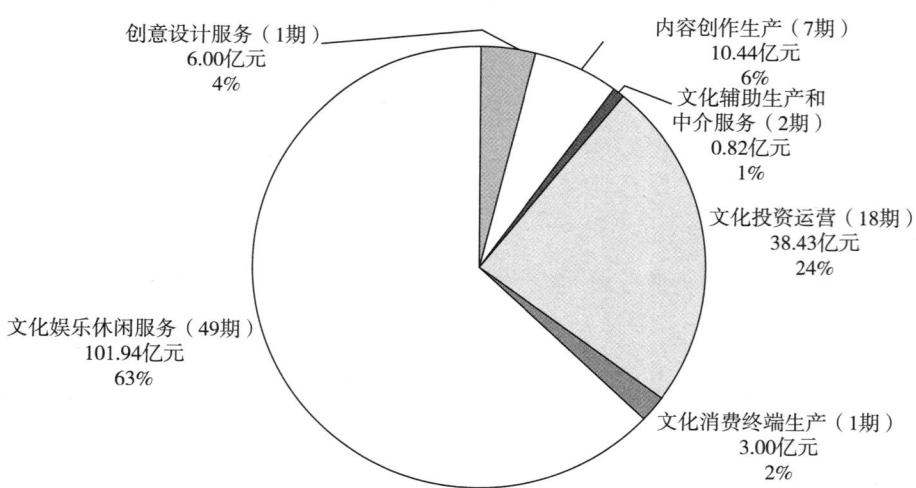

图6 2018年文化产业各相关行业分布

三 文化融资租赁市场与产品

2018年是融资租赁行业迎来历史性变革的一年。多头监管取消，租赁公司开始接受银保监会的统一监管。新租赁准则规定对所有租赁（短期租赁和低价值资产租赁除外）确认使用权资产和租赁负债，取消了承租人利用经营租赁进行表外融资的机会。在强监管形势下，2018年全国融资租赁企业数量和业务总量的增速明显放缓，全国融资租赁企业共11777家①，较2017年同比增长21.71%，全国融资租赁合同余额约66500亿元，较2017年同比增长9.38%，增幅为2011年以来最低（见表2）

表2 2010~2018年全国融资租赁企业数量和业务总量变化情况

年份	企业数量(家)	企业数量增长率(%)	业务总量(亿元)	业务总量增长率(%)
2010	182	—	7000	—
2011	296	62.64	9300	32.86
2012	560	89.19	15500	66.67
2013	1026	83.21	21000	35.48
2014	2202	114.62	32000	52.38
2015	4508	104.72	44400	38.75
2016	7136	58.30	53300	20.05
2017	9676	35.59	60800	14.07
2018	11777	21.71	66500	9.38

资料来源：中国租赁联盟、联合租赁研发中心、前瞻研究院。

对于文化企业，尤其是中小微文化企业而言，无形资产作为其核心资产和重要资源，具有较大的价值增长空间，但同时又面临着融资标的价值难以评估、融资期限难以确定、标的不易变现等风险。近年来，虽然部分银行推

---

① 资料来源：《2018年中国融资租赁发展报告》，统计数据不含单一项目公司、分公司和收购的海外公司。

出了无形资产质押类的信贷产品,如"知识产权贷""中行影视通宝"等,但业务体量总体较小,对文化企业的支持力度较小。以版权、著作权、商标权、专利权等无形资产为标的的融资租赁服务是打破文化企业融资困境的一个重要途径。截至2018年底,全国文化类专业融资租赁公司仅有北京市文化科技融资租赁有限公司(2014年成立)、文投国际融资租赁有限公司(2017年成立)两家。能够为文化产业企业提供专业化融资租赁服务的公司数量有限,融资租赁业务规模在整体融资租赁市场中更是体小力微。其中,北京市文化科技融资租赁有限公司(以下简称"北京文科租赁")自成立后,已通过无形资产融资租赁服务为400余家文化企业提供支持,融资金额超过80亿元,在推动文化企业融资租赁服务创新方面也做出了较大贡献。

(一)文化产业企业融资租赁服务创新

1. 搭建文化企业互联网金融服务平台

为解决文化产业投融资之间的信息不对称问题,提供更加专业、高效的融资租赁服务,在北京市文创产业"投贷奖"政策的引导下,北京文科租赁于2017年11月创建了北京市文创金融网络服务平台(以下简称"文创金服平台"),通过互联网平台运作模式集成社会资本,成功拓宽了文化资产融资租赁的交易空间。文创金服平台自上线以来,已引入160余家具有文创特色服务的银行、证券公司、融资租赁、融资担保、小额贷款、资产评估事务所等各类专业化机构,聚集文化产业企业4000余家。为进一步促进平台项目资源与金融资源的有效对接,北京文科租赁针对文化企业小规模、轻资产的特点,以文化企业在平台成功融资及申报奖励的行为数据为基础,建立了文创企业信用评级体系,为文化企业再融资提供增信担保。同时,通过平台认证的资产评估机构对文化无形资产的价值进行测算评估,项目逾期率始终控制在较低水平。

2. 打造文化企业融资租赁特色服务产品

北京文科租赁与北京中小企业信用再担保有限公司、北京国华文创融资担保有限公司联合文创金服平台共同推出了满足北京市中小微文化企业融资需求的系列租赁服务产品。

（1）保租通。为北京市登记注册的，且有独立稳定经营场所的合法文化企业提供专业化融资租赁服务。根据企业所处成长阶段、企业核心产品是否取得订单或是否形成利润等具体分设"创业租""创意租"两类产品，对于在文创金服平台注册、获北京市文创主管部门、文创金服平台合作推荐机构或合作园区推荐的文化企业有优先审核权。成功融资的企业可享受低于市场水平的政策性利率，且可通过文创金服平台享受北京市文化创意产业"投贷奖"联动体系融资租赁"贴租"等政策支持，可获得最长期限不超过2年、最高额度不超过200万元的融资支持，可在20个工作日内完成审批放款。

（2）速租通。根据企业是否获得过北京市文资办专项奖励，是否在一年内获批银行贷款分设"奖励类""银贷类"两类产品。产品具有成本优惠、放款效率高的特点。其中，"奖励类"产品主要服务于获得过2015年度、2016年度北京市文化创意产业发展专项资金，以及2017年度北京市文化创意产业"投贷奖"支持资金的北京市中小微文化企业，原则上单户融资期限不超过1年，融资额度不超过100万元，融资利率为利率基准下浮5%加1%的手续费，到期后一次性还本付息。融资企业通过文创金服平台发起融资需求，由北京文科租赁以融资租赁的方式提供资金支持。"银贷类"产品主要服务于近一年内在银行获得过贷款支持的北京市中小微文化企业，融资主体通过文创金服平台发起融资需求后，由北京文科租赁以融资租赁的方式在企业原有银行贷款额度的基础上给予20%的融资额度，单户不超过100万元。

（二）文化产业企业无形资产融资租赁案例

据不完全统计，2018年文化产业企业以设备等有形资产为标的的融资租赁交易共3笔，以专利权、软件著作权、剧本著作权售后回租方式开展无形资产融资租赁交易共8笔，且其中7笔交易出租人为北京文科租赁及其旗下控股公司①。其中仅北京东土科技股份有限公司出租人为远东国际租赁有限公司（地点：上海），其余 7 笔出租人为北京文化科技融资租赁股份有限公司（地点：北京）及其旗下子公司江苏华东文化科技融资租赁有限公司（地址：江苏扬州）。2018 年文化企业无形资产融资租赁案例见表 3。

表 3　2018 年文化产业企业无形资产融资租赁案例

时间	承租人	融资标的	融资金额（亿元）	租赁方式	租赁期限(年)
2 月	北京天神互动科技有限公司	游戏著作权	2	售后回租	3
3 月	深圳市英唐智能控制股份有限公司	软件著作权	2	售后回租	3
3 月	高伟达软件公司	软件著作权	1	售后回租	3
5 月	湖北凯乐科技股份有限公司(2 笔)	专利权	2	售后回租	2
5 月	北京科蓝软件系统股份有限公司	软件著作权	0.8	售后回租	3
8 月	北京东土科技股份有限公司	软件著作权	0.5	售后回租	3
10 月	北京京西文化旅游股份有限公司	剧本著作权	2	售后回租	3

（1）以专利权为标的的融资租赁案例。2018 年 5 月，湖北凯乐科技股份有限公司以公司所拥有的部分专利权为租赁标的，分别向北京文科租赁和其控股公司江苏华东文化科技融资租赁有限公司以售后回租的方式融资 1 亿元，租赁期限为 2 年。

（2）以软件著作权为标的的融资租赁案例。2018 年上半年，北京文科租赁分别向深圳市英唐智能控制股份有限公司、高伟达软件公司、北京天神互动科技有限公司、北京科蓝软件系统股份有限公司提供租期为 3 年的软件著作权售后回租融资服务，融资金额合计为 5.8 亿元。其中，深圳市英唐智能控制股份有限公司、北京天神互动科技公司的融资负连带责任保证担保条款，均由公司控股股东提供；8 月，远东国际租赁有限公司将北京东土科技股份有限公司名下软件著作权作为融资标的，为企业提供 5000 万元融资支持。

---

① 资料来源：中国融资租赁资源网、零壹租赁智库。

（3）以剧本著作权为标的的融资租赁案例。2018年10月，北京京西文化旅游股份有限公司以持有的电影项目《封神三部曲》剧本著作权与北京文科租赁开展售后回租业务，成功融资2亿元。

四 文化产业债券融资

（一）2018年文化产业企业发行债券整体情况

根据WIND资讯数据统计，2018年文化产业企业（证监会行业分类——传播与文化产业）共发行债券49支，发行数量占全年债券发行数量的0.13%，发行金额为272.20亿元，占全年债券发行总额的0.08%。经历了2017年债市的深度调整，2018年"严监管、紧信用、宽货币"的金融政策带来流动性边际放宽，带动债市实现了熊牛转换。从发行规模看，文化产业企业发行债券数量较2017年同口径增加18支，发行金额增长46%，但文化产业债券融资在整体债券市场中所占比例仍然较小。

在2018年发行的49支债券中，最小发行金额为0.12亿元（可转债），最大发行金额为20亿元，平均为5.56亿元。期限方面，最短期限为0.16年，最长期限为18年（证监会主管ABS两笔），加权平均期限为3.11年。利率方面，最低年化利率为0.4%（可转债），最高年化利率为10%（可转债），加权平均年化利率为4.61%，剔除4笔可交换债和可转债后，加权平均年化利率为5.12%，较2017年利率下行约10bp。

（二）2018年文化产业债券融资主体情况

一是从融资主体的信用评级来看，在紧信用环境下，市场违约率不断上升的情况下，高信用评级企业债所占比例较高。发行的49支债券中，33支债券融资主体信用评级为AA+级以上，发行金额占文化企业债券发行总量的82.88%；15支债券融资主体信用评级为AA级以下，发行金额占17.07%。仅一家可转债融资主体"重庆熊猫传媒股份有限公司"无信用评级，发行金额0.12亿元，通过房产质押的方式提供担保。

二是从融资主体的产业分类来看，文化资产运营类企业共发行债券16支；内容创作生产类企业发行债券15支；文化传播渠道类企业与新闻信息服务类企业发行债券各7支；文化辅助生产和中介服务类企业发行债券3支；文化娱乐休闲服务类企业发行债券1支（见表4）。

表4 2018年文化类债券融资主体情况

文化产业类别	发行数量(支)	金额占比（%）	上市公司比例（%）	债券融资主体
内容创作生产	15	20.56	50	安徽新华发行(集团)控股有限公司;北京捷成世纪科技股份有限公司;湖北长江出版传媒集团有限公司;华谊兄弟传媒股份有限公司;青岛出版集团有限公司;武汉当代明诚文化股份有限公司;浙江唐德影视股份有限公司;中文天地出版传媒集团股份有限公司;中原出版传媒投资控股集团有限公司;重庆熊猫传媒股份有限公司
文化传播渠道	7	16.90	0.00	河南有线电视网络集团有限公司;华数数字电视传媒集团有限公司;山东广电网络有限公司;四川省有线广播电视网络股份有限公司
文化辅助生产和中介服务	3	2.90	100	北京华谊嘉信整合营销顾问集团股份有限公司;北京蓝色光标数据科技股份有限公司
文化娱乐休闲服务	1	0.73	0.00	陕西法门寺文化发展有限公司
文化资产运营	16	45.19	33.33	安徽出版集团有限责任公司;保利文化集团股份有限公司;北京市文化投资发展集团有限责任公司;湖南电广传媒股份有限公司;华闻传媒投资集团股份有限公司;江苏凤凰出版传媒集团有限公司;南京市文化投资控股集团有限责任公司;上海文化广播影视集团有限公司;重庆市国有文化资产经营管理有限责任公司
新闻信息服务	7	13.73	33.33	广东南方报业传媒集团有限公司;贵州广电传媒集团有限公司;湖北省广播电视信息网络股份有限公司;山东大众报业(集团)有限公司;陕西广电网络传媒(集团)股份有限公司;重庆日报报业集团产业有限责任公司

资料来源：根据WIND资讯数据统计整理。

（三）2018年文化产业企业发行的债券类型

2018年文化产业企业发行债券以短期品种券为主，一定程度上反映了金融机构对高流动性、低风险短期资产的偏好。1年期以下债券发行规模达40%，其中，超短期融资债券所占比例为32%（18支），一般短期融资债券所占比例为7%（2支）。中长期债券共29支，其中，一般中期票据10支，一般公司债8支，私募债5支，可转债3支，可交换债1支以及证监会主管资产支持证券2支（见表5）。

表5 2018年文化产业企业发行的债券类型

债券类型	发行支数	发行金额（亿元）	金额所占比例（%）	加权平均利率（%）	加权平均期限（年）
超短期融资债券	18	87.20	0.32	4.64	0.62
一般短期融资券	2	19.00	0.07	5.44	1.00
一般中期票据	10	68.00	0.25	5.27	3.24
一般公司债	8	53.09	0.20	5.09	4.66
私募债	5	7.70	0.03	7.79	3.00
可交换债	1	6.20	0.09	1.80	5.00
可转债	3	25.46	0.09	0.51	5.99
证监会主管支持证券	2	5.55	0.02	6.24	17.82
合计	49	272.20	1.00	4.61	3.11

资料来源：根据WIND资讯数据统计整理。

发行金额所占比例排名前三位的文化产业企业——华数数字电视传媒集团有限公司、安徽出版集团有限责任公司、上海文化广播影视集团有限公司均运用多种债券类型进行融资。2018年，华数数字电视传媒集团有限公司共发行4期债券，其中，一般公司债2期（18华数01、18华数02），超短期融资债券2期（18华数SCP001、18华数SCP002），发行金额共30亿元，在2018年文化产业企业发债规模中居于首位。安徽出版集团有限责任公司共发行5期债券，分别为1期一般短期融资债券（18皖出版CP001）和4

期超短期融资债券（18 皖出版 SCP001、18 皖出版 SCP002、18 皖出版 SCP003、18 皖出版 SCP004），发债规模排名第二位。上海文化广播影视集团有限公司发行 1 期一般中期票据（18 文广集团 MTN001）、2 期超短期融资债券（18 文广集团 SCP001、18 文广集团 SCP002），发行金额共 25 亿元（见表 6）。

表 6　发行债券金融前三位的文化产业企业及其融资情况

企业名称	债券简称	债券类型	发行日期	到期日期	金额（亿元）	收益率（%）
华数数字电视传媒集团有限公司	18 华数 01	一般公司债	2018 年 4 月 20 日	2023 年 4 月 23 日	8.00	4.70
	18 华数 02	一般公司债	2018 年 8 月 2 日	2023 年 8 月 6 日	12.00	4.33
	18 华数 SCP001	超短期融资债券	2018 年 9 月 3 日	2019 年 6 月 2 日	3.00	3.95
	18 华数 SCP002	超短期融资债券	2018 年 9 月 5 日	2019 年 6 月 4 日	7.00	3.87
安徽出版集团有限责任公司	18 皖出版 CP001	一般短期融资债券	2018 年 3 月 7 日	2019 年 3 月 9 日	12.00	5.29
	18 皖出版 SCP001	超短期融资债券	2018 年 4 月 23 日	2018 年 12 月 21 日	5.00	4.85
	18 皖出版 SCP002	超短期融资债券	2018 年 7 月 23 日	2019 年 4 月 21 日	5.00	4.20
	18 皖出版 SCP003	超短期融资债券	2018 年 9 月 13 日	2018 年 12 月 26 日	1.50	3.74
	18 皖出版 SCP004	超短期融资债券	2018 年 11 月 21 日	2019 年 8 月 20 日	6.00	3.80
上海文化广播影视集团有限公司	18 文广集团 MTN001	一般中期票据	2018 年 8 月 6 日	2021 年 8 月 8 日	10.00	3.97
	18 文广集团 SCP001	超短期融资债券	2018 年 6 月 12 日	2018 年 8 月 13 日	10.00	4.20
	18 文广集团 SCP002	超短期融资债券	2018 年 7 月 11 日	2019 年 4 月 9 日	5.00	4.10

资料来源：根据 WIND 资讯数据统计整理。

五 我国十大文化产业上市公司债权类融资情况

根据2018年前三季度报表，按照总收入情况选取国内排名前十位的文化产业上市公司，梳理并分析其债权融资情况，探究文化企业2018年债权融资总体态势（见表7）。

表7 2018年前三季度我国十大文化产业上市企业

单位：亿元

排序	公司代码及简称	总营收	净利润	所有者权益	总负债
1	300058.SZ-蓝色光标	169.74	4.13	65.26	99.96
2	002027.SZ-分众传媒	105.65	48.1	137.05	47.8
3	600986.SH-科达股份	105.34	4.48	64.29	48.08
4	002739.SZ-万达电影	105.29	12.68	126.73	97.27
5	002131.SZ-利欧股份	98.3	2.51	84.09	78.61
6	600637.SH-东方明珠	92.13	15.11	302.29	75.59
7	600373.SH-中文传媒	89.6	12.07	130.43	104.51
8	002400.SZ-省广集团	82.11	1.48	54.77	36.18
9	601928.SH-凤凰传媒	77.89	11.04	137.14	86.98
10	600757.SH-长江传媒	76.67	6.34	67.24	42.8

资料来源：上述公司前三季度报告，按总营收排序。

在2018年金融去杠杆，融资环境全面收紧的形势下，文化类企业总体融资规模收缩明显。前三季度，国内前十家文化上市公司总负债较年初增加29.78亿元，较上年同期下降接近60%。其中，流动负债增加21.13亿元，同比降幅为52%。虽然大部分文化产业上市企业负债规模小幅增长，但考虑到小微文化企业的数量占文化类企业总数的80%以上，文化企业或面临着较大融资收缩压力。此外，10家公司所有者权益均呈现正增长，较年初共增加78.48亿元。2018年前三季度我国十大文化产业上市企业债权类融资情况见表8。

表 8　2018 年前三季度我国十大文化产业上市企业债权类融资情况

单位：亿元

序号	公司简称	短期借款	较年初	应付账款（含票据）	较年初	长期借款	较年初	应付债券	较年初	长期应付款	较年初
1	蓝色光标	0.41	0.31	39.36	0	0.47	0.47	17.67	-3.66	1.10	-0.43
2	分众传媒	0.32	0.32	8.19	5.84	8.94	0.45	0	0	0	0
3	科达股份	5.54	-0.07	28.53	3.41	2.10	-0.4	0	0	0	0
4	万达电影	22.69	0.69	7.91	-0.53	19.13	-1.67	0	0	0.21	0.04
5	利欧股份	22.75	2.5	26.63	6.12	0	-0.23	16.72	16.72	0.87	-0.65
6	东方明珠	16.5	0.00	27.91	0.89	0	0	0	0	0	0
7	中文传媒	19.9	11.10	22.46	3.12	0.26	-0.01	0	0	0	0
8	省广集团	9.2	-1.08	12.82	-4.17	1.4	-0.63	0	0	0	0
9	凤凰传媒	1.83	-0.56	43.54	8.95	0	-0.11	0	0	7.27	0.09
10	长江传媒	0.2	0.10	27.51	3.94	0	0	0	0	0.01	-0.02

资料来源：上述公司前三季度报告。

（一）蓝色光标

截至 2018 年第三季度，蓝色光标总负债较年初减少 3.91 亿元至 99.96 亿元，其中非流动负债减少 3.77 亿元，为主要原因，而流动负债减少 0.14 亿元。非流动负债中，应付债券相对年初减少 17.16% 至 17.67 亿元。应付债券下降 3.66 亿元，是非流动负债项目减少的主要原因，为蓝色光标公司偿付债券本金及应付利息所致。总的来看，蓝色光标的负债结构以应付账款及应付债券为主，尽管应付债券等长期负债减少但短期借款等短期负债增加，总体负债减少幅度较小。

（二）分众传媒

2018 年前三季度，流动负债方面，分众传媒应付账款增幅达 249.51%，由 2.35 亿元增至 8.19 亿元，表明分众传媒对供应商赊销有一定幅度增长。其他流动负债项目，如应交税费、其他应付款分别减少 17.21%、

26.36%。非流动负债方面，长期借款由年初 8.49 亿元增至 8.94 亿元，增幅为 5.30%。分众传媒无应付债券等非流动负债项目，其他非流动负债为经营活动所产生的应付职工薪酬、递延所得税负债等，且额度及降幅都不大。总体来说，分众传媒 2018 年度主要依赖商业信用进行短期融资，长期金融相关融资有限。

（三）科达股份

截至 2018 年第三季度，科达股份流动负债较年初增长 8.78%，由 41.67 亿元增至 45.33 亿元。第三季度流动负债较上年同期增长 5.38%。其中，应付票据及预付款项增幅较大，分别为 13.57% 及 15.16%，表明科达股份商业信誉良好。非流动负债方面，2018 年第三季度为 2.75 亿元，同比增长 343.55%，表明科达股份融资需求较为强烈。

（四）万达电影

2018 年前三季度，万达电影流动负债合计为 75.56 亿元，非流动负债合计为 21.72 亿元，均较 2018 年初明显减少（分别减少 16.6% 及 8.47%）。流动负债方面，其他应付款由年初的 23.59 亿元减少至 11.93 亿元，主要由于万达电影 2018 年按时支付了由借款及其他融资方式产生的利息。2017 年一年内到期非流动负债仅为 1.14 亿元，但 2018 年第三季度该项目增至 19.49 亿元，增幅达 1609%，表明万达电影积极利用商业信用进行融资。

（五）利欧股份

截至 2018 年第三季度，利欧股份应付账款（含票据）余额总值为 26.63 亿元，较年初增长了 6.12 亿元，增幅为 29.84%；短期借款增长了 2.5 亿元，增幅为 12.35%。非流动负债方面，利欧股份 2018 年发行了 16.72 亿元的长期债券。2018 年，利欧股份总负债的增幅达 38.35%，所有者权益增幅达 9.75%。

（六）东方明珠

截至 2018 年第三季度，应付票据及应收账款由年初的 27.02 亿元增至年底的 27.91 亿元，增幅为 3.29%。一年内到期非流动负债仅为 0.21 亿元。2018 年所有者权益变化幅度仅为 2.12%。可见，东方明珠的外部融资较少，负债结构以短期负债为主。

（七）中文传媒

截至 2018 年第三季度，中文传媒短期借款由年初的 8.8 亿元增至 19.9 亿元，增长 126.14%。应付票据及应收账款由年初的 19.34 亿元增至 22.46 亿元，增幅为 16.13%。应收账款增长与存货的大幅增长相关（2018 年中文传媒的存货较年初增长了 51.42%）。其他应付款（包含利息及股利）由 4.31 亿元增至 6.47 亿元，增幅为 58.31%。非流动负债中长期借款、应付债券、长期应付款等均小于 1 亿元且相对年初无变化。可见，2018 年中文传媒对短期融资较为依赖。

（八）省广集团

截至 2018 年第三季度，省广集团短期借款余额为 9.2 亿元，应收票据及应付账款余额为 12.82 亿元，一年内到期的非流动负债余额为 0.73 亿元，长期借款余额为 1.4 亿元，无应付债券、长期应付款。应付票据及应付账款减少 24.54%，主动负债减少，融资依赖程度降低。省广集团全年所有者权益增长 2.93%，负债下降 23.18%，杠杆率明显降低。

（九）凤凰传媒

截至 2018 年第三季度，凤凰传媒流动负债较年初增长 12.27 亿元，增幅为 19.34%。流动负债同比增长 6.51 亿元，增幅为 9.40%。2018 年应付票据及应付账款余额为 43.54 亿元，占流动资产的比例超过 50%。该项目较年初增长了 25.87%，表明凤凰传媒在 2018 年主要运用商业类融资工具进行融资。长期负债方面，长期借款在 2018 年第三季度余额为 0，无应付债券等其他融资项目。

（十）长江传媒

截至 2018 年第三季度，长江传媒短期借款余额为 0.2 亿元，应付票据及应付账款余额为 27.51 亿元，长期应付款仅为 0.01 亿元，无应付债券等长期融资。所有者权益从年初的 62.18 亿元增长至 67.24 亿元，增幅为 8.14%。季报显示，长江传媒公司主要运用商业信用进行融资，而非运用贷款、债券等长期限金融工具进行融资。

参考文献

［1］中国信托业协会：《2018 年 3 季度末信托公司主要业务数据》，http://www.xtxh.net/xtxh/statistics/44946.htm，2018 年 12 月 14 日。

［2］新元文智－文化产业投融资大数据系统（文融通），http://www.ccizone.com/。

［3］用益金融信托研究院，http://www.yanglee.com/research/。

［4］中国融资租赁资源网，http://www.flleasing.com/。

［5］零壹租赁智库：《2018 年租赁公司精彩回顾——文科租赁》http://www.01leasing.com/dashiji/17146.htm，2019 年 1 月 30 日。

［6］前瞻产业研究院，https://bg.qianzhan.com/。

［7］北京市文创金融服务网络平台，http://www.bjwcjf.com/。

［8］中国文化产业政策库，http://www.ce.cn/culture/zck/。

［9］《中国银监会关于规范银信类业务的通知》（银监发〔2017〕55 号）。

［10］《文化企业无形资产评估指导意见》（中评协〔2016〕14 号）。

［11］《关于推动国有文化企业把社会效益放在首位、实现社会效益和经济效益相统一的指导意见》（中办发〔2015〕50 号）。

［12］《国务院办公厅关于创新管理优化服务培育壮大经济发展新动能加快新旧动能接续转换的意见》（国办发〔2017〕4 号）。

［13］《北京市实施文化创意产业"投贷奖"联动推动文化金融融合发展管理办法》（京文领办文〔2017〕3 号）。

［14］《文化部"十三五"时期文化产业发展规划》，文化部2017年全国文化产业工作会议。

［15］《国务院办公厅关于进一步激发社会领域投资活力的意见》（国办发〔2017〕21号）。

［16］《社会领域产业专项债券发行指引》（发改办财金规〔2017〕1341号）。

［17］《关于规范金融机构资产管理业务的指导意见》（银发〔2018〕106号）。

［18］《关于在旅游领域推广政府和社会资本合作模式的指导意见》（文旅旅发〔2018〕3号）。

［19］《文化和旅游部财政部关于在文化领域推广政府和社会资本合作模式的指导意见》（文旅产业发〔2018〕96号）。

［20］《国务院关于推动创新创业高质量发展打造"双创"升级版的意见》（国发〔2018〕32号）。

［21］《国务院办公厅关于印发文化体制改革中经营性文化事业单位转制为企业和进一步支持文化企业发展两个规定的通知》（国办发〔2018〕124号）。

B.3
2018年股权类文化金融发展报告

刘德良 段卓杉*

摘　要： 近几年，我国文化产业保持较快增长，2018年实现营业收入89257亿元，同比增长8.2%。全年我国文化产业各渠道总流入资金3607.17亿元，其中债券占据四成以上的资金流入。虽然我国新增上市文化企业数量减少，但是首次募集资金规模实现19.19%的增长，达到376.60亿元。在非上市渠道中，股权众筹融资活跃度、融资规模双向下降，但随着2018年证监会将股权众筹试点管理办法的制定纳入年度立法计划，2019年股权众筹市场有望崛起；创投融资、PE融资渠道表现亮眼，融资活跃度、融资规模均双双实现增长。另外，我国文化企业挂牌新三板进度放缓，伴随"新三板+H股"模式落地，未来挂牌的文化企业可以通过"新三板+H股"增加融资渠道。此外，高度依赖互联网技术的互联网信息服务业、互联网文化娱乐平台业、数字内容服务业备受资本追捧。其中的数字内容服务因其重要的经济主体地位，未来资本热度将持续。

关键词： 文化金融　上市融资　私募股权　创投融资　PE融资

---

* 刘德良，新元文智智库董事长。段卓杉，新元文智智库研究咨询中心副总经理。

文化金融蓝皮书

一 我国文化产业资金流入的基本情况

在"一带一路"倡议、"媒体融合"及"双创"等国家政策的助推下，2018年我国文化产业保持较快增长。文化产业跨界融合深化，产业投融资服务体系更加完善，文化金融跑出了"加速度"，我国文化产业活力持续释放。

1. 全国规模以上文化及相关产业6.0万家企业实现营业收入89257亿元

根据国家统计局数据，2018年全国规模以上文化及相关产业企业6.0万家，实现营业收入89257亿元，比上年增长8.2%（按可比口径计算）。分行业类别看，文化及相关产业9个行业中，有7个行业的营业收入实现增长。其中，增速超过10%的行业有3个，分别是：新闻信息服务营业收入8099亿元，比上年增长24.0%；创意设计服务营业收入11069亿元，比上年增长16.5%；文化传播渠道营业收入10193亿元，比上年增长12.0%（见图1）。增速为负的行业有2个，分别是：文化娱乐休闲服务营业收入1489亿元，比上年下降1.9%；文化投资运营营业收入412亿元，比上年下降0.2%。

分区域看，东部地区规模以上文化及相关产业企业实现营业收入68688亿元，占全国总营业收入的77.0%；中部、西部和东北地区营业收入分别为12008亿元、7618亿元和943亿元，分别占全国总营业收入的13.4%、8.5%和1.1%。从增长速度看，西部地区增长12.2%，中部地区增长9.7%，东部地区增长7.7%，东北地区下降1.3%[①]。

2. 资金流入整体小幅下降，债券渠道资金流入量居首

文化产业发展需要资本的支持，同时当代资本的创新也需要与文化产业相融合。根据新元文智-文化产业投融资大数据系统（文融通）统计，2018年我国文化产业通过债券、私募股权融资、上市首次募资、上市再融

---

① 资料来源：《2018年全国规模以上文化及相关产业企业营业收入增长8.2%》，国家统计局网站，http://www.stats.gov.cn/tjsj/zxfb/201901/t20190131_1647735.html，2019年1月31日。

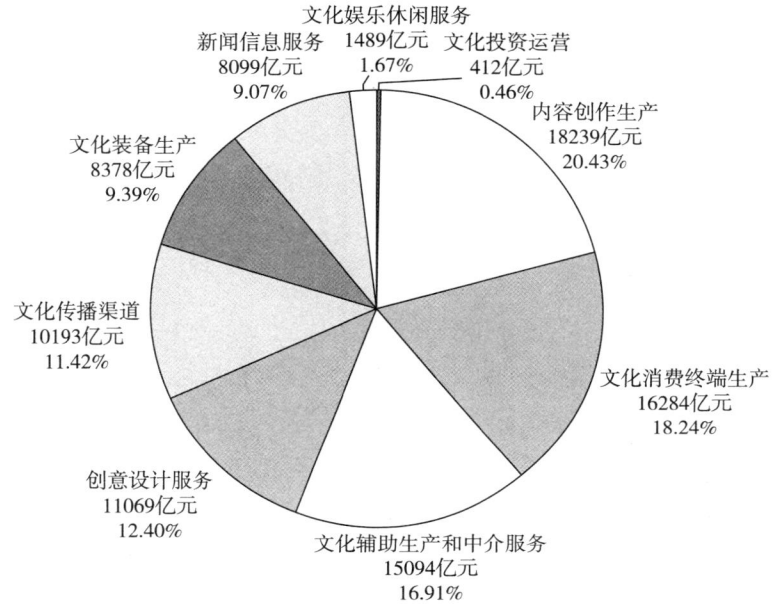

图 1　2018 年全国文化产业各领域收入规模

资料来源：国家统计局网站。

资、信托、新三板融资、众筹渠道总流入资金 3603.67 亿元，比 2017 年下降 3.56%（2017 年我国文化产业各渠道总流入资金 3736.79 亿元）。其中，债券渠道流入资金 1528.79 亿元，占比为 42.42%，为资金流入的主渠道；其次，私募股权融资渠道流入资金 1152.40 亿元，占比为 31.98%；上市再融资、信托、新三板融资、众筹渠道流入资金均在 400 亿元以下，合计占比为 25.60%（见图 2）。

3. 文化传播渠道业为吸金之最，募集资金 874.48 亿元

新元文智-文化产业投融资大数据系统（文融通）数据显示，2018 年文化传播渠道板块的资金流入量最大，达到 874.48 亿元，在文化产业总资金流入量中的占比为 24.27%；内容创作生产、新闻信息服务两个板块紧随其后，分别流入资金 645.73 亿元、607.05 亿元，占比分别为 17.92%、16.85%；文化投资运营、文化娱乐休闲服务、文化辅助生产和中介服务、

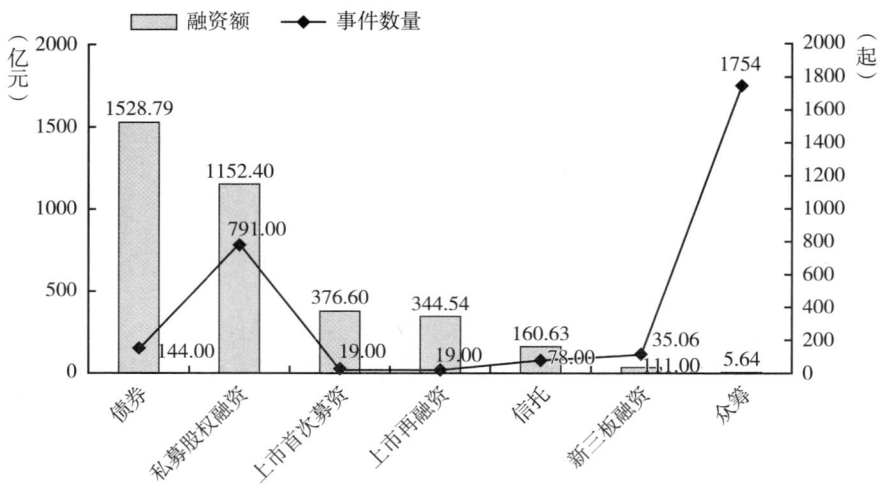

图 2　2018 年全国文化产业各融资渠道资金流入分布

注：计算资金流入时，为避免重复计算，上市后融资中不计相应的债券、信托融资，新三板融资中不计相应的债券融资。

资料来源：新元文智－文化产业投融资大数据系统（文融通）。

创意设计服务的资金流入规模为 200 亿～500 亿元，分别为 499.75 亿元、319.83 亿元、258.68 亿元、221.84 亿元，合计占比为 36.08%；文化消费终端生产、文化装备生产板块的资金流入规模相对较小，均在 150 亿元以下（见图 3）。

2018 年，互联网信息服务、互联网文化娱乐平台、数字内容服务、运营管理、工艺美术品销售、景区游览服务等文化领域荣膺资金流入十强榜单。其中，如图 4 所示，互联网信息服务领域最受资本青睐，募集资金511.51 亿元（占比为 14.19%）；互联网文化娱乐平台紧随其后，流入资金506.21 亿元（占比为 14.05%）；数字内容服务、运营管理两个领域融资规模分列第三位、第四位，分别吸金 391.03 亿元（占比为 10.85%）、327.60亿元（占比为 9.09%）；工艺美术品销售、景区游览服务、文化辅助用品制造、广告服务、投资与资产管理、广播影视节目制作六个领域资本关注度相对较低，融资规模均为 300 亿元以下，合计占比为 32.67%。

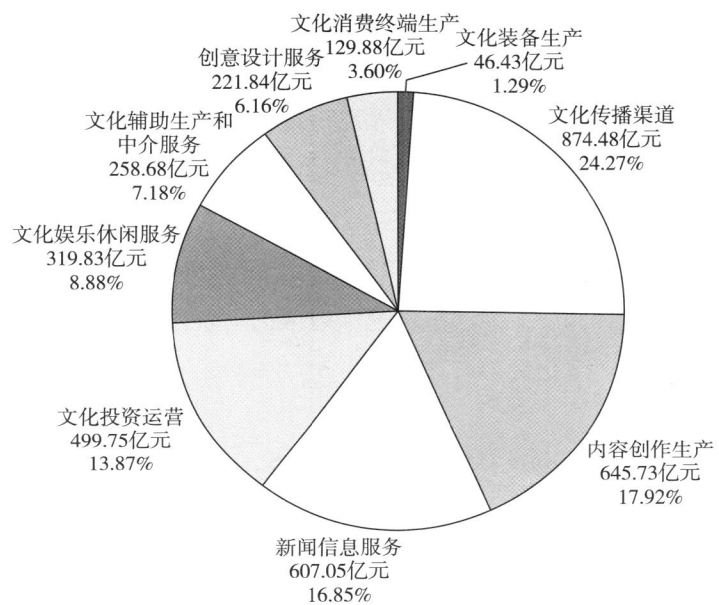

图3　2018年全国文化产业不同行业资金流入情况

资料来源：新元文智-文化产业投融资大数据系统（文融通）。

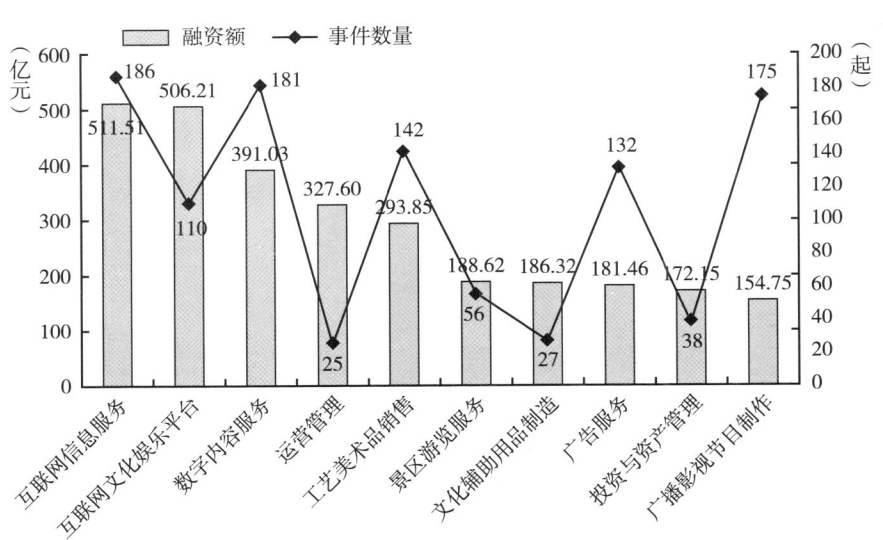

图4　2018年全国文化产业领域资金流入TOP10

资料来源：新元文智-文化产业投融资大数据系统（文融通）。

4. 广东独占鳌头，占据近三成流入资金

2018年，我国文化产业所融资金主要流向广东、北京、上海、江苏、山东、浙江等十个省份。从资金流入规模来看，广东一枝独秀，募集资金1053.06亿元，占据文化产业近三成流入资金（见表1）；其次为北京、上海、江苏、山东、浙江、陕西，分别流入资金834.59亿元、608.59亿元、217.05亿元、206.31亿元、190.72亿元、129.96亿元，合计占比为60.69%；此外，四川、湖北、重庆三个地区的融资规模均为80亿元以下，合计募集资金190.17亿元，合计占比为5.28%。

表1　2018年全国文化产业资金流入省份TOP10

序号	省份	融资规模（亿元）	占比（%）
1	广东	1053.06	29.22
2	北京	834.59	23.16
3	上海	608.59	16.89
4	江苏	217.05	6.02
5	山东	206.31	5.72
6	浙江	190.72	5.29
7	陕西	129.96	3.61
8	四川	73.89	2.05
9	湖北	72.67	2.02
10	重庆	43.61	1.21

资料来源：新元文智-文化产业投融资大数据系统（文融通）。

二　我国股权类投融资渠道文化金融发展情况分析

我国文化产业发展一直面对"融资难"问题，股权类文化金融为解决此问题发挥着不可替代的作用。2018年归属于私募股权融资渠道的创投融资、PE融资表现突出，我国文化产业通过上述两个渠道募集资金规模分别较上年同期上涨62.65%、61.97%。

（一）上市渠道

1. 上市首次募资：涉及资金376.60亿元，超七成流入互联网文化娱乐平台

IPO进入提质阶段，全年20家文化企业成功上市。目前，我国文化企业IPO进入提质阶段。新元文智－文化产业投融资大数据系统（文融通）数据显示，2017～2018年，我国共有58家文化企业成功上市，首次募集资金规模达到692.56亿元。从年度分布来看，2018年有20家企业上市，较2017年减少18家；首次募资376.60亿元，同比上涨19.19%（见图5）。其中，爱奇艺、腾讯音乐首次募集资金规模领先，分别为141.85亿元、73.39亿元。

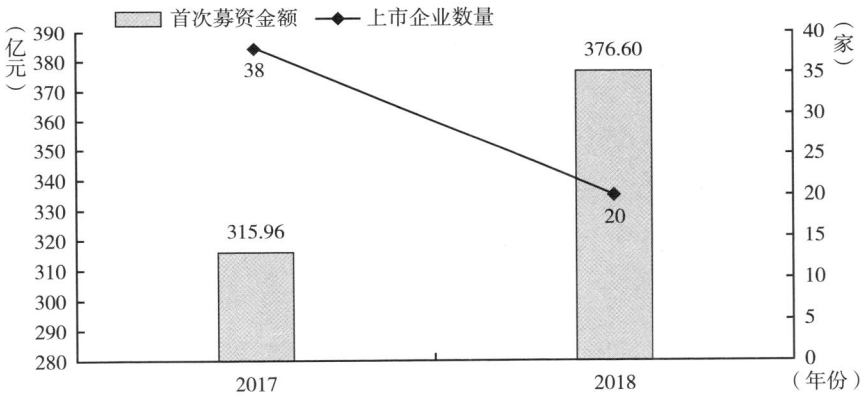

图5 2017～2018年全国文化企业上市首次募资情况

资料来源：新元文智－文化产业投融资大数据系统（文融通）。

互联网文化娱乐平台吸金能力强，融资规模占比超七成。随着文化与互联网的快速融合，不断衍生出新业态、新模式，互联网文化娱乐平台领域受到资本市场的关注。数据显示，2018年我国文化产业通过上市首次募集渠道所融资金流向的领域呈现一超多强格局。其中互联网文化娱乐平台吸金能力最强，全年流入资金268.39亿元，占比超七成（见图6）；景区游览服务、数字内容服务、互联网信息服务、广告服务四个领域融资能力次之,分别流入资金 29.47 亿元、27.98 亿元、23.57 亿元、13.66 亿元;游乐游艺设备制造、广播电视电影设备制造及销售、设计服务、会议展览服务等领域吸金能力相对较弱,流入资金规模均为 10 亿元以下。

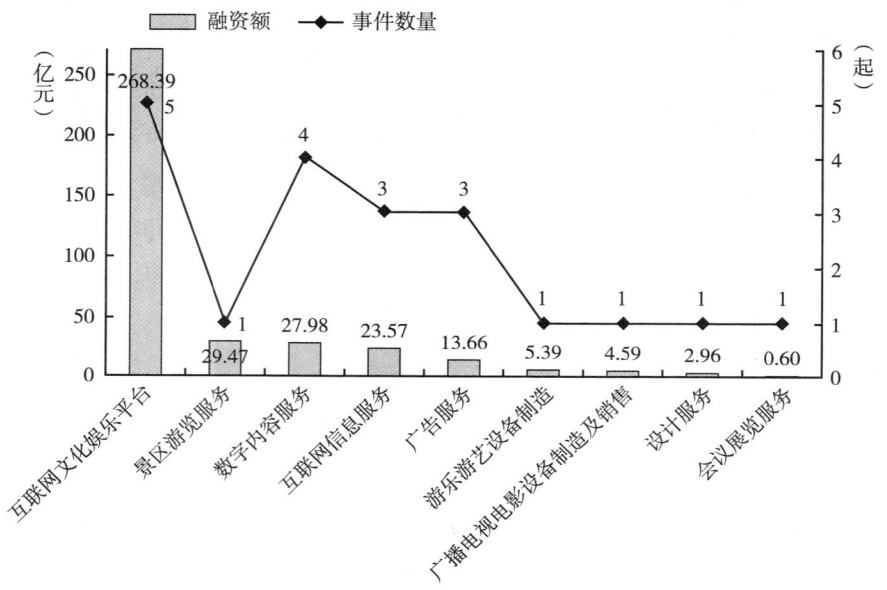

图 6　2018 年全国上市文化企业首次募资领域分布

资料来源:新元文智-文化产业投融资大数据系统(文融通)。

北京拔得头筹,占据近五成流入资金。新元文智-文化产业投融资大数据系统(文融通)数据显示,2018 年我国文化产业通过上市首次募资渠道所融资金主要流向北京、广东、上海、西藏、浙江五个省份。其中,北京吸金能力碾压其他省份,2018 年流入资金 175.93 亿元,占比为 46.71%(见表 2);其次为广东,流入资金 129.11 亿元,占比为 34.28%;上海、西藏、浙江分别以 65.29 亿元、3.31 亿元、2.96 亿元的融资规模位列第三、第四、第五,三个省份融资总额(71.56 亿元)不及居次席的广东。

表2　2018年全国文化企业上市首次募资规模省份

序号	省份	融资规模(亿元)	占比(%)
1	北京	175.93	46.71
2	广东	129.11	34.28
3	上海	65.29	17.34
4	西藏	3.31	0.88
5	浙江	2.96	0.79

注：江苏发生的1起事件未透露详细金额。
资料来源：新元文智－文化产业投融资大数据系统（文融通）。

2. 上市再融资：债券发行为主要方式，广东、上海融资额同比增长

再融资事件涉及资金1189.79亿元，以发行债券为主。新元文智－文化产业投融资大数据系统（文融通）数据显示，2018年我国上市文化企业发生79起再融资事件，募集资金1189.79亿元，同比分别下降54.60%、41.48%。从上市文化企业的再融资方式来看，以发行债券为主，全年60起事件共吸纳资金845.25亿元，融资活跃度、融资规模双向居首；其次，定向增发18起事件涉及资金340.13亿元；此外，2018年发生1起配股事件，为TCL集团认购其控股子公司TCL多媒体在港发行的配股，涉及资金4.42亿元（见图7）。

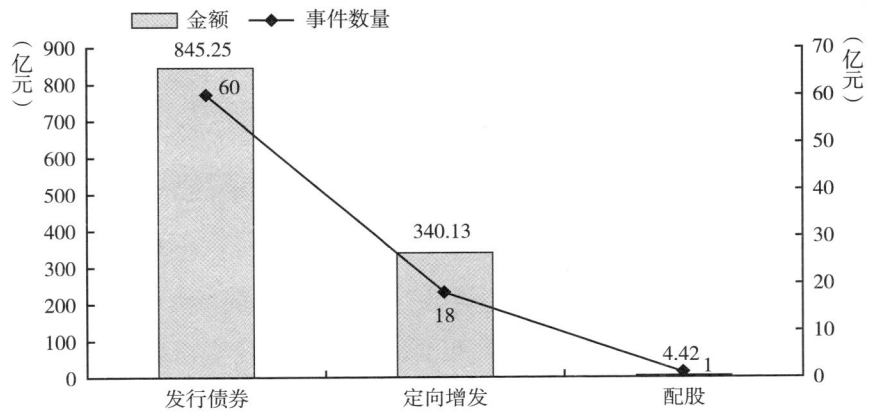

图7　2018年全国上市文化企业再融资规模分布

资料来源：新元文智－文化产业投融资大数据系统（文融通）。

数字内容服务业、工艺美术品销售业上市文化企业再融资规模靠前。得益于国民经济的不断增长、居民可支配收入的持续提高，我国珠宝首饰消费市场处于高速发展阶段，吸引大量资本进入。新元文智－文化产业投融资大数据系统（文融通）数据显示，2018年数字内容服务、工艺美术品销售两个行业的融资规模遥遥领先。其中，数字内容服务业吸纳资金322.46亿元，且资金全数流入互联网游戏服务领域；工艺美术品销售业募集资金289.77亿元，资金全数流入珠宝首饰零售领域（见图8）。

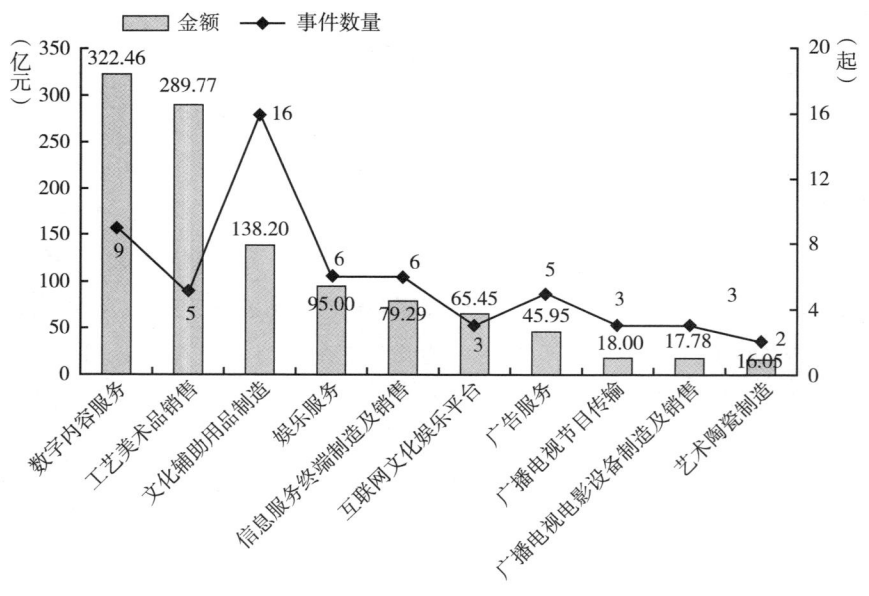

图8　2018年全国上市文化企业再融资规模领域TOP10

资料来源：新元文智－文化产业投融资大数据系统（文融通）。

粤、沪、鲁、京上市文化企业再融资市场表现亮眼。新元文智－文化产业投融资大数据系统（文融通）数据显示，2018年广东、上海、山东、北京四个省份的上市文化企业再融资规模遥遥领先，依次为533.64亿元、338.56亿元、143.33亿元、101.33亿元，依次占比44.85%、28.46%、12.05%、8.52%（见表3）。与2017年相比，广东、上海两个省份融资规模实现增长,同比分别增长44.65%、73.55%;而山东、北京两个省份融资规模呈现下降趋势,降幅分别为31.04%、76.39%。

表3 2018年全国上市文化企业再融资规模省份TOP10

序号	省份	融资规模(亿元)	占比(%)
1	广东	533.64	44.85
2	上海	338.56	28.46
3	山东	143.33	12.05
4	北京	101.33	8.52
5	江西	15.00	1.26
6	海南	13.00	1.09
7	湖南	10.00	0.84
8	陕西	8.00	0.67
9	湖北	6.00	0.50
10	西藏	5.81	0.49

资料来源:新元文智－文化产业投融资大数据系统(文融通)。

3. 上市后投资:数字内容服务业表现好,广东涉及资金规模领先

以并购为主,但投资事件数量、投资规模双向下滑。新元文智－文化产业投融资大数据系统(文融通)数据显示,2018年我国上市文化企业发生482起投资事件,较2017年减少57起;涉及资金1837.11亿元,较2017年增长6.87%。从具体的投资方式来看,并购124起事件涉及资金1012.18亿元,为我国上市文化企业的主要投资方式;此外,股权投资、投资基金、新设子公司分别发生112起、120起、126起事件,分别涉及资金581.52亿元、145.42亿元、98.00亿元(见图9)。对比2017年,并购、新设子公司投资事件数量、投资规模均双向下降,事件数量降幅分别为19.48%、15.44%,投资规模降幅分别为0.65%、52.32%;股权投资事件数量下降(降幅为21.13%),投资规模反升(升幅为74.27%);投资基金与股权投资正好相反,投资事件数量上升(升幅为27.66%),投资规模反降(降幅为9.66%)。

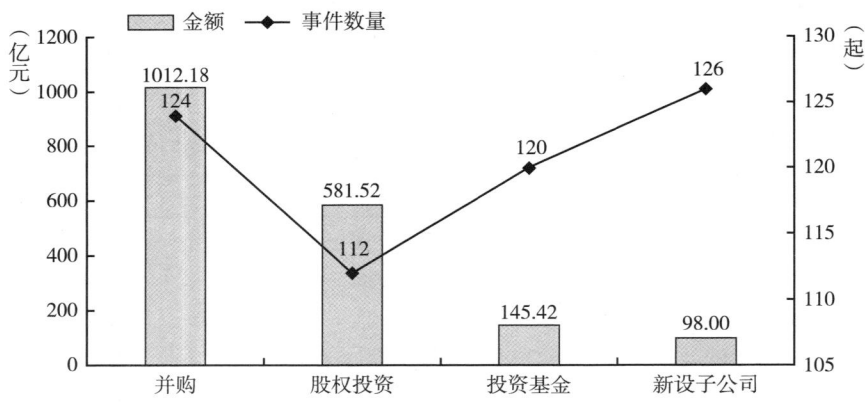

图 9　2018 年全国上市文化企业投资方式分布

注：因数据四舍五入的原因，本文可能存在总计（或占比）与图中各项求和（或占比）不等的情况。
资料来源：新元文智-文化产业投融资大数据系统（文融通）。

数字内容服务业表现好，84 起事件涉及资金 232.93 亿元。2018 年我国发生投资事件的上市文化企业涵盖互联网信息服务、工艺美术品销售、数字内容服务、出版服务、信息服务终端制造及销售等领域。其中，投资规模突破 200 亿元的领域有互联网信息服务、工艺美术品销售、数字内容服务，三个领域分别涉及资金 361.58 亿元、289.96 亿元、232.93 亿元（见图 10）；此外，数字内容服务、广告服务两个领域的投资活跃度高，分别发生 84 起、64 起事件。总的来说，数字内容服务领域上市文化企业扩张需求强烈，无论是投资事件数量还是投资规模均靠前。

北京投资规模居首，占比三成多。新元文智-文化产业投融资大数据系统（文融通）显示，2018 年北京上市文化企业以 568.03 亿元投资规模拔得头筹，占比 30.92%；上海位列次席，涉及资金 524.31 亿元，占比 28.54%；广东、山东、浙江、湖北四个省份投资规模为 70 亿～300 亿元，排名依次降至第三位至第六位，分别涉及资金 272.81 亿元、109.62 亿元、76.73 亿元、76.49 亿元；辽宁、福建、海南、江苏等省份投资规模相对较小，均为 40 亿元以下（见表4）。

2018年股权类文化金融发展报告

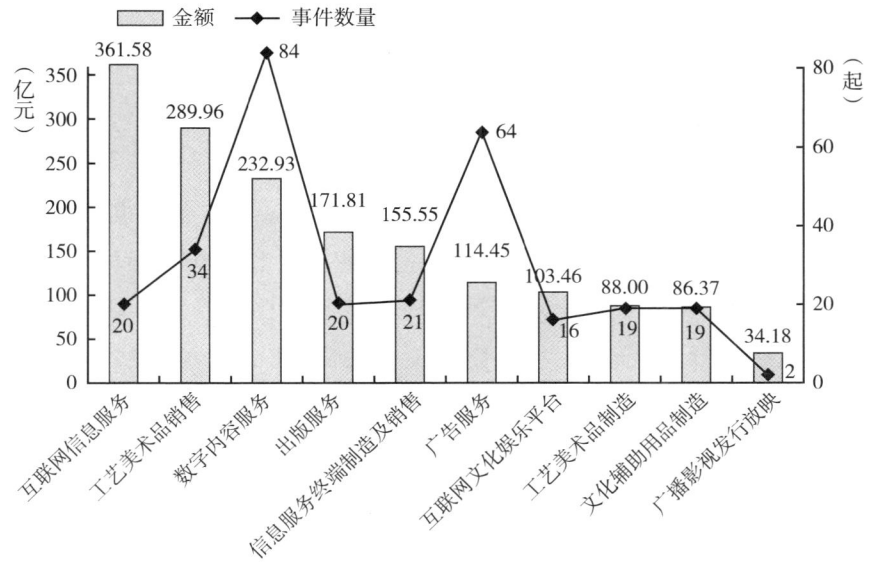

图10 2018全国涉及投资事件的上市文化企业所属领域TOP10

资料来源：新元文智－文化产业投融资大数据系统（文融通）。

表4 2018年全国上市文化产业投资规模省份TOP10

序号	省份	投资规模（亿元）	占比（%）
1	北京	568.03	30.92
2	上海	524.31	28.54
3	广东	272.81	14.85
4	山东	109.62	5.97
5	浙江	76.73	4.18
6	湖北	76.49	4.16
7	辽宁	39.00	2.12
8	福建	30.54	1.66
9	海南	26.14	1.42
10	江苏	25.80	1.40

资料来源：新元文智－文化产业投融资大数据系统（文融通）。

（二）非上市渠道

1. 股权众筹：娱乐服务业融资活跃度高，北京融资能力强

股权众筹融资事件、融资规模双向下降。2017~2018年，我国文化产业共发生股权众筹事件27起，筹集资金11302.16万元。从年度数据来看，2018年我国股权众筹渠道发生7起事件，涉及资金2907.23万元（见图11），同比分别下降65.00%、65.37%（2017年股权众筹事件20起、涉及资金8394.93万元）。其中，第五创、众筹客两个平台表现较为突出，分别发生3起、2起事件，分别涉及资金347.43万元、347.00万元。目前我国股权众筹行业已从盲目扩张进入精细化发展的转变阶段。相信随着2018年证监会将股权众筹试点管理办法的制定纳入年度立法计划，必然将推动股权众筹的重新崛起。

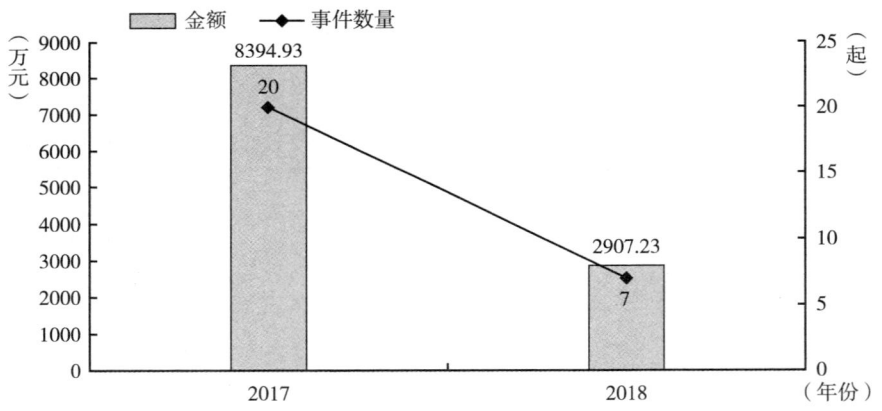

图11　2017~2018年全国文化产业股权众筹融资情况

资料来源：新元文智-文化产业投融资大数据系统（文融通）。

娱乐服务资本运作频繁，发生事件3起。2018年我国股权众筹涉及设计服务、娱乐服务、游乐游艺设备制造、创作表演服务四个领域。从融资规模来看，设计服务领域居首，吸纳资金2000.00万元；娱乐服务领域次之，涉及资金691.43万元（见图12）。从融资活跃度来看，娱乐服务、创作表演服务两个领域资本运作较频繁，分别发生事件3起、2起。整体来看，娱乐服务领域备受资本青睐，融资活跃度、融资规模均靠前。

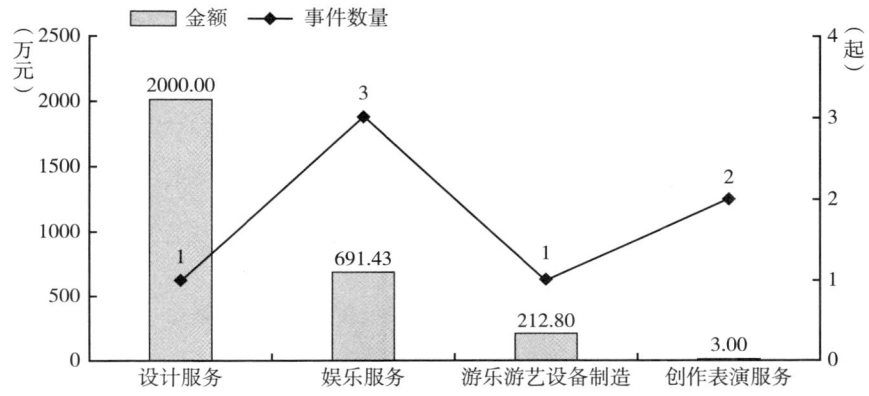

图12　2018年全国文化产业股权众筹融资领域分布

资料来源：新元文智-文化产业投融资大数据系统（文融通）。

北京市股权众筹涉及资金2000万元，表现亮眼。2018年北京市发生1起股权众筹事件，即"TP公司：首个无线VR解决方案提供商"项目，涉及资金2000.00万元（见图13），占文化产业股权众筹融资总额的68.79%；辽宁、浙江融资规模旗鼓相当，分别为347.00万元、344.43万元，占比分别为11.94%、11.85%；此外，福建、广东分别吸纳资金212.80万元、3.00万元，合计占比为7.42%。

2. 创投：广播影视节目制作业受资本青睐，江苏融资表现突出

创投渠道融资涉及资金435.28亿元，同期上涨62.65%。创投包含VC投资与天使投资，是我国成长期的文化企业获得资金的重要途径。新元文智-文化产业投融资大数据系统（文融通）数据显示，2017~2018年，我国文化产业创投渠道共发生融资事件1039起，募集资金规模达到435.28亿元。从年度数据来看，2018年569起创投融资事件涉及资金269.55亿元（见图14），较2017年分别增长21.06%、62.65%。其中VC投资涉及事件353起，募集资金251.49亿元；天使投资涉及事件216起，吸纳资金18.05亿元。

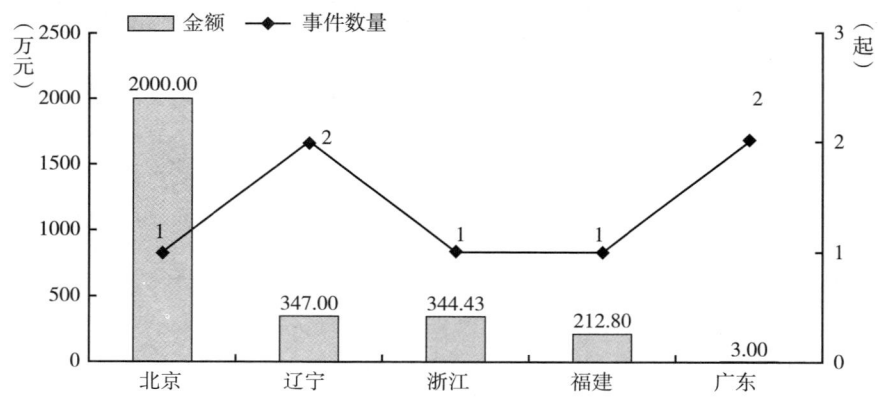

图13 2018年全国文化产业股权众筹融资省份分布

资料来源：新元文智－文化产业投融资大数据系统（文融通）。

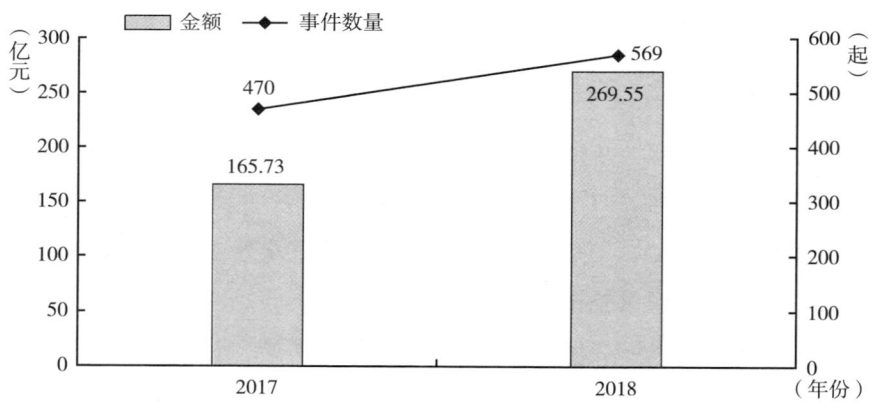

图14 2017~2018年全国文化产业创投渠道融资情况

资料来源：新元文智－文化产业投融资大数据系统（文融通）。

广播影视节目制作业受资本追捧，互联网信息服务业资本运作频繁。近年来，我国居民消费欲望和消费能力快速上升，影视节目作为主要文化消费内容带动相关行业迅猛发展。2018年广播影视节目制作领域共发生31起创投事件，吸纳资金111.58亿元，融资规模居首；互联网信息服务领域发生129起事件，涉及资金27.91亿元，融资活跃度最高（见图15）。随着互联网的迅速发展，互联网信息服务越来越多地进入人们的生活，资本运作将更加频繁。

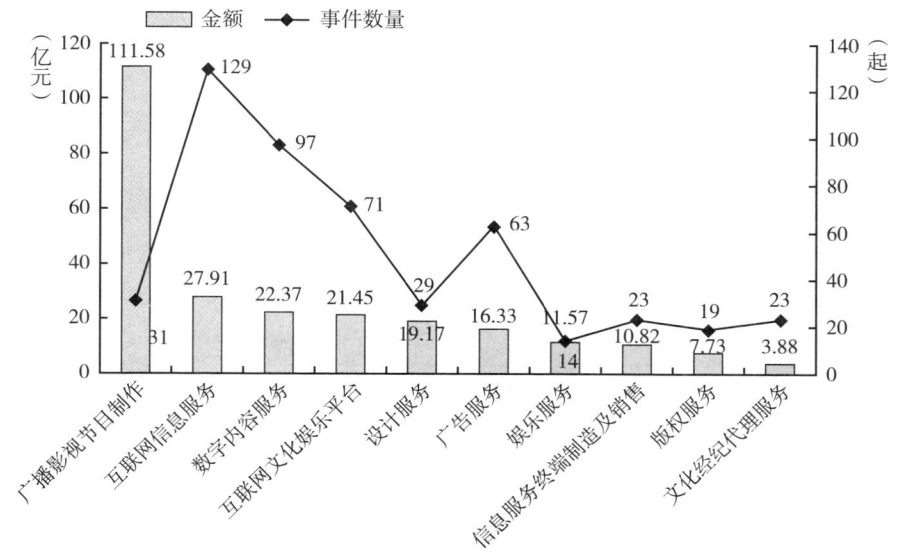

图 15　2018 年全国文化产业创投重点行业融资情况

资料来源：新元文智－文化产业投融资大数据系统（文融通）。

江苏融资规模居榜首，北京次之。江苏文化产业发展一直走在全国前列，2018 年 13 起创投事件吸纳资金 101.67 亿元，占比为 37.72%；作为我国文化产业发展中心，北京发生 237 起事件，涉及资金 76.73 亿元，事件数量居首，融资规模仅次于江苏；上海具有完善的政策体系、丰富的文化资源，文化产业发展成绩显著，全年发生 96 起创投事件，涉及资金 29.87 亿元（见图 16）。

3. PE 融资：同期增长 61.97%，北京吸纳半数以上资金

PE 融资吸纳资金 882.85 亿元，今日头条涉及资金规模大。作为我国成熟的文化企业重要的融资渠道，近几年 PE 融资市场发展迅猛。新元文智－文化产业投融资大数据系统（文融通）数据显示，2018 年我国文化产业 PE 融资事件数量、融资规模实现双向增长，如图 17 所示，事件数量由 2017 年的 153 起增长至 222 起（增加了 69 起），融资规模由 2017 年的 545.06 亿元增长至 882.85 亿元（同比增长 61.97%）。其中，最大的一笔融资为今日头条的 40 亿美元融资。

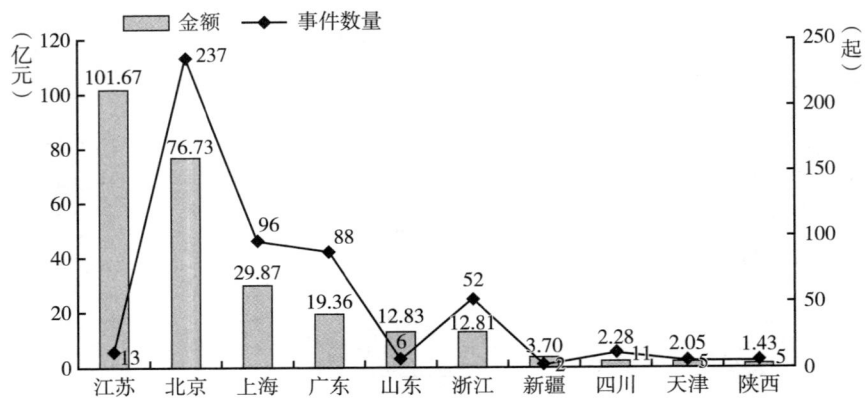

图 16　2018 年全国文化产业创投融资省/市分布

资料来源：新元文智-文化产业投融资大数据系统（文融通）。

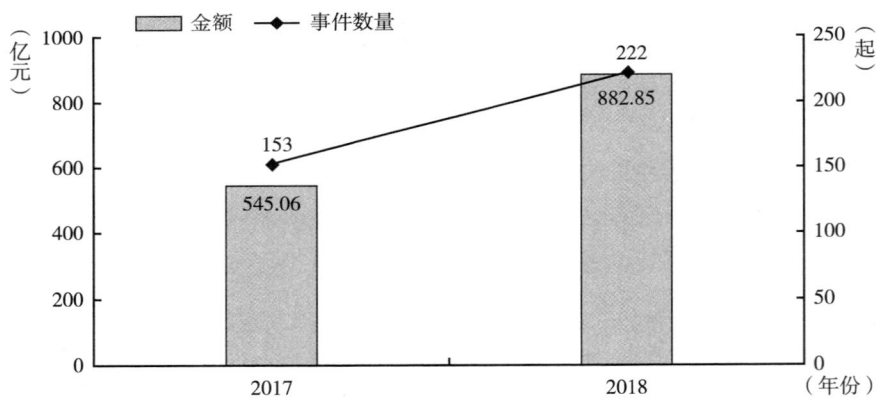

图 17　2017～2018 年全国文化产业 PE 渠道融资情况

资料来源：新元文智-文化产业投融资大数据系统（文融通）。

互联网信息服务业融资活跃度、规模双向居首，且双向增长。2018 年我国文化产业 PE 融资涉及互联网信息服务、互联网文化娱乐平台、广告服务、广播电视信息服务、广播影视节目制作、版权服务、信息服务终端制造及销售等 25 个领域。其中，互联网信息服务业事件数量、融资规模双向居首，全年发生 48 起事件，募集资金 453.27 亿元；互联网文化娱乐平台业 31 起事件，涉及资金150.93亿元，事件数量、融资规模均位列次席；广告服务业涉及事件23起，案例数量位列第四，募集资金86.76亿元，融资规模位列第三（见图18）。与2017年对比，互联网信息服务、互联网文化娱乐平台、广告服务三个领域的案例数量、融资规模均双向增长。其中，互联网信息服务、广告服务的融资规模均增长1倍多，较上年同期分别增长133.27%、166.48%。

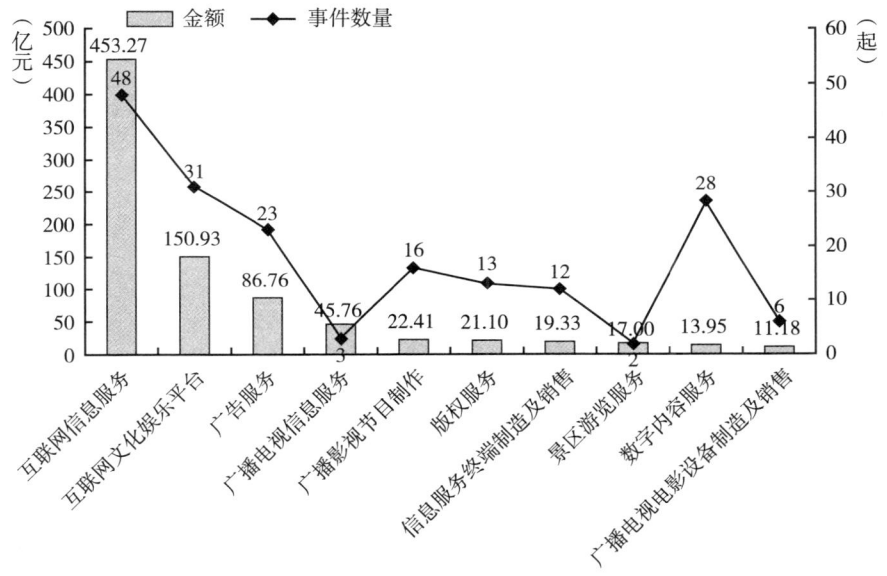

图18　2018年全国文化产业PE融资领域TOP10

资料来源：新元文智-文化产业投融资大数据系统（文融通）。

地区呈三级分化格局，北京融资规模遥遥领先。2018年北京、浙江、上海、广东、四川、湖北、江苏等十个省份位居我国文化产业PE融资吸金规模前十名，且呈现三级分化格局。其中，北京融资规模遥遥领先，94起事件涉及资金469.68亿元（见图19），占文化产业PE总融资额的53.20%；浙江、上海、广东融资规模为90亿~110亿元，分别涉及资金106.83亿元（22起）、102.68亿元（42起）、95.73亿元（35起），占比分别为12.10%、11.63%、10.84%；四川、湖北、江苏、山东、福建、海南六个省份融资规模均为50亿元以下，合计吸纳资金105.84亿元，合计占比为11.99%。

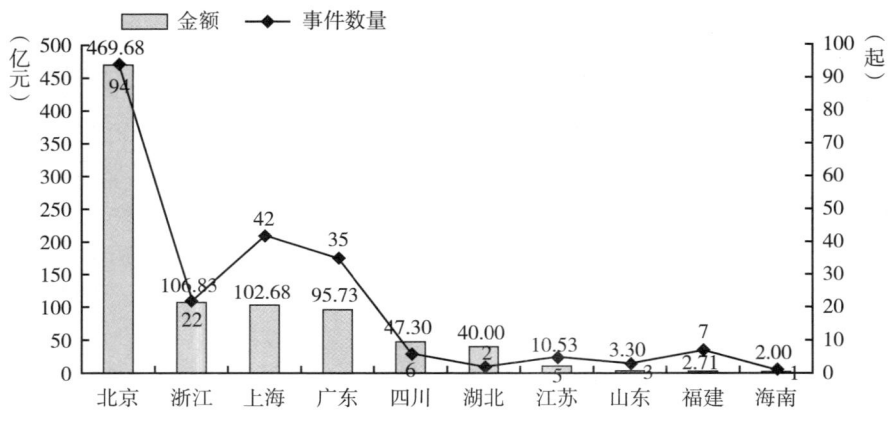

图19　2018年全国文化产业PE融资省份TOP10

资料来源：新元文智-文化产业投融资大数据系统（文融通）。

4. 挂牌新三板：挂牌进度放缓，广告服务业一马当先

新增挂牌文化企业数量大幅下降，同比下降81.64%。随着新三板市场交易、分层管理、信息披露管理、控制监管等改革创新不断推进。在从量的累积到质的飞跃的调整时期，2018年新增挂牌企业数量出现较大波动。新元文智-文化产业投融资大数据系统（文融通）数据显示，2017~2018年，我国共计新增303家文化企业挂牌新三板。其中，2018年新增47家（见图20），较2017年减少209家，降幅达81.64%。

广告服务新增挂牌企业数量最多，达到12家。新元文智-文化产业投融资大数据系统（文融通）数据显示，2018年，广告服务领域的新增挂牌文化企业数量位列第一名、印制复制服务、会议展览服务并列第二名。其中，广告服务业共计新增12家企业挂牌（见图21），涉及互联网广告服务（7家）、其他广告服务两个领域（5家）；印刷复制服务、会议展览服务各新增4家，前者的包装装潢及其他印刷、摄录扩印服务两个细分领域分别新增3家、1家，后者新增的文化企业全数为会议、展览及相关服务企业。

六省份新增挂牌企业数量减少逾10家，北京、广东尤其突出。2018年

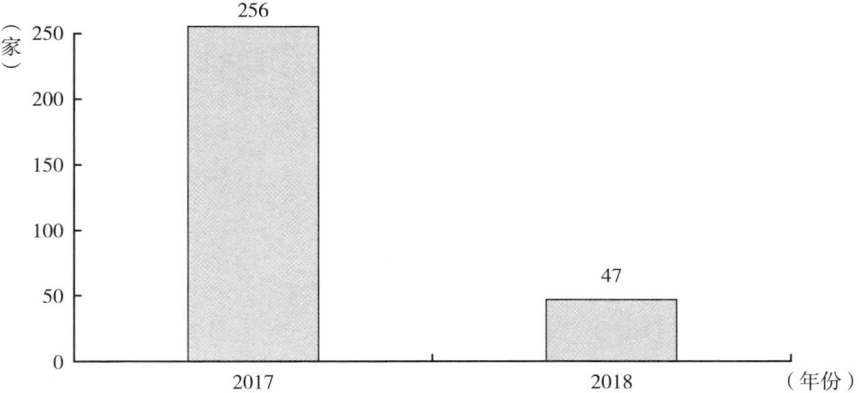

图 20　2017～2018 年全国新增挂牌新三板文化企业数量

资料来源：新元文智－文化产业投融资大数据系统（文融通）。

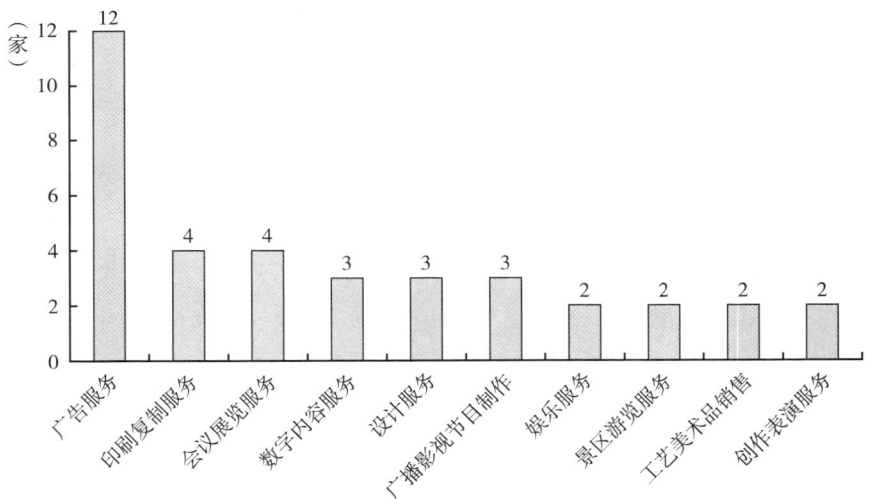

图 21　2018 年全国新增挂牌新三板文化企业主要行业分布

资料来源：新元文智－文化产业投融资大数据系统（文融通）。

北京、广东、上海、浙江、江苏五个省份的新增挂牌文化企业数量呈直线下降趋势，分别为 8 家、7 家、5 家、4 家、3 家，从榜首依次降至第五名；四川、陕西、江西、河南、广西五个省份则各新增 2 家文化企业挂牌，并列第六名（见图22）。对比2017年，北京、广东、上海、浙江、江苏、福建六个省份新增挂牌文化企业数量均减少10家以上，其中北京、广东新增挂牌企业数量更是分别减少了43家、37家。

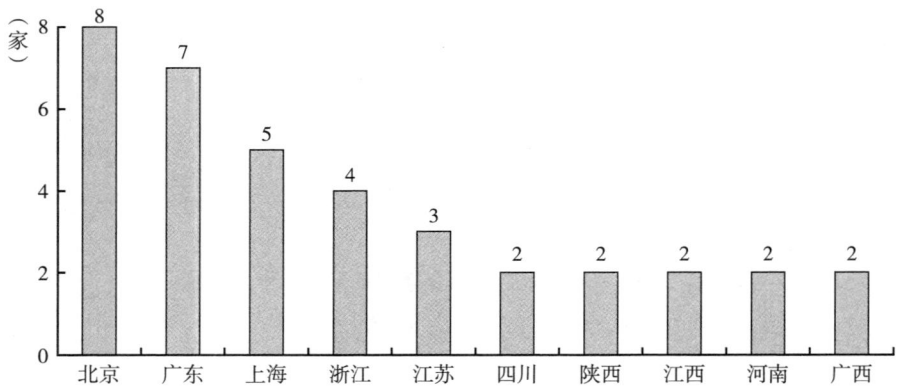

图22　2018年全国重点地区新增挂牌新三板文化企业数量

资料来源：新元文智－文化产业投融资大数据系统（文融通）。

（1）新三板投资：新设子公司为主要方式，互联网信息服务业扩张需求强烈

新三板投资涉及资金62.68亿元，以新设子公司为主。新元文智－文化产业投融资大数据系统（文融通）数据显示，2018年我国挂牌新三板文化企业投资事件数量由2017年的1116起降至791起，同期下降29.12%；投资规模由108.05亿元降至62.68亿元，同期下降41.99%。涉及新设子公司、股权投资、并购、投资基金四种投资方式。其中，新设子公司500起投资事件，涉及资金33.14亿元，投资规模、投资活跃度双居首位；此外，股权投资、并购、投资基金分别发生投资事件168起、117起、6起，分别涉及资金15.34亿元、13.93亿元、0.27亿元（见图23）。对比2017年，新设子公司、股权投资、并购、投资基金四种投资方式发生事件数量、涉及资金规模均双双下降。其中，并购、投资基金两种方式涉及资金规模降幅分别达到61.73%、97.57%。

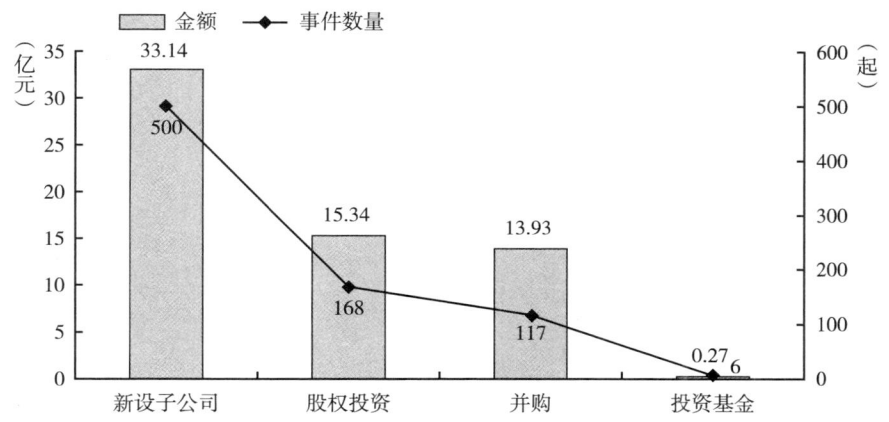

图 23　2018 年全国挂牌新三板文化企业投资类型分布

资料来源：新元文智－文化产业投融资大数据系统（文融通）。

互联网信息服务业扩张明显，涉及资金15.50亿元。2018年我国隶属于互联网信息服务业、广告服务业、数字内容服务业的挂牌新三板文化企业投资规模均超10亿元。其中，互联网信息服务类挂牌企业发生83起投资事件，涉及资金15.50亿元（见图24），占挂牌文化企业总投资额的24.73%；其次，广告服务业、数字内容服务业分别涉及事件248起、114起，投资规模分别为11.40亿元、10.83亿元，占比分别为18.19%、17.28%。

京、沪、粤对外扩张明显，投资规模位居三甲。北京、上海、广东三个省份文化产业发达，挂牌文化企业众多，在系统完备的政策体系支持下，扩张之势明显。新元文智－文化产业投融资大数据系统（文融通）数据显示，2018年北京、上海、广东三个省份挂牌文化企业分别发生投资事件257起、118起、128起，分别涉及投资资金21.22亿元、15.76亿元、8.78亿元，投资活跃度、投资规模均占据前三名（见图25）。

（2）新三板融资：广告服务业融资能力强，北京吸金实力雄厚

融资规模较同期下降75.27%，以定向发行为主要方式。2018年我国挂牌新三板文化企业113起融资事件涉及资金35.78亿元，分别较上年同比下降61.17%、75.27%（2017年挂牌企业291起事件，涉及资金144.71亿

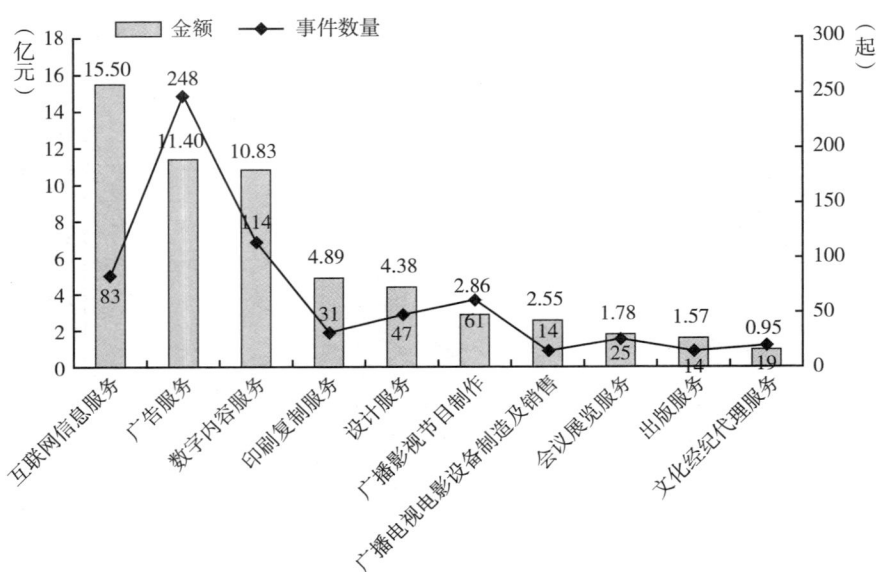

图 24　2018 年全国挂牌新三板文化企业投资行业 TOP10

资料来源：新元文智-文化产业投融资大数据系统（文融通）。

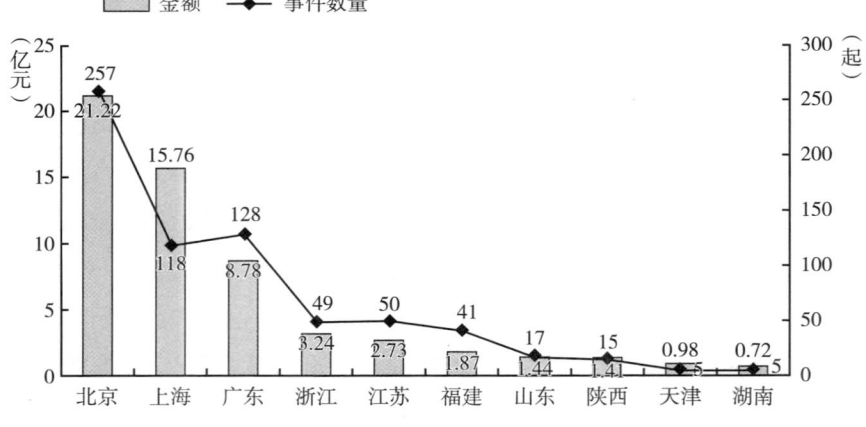

图 25　2018 年挂牌新三板文化企业投资省份分布 TOP10

资料来源：新元文智-文化产业投融资大数据系统（文融通）。

元）。涵盖定向发行、发行债券两种方式。如图 26 所示，其中定向发行方式发生事件 111 起（占比为 98.23%），吸纳资金 35.06 亿元（占比为

97.99%），较上年同期分别下降61.32%、75.71%。其中剑门关旅游开发股份有限公司、上海张铁军翡翠股份有限公司采用定向发行方式分别吸纳资金4.80亿元、2.76亿元，合计占该方式总募集资金的21.56%。此外，发行债券方式涉及事件2起，募集资金0.72亿元，事件数量与2017年持平，融资规模较2017年增长260.00%。

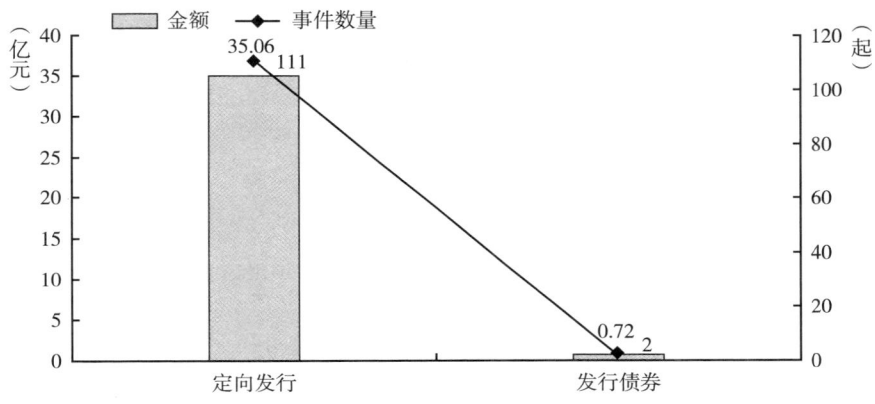

图26　2018年全国挂牌新三板文化企业融资渠道分布

资料来源：新元文智－文化产业投融资大数据系统（文融通）。

广告服务业吸金能力强，景区游览服务业紧随其后。从挂牌新三板文化企业募资规模来看，广告服务业吸纳资金7.76亿元，占我国挂牌新三板文化企业融资总额的21.69%，其中上海利隆新媒体股份有限公司募集资金1.54亿元，为该领域最大的一起融资事件；景区游览服务业紧随其后，全年募集资金4.91亿元，占比为13.71%；数字内容服务业募集资金3.73亿元，融资规模位列第三名（见图27）。从挂牌新三板文化企业融资活跃度来看，广告服务业、数字内容服务业、设计服务业资本运作频繁，分别发生融资事件37起、15起、10起，融资活跃度位列前三甲。

北京融资能力最强，涉及资金9.75亿元。新元文智－文化产业投融资大数据系统（文融通）数据显示，2018年北京、上海、广东、四川四个省份挂牌新三板文化企业融资能力较强。其中，北京发生融资事件37起，募

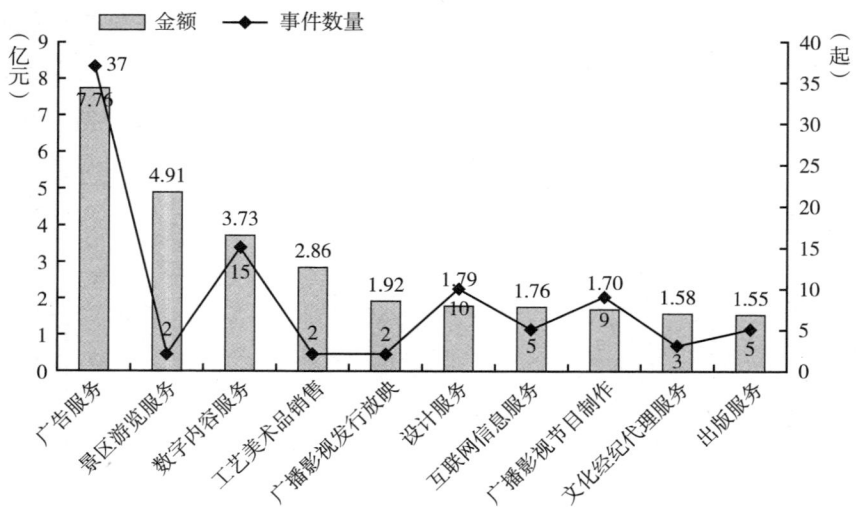

图27　2018年全国挂牌新三板文化企业融资规模领域TOP10

资料来源：新元文智－文化产业投融资大数据系统（文融通）。

集资金9.75亿元，融资活跃度、融资规模双居首位；上海、广东吸金能力旗鼓相当，分别吸纳资金6.95亿元、6.21亿元，融资活跃度分列第三名、第二名，事件数量分别为16起、21起（见图28）。此外，四川3起事件涉及资金5.03亿元，虽然事件数量较少，但融资规模位居第四名。

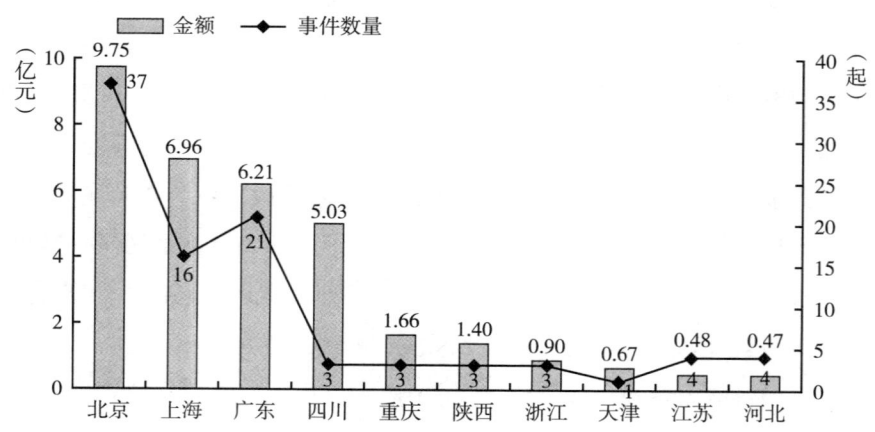

图28　2018年挂牌全国新三板文企融资规模省份分布TOP10

资料来源：新元文智－文化产业投融资大数据系统（文融通）。

三　案例解析

（一）上市企业

案例 1　北京淳中科技股份有限公司 IPO 融资超 4 亿元

2018 年 2 月 2 日，北京淳中科技股份有限公司（以下简称"淳中科技"）成功登陆 A 股市场，正式在上海证券交易所挂牌，股票简称为淳中科技，股票代码 603516，首次公开发行 2338.67 万股，发行价格为 19.64 元/股，发行市盈率为 22.99 倍，成功募集资金净额达 4.59 亿元。

公司介绍

淳中科技（Tricolor）是全球领先的专业视音频显控产品及解决方案的供应商，秉承深厚的图像处理、音视频编解码、传输技术、系统集成的专业能力，致力于面向全球各行业客户提供领先的显控产品与解决方案及专业优质的服务。

自 2011 年成立以来，淳中科技一直为政府、军队、公安、交通、金融、能源、大型企业等社会各类客户提供优秀的音视频解决方案，产品涵盖图像处理、矩阵切换、数字视频综合平台、显控协作、信号传输等系列产品。主要产品通过 CCC、CE、FCC、RoHS 等产品认证，为客户提供绿色解决方案，减少全球温室气体排放。

经营情况

2017 年淳中科技营业收入和净利润均创历史新高。数据显示，年度实现营业总收入 2.50 亿元，较上年同期增长 14.24%；实现净利润 0.91 亿元，较上年同期增长 11.73%。研发投入持续加大，2017 年度淳中科技研发支出总额为 0.30 亿元，占总营业收入的 11.89%，同比增长 46.51%。

上市分析

淳中科技上市首发募集的资金主要投资于显控产品升级及改扩建、智

能视音频管控系统产业化、研发中心建设、市场营销和技术服务体系建设等项目。通过募投项目的建设，淳中科技依托自身的核心技术优势，增强在显控行业的优势，顺应未来信息化的发展趋势，储备和开发一批新技术，进一步拓展自身的成长空间。同时，募集资金投资项目的实施，全面提升了淳中科技在服务、技术等方面的综合能力，有利于其引进优秀人才，进一步谋求服务及技术创新，增强自主创新能力，为实现跨越式发展奠定坚实基础。

（二）私募股权融资企业

案例2　喜马拉雅完成4000万美元E轮融资

事件介绍

2018年5月10日，喜马拉雅完成4000万美元的E轮融资，由青岛城市传媒股份有限公司投资。经过本轮融资，喜马拉雅估值为40亿美元（约合254.64亿元人民币）。

融资方介绍

喜马拉雅是国内音频分享平台，2013年3月手机客户端上线，两年多时间手机用户规模已突破2亿人，成为国内发展最快、规模最大的在线移动音频分享平台。2014年内完成了2轮高额融资，为进一步领跑中国音频领域奠定了雄厚的资金实力。截至2017年9月，喜马拉雅的用户量已经突破4亿人。

融资分析

截至2018年6月，喜马拉雅已经完成了6轮融资。2015年，喜马拉雅完成B轮融资5000万美元后，预估市值超过30亿元人民币；截至2017年，其估值已超过100亿元；经过本轮融资，喜马拉雅估值或将达到40亿美元（约合254.64亿元人民币）。高估值的背后离不开付费内容的支持。2016年，《奇葩说》一众辩手主创的全年订阅型口才培训节目《好好说话》在喜马拉雅上线，作为喜马拉雅付费音频首次试水，上线第一天销售额便突破 500 万元，10 天突破 1000 万元。随着知识付费习惯的养成，知识变现的效应也将日渐明显。

据了解，喜马拉雅本轮融资主要用于重搭 VIE 赴港 IPO。事实上，喜马拉雅最初是想通过 VIE 架构登陆美国资本市场，其 VIE 结构的设计也与众多中概股上市公司相似。但在 2015 年，国务院出台了《外商投资产业指导目录》，喜马拉雅就属于该文件中禁止外资进入的企业，最终只能放弃美股上市的计划。之后，喜马拉雅完成 VIE 架构拆除，并计划登陆战略新兴产业板。然而根据 2016 年"十三五"规划的要求，设立战略性新兴产业板基的表述被删除，近几年内计划登陆战略性新兴产业板也基本无望。喜马拉雅之前拆 VIE 架构，这次又重新搭建 VIE 架构，主要是受资本市场政策的影响。

四　我国股权类文化金融发展特点与趋势

融资是保证文化企业运营各环节资金供求平衡的有效手段之一，也是企业发展的关键。随着文化产业与金融的深度融合，2018 年，我国股权类文化金融特点与趋势明显，市场机遇与挑战并存。

1. 赴港上市成热潮，"互联网＋文化"平台深受资本市场认可

2018 年 A 股 IPO 审核趋缓趋严、过会率大幅下降，受大环境影响，全年 20 家文化企业成功上市，较 2017 年减少 18 家，同时文化企业纷纷转向港交所、纽交所、纳斯达克上市，其中在港交所上市的文化企业数量占比近半（占比为 45.00%）。与上市文化企业数量形成鲜明对比的是，2018 年我国上市文化企业首次募集资金 376.60 亿元，较 2017 年增长 19.19%，主要是因为爱奇艺、腾讯音乐等明星企业成功上市，募集资金规模高。其中，爱奇艺于 2018 年 3 月成功在纳斯达克上市，募集资金 141.85 亿元；而腾讯音乐于 12 月在纽交所上市，募集资金 73.39 亿元，两个企业均归属于互联网文化平台领域，在募集资金规模上均令上市的

其他文化企业难以望其项背。此外，2018年互联网文化平台领域还有哔哩哔哩、虎牙、映客三家企业成功上市，首次募资规模分别为30.33亿元、11.43亿元、11.38亿元。可见，"互联网+文化"平台的价值和想象空间巨大，深受资本市场的认可。数据显示，2018年互联网文化平台领域在首发上市市场表现最为突出，全年5家文化企业上市、首次募集资金规模达到268.39亿元，在文化产业各领域中双居榜首。随着"互联网+"进程不断深化，互联网文化平台在文化产业的布局越发全面，企业集中度不断提升，头部企业加快规模化竞争，预计近几年将有更多的互联网文化平台企业上市。

2. 新三板挂牌进入"负增长"时代，市场改革持续推进

根据全国中小企业股份转让系统的统计，截至2017年12月31日，新三板市场挂牌企业共计11630家；截至2018年12月31日，挂牌企业为10691家。整个2018年，新三板市场净新增挂牌企业-939家。新三板市场进入"负增长"时代。据新元文智-文化产业投融资大数据系统（文融通）统计，2018年新三板市场新增47家文化企业挂牌，全年共计166家文化企业终止挂牌，净新增-119家。

2017年底以来，《全国中小企业股份转让系统股票转让细则》《全国中小企业股份转让系统挂牌公司信息披露细则》等政策出台，2018年，新三板在市场交易、信息披露、分层管理等方面的改革创新不断推进，并同时进行新的尝试，如4月全国中小企业股份转让系统与香港联合交易所正式签署合作谅解备忘录，12月君实生物登陆港交所，"新三板+H股"模式落地，未来，挂牌的文化企业也可以通过"新三板+H股"增加融资渠道。2018年，整个新三板市场发行股票事件1402起，发行金额达604.43亿元，其中挂牌文化企业发行111起，募集资金35.06亿元。

3. 私募股权融资成绩斐然，互联网信息服务业受追捧

私募股权融资分为创投、PE融资，2018年两个渠道文化产业融资成绩显著，其中，创投渠道发生融资事件1039起，募集资金规模达到435.28亿元，较 2017 年分别增长 21.06%、62.65%；PE 融资渠道发生事件 222 起，募集资金 882.85 亿元，分别较上年同期增长 45.10%、61.97%。同时，创投、PE 融资两个渠道的资金主要流入互联网信息服务、互联网文化娱乐平台、广播影视节目制作、广告服务四个领域，合计流入资金 890.63 亿元，占近八成的资金流入（77.28%）。近几年，伴随着人工智能、大数据及移动互联等互联网技术的不断兴起，互联网服务内容、模式不断创新，互联网信息服务行业处于发展快车道，备受资本追捧。此外，两个渠道的资金集中流入北京、上海、浙江、广东、江苏四个经济发达的东南沿海省份也较受欢迎。

4. 股权众筹试点将起，文化项目或将迎来新的发展机会

近年来，我国出台一系列政策，股权众筹市场环境不断被优化。2014 年 12 月，中国证券业协会发布了《私募股权众筹融资管理办法（试行）（征求意见稿）》，该征求意见稿就股权众筹非公开发行的性质、投资者的界定和保护、融资者的义务、股权众筹平台的定位等一系列问题进行了初步鉴定。2015 年 7 月，央行会同有关部委制定的《关于促进互联网金融健康发展的指导意见》发布，此指导意见规定，"股权众筹融资方应为小微企业，应通过股权众筹融资中介机构向投资人如实披露企业的商业模式、经营管理、财务、资金使用等关键信息，不得误导或欺诈投资者"。2018 年，《股权众筹试点管理办法》被证监会提上日程，未来文化股权众筹或将在风险出清、监管逐渐完备等背景下进入新的发展阶段。

5. 加快数字经济发展意义重大，数字内容服务资本集聚效应明显

当今是数字经济时代，数字化是社会发展的先导力量，对促进社会进步发挥着至关重要的作用。2018 年，数字内容服务业通过上市再融资、私募股权融资、上市首次募资、新三板融资渠道分别吸纳资金 255.06 亿元、84.61 亿元、40.26 亿元、26.47 亿元，合计融资额达到 406.40 亿元，仅次于"互联网＋文化"的互联网信息服务、互联网文化娱乐平台。其中，年度融资最具代表性的企业为金科文化，2018 年通过上市再融资渠道吸纳资金 42.00 亿元，金科文化主要围绕海量粉丝用户，着力打造线上线下、虚拟

实物、娱乐教育、内容营销结合的 IP 生态系统。未来，随着人工智能、云计算等信息服务的进一步落地，数字经济在我国经济发展中的主体作用也会持续增强，数字内容服务业在文化产业中的地位也会愈加突出，资本也会更加集聚到该行业。

参考文献

［1］新元文智：《2018 年中国文化产业融资分析报告》，2019 年 2 月。
［2］新元文智：《2018 年度北京市文化创意产业投融资研究报告》，2018 年 10 月。

B.4
2018年风险管理类文化金融发展报告

董昀*

摘　要： 2018年我国经济发展面临的环境较以前更复杂更严峻，可以预料和难以预料的风险挑战不断增多。在经济下行压力明显加大的环境中，我国文化产业的发展也面临新的挑战。在管理文化产业重大风险方面，挑战尤为明显。我国风险管理类文化金融在防风险中发挥了积极作用：各类文化担保公司和平台规模快速增长，演艺保险产品创新持续深入推进，动漫产业出口信用保险开始破题，影视保险风控互联网平台应运而生，风险管理工具在化解小微文创企业融资难问题中的作用开始凸显。

关键词： 文化产业　风险管理　保险　文化担保

一　内外部环境分析：当前中国经济运行中的文化产业风险管理①

综合分析国内外形势，2018年以来我国发展面临的环境复杂多变，来自各个方面的风险不断增加。

---

* 董昀，中国社会科学院金融研究所副研究员。
① 第一部分的有关内容参见作者专访，《以供给侧结构性改革推动经济高质量发展》，《金融时报》2019年4月15日。

自2008年金融危机以来,全球经济特别是主要发达经济体进入了以"长期停滞"为主要特征的新常态。"长期停滞"首先表现为经济增长速度显著放缓。2016~2018年,虽然美国等主要发达经济体一度出现经济回升态势,但从2018年下半年开始,经济增速逐步放缓。国际货币基金组织2019年1月发布的《世界经济展望》继续调低全球经济增长预期。同月世界银行发布的《全球经济展望》也指出,全球经济增长率低于预期的风险正在增大。以美国为例,从短期政策层面看,美国的货币政策正常化进程将继续推进,税收改革的边际收益将呈递减态势,贸易战对投资、进出口和消费的负面影响将持续显现,两党之间的政治分裂可能加剧美国经济政策的不确定性和不连续性。这些因素对美国经济增长将造成明显的负向冲击。从长周期视角看,美国乃至全球经济增长面临的主要问题并不来自需求不足导致的实际增长率在较长时期内低于潜在增长率的情形(即存在产出缺口),而是来自潜在增长率自身的下降。潜在增长率下降的原因大多是结构性、长期性因素,主要包括以下几个方面。

第一,劳动生产率下降,这又归因于技术进步缓慢。决定经济长期增长的核心变量是技术进步。据美国经济学家戈登测算,美国全要素生产率早已重回20世纪30年代前的历史低位:1980年至今,TFP的年均增速仅为0.5%,约为1930~1980年增速的1/3。由于欧洲、日本等主要发达经济体自身的创新能力有限,而对美国的知识技术外溢依赖较高,所以,这些国家也步美国后尘,自20世纪90年代以来,经历了程度不同的生产率增长减速。

第二,人口结构与劳动力市场恶化。由于人口生育率下降、预期寿命提高、战后婴儿潮一代退出劳动市场、人工智能开始替代劳动力等因素的综合作用,进入21世纪以来,美国等发达经济体普遍经历了劳动力供给数量减少、劳动参与率下降的困境,欧洲、日本更甚。

第三,收入分配不公。日趋恶化的收入分配格局,进一步抑制了发达经济体的增长潜力与社会活力,成为导致长期停滞的重要因素之一。

在经济增长陷入低迷的同时,"逆全球化"浪潮席卷全球,一些发达经济体的贸易保护主义行为正导致逆全球化进一步加剧。从短期看，这将引发各国经济政策的不同步和不确定，使市场主体的预期紊乱，从而引起全球市场动荡，并导致投资和贸易增长乏力，总需求渐趋减少。从长期看，以邻为壑的政策将阻碍要素自由流动和创意的有效传播，从而阻碍技术进步和有效供给能力的提升，最终导致全球生产率增长停滞。以上两种效应对中国经济金融体系的冲击效应均不容低估。

金融危机爆发十年后，全球各国的债务风险仍居高不下。特别是低收入国家正把越来越多的政府收入用于支付利息。在经济增长乏力的情况下，融资环境极有可能收紧，偿债压力势必加大，进而导致资本外流和借新债还旧债等情况的出现，过度借债导致的高杠杆将引发新的金融风险。

在外部环境深刻变化的同时，国内也出现新的经济下行压力。当前经济运行稳中有变、变中有忧，经济转型阵痛凸显，两难多难问题增多。"变"和"忧"引发的经济下行压力源自多重因素的作用：既有周期性问题，又有结构性问题。其中，主要矛盾在供给侧。我们熟悉的低端产能过剩、民营和小微企业融资难融资贵、营商环境与市场主体期待还有较大差距、自主创新能力不强、关键核心技术短板问题凸显等问题均属于供给侧，这表明我国经济社会发展是不平衡和不充分的，社会生产力水平尚不能充分满足人民的需要。

上述种种问题和挑战表明，防范化解重大风险攻坚战任重道远。金融风险的重要源头在于过度借债导致的高杠杆，因此，去杠杆也成为我国防范化解重大风险的重头戏。供给侧结构性改革战略实施三年来，去杠杆初战告捷，但我国杠杆率居高不下的体制根源仍未根除，去杠杆依然任重道远。使用杠杆是现代市场经济最基本的活动，去杠杆并不意味着消除杠杆，而是要平衡好稳增长与防风险的关系，把杠杆有利于高质量发展的方面保留，把它造成重大风险的那部分消除，以确保经济持续健康发展。

在经济下行压力明显加大的环境中，我国文化产业的发展也面临新的挑战。在管理文化产业重大风险方面，挑战尤为明显。

众所周知，文化产业的基本特性是有形资产少，有效抵押物不足，抗风险能力较低；与此同时，我国艺术品和知识产权质押融资、信用保险等新型业务发展很不充分。在经济繁荣、预期乐观的经济周期上行期，文化创意企业融资尚且不易，进入经济下行期之后，结构性去杠杆战略深入推进，导致实体经济融资难问题凸显，文化创意企业融资势必陷入困境。加上文化创意企业中有为数不少的民营企业和小微企业，存在着竞争非中性、信息不对称、信用不足等特殊难题，使得文创类企业的发展更加难以得到金融体系的有效支撑。一旦企业投资增速放缓，产出和利润势必受到冲击，企业偿债压力将进一步加大，风险持续积累。

另外，在逆全球化浪潮袭来之时，西方发达经济体对本国文化产业的支持和保护力度将加大，对中国企业的围堵和封锁将加剧，文化领域和意识形态领域的交锋将更加激烈，中国文化创意企业和产品"走出去"也面临着更高的制度、文化、意识形态等壁垒和更多的不确定性。同时我们还要冷静地看到，美国、日本和欧洲的文化创意类大型跨国公司对全球文创产业的控制力正在日益增强，中国文化创意企业和产品要销往国际市场，或者是在国际舞台上公开演出是非常困难的。要想有所突破，中国企业必须在研发、设计、品牌、营销等诸多环节持续加大资源投入。上述这些问题都是抬高企业交易成本和生产成本、削弱国际竞争力的负向冲击因素，很难在短期内消除。

总体而言，随着国际国内形势的变化，我国文化产业的运行风险正在加大，文化产业的风险管理面临新挑战，这对文化金融的发展提出了新的更高的要求。

二　近年来中国风险管理类文化金融发展概览

编者在前两部《文化金融蓝皮书》中曾指出，伴随着文化产业发展阶段的跃升和文化产业重大风险的不断积累，有关该产业风险管理的各项制度安排和政策措施自2010年之后正在逐步落地，中国的风险管理类文化金融业发展步入成长期。其中，作为一种重要的金融手段，保险是有效的风险管理工具，同时具备融通资金等其他功能，在文创企业的融资、产品设计、研发、市场营销等多个环节都能起到分散风险和动员资源的作用。

从我国近年来的实践看，保险在文化产业的发展中主要承担着以下三个方面的功能：第一，为文化产业提供全方位、全流程的风险管理服务，在影视、演艺、艺术品、动漫等领域，风险管理类产品的开发已经有一定规模；第二，在改善文化创意企业外部融资条件方面进行了积极探索，我们之前介绍的"政银保"模式是其中的典型代表；第三，为文化创意企业扩大直接融资规模创造条件，近十年来快速发展的文化产业投资基金是其中的典型代表。

下面结合各地实践，具体介绍我国保险业运用风险管理工具支持文化产业发展的一些新做法、新经验。

1. 文化担保

文化担保在文化创意企业发展，尤其是小微文创企业发展中的独特作用已无须赘言。我国文化担保行业起步较晚，但近年来有了长足发展。各类文化担保公司和平台规模快速增长，服务领域已经覆盖文艺演出、新闻出版、广播影视、动漫网游、设计服务、古玩艺术、文化旅游、广告产业、文化会展等文化创意类主要产业部门，在融资担保创新方面取得了不少新突破。

2017年10月，《融资担保公司监督管理条例》正式实行，2018年4月，七部委又联合印发《融资担保公司监督管理条例》四项配套制度，在规范融资担保业务经营许可证管理、防范融资担保业务风险、准确计量融资担保责任余额、确保融资担保公司保持充足代偿能力、规范银行业金融机构与融资担保公司业务合作行为等方面进行了比较完备的制度设计，为担保业持续健康发展提供了制度保障。2018年7月，具有准公共性金融机构性质的国家融资担保基金正式成立，旨在建立有效的风险分散机制，缓解小微企业融资痛点。其运作以"政府支持、市场运作、保本微利、管控风险"为基本原则，以市场化为主要运作模式。担保行业发展迎来新机遇。

案例1　北京市文化科技融资担保公司的产品创新

北京文化资源丰富，文创产业比较发达。但有形资产少、抵押物不足、

信息不对称程度高的特性仍困扰着北京市文创产业获取有效的金融支持。为破解这一难题，北京市文化科技融资担保有限公司（以下简称"北京文化担保"）于2013年11月成立，由北京市国有文化资产监督管理办公室指导设立。它是北京市最大的主营文化产业融资担保的市级担保机构。

在产品创新方面，北京文化担保开发了许多符合文化产业特性的创新性产品。例如，"文创保"系列产品着眼于破解小型文创企业融资难问题，是把限额规定在600万元以下的标准化产品。该系列产品涵盖文创微贷、重点文创企业微贷等八个子产品。其创新点在于，力图建立一套涵盖数百个指标的标准化评价体系，对小微企业进行信贷评估。各项指标中既有小微企业的收入、利润、现金流、负债率等企业运行基础数据，也有各项社会化评价标准。在新技术的支撑下，这一系列产品能够准确地做到自动计分和测算贷款额度。此后，"文创保"还推出了手机App，建立了一个新的融资通道。

又如，艺术品的真伪鉴定和价值评估问题是艺术品金融发展需要解决的首要问题。北京文化担保开发出"798画廊通"等新产品，进行了新探索。798艺术区内画廊高度聚集，据不完全统计有170多家。这些画廊的一个重要功能就是收藏和流转绘画作品，艺术品的流转引发了画廊对资金极大的需求，但资金的有效供给严重不足。798文创公司在充分掌握各家画廊的运营状况和信用状况的基础上，发挥向金融机构和担保公司甄选和推荐的作用，同时也为收藏作品提供仓储服务。候选的画廊以自有的画作为质押品，向银行申请资金支持。北京文化担保组织专业化团队进行评估，并认定信贷额度后，向银行出具保函，银行将向画廊发放期限不等的流动性贷款。

总体而言，北京文化担保近年来推出了20余个面向细分产业、覆盖特色领域的个性化需求产品。业务由传统信贷担保扩展到信托担保、基金担保、租赁担保、履约保函、投资投行等多领域，反担保措施也在传统的房产抵押、车辆抵押的基础上，增加了股权质押、艺术品质押、黄金质押、版权质押等多种方式，满足文创市场多样化的融资需求。

2. 演艺活动中的风险管理

近年来，人民群众对文化艺术的需求不断提高，观看演出已成为城市居民生活的必要组成部分。与此同时，演艺行业发展仍面临着投资额大、风险点多、融资渠道有限、市场化风险管理机制发育缓慢等困局。

2018 年，文化和旅游部发布了《关于促进旅游演艺发展的指导意见》，着力推动文化和旅游融合发展，为演艺行业和旅游行业的发展创造了新的发展空间。在该指导意见中，提出了积极引导私募股权投资基金及各类投资机构投资旅游演艺项目；鼓励金融机构开展旅游演艺产品版权质押融资业务，探索开展旅游演艺项目收益权质押融资业务；鼓励保险机构开展针对旅游演艺项目的保险业务等新举措，为旅游演艺行业的风险管理指明了发展方向。

在旅游演艺的金融支持方面，浙江的保险机构已经开始进行探索。宋城集团是浙江省的大型文化创意类企业，文化旅游演艺是其主导产业之一，产业链覆盖旅游休闲、现场娱乐、互联网娱乐等领域。该集团已开发出上百台演艺秀，以及宋城中国演艺谷等数十个文化娱乐项目。2018 年，宋城演艺、中国太平洋财产保险股份有限公司浙江分公司、浙江涌嘉保险经纪有限公司三方共同签署了全面战略合作协议，两家保险机构将联手为宋城集团提供全方位、多角度的各类保险需求服务，包括但不限于保险承保方案、风控措施、服务举措等多个方面。

除了旅游演艺之外，地方政府出台的促进文化产业发展的文件中，也常常涵盖演艺行业风险管理的内容。以上海市为例，2017 年 12 月，上海市委市政府出台《关于加快本市文化创意产业创新发展的若干意见》，其中在培育优秀演艺市场主体的战略中，提出要鼓励保险机构开展针对演艺产业的知识产权侵权保险、演艺完工保险和损失保险、团体意外伤害保险、特定演职人员人身意外伤害保险等业务。这也充分说明，我国在这些领域的保险产品供给明显不能满足行业发展的多样化需求，运用金融科技手段加大产品研发和风控体系建设，提升供给质量和效率，是下一步演艺保险发展的重中之重。

3. 动漫产业发展中的风险管理

动漫产业是我国文化产业的后起之秀，近年来步入发展快车道。随着年轻人对高品质动漫的需求不断增加，我国动漫产业的发展潜力依然很大。2017年中国动漫产业产值为1518.1亿元，同比增长15.2%，到2018年，动漫行业产值更是达到1765.6亿元，同比增长16.3%。在动漫产业大发展的背景下，上海提出建设全球动漫游戏原创中心，杭州提出建设"动漫之都"，这些宏大的战略构想的实现都需要以管理好产业发展中的各类风险，特别是破解知识产权侵权、出口信用风险和融资难等各类风险问题为基本前提。

2010年保监会和文化部发布的《关于保险业支持文化产业发展有关工作的通知》中，动漫游戏企业关键人员意外和健康保险、动漫游戏企业关键人员无法从业保险、文化企业信用保证保险等3个试点的新险种与动漫产业有关。我们曾指出，文化企业信用保证保险在实际推行中效果并不理想，但也不乏成功案例，下面的杭州案例就颇有借鉴意义。

案例2 杭州在动漫产业出口信用保险方面的探索

杭州的动漫产业发展具备了较好的基础。建设"动漫之都2.0版"，实施《持续推动杭州"动漫之都"建设行动计划（2018～2020年）》是杭州近年来发展动漫产业的新举措。为推动杭州动漫产业"走出去"，杭州市商务委员会积极联络，中国出口信用保险公司浙江分公司为杭州的一家动漫企业——中南卡通首次提供出口信用保险服务。该机构还与杭州银行合作，为中南卡通提供融资服务，做出了积极的探索，并起到了良好的示范效应。

动漫作品海外发行及授权业务流程受制于国际规则不统一，国内外文化差异较大等问题，因而充满着各类风险。特别是在完成服务交付时间点，动漫作品海外播放分成的应收账款存在不确定性。针对上述情况，中国出口信用保险公司浙江分公司对传统货物贸易项下保险责任起始点进行了调整，即在服务贸易项下对其进行重新界定；通过发送邮件和上传网络的时点来界定动漫作品服务完成的时间点，而对于赊销业务的应收账款，则设法在之前的合同条款中明确约定其具体金额。在深入分析动漫业务流程及公司承保批注后，在动漫领域找到了新的承保切入点，为中南卡通出具了服务贸易保单，完成了在动漫领域的首次承保。

中南卡通致力于把国内优质动漫作品推向全球，为其搭建了海外平台。有些新兴网络媒体提出了先播放后付款的需求，能否顺利收到账款便存在不确定性。中国出口信用保险公司利用其广泛的海外资信渠道和有效的授信机制，对企业的各类海外客户开展调查评估，筛选出优质买方，并提供中信保项下的授信，有效管理了中南卡通的应收账款风险，支持了海外业务的发展。

动漫属于典型的创意行业，缺乏优质抵押物，导致其面临融资贵融资难问题。中国出口信用保险公司、杭州银行、中南卡通三方利用保单签订融资协议，有效促进了"轻资产"公司融资便利和优化，缓解企业融资难问题。

资料来源：舒凯、俞洪巍《杭州打造服务贸易境外推广平台》，《服务外包》2017年12月5日。

4. 我国影视产业发展中的风险管理

我国影视行业已经进入大发展大繁荣时期，在高速发展的同时，来自外部环境、主创人员、意外事故等各方面的风险与不确定性也急速增加。从筹备，到拍摄、制作和发行，各个环节都充满变数，这就对风险管理提出了很高的要求。在影视保险产品供给不足，专业人才匮乏的情况下，国内外保险公司纷纷开始进军影视保险领域。安联财产保险（中国）有限公司的电影电视制作方保险、中国出口信用保险公司为《夜宴》提供的短期出口信用保险是其中的典型代表。

需要注意的是，除了保险公司之外，其他类型的机构在影视风险管理方面的探索也值得高度重视。在金融机构方面，北京银行以电视剧电影版权质押方式为华谊兄弟提供1亿元打包贷款，用于拍摄14部电视剧。所谓"打包贷款"，就是为了有效管理风险，确保按期还款，银行对"打包"贷款拟投资的所有影视作品进行一揽子谈判，选取不同题材类型、不同档期、不同制作成本的各类影视作品进行打包，不把鸡蛋放在同一个篮子里，从而分散

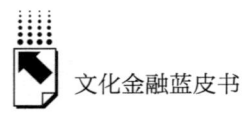

风险,提高信贷投放质量。北京银行以版权质押方式发放影视剧打包贷款的做法,系国内首创。

在互联网平台方面,上海育影文化传媒有限公司于2018年成立了影视制作保险风控管理网站"拍片保"。该平台与安联保险、太平洋保险等大型保险机构深入合作,针对行业的专业需求,定制开发了新型影视产业保险产品,从影视制作保险,到法律和金融等一系列定制化产品。其产品类型涵盖两大领域:一是影视风险控制服务,包括完片担保、影视制作全险、过失与疏忽责任保险;二是剧组及片场保险服务,包括高端人员险、剧组人员险、拍摄场地及公共责任险、影视财产险、航拍财产险及第三方责任险。

5. 运用风险管理工具化解小微文创企业融资难问题

文化产业当中,中小企业数量较多,因而抗风险能力较低,很难获得外部融资。保险工具的使用可以增强中小文化企业资信,企业自身融资信用等级相应提高,就可以改善企业的外部融资条件,增强抗风险能力。

文创企业风险高,而小微文创企业则风险更高。因此,银行通常不会独自面对这些风险,而会与担保公司、租赁公司、保险公司等其他机构共同开展业务,以分散风险。其中,银行与担保公司的合作最多。有融资需求的企业应首先与担保公司签订协议,由担保公司对企业进行全面的调研评估和分析甄别,然后再给符合资质的企业出具担保协议,银行把担保协议作为决策的重要依据,进一步分析研究,是否给该企业贷款,贷款数额是多少。根据合同约定,一旦企业出现不能按期还款的情况,担保公司将承担兑付责任。可见,担保公司对风险和不确定性的研究是其经营活动是否具有可持续性的关键所在。

小微文创企业的另一种融资方式是融资租赁。企业将自身拥有的电视剧版权、著作权、专利权等无形资产卖给融资租赁公司,然后再从租赁公司手里回租并使用。这样一来,资产使用权和所有权就分离开了,文创企业获得了发展所需的资金,租赁公司也不必从事其不了解的文创经营活动,规避了风险。

文创企业与保险公司合作的融资模式目前尚不成熟,但正在探索过程中。从运行机制上说，企业与保险公司应首先签订保险合同，随后把保险公司开具的保单质押给银行，再借此从银行申请贷款。当企业因经营不善出现损失时，如果损失金额处于企业承保范围之内的话，企业产品收入将用来支付银行贷款本息；如果损失超出承保范围，那么保险公司就要向银行进行赔偿。保险公司在银行和企业之间承担着降低信息不对称、分散和化解重大风险的功能。

在企业"信贷+保证保险"的基础上，政府还可以发挥补偿外部性的作用，负责提供保费补贴、贴息补贴和风险补偿支持；银行放大政府资金的杠杆作用，为企业提供贷款；保险公司为贷款企业提供保证和保险。一个典型的案例是在浙江首先推行的政保银三家合作的小额贷款保证保险融资模式，有了政府的补贴补偿和保险公司的保险保证，小额贷款人的信用增强、贷款门槛降低，银行信贷资源可以更多地流向那些有真实资金需求、有良好信用记录和发展前景的小额贷款人。即使是无抵押、无担保或抵押担保不足，也能够以合理的成本从银行获得融资支持。

此外，发挥信用保险"多险种综合保险"服务作用也是重要的发展方向。例如，中国出口信用保险公司正在积极开发和探索文化产业等服务贸易方向的承保业务，包括为文化出口企业提供融资便利和风险保障。

B.5
2018年互联网文化金融发展报告

李 鑫 陈婷婷*

摘 要: 2018年,国家进一步加大了对互联网金融的整顿力度,合规和出清逐渐取代创新和扩张,成为互联网金融未来发展的主基调;然而"金融科技"却日益得到各界的认可,并不断催生出新的金融业态。在此背景下,2018年互联网文化金融的继续前行更多地表现为文化企业尤其是互联网文化企业扩张自己的金融布局,以及持牌金融机构在此领域的大胆探索;此外,由各级政府主导建设的文化金融服务平台的高速推进;而专注于文化产业的网络众筹、P2P网贷等互联网平台则各自面对不同的困难。可从完善文化企业融资相关配套服务、拓宽金融支持文化消费的支付渠道、加强复合型人才培养、强化互联网金融风险监管体系建设等方面着手,促进互联网文化金融的发展。

关键词: 互联网文化金融 互联网文化企业 互联网贷款 众筹

一 强监管紧信用下的互联网文化金融发展

对于互联网金融来说,2018年的监管强度不断加大,这在全国金融工作会议精神和政府工作报告中都有所体现。尽管监管制度机制不断完善,互

---

* 李鑫,中国民生银行研究院研究员。陈婷婷,中国社会科学院研究生院博士研究生。

联网金融行业总体风险水平显著下降，但原计划2018年6月底完成的互联网金融专项整治再次延期，足见该领域涉及问题的复杂性。未来互联网金融的风险挑战可能会具有长期性，未来加快培育合规文化、开展合规审慎经营至关重要。另外，2018年上半年由于去杠杆+强监管的政策叠加效应，整个金融体系信用收紧，这有助于促进资金脱虚向实，但是过度的政策叠加共振也对金融体系的正常运行带来较大的挑战，特别是在互联网金融领域出现了问题的集中爆发，以P2P网贷的爆雷潮为代表。在此背景下，互联网金融可以说经历了自2013年兴起以来最"黑暗"的时刻，前些年野蛮生长的局面将不复存在，合规和出清或将取代创新和扩张，成为未来行业发展的主基调。

然而继"互联网金融"之后，其升级版——"金融科技"日益成为金融界的时尚词汇，并得到了各界的认可。全球金融稳定委员会对金融科技有比较清晰的界定，大意是指，金融科技是各类新技术的发展引致的金融创新，这些创新既包括创造新的业务模式和新的应用场景，也包括新的服务流程和新的产品。尽管如此，我们也要看到，金融科技强调将技术作为服务金融发展的手段；在技术的具体应用和落地过程中，它不可能超越金融运行的基本规律。2018年，伴随着各类行业主体的充分竞争和分工合作，我国金融体系与科技的融合持续深化。从技术企业一端看，互联网企业和其他新兴技术企业不断将人工智能、大数据、互联网技术、分布式技术和安全技术应用到金融服务领域，涵盖支付清算、财富管理、资源配置、风险管理等主要功能，催生了一批新的金融业态。从传统金融机构一端看，各大金融企业也纷纷利用新技术降成本、补短板，开发新的产品，探索新的商业模式，提升金融服务的质量。

在上述两种相反力量的交织下，互联网文化金融2018年依然在合规中有所前行。然而这更多地表现为文化企业尤其是互联网文化企业扩张自己的金融布局，以及持牌金融机构在此领域的大胆探索。此外，由各级政府主导建设的文化金融服务平台高速推进。然而传统的互联网融资中介则面临困境，尤其是原本服务文化领域的P2P网贷机构纷纷停业。

二 各类互联网文化金融发展状况

1. 互联网文化企业的金融探索

互联网金融方式在一些文化细分领域已有涉足，且主要由细分行业内的互联网平台为主要推动力。

在影视金融领域，以众筹为主的金融方式继续助力影视剧行业的发展，无论是优酷众筹、娱乐宝等背靠强大资源的平台，还是聚米众筹、影大人等创业企业，各众筹平台上的影视类型主要为网大和网剧，对影视行业的内容创新和人才培养起到了一定的推动作用。一些影视众筹平台也得到创投资金的青睐。2018年3月，淘梦网宣布获得数千万元人民币的B+轮融资，投资方为达泰资本、百度视频和酷开，这已是其2012年成立以来的第五轮融资；2018年6月，"影大人"完成千万元级人民币的A轮融资，投资人为北京雨木网络科技有限公司。

互联网艺术品金融领域，虽然艺术品市场交易额已位居全球第一，但互联网艺术品金融还处于初级发展阶段，严格来说，在文交所整顿之后，目前仅在P2P平台上实现了真正的互联网艺术品金融，而以艺术品或古董抵质押为主要模式的平台越来越少。根据网贷之家数据，截至2018年底，业务类型为艺术品质押的停业及问题平台共19家，主要原因仍是无法破解艺术品鉴别和估值难题。除此之外，艺术品电商领域未来或许能够探索出新的金融模式。已有的艺术品电商共有四类：一是艺术品综合类电商平台，如嘉德在线、雅昌艺术网、博宝艺术网；二是综合类艺术电商平台，如赵涌在线；三是综合类电商平台中的艺术频道，如京东、国美；四是艺术品移动电商，如阿里拍卖、翰墨千秋艺术交易中心、微拍堂等。相比于艺术品市场庞大的交易金额，艺术品电商的发展一直处于不温不火的状态，主要原因在于艺术品在线交易模式仍未解决缺乏公信力、缺乏专业人才、物流运输水平不够等。

互联网旅游金融发展迅速，未来也将成为互联网文化金融的重要方向之一。根据Trustdata和执惠的报告，2018年我国互联网旅游金融市场规模达

42亿元（见图1），2014~2018年的年复合增长率为24.7%。随着旅游产业和互联网技术的发展，在线旅游和线上消费成为旅游业的重要部分，互联网旅游金融需求不断增加，各类企业开始布局互联网旅游金融产品。从参与主体上看，当前从事互联网旅游金融的企业主要包括四类：①创业企业，比如溢美、星旅联盟等；②大型旅游集团，比如腾邦国际、海航旅业、华侨城等；③大型OTA、旅行社，包括途牛、携程、同程等；④银行、第三方支付平台，包括中旅银行、京东金融、易宝支付等。

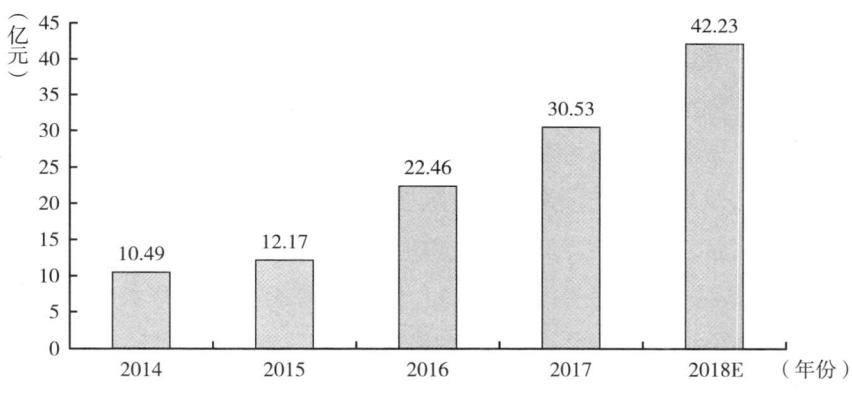

图1 中国互联网旅游金融市场规模

注：2018E为2018年预测数据。
资料来源：《经济日报》，中国经济网。

以OTA类企业为例，主要围绕旅游产业链展开，在消费金融、供应链金融、保险销售、支付等方面进行布局。

消费金融方面，OTA企业针对机票和酒店等业务布局消费分期产品，如驴妈妈的"小驴分期"、途牛的"牛分期"、去哪儿的"拿去花"、飞猪对接的蚂蚁花呗等；还有预付类金融产品，如携程之前推出的"携程宝"①、"程涨宝"等单一用途的预付费卡；OTA企业也积极参与设立消费金融公

---

① 用户往卡里存钱，承诺一定期限后会给约定的返利，但本金和返利只能在携程上消费，这一业务后因被人举报涉嫌无照经营而下线。

司，如携程参与出资设立上海尚诚消费金融股份有限公司，同程与哈尔滨银行等六家企业共同出资设立哈尔滨哈银消费金融有限责任公司等。值得一提的是，2018年5月，深交所评审通过了华泰－携程金融拿去花第一期资产支持专项计划1－10号，这是"互联网+旅游"行业在全国范围内的首个资产证券化产品。该产品总规模为30亿元，分期发行，总期数不超过10期，其中首期额度5亿元，期限2年；基础资产为携程旅行网与去哪儿网平台针对客户发行的旅游分期产品"拿去花"形成的保理合同债权。

OTA平台还为酒店、旅游景区、供应商等产业链关联方提供供应链金融，承担起"帮扶者"的角色。比如途牛2014年推出"牛业贷"，同程于2016年推出"企程宝"，均提供订单融资和信用融资两款产品，为融资困难的供应商提供贷款；2018年携程还推出了"驿启装"，解决中小酒店因装修而产生的融资难题。在资金来源上，除了对接银行、消金等金融机构之外，平台方也会通过自己申请互联网小贷牌照的方式来放贷。比如携程旗下有上海携程小额贷款有限责任公司，同程有广州市萤火虫小额贷款有限责任公司，途牛旗下有两家小贷公司广州市开汇互联网小额贷款有限公司、南京市开汇互联网科技小额贷款有限公司。

在保险销售方面，目前已有不少OTA企业涉足互联网保险业务。途牛旗下有途牛保险经纪有限公司，携程成立了携程保险代理有限公司、参与设立众安在线，还与去哪儿战略投资成立保险经纪公司北京十一贝科技有限公司。

在支付领域，目前由于央行限制支付牌照的发放，OTA企业只能通过租赁别人的通道，或是通过其他渠道合作实现在线支付。飞猪背靠阿里，使用支付宝在线支付；途牛和凯撒旅游则依附于海航旗下的易生支付；同程旅游由万达旗下的快钱提供支付支持，携程目前则是有Apple Pay、储蓄卡、信用卡、微信支付、支付宝等几个支付选项。

2. 金融机构的互联网文化金融

许多商业银行不仅通过打造更加便捷高效的互联网贷款以降低服务准入门槛，从而将更多的文化类企业纳入服务客群之中，还致力于利用科技手段提高文化专属金融服务的效率。例如，北京银行加大了文创特色支行的建设，并利用大数据、人工智能、人脸识别等金融科技，以及手机App、微信银行的功能建设，在文化金融产品开发与配置、贷款审批、客户管理等方面实现优化；中国农业银行湖南省分行与湖南省文化厅签署全面战略合作协议，加快"文化＋互联网＋金融"的探索，助推湖南文化行业快速发展；光大银行充分发挥自身的网络平台和专业优势，与韶山旅游资源深度绑定，发行光大韶山主题信用卡，这张卡不仅有最基本的信贷消费功能，还包含专享优惠、红色教育、旅游服务、公益扶贫等功能；杭州银行通过"直销银行"模式来支持教育培训连锁机构及教育科技企业发展。

一些产业资本控股的银行在产融结合方面的探索则更有针对性。例如，由中国旅游集团公司控股的，同时也是国内唯一专注于旅游业务的特色银行是焦作中旅银行。2018年6月，中旅银行与港股上市公司丰盛控股签订战略合作协议，深入开展互联网旅游金融业务合作，中旅银行为丰盛控股提供综合授信和综合权益服务，为丰盛控股的景区建设提供资金，为景区商户提供结算、线上支付、联名特惠、获客宣传等综合金融支持，为丰盛控股员工提供各类金融理财服务等。同时，中旅银行还与景域集团签订战略合作协议，为其景区升级改造、旅游项目投资提供授信，并共同推出双方专属联名卡，在旅游供应链金融、旅游消费信贷等业务领域展开合作。

除商业银行外，其他金融机构或准金融机构也在尝试将互联网技术和金融科技引入文化金融服务之中。例如，2018年4月，北京市文化科技融资担保有限公司积极响应"国家鼓励金融机构利用先进科技支持普惠金融"的号召，将信贷风险控制技术与移动互联网技术手段结合，在原电子量化担保测评模型基础上，设计开发并上线了"文创保"App。这一App可为文创企业提供在线自助申请、初评额度实时反馈、公司内部抢单受理、线下尽调审定的高效小额贷款担保服务，基本实现了全流程、线上化操作，在业内具有领先性、独创性。上线两个多月后，App的访问量超过3000人次、访客数超过2000人，申报项目超过200个。

3. 政府主导的文化金融服务平台

由各地方政府主导建设的文化金融服务平台进一步向前推进，尤其是在一些文化金融融合发展较好的地区，其在互联网文化金融方面也有所突破。

2014年，原文化部正式批复，以北京市朝阳区CBD——定福庄一带为核心承载区，采取部市战略合作的方式，共同规划建设全国首个国家文化产业创新实验区（以下简称"实验区"）。自2014年12月成立以来，实验区出台了一系列文化金融扶持政策，打通文化企业融资渠道，推动文化金融合作。例如，实验区出台了"政策十五条"，发布实施"蜂鸟计划"，通过"实验区移动App"初步搭建线上文化金融服务平台等。2018年8月28日，实验区在北京设立的首个文化金融服务中心落户莱锦，希望通过政府和市场有效互动，打造线上线下相结合的"文化金融服务超市"，更好地满足文化企业不同的融资需求。首批20家金融服务机构已集中入驻中心，推出多种特色金融产品，为文创企业提供便捷的金融服务，其中包括文创普惠贷、创业快贷、税易贷等纯线上或线上线下相结合的特色贷款产品。

广州市国有经营性文化资产监督管理办公室主办的广州文化产业网2018年以来开始陆续发布文化金融相关信息。该网站一方面对外发布广州市文化金融相关政策公告以及项目申报相关指南和通知，另一方面可作为文化企业和金融机构相互在线对接的平台。作为文化金融平台，其发布的信息主要包括如下几个方面。一是广州市文化金融服务中心组织的相关活动。广州市文化金融服务中心由广东广州日报传媒股份有限公司及广东省绿色金融投资控股集团有限公司共同出资成立，系广东省第一家综合性文化金融服务中心，以金融手段促进文化产业共赢发展。二是广州文化创意企业板相关信息。广州文化创意企业板是广州市文化广电新闻出版局、广州市文化金融服务中心及广州股权交易中心在区域性股权市场上共建的文化企业融资公共服务平台，引导具有一定规模、创新性强、增长潜力大的文化企业进入区域性股权市场，并逐步走向更高层次资本市场。三是文化银行、文化创意企业板、文化小贷、文化融资租赁、文化产业投融资联盟、文化券商、文创基金、文化融资担保中心、广州文化上市公司产业联盟等机构的相关服务信息。四是广州文化金融路演中心相关活动。"广州文化金融路演中心"是广州市委宣传部及广州市文化广电新闻出版局搭建的投融资对接平台。

在支持文化产业方面南京市也一直走在前列，在2018年南京文化科技融合成果交易会上，被誉为"全国首个以促进城市文化产业发展为目标的文化金融创新服务体系"——"梧桐计划"成功发布。"梧桐计划"包括建融智合文化专列、全国文化金融服务中心联盟、大数据服务云平台、千企征信、文化征信贷等项目，构建以信用为支点、以金融为手段、数据驱动产业创新发展的文化金融生态创新服务体系。此外，南京文化金融服务中心还与其他多地城市文化（科技）金融中心联合成立全国文化（科技）金融中心联盟，强化成员之间的互动交流，以全国联动的平台组织合力推动文化金融及文化产业的发展。

4. 文化类互联网融资中介

互联网融资中介在这里主要是指网络众筹和P2P网络借贷两种主要的互联网金融业态。

在整顿互联网金融的大背景下，众筹平台数量及投资人数进一步减少，据盈灿咨询统计，截至2018年6月，正常运营平台数量仅为171家（见图2），6月单月成功项目4223个（见图3），较2017年12月分别下降18.18%和18.35%。不过从单月成功筹资金额和参与投资人数来看，降幅则相对较小，2018年6月分别为20.45亿元和284.96万人，分别较2017年12月下降8.95%和6.59%。2018年上半年成功项目27538个，筹资金额为119.25亿元，参与投资人次为1607.41万。

从各类众筹平台在总项目数、筹资额以及投资人数的占比来看，奖励众筹依然占据主体地位，2018上半年奖励众筹项目22003个，筹资金额为104.54亿元，投资人数为977.62万人，分别占总量的79.90%、87.66%、60.82%（见图4）；公益众筹的项目数量和投资人数仅次于奖励众筹，分别为5251个和627.47万人，占总量的19.07%和39.04%，然而筹资金额却只有1.76亿元，仅占总筹资额的1.48%；相反，非公开股权众筹的项目个

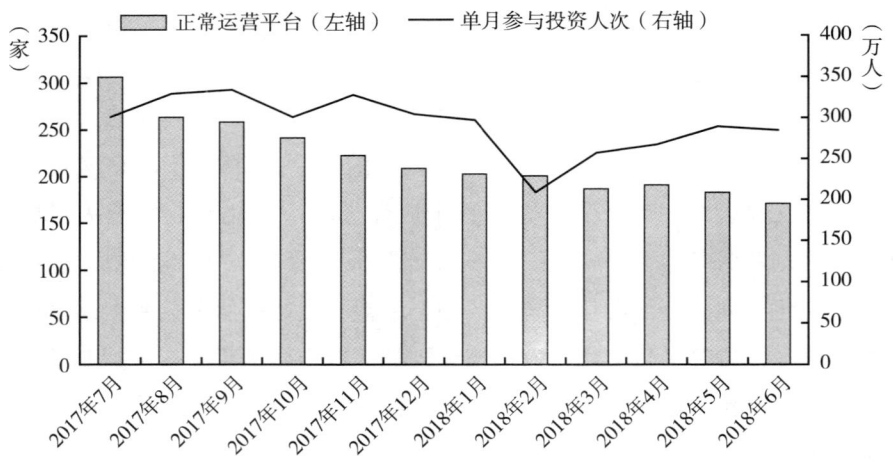

图 2 众筹平台数量及投资人数变化

资料来源:盈灿咨询。

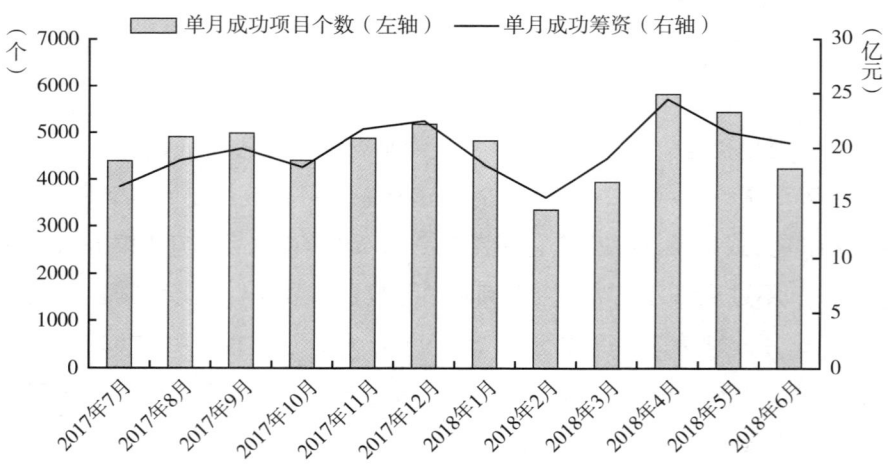

图 3 众筹项目及金额变化

资料来源:盈灿咨询。

数和投资人数占比极少,项目个数和投资人数分别为 283 个和 2.32 万人,仅占总量的 1.03% 和 0.14%,但筹资金额达到 12.95 亿元,占总筹资额的 10.86%。

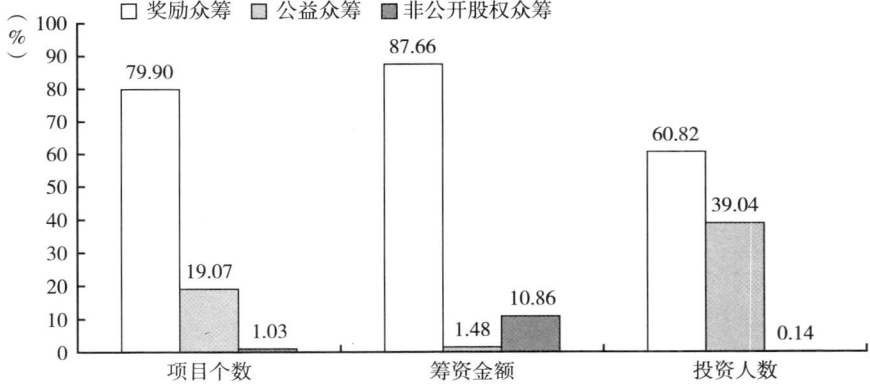

图 4 各类众筹平台的项目、金额、投资人数占比（2018 年上半年）

资料来源：盈灿咨询。

具体到文化众筹领域，在互联网金融专项整治之下，2018 年文化众筹规模继续下降。全年总项目数为 1758 个，筹集资金总规模为 5.65 亿元（见图 5）。具体来看，奖励式众筹项目数量为 1751 个，筹资金额为 5.36 亿元，股权类众筹数量 7 个，筹资金额 0.29 亿元。2018 年各月奖励类和股权类文化众筹情况见表 1。

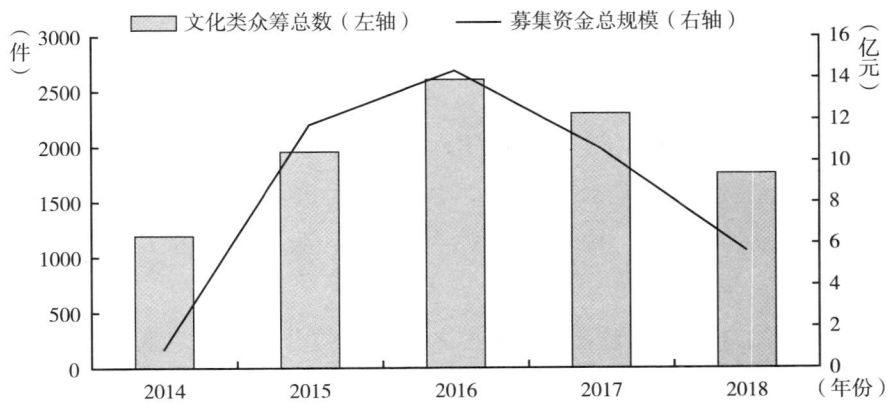

图 5 文化众筹历年发展情况

资料来源：新元文智 - 文化产业投融资大数据系统（文融通）。

表1　2018年各月奖励类和股权类文化众筹情况

时间	奖励众筹		股权众筹	
	项目（个）	金额（万元）	项目（个）	金额（万元）
2018年1月	201	6751.93		
2018年2月	106	2153.99		
2018年3月	111	4030.34	1	212.8
2018年4月	137	4038.97		
2018年5月	184	3897.79	2	3
2018年6月	183	6844.23	1	2000
2018年7月	166	5377.53	1	275
2018年8月	144	3117.35	1	344.43
2018年9月	150	3581.40		
2018年10月	135	3145.51		
2018年11月	111	7337.62	1	72
2018年12月	123	3322.45		

注：由于四舍五入，加总后与总数略有出入。
资料来源：新元文智－文化产业投融资大数据系统（文融通）。

从文化众筹事件发起方性质来看，2018年由个人发起的事件占到了全部众筹事件的32.03%，公司发起的事件占66.84%，其他类型发起方发起事件占1.13%。从地域来看，文化产业众筹资金规模占全国总规模最大的三个省份为广东（35.43%）、北京（20.90%）、浙江（13.52%），与2017年相同；第四、第五位分别为福建（7.91%）和江苏（4.63%），上海则由2017年的第四位（9.36%）下降至第六位（4.21%）。从文化产品众筹类别来看，文化消费终端生产众筹金额最大，占比为35.68%；内容创作生产众筹金额占比为26.51%，排至第二位；创意设计服务领域占比为20.63%，排在第三位（见图6）。

从具体的众筹平台来看，金额排名前五位的分别为淘宝众筹、京东众筹、摩点众筹、苏宁众筹、长众所（见图7）。

P2P网络借贷是互联网金融整顿的重点领域，然而在去杠杆与强监管政策同时发力导致金融体系信用收紧的情况下，2018年P2P网贷领域的潜在风险反而更加充分地暴露，"爆雷"成为2018年该领域的关键词，从6月

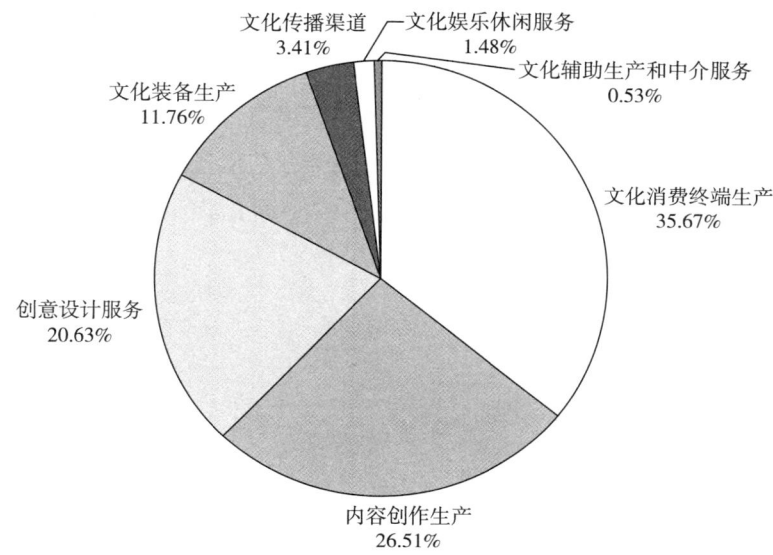

图 6　2018 年各类别文化众筹金额占比

资料来源：新元文智－文化产业投融资大数据系统（文融通）。

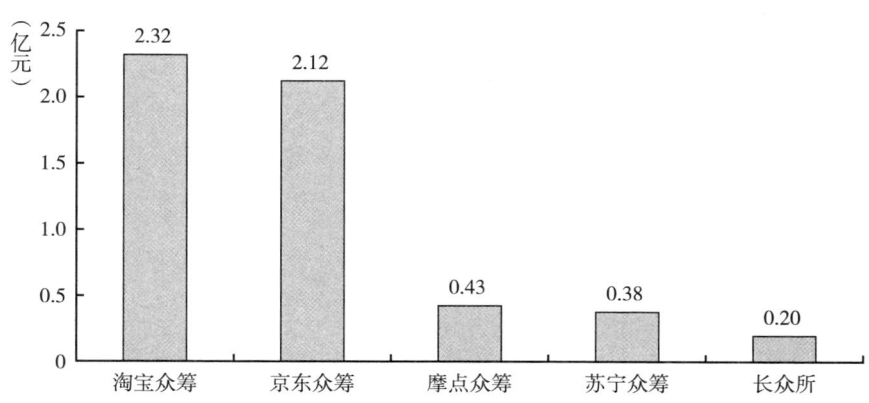

图 7　2017 年主要文化众筹平台筹资额

资料来源：新元文智－文化产业投融资大数据系统（文融通）。

中旬开始，大量未经批准的 P2P 网贷机构跑路的消息不断传出，平台信用违约风险持续升高。2018 年 P2P 网贷运营平台数量显著下降，截至年底降至 1034 家，较年初减少一半以上；与此相伴，月度成交额在 2018 年 12 月已降至1060.16亿元，较2017年12月也下降一半以上（见图8）。此前文化金融领域P2P网贷平台大部分也都出现了问题，邮币卡抵质押贷款平台手投网已于2017年底歇业停业；以无形资产或其他资产抵质押辅以担保的文化项目融资平台爱钱帮于2018年8月清盘；艺术品或贵重藏品抵质押贷款平台爱投资尽管仍在运营，但在2018年7月也出现了局部逾期，此后借款笔数及借款额则出现锐减。

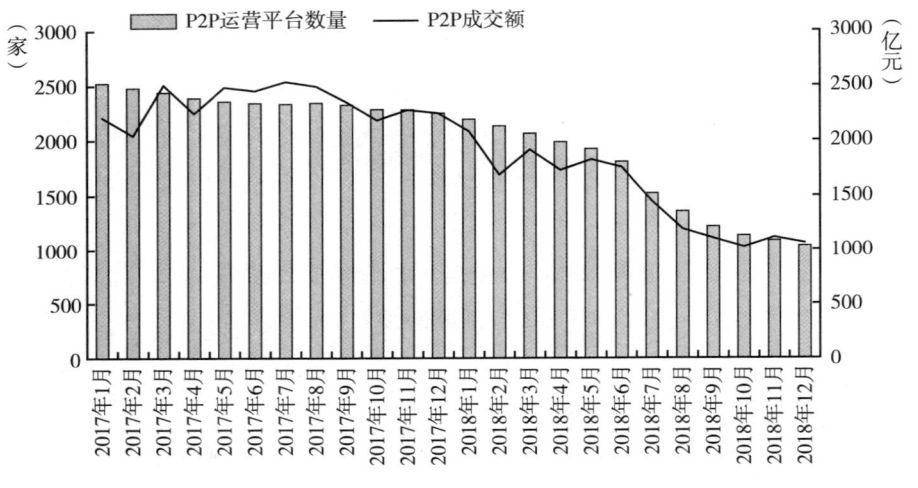

图8　P2P网贷运营平台及成交额情况

资料来源：WIND资讯。

鉴于P2P网贷领域风险的复杂性，互联网金融风险专项整治工作领导小组将该领域清理整顿完成时间延长至2019年6月，并接连于2018年底及2019年1月下发《关于做好网贷机构分类处置和风险防范工作的意见》和《关于进一步做实P2P网络借贷合规检查及后续工作的通知》，坚持以机构退出为主要工作方向，明确两个"三降"，即辖区内平台总数、业务规模、投资人数"三降"，及每家平台业务规模、投资人数、借款人数"三降"。在此背景下，短期内P2P网贷对于文化产业融资的支持力度将受到极大限制，然而长期来看，只有通过清理整顿规范发展环境，P2P网贷才能真正做到支持文化产业发展。

三 发展趋势及政策建议

在针对互联网金融的监管逐步升级的趋势下，互联网金融和文化产业的结合正在逐步深入，无论是金融机构、互联网文化企业还是各级政府都在加大力度推进这二者的结合。文化产业的产品传播性较广、可反复开发，文化产业的融资表现为风险较高、资产定价难、投资回报链条长等特征，而运营成本低、信息交互充分、覆盖范围广的互联网金融模式则可能为文化产业融资提供一些新的思路：充分持续的信息交互将有助于对难以定价的知识产权进行逐步估值、分段定价，同时通过广泛覆盖不同形态文化产品及文化产业各个环节，不仅有助于分散投资风险，而且有助于更好地满足不同领域、不同阶段的文化资源开发与利用。

从目前的发展状况来看，互联网文化金融对于两类文化企业意义尤为重大。

第一类是文化产业中的中小微企业，由于叠加了中小微企业自身的特点以及文化类企业的特点，这类企业融资难、融资贵问题往往更加凸显。包括持牌金融机构的探索、各级政府的平台性服务以及众筹、P2P 网贷等互联网融资中介提供的文化金融服务，其目的和初衷大多也是指向此类客群。当然，对于金融机构而言，其业务下沉的程度有所不同，商业银行等持牌机构通过发展互联网贷款，充分利用大数据技术等金融科技手段，一定程度上有助于解决传统文化类信贷业务中存在的信息不对称、贷后管理、获客留客、单位成本偏高、操作风险等方面的问题，但毕竟其风险偏好依然较低，对于整个文化产业的融资而言，更多体现为一些边际上的改善。而政府则有能力通过提供信息服务、各种优惠政策甚至担保服务等，进一步促使金融机构业务下沉，不过有时政府的关注点会更多地放在大型企业的做大做强上，并且部分政策可能会形成某种市场扭曲。对于文化小微企业这类次级客户支持力度最大的当属众筹、P2P 网贷等互联网融资中介，然而前些年盲目的、不顾风险一哄而上的格局也造成了该领域至今仍存大量的问题，使得其金融普惠

的性质也遭到了一些质疑。展望未来，一方面，在国家鼓励金融机构支持文化产业、支持民营小微企业的大背景下，金融机构进一步探索支持文化产业的互联网金融创新必将成为发展趋势之一，而由政府牵头推动文化企业与金融机构的合作也会只增不减，问题在于如何能够促使金融机构真正做到业务下沉，同时又不减损资金配置的市场化程度。另一方面，包括P2P网贷与网络众筹在内的新型互联网融资中介未来的发展必将进一步规范化，这个大浪淘沙的过程对于真正致力于合规发展的文化类互联网融资平台来说或许反而是个机遇，但这需要相应平台真正在其文化细分领域增强专业性，而不能仅仅将自身定位为流量平台。

第二类是大型文化类企业特别是互联网文化企业，其特点是希望通过"文化+互联网（科技）+金融"形式的产融结合来进一步做大做强。伴随着互联网企业对金融领域布局力度的加大，这种示范效应使得近两年文化类企业将其自身业务与金融有机结合的速度也在明显加快，然而其商业模式的可行性似乎仍有待检验。未来大型文化企业在该领域仍有大量的探索空间，但随着金融机构股权管理以及金融控股公司等方面的监管逐步完善，通过与金融机构的合作联姻或许将是该类企业进一步创新尝试的主要方向。

基于上述判断，我们认为未来进一步推进互联网文化金融发展可从如下几方面着手。

一是完善文化企业融资相关配套服务。现有的互联网金融模式对于文化企业尤其是中小微文化企业的融资支持能力还需要提高。比如，在技术支持相关问题之外，还应搭建为文化企业提供便利的互联网金融服务平台，如交易平台、交流平台、征信平台等，为文化企业在互联网金融活动中的信息沟通、交易及风险控制提供保障。另外，文化类企业大多以无形资产为主要资产，应完善文化资产的抵质押、登记服务与管理，为互联网文化金融的增信提供便利。在配套服务体系建设方面，相关政府机构事实上更加容易发挥引领作用。

二是完善文化金融消费的支付渠道。随着支付宝、微信等移动端支付结算服务的广泛使用，人们日常使用移动支付的场景越来越多，支付习惯也在逐渐发生改变。影视、娱乐、体育等文化内容与用品是人们文化消费的重要入口，人们的上述文化消费也越来越多地基于各类互联网平台，进而依托于各类支付工具。对于"文化+互联网（科技）+金融"的发展模式来说，支付的入口作用对于推广获客至关重要，而支付的沉淀数据也将极大地增强风控的有效性，因此拓宽支付渠道将极大地提升文化消费信贷产品的创新研发和推广普及的速度。

三是培养专业化、复合型人才。互联网文化金融是金融、文化与互联网多个行业的结合，这个新兴领域的发展既需要专业型人才，也需要复合型人才，从业人员不仅要有传统金融机构的风险控制意识，也要懂得文化产业和企业的特点，还需有互联网思维懂互联网技术。因此，应培养专业化与复合知识体系兼具的人才队伍，这对于整个互联网文化金融生态（包括金融机构、新型互联网融资中介、文化企业、监管机构等）的良性运转来说十分必要。

四是强化互联网金融风险监管体系建设。鉴于互联网金融的风险挑战可能具有长期性，应进一步完善互联网金融监管，健全法律法规，明确监管主体，强化监管协同，建立有效的市场准入与退出机制；同时加强行业自律，提高市场透明度，制定互联网金融消费者的维权措施，引导市场回归理性。此外，应鼓励金融风险管控技术（如大数据、人工智能、云计算）的创新，提升互联网金融信息整理分析效率，为互联网征信系统与央行征信系统的有效对接奠定基础。只有互联网金融本身做到规范发展，才能真正实现支持文化产业和有效防范风险二者的统一结合。

行 业 篇

Industries Reports

B.6 2018年中国电影金融发展报告

张琦 卢孟杰*

摘　要： 本文梳理了2018年中国电影产业的发展状况、政策环境，重点关注了与电影金融相关的政策与市场活动。建议加强电影金融宏观制度建设，牢牢把握政策走向，引入科学规范的项目运作模式，构建起资本与创作、作品与观众的良性互动机制。通过电影金融体系的结构性调整来促进电影产业的提质增效，不断增强中国电影的发展动力与活力，促进电影金融的科学、健康、规范发展。

关键词： 电影金融　投融资　影视企业

---

* 张琦，北京电影学院管理学院党总支书记、副院长，副教授，硕士生导师，国家金融与发展实验室特聘研究员，文化金融50人论坛特邀成员。卢孟杰，北京电影学院中国电影产业发展研究院研究生。

2018年是改革开放40周年,是实施"十三五"规划承上启下的关键一年。在过去的这一年,五部委重拳治理影视行业乱象,电影业体制改革不断深化,中国电影以超600亿元、国产片占比超六成的年票房完美落幕。

2018年,无论是影视行业税收秩序整顿,还是资本市场上影视企业市值蒸发,都对整个电影产业的发展带来巨大的影响。尽管行业发展看似困难重重,但是行业监管更加严格、规范,电影观众更加追求电影的品质,"资本洪水"逐渐退出产业,使得整个行业冷静下来,逐渐趋于理性与健康发展。本文梳理了2018年中国电影产业的发展状况、政策环境,重点关注了与电影金融相关的政策与市场活动。在今后的发展过程中,应加强宏观制度建设,牢牢把握政策走向,研读、利用相关优惠政策,引入科学规范的行业运作模式,构建资本与创作、作品与观众的良性互动机制;通过电影金融体系的结构性调整来促进电影产业的提质增效,不断增强中国电影的发展动力与活力,促进电影金融的科学、健康、规范发展。

一 2018年中国电影产业发展情况

(一)电影产业发展基本情况

2018年全国电影总票房为609.76亿元,同比增长9.06%,中国电影市场自产业化改革以来增速首次低于10%,产业发展从高速发展阶段逐渐进入平稳发展阶段。2018年电影生产逐渐回归内容本体,高质量的电影不断涌现,全年共生产影片1082部,包括电影故事片902部、科教电影61部、纪录电影57部、动画电影51部、特种电影11部。全年票房过亿元的影片共82部,其中国产电影44部,国产电影总票房为378.97亿元,同比增长25.89%,市场占比为62.15%。城市院线观影人次达到17.16亿,同比增长5.93%;电影银幕总数达60079块,新增9303块,同比增长18.32%,幕均覆盖人口2.3万,影院数量11031家,同比增长16.06%。

2018年国产电影的创作质量得到进一步提升,优秀作品不断涌现,多部思想性、观赏性、艺术性统一的文艺作品获得口碑、票房和发行多方丰收,市场主体地位更加稳固。

电影行业"野蛮扩张"的高增长时代已经基本结束,电影产业逐渐走向成熟,传统的粗放式发展策略已经很难奏效,市场发展进入理性、稳定发展的阶段。电影产业是文化产业中市场竞争较为充分的门类,电影行业面临着越来越多跨界、跨领域的非传统竞争对手的挑战,高成本的盲目扩张不仅无法带来竞争优势,而且可能带来沉重的负担。自2003年电影产业化改革以来,中国电影市场的发展方式发生了较大的变化,正在进入内生性因素推动电影产业发展的阶段,即将进入从电影大国到电影强国的黄金时代,最鲜明的特征就是走向高质量发展,这是电影产业适应经济发展新常态的必然选择。新时代对电影行业提出了新要求,增强了推动电影产业高质量发展的使命感。

(二)电影行业管理机构改革

2018年2月28日,党的十九届三中全会决定对电影管理体制做出调整和完善,改由中央宣传部统一管理电影工作。3月,中共中央印发《深化党和国家机构改革方案》,其中第十二条规定:"中央宣传部统一管理电影工作。为更好发挥电影在宣传思想和文化娱乐方面的特殊重要作用,发展和繁荣电影事业,将国家新闻出版广电总局的电影管理职责划入中央宣传部。中央宣传部对外加挂国家电影局牌子。"原国家新闻出版广电总局下属的电影频道、中国电影股份有限公司、中国电影集团公司、中国电影科学技术研究所等事业单位和企业,也划转中央宣传部管理。

电影管理职责的划转,体现了以习近平同志为核心的党中央对电影工作的高度重视和亲切关怀,是党中央加强对电影工作全面领导的战略安排,标志着党管电影的手段更加有力,电影产业和电影事业发展的目标更加明确,更加有利于发挥电影作为文化产业排头兵的表率作用和在宣传思想方面的重要作用,有利于电影事业的发展和繁荣。

二　2018年电影金融发展环境分析

（一）宏观经济环境

根据国家统计局数据，2018年我国GDP总量为900309亿元，比上年同期增长6.6%，按照平均汇率换算达到13.6万亿美元，人均GDP接近1万美元。此外，2018年中国城镇常住人口占比上升至59.28%，第三产业产值攀升至52.2%，居民恩格尔系数下降至28.4%，由此表明城镇化正在稳步推进、工业化进入中后期、居民消费结构不断变化。当前我国经济已由高速增长阶段转向高质量的发展阶段，处于"转变经济发展方式、优化经济结构和转换增长动力"的关键时期，由于"基数扩大"和外部不确定性因素的存在，经济下行压力较大，但是我国经济依旧保持着较强的韧性，只要抓住机遇稳步推进，我国经济可以保持稳健发展。

2018年，从投融资环境看，是影视行业艰苦的一年。文化传媒板块二级市场表现不佳，总市值缩水高达约40%。自2016年以来，三年连续下跌。国内文化传媒行业VC/PE融资交易事件数量和融资规模持续下降。

根据央行2019年初公布的数据，2018年12月新增社会融资规模1.59万亿元，同比增加33亿元，经过2016年、2017年连续两年的快速增长后，2018年融资规模的同比增长率由2017年的25.8%下降到-14.0%。从社会融资规模的分项来看，2018年表内融资、直接融资及其他持续上升，而表外融资的大幅下降才是导致社会融资总体下降的原因。表外融资减少，影响各行各业的融资，对于电影行业来说，一些不规范的电影项目融资难度加大，直接结果就是备案项目减少。2018年，电影备案数量出现近6年来的首次下滑。2019年初，央行接连下调金融机构存款准备金率等市场操作，为市场注入大额流动性。加上强化逆周期调节，定向中期借贷便利操作和普惠金融定向降准，预计社会融资下滑趋势将放缓，但资金流

动性传导到电影行业尚需时日,预计2019年下半年电影行业融资难的情况将逐步得到改善①。

(二)产业政策环境

2018年6月16日,财政部发布《关于调整国家电影事业发展专项资金使用范围的通知》和《关于调整中央级国家电影事业发展专项资金使用范围和分配方式的通知》,明确中央电影事业发展专项资金使用范围、中央补助地方电影专资分配方式,及关于《深化党和国家机构改革方案》机构调整后省级财政部门会同电影主管部门的中央补助地方电影专资预算编制下达工作相关事宜,并将资助国产电影宣传推广和购买农村电影公益性放映版权纳入国家电影事业发展专项资金使用范围。

2018年6月,中央宣传部、文化和旅游部、国家税务总局、国家广播电视总局、国家电影局发布《关于治理影视行业天价片酬"阴阳合同"偷逃税等问题的通知》,强调要制定出台影视节目片酬执行标准,明文规定演员和节目嘉宾最高片酬限额。规定要求"每部电影、电视剧、网络视听节目全部演员、嘉宾的总片酬不得超过制作总成本的40%,主要演员片酬不得超过总片酬的70%"。

2018年8月,中国电影导演协会发表《团结一致自律自强维护影视行业健康发展》声明,强调"支持从政府到民间显示出的对于影视产业的关心和维护产业发展的积极态度",也指出"行业内某些问题的原因是多方面的",比"天价片酬""偷税漏税"更重要的问题是"市场公平",对于影视业内的薪酬和制作经费等问题应交由市场调节、政府监督,强调在法律的基础之上,政策指导、市场调节、行业自律并行,方可保障影视业正常发展。

随后,爱奇艺、优酷、腾讯视频、正午阳光、华策影视、柠萌影业、慈

---

① 晁文庆:《中国电影行业"入冬说"不靠谱——从宏观经济视角分析2019年电影行业四大趋势》,《文娱荟》2019年1月18日。

文传媒、耀客传媒、新丽传媒三家视频网站和六家影视制作公司发布《关于抑制不合理片酬，抵制行业不正之风的联合声明》，强调共同抵制艺人"天价"片酬现象，倡导成本用于制作、投入服务品质、演员戏比天大的行业风气。

2018年10月12日，财政部办公厅、中央宣传部办公厅、商务部办公厅发布《关于申报2019年度文化产业发展专项资金（重大项目方面）的通知》。这一通知主要内容为：一是推动影视产业发展（中央宣传部牵头负责），采取对重点影视项目直接补助方式，重点支持用于增强文化自信、保障国家文化安全的重大革命历史题材以及反映改革开放和中国特色社会主义伟大实践取得重大成就和宏伟业绩题材的重点影视剧；二是由商务部牵头负责推动对外文化贸易发展，采取对文化服务出口后奖励方式，鼓励和支持我国文化企业参与国际竞争，扩大文化服务出口，推动中华文化走出去。同时，对于列入《2017～2018年度国家文化出口重点企业目录》且在2018年1月1日至8月31日具有较好文化服务出口业绩的企业，根据其期间内文化服务出口额按比例予以奖励[①]。

2018年12月18日，国务院办公厅发布《关于印发文化体制改革中经营性文化事业单位转制为企业和进一步支持文化企业发展两个规定的通知》，其目的在于进一步深化文化体制改革，推进国有经营性文化事业单位转企改制，促进文化企业发展。其中，第一条第二款特别提到，延续部分电影相关税收优惠，即对电影制片企业销售电影拷贝（含数字拷贝）、转让版权取得的收入，电影发行企业取得的电影发行收入，电影放映企业在农村的电影放映收入免征增值税。一般纳税人提供的城市电影放映服务，可以按现行政策规定，选择按照简易计税办法计算缴纳增值税[②]。

[①] 财政部办公厅、中央宣传部办公厅、商务部办公厅：《关于申报2019年度文化产业发展专项资金（重大项目方面）的通知》，2018年10月12日。
[②] 国务院办公厅：《关于印发文化体制改革中经营性文化事业单位转制为企业和进一步支持文化企业发展两个规定的通知》，2018年12月18日。

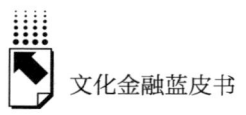

三 2018年中国电影金融发展情况

(一)资本寒冬,多家上市影企面临市值蒸发

上市融资依旧是国内影视企业融资的重要方式之一,但是随着IPO过会率的下降,国内企业IPO的困境延续到2018年,影视公司IPO更加不乐观。2018年上半年,华视娱乐、新丽传媒、开心麻花、和力辰光四家影视公司纷纷中止IPO。2018年,传统影视企业无一成功上市,反而有互联网基因的影视相关公司频繁突围,成功登陆资本市场。

目前,国内A股文化传媒板块企业共计108家,其中主营业务产品包含影视制作的企业共计37家;港股影视传媒类企业共计51家,其中主营业务中包含电影影视的企业共计15家(见表1)。

表1 上市影视企业情况一览

国内A股			港股		
序号	证券代码	证券简称	序号	证券代码	证券简称
1	002739.SZ	万达电影	1	1060.HK	阿里影业
2	300413.SZ	芒果超媒	2	0198.HK	星美控股
3	002624.SZ	完美世界	3	0326.HK	中国星集团
4	600977.SH	中国电影	4	0571.HK	丰德丽控股
5	300133.SZ	华策影视	5	0391.HK	美亚娱乐资讯
6	601801.SH	皖新传媒	6	8228.HK	国艺娱乐
7	300027.SZ	华谊兄弟	7	1132.HK	橙天嘉禾
8	603103.SH	横店影视	8	1046.HK	寰宇娱乐文化
9	000917.SZ	电广传媒	9	0343.HK	文化传信
10	603096.SH	新经典	10	8271.HK	环球数码创意
11	600715.SH	文投控股	11	2366.HK	星美文化旅游
12	000802.SZ	北京文化	12	0745.HK	中国国家文化产业
13	002292.SZ	奥飞娱乐	13	8075.HK	寰亚传媒
14	600687.SH	刚泰控股	14	8220.HK	比高集团
15	000863.SZ	三湘印象	15	8112.HK	基石金融

续表

国内A股			港股		
序号	证券代码	证券简称	序号	证券代码	证券简称
16	002143.SZ	印纪传媒			
17	002425.SZ	凯撒文化			
18	600892.SH	大晟文化			
19	600229.SH	城市传媒			
20	000892.SZ	欢瑞世纪			
21	601595.SH	上海电影			
22	600551.SH	时代出版			
23	002343.SZ	慈文传媒			
24	600831.SH	广电网络			
25	600136.SH	当代明诚			
26	300291.SZ	华录百纳			
27	300336.SZ	新文化			
28	002905.SZ	金逸影视			
29	002502.SZ	骅威文化			
30	600088.SH	中视传媒			
31	600255.SH	梦舟股份			
32	300528.SZ	幸福蓝海			
33	002445.SZ	ST中南			
34	300426.SZ	唐德影视			
35	002175.SZ	东方网络			
36	002071.SZ	长城影视			
37	000835.SZ	长城动漫			

资料来源：WIND资讯。

国内新三板概念板块中主营业务产品包含电影影视的企业共计15家（见表2）。新三板影视企业由于资金、规模、技术和资源等方面的劣势，与主板影视企业相比，在营业收入上存在较大差距。但不少企业将登陆新三板视为实现A股IPO的中转站，以此提前规范公司治理。随着行业监管的趋严、"阴阳合同"事件的爆发，电影资本市场也遭到波及，影视股下跌十分严重。

表2 新三板挂牌企业情况一览

序号	证券代码	证券简称
1	430358.OC	基美影业
2	831051.OC	ST春秋
3	832927.OC	顶峰影业
4	833604.OC	南广影视
5	833892.OC	艺能传媒
6	834146.OC	时代电影
7	834192.OC	中钜铖
8	834588.OC	星光电影
9	834630.OC	新片场
10	834793.OC	华强方特
11	834992.OC	上亿传媒
12	835003.OC	龙腾影视
13	835099.OC	开心麻花
14	835431.OC	非凡传媒
15	836583.OC	海润影业

资料来源：WIND资讯。

根据数据统计，在国内A股上市的37家影视企业中的36家企业市值下跌严重，市值总计蒸发超过1700亿元，跌幅在50%以上的企业高达12家。2018年国内A股上市影视企业市值变化情况见表3。

表3 2018年国内A股上市影视企业市值变化情况

单位：亿元，%

证券代码	证券简称	2018年初市值	2019年初市值	市值变化	涨跌幅
600715.SH	文投控股	416.79	83.47	-333.32	-79.97
002739.SZ	万达电影	611.10	384.52	-226.58	-37.08
002143.SZ	印纪传媒	233.62	50.62	-183.00	-78.33
600687.SH	刚泰控股	175.82	61.78	-114.04	-64.86
300027.SZ	华谊兄弟	242.21	131.08	-111.13	-45.88
002292.SZ	奥飞娱乐	186.76	76.82	-109.95	-58.87
002445.SZ	ST中南	107.29	27.61	-79.68	-74.26
002343.SZ	慈文传媒	120.81	42.84	-77.97	-64.54

续表

证券代码	证券简称	2018年初市值	2019年初市值	市值变化	涨跌幅
601801.SH	皖新传媒	210.46	132.88	-77.58	-36.86
002624.SZ	完美世界	439.90	366.17	-73.72	-16.76
300291.SZ	华录百纳	92.21	36.15	-56.06	-60.79
300426.SZ	唐德影视	78.92	27.28	-51.64	-65.43
002502.SZ	骅威文化	74.89	33.88	-41.01	-54.76
600255.SH	梦舟股份	67.42	31.85	-35.57	-52.76
002175.SZ	东方网络	61.06	25.55	-35.50	-58.15
300133.SZ	华策影视	191.84	158.89	-32.95	-17.18
601595.SH	上海电影	76.16	45.68	-30.48	-40.02
000917.SZ	电广传媒	128.43	98.09	-30.34	-23.62
000892.SZ	欢瑞世纪	76.32	46.69	-29.63	-38.82
002071.SZ	长城影视	53.49	23.91	-29.58	-55.30
600136.SH	当代明诚	68.16	39.80	-28.35	-41.60
603103.SH	横店影视	129.20	101.02	-28.18	-21.81
000802.SZ	北京文化	106.58	79.25	-27.33	-25.64
300336.SZ	新文化	61.39	35.48	-25.91	-42.21
002905.SZ	金逸影视	60.11	35.02	-25.09	-41.73
600977.SH	中国电影	287.52	267.35	-20.16	-7.01
000863.SZ	三湘印象	73.09	53.62	-19.48	-26.65
300528.SZ	幸福蓝海	49.48	31.30	-18.18	-36.75
600551.SH	时代出版	59.38	43.60	-15.78	-26.58
000835.SZ	长城动漫	27.06	13.59	-13.46	-49.76
002425.SZ	凯撒文化	58.67	47.85	-10.82	-18.45
600088.SH	中视传媒	43.78	33.13	-10.65	-24.33
600831.SH	广电网络	49.43	40.96	-8.47	-17.14
603096.SH	新经典	90.59	83.51	-7.07	-7.81
600229.SH	城市传媒	53.92	47.18	-6.74	-12.50
600892.SH	大晟文化	52.42	47.83	-4.59	-8.75
300413.SZ	芒果超媒	119.70	366.41	246.71	206.11
	总计	5035.96	3252.68	-1783.28	-35.41

资料来源：WIND资讯。

其中依靠成龙 IP 资源转型影视行业的文投控股跌幅最高，以 79.97% 的跌幅蒸发 333.32 亿元市值；2019 年初总股本质押率为 81.22%，质押率居资本市场首位的印纪传媒市值蒸发78.51%位居第二。2018年的影视行业在"天价片酬""阴阳合同""税收风暴""业绩巨亏""重组失败""资本撤离"等负面关键词中度过。随着前几年野蛮生长的泡沫被挤出，整体票房增长的开始放缓，在市场冷静后，影视行业的整体热钱减少，资本必然会流入头部内容资源，让电影人用心做内容，资本降温，或许是电影市场正本清源的开始。

2014～2019年国内A股上市影视企业市值总体变化情况见图1。

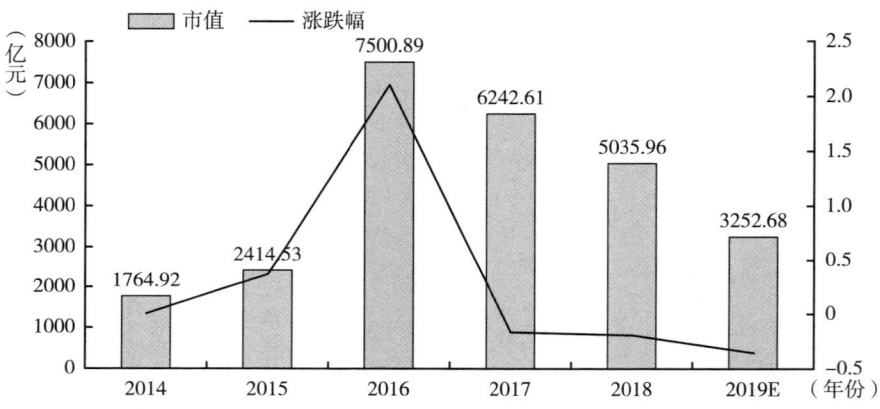

图1　2014～2019年国内A股上市影视企业市值总体变化情况

注：2019年数据为预测数据。
资料来源：WIND资讯。

（二）"阴阳合同"与"税务地震"震荡影视圈

随着"阴阳合同"事件的爆发，产业税收乱象与明星高片酬乱象终于浮出水面，也受到了监管部门高度的关注。2018年10月，国家税务总局下发《关于进一步规范影视行业税收秩序有关工作的通知》，开展规范影视行业税收秩序工作，要求从2018年10月到2019年7月底，各税务机关按照"自查自纠、督促纠正、重点检查、总结完善"的步骤，推进规范影视行业税收秩序工作。

从2018年10月10日开始进入"自查自纠"阶段，各地影视制作公司、经纪公司、演艺公司、明星工作室等影视行业企业和高收入影视从业人员，根据税收征管法及其实施细则相关规定，对 2016 年以来的申报纳税情况进行自查自纠。该通知指出"2018 年 12 月底前认真自查自纠、主动补缴税款的影视企业及从业人员，可以免予行政处罚，不予罚款"。

2019 年 1 月至 2 月底为"督促纠正"阶段，要求税务机关根据上阶段自查自纠的情况，有"针对性"地督促相关纳税人进一步自我纠正。"对经税务机关提醒后自我纠正的纳税人，可依法从轻或减轻行政处罚；对违法情节轻微的，可免予行政处罚。"

2019 年 3 月至 6 月底为"重点检查"阶段，要求税务机关结合自查自纠、督促纠正阶段的检查、纠正情况，对个别拒不纠正的影视行业企业及从业人员开展重点检查，并依法严肃处理。

要求在 2019 年 7 月底前，对在规范税收秩序工作中发现的突出问题，举一反三，建立健全规范影视行业税收管理长效机制。对发现税务机关和税务人员违法违纪问题，以及出现大范围偷逃税行为且未依法履职的，要依规依纪严肃查处。

随之而来的是原本推出了税收优惠措施的新疆霍尔果斯、浙江东阳等地在税收政策上进入了不确定的调整期，也直接导致大批影视公司的撤离。

2011 年 9 月，《国务院关于支持喀什霍尔果斯经济开发区建设的若干意见》正式确立了霍尔果斯为经济开发区，并明确了霍尔果斯企业所得税"5 年免征"。随后，2012 年新疆维吾尔自治区政府又对"5 年免征"优惠加码，2010～2020 年在当地新设且符合《新疆困难地区重点鼓励类发展企业所得税优惠目录》的企业，5 年内免征企业所得税，期满后，再免征企业 5 年所得税地方分享部分，也即"五免五减半"。2017 年 6 月，这一优惠政策的覆盖范围又扩大为"2020 年 12 月 31 日前注册的企业"。

尤其是近两年，政府中介招商力度加码，各路资本纷至沓来落壳，霍尔果斯企业注册更火爆，尤其是影视类、文化类、科技类和投资类企业。但是这些注册企业中，只有 2% 的注册企业是真正在霍尔果斯实际经营的，98% 以上都是放在中介抽屉里的公司。

在"阴阳合同"事件爆发之前，霍尔果斯就已经开始了税收秩序整顿。

2018年1月,霍尔果斯就出台通知,要求规范和整顿企业注册行为,暂停为不符合注册要求的企业办理注册手续。3月,财政部专员办进点见面会部署了由财政部监督检查局牵头的专项稽查,财税部门还提出要对现行优惠政策进行论证,包括收紧优惠产业目录、依法依规查处中介机构等措施。见面会还提出要求"做实"当地注册的企业。4月11日起,新疆维吾尔自治区工商局就暂停了霍尔果斯和喀什"一址多照"政策。整顿一直持续到5月。之后,"阴阳合同"事件爆发并发酵,国家税务总局明确提出加强影视行业税收征管,这让一直在整改的曾深受影视公司追捧的"税收洼地"霍尔果斯随即上演了一场影视资本"大逃亡"。《伊犁日报》仅8月27日一天就刊登了25则"注销公告"。

政策的变动直接造成了整个产业上下游的公司面临生产成本大幅上升,未来的政策走向尚不明确,使得整个产业即将面临非常大的不确定性。

2019年1月初,国家税务总局、国家广播电视总局和国家电影局发布消息,自开展规范影视行业税收秩序工作以来,影视行业纳税人认真开展了"自查自纠"。截至2018年底,自查申报税款117.47亿元,已入库115.53亿元。

中国电影家协会秘书长闫少非表示,规范税收秩序工作的开展,有效针对影视行业的突出问题,补齐了发展短板,化解了行业风险,教育了从业人员,为行业持续健康发展创造了更加有利的环境和条件。相关部门负责人表示,通过开展规范影视行业税收秩序工作,税收管理基础和秩序得到有效改善。

(三)行业并购日趋理性

在过去的几年时间里,影视行业并购活跃,不少上市影视公司手上积累了大量并购资产,这些资产在未来将为企业经营带来超额利润的潜在经济价值。然而,2018年上半年"阴阳合同"事件的发酵,让经历了野蛮生长时期的影视行业逐渐趋于理性。截至2018年12月底,电影产业共发生并购事件67起。

在2018年的影视企业并购中,院线整合与跨界并购为主要的并购行为。

当前院线市场仍存在巨大的整合空间，2018年大量的院线并购推进了院线整合的发展和市场集中度的提升。2018年11月，万达电影公告以超过100亿元收购万达影视，完成对同系公司的并购整合，实现内容制片、院线的上下游把控，完成全产业链布局，建成了集院线终端平台、传媒营销平台、影视IP平台、线上业务平台、影游互动平台于一体的业务体系。

近年来，影视行业的高速发展吸引了行业外资本纷纷入局，部分上市公司选择并购影视公司作为转型突破口，或将影视公司作为全产业链中"补缺"的一环。但"跨界收购"对于外行企业而言是把"双刃剑"，一方面，资本有利于集中影视行业的优势资源，促使行业规模增长得更快；另一方面，隔行如隔山，很多业外资本往往对影视产业缺乏深度了解，欠缺经验、人才等专业性资源，无法将正确的资金用在正确的作品上。

2018年10月在证监会向券商下发的《再融资审核财务知识问答》与《再融资审核非财务知识问答》中，明确"通过配股、发行优先股或董事会确定发行对象的非公开发行股票方式募集资金的，可以将募集资金全部用于补充流动资金和偿还银行借款，但不得变相将募集资金用于其他用途，且募集资金原则上不得跨界投资影视或游戏"。今后对于行业外的资本进入将进行严格的控制，"上市公司募集资金应服务于实体经济、符合国家产业政策，主要投向主营业务"。这一政策在一定程度上加剧了影视行业"资本寒冬"的态势，但是从积极的意义上可以视作促进影视行业资本运作趋向理性发展的重要举措。

（四）融资环境变化，影视企业面临债务压力

2018年，资本大环境萧条，影视行业一级市场、二级市场融资困难的情况十分普遍。在宏观境内及去杠杆的影响下，融资环境不乐观，上市影视企业流动性状况紧张，一定程度上对于生产经营造成了影响，债务压力提升。根据A股上市的37家影视企业2018年第三季度报告数据统计，平均资产负债率为38.16%，其中长城影视、长城动漫、唐德影视、当代明诚等企业的资产负债率超过60%，具有较大的债务风险（见表4）。

以华谊兄弟为例，截至2018年第三季度末，其资产负债率为45.57%，流动负债为69.83亿元，一年内到期的债务为32.84亿元。因为担忧其偿债能力，中诚信国际2018年底就将华谊兄弟相关债项信用等级列入观察名单[1]。为了兑付即将到期的债券，华谊兄弟向多家银行及信托申请授信累计达25亿元，向阿里影业借债7亿元，将上市企业的房产、对子公司的持股、影片收益等都掏出来做抵押。

表4　2018年第三季度上市影视企业资产负债率情况

单位：%

序号	证券代码	证券简称	资产负债率
1	002071.SZ	长城影视	72.959
2	000835.SZ	长城动漫	67.813
3	300426.SZ	唐德影视	62.818
4	600136.SH	当代明诚	62.178
5	600831.SH	广电网络	59.793
6	000863.SZ	三湘印象	54.160
7	000917.SZ	电广传媒	53.821
8	300413.SZ	芒果超媒	52.651
9	600687.SH	刚泰控股	51.813
10	002175.SZ	东方网络	49.208
11	300027.SZ	华谊兄弟	45.571
12	300133.SZ	华策影视	44.880
13	002445.SZ	ST中南	44.301
14	002739.SZ	万达电影	43.425
15	002624.SZ	完美世界	41.160
16	300336.SZ	新文化	38.035
17	600255.SH	梦舟股份	37.724
18	002143.SZ	印纪传媒	37.055
19	002343.SZ	慈文传媒	36.519
20	300528.SZ	幸福蓝海	35.563

[1] 贾阳：《10张图看懂影视公司"过冬"姿势：国企有钱，民企有债，国进民退》，《娱乐资本论》2019年3月4日。

续表

序号	证券代码	证券简称	资产负债率(%)
21	600229.SH	城市传媒	34.761
22	600977.SH	中国电影	33.384
23	002905.SZ	金逸影视	32.957
24	002292.SZ	奥飞娱乐	32.454
25	000892.SZ	欢瑞世纪	32.020
26	603103.SH	横店影视	31.827
27	600715.SH	文投控股	31.320
28	600551.SH	时代出版	28.749
29	601801.SH	皖新传媒	25.808
30	601595.SH	上海电影	24.926
31	000802.SZ	北京文化	23.359
32	600088.SH	中视传媒	21.892
33	600892.SH	大晟文化	19.632
34	002425.SZ	凯撒文化	18.452
35	603096.SH	新经典	10.701
36	002502.SZ	骅威文化	10.040
37	300291.SZ	华录百纳	8.304

资料来源：巨潮资讯网。

由于影视行业的轻资产属性，不少上市公司大股东们选择通过股权质押融资，据东方财富 Choice 数据，2018 年初，近 70 家影视文娱上市公司控股股东个人股权质押率平均达到 65.98%。许多影视公司大股东质押率都超过了 80%，部分超过 90%。经历了多次股价下挫，上市公司股东补充质押的公告不断，一些公司大股东到最后面临的是无仓可补的困境。最新数据显示，骅威文化、唐德影视、长城动漫等公司控股股东的股权质押率已超过 99%，欢瑞世纪、华谊兄弟、慈文传媒等控股股东的股权质押率超过 90%（见表 5）。上市公司实际控制人股权质押连续爆仓，是 2018 年影视股大崩盘最惨烈的后遗症[①]。

[①] 贾阳：《10 张图看懂影视公司"过冬"姿势：国企有钱，民企有债，国进民退》，《娱乐资本论》2019 年 3 月 4 日。

表5 上市影视企业控股股东股权质押状况

证券名称	控股股东股权质押比(%)	控股股东最新质押数量(万股)
骅威文化	99.9972	9603.03
唐德影视	99.9899	423.98
长城动漫	99.3291	610.00
欢瑞世纪	98.9247	10550.46
大晟文化	98.7497	1860.00
华谊兄弟	95.3477	500.00
奥飞娱乐	95.2058	4300.00
慈文传媒	93.9938	1065.16
长城影视	87.2034	64.60
当代明诚	85.4228	800.00
ST中南	69.3914	400.00
完美世界	69.1059	851.00
光线传媒	67.4394	6275.00
新文化	65.2026	1334.00
华策影视	52.7925	800.00
凯撒文化	52.1736	7000.00
文投控股	35.4872	6500.00

资料来源：东方财富Choice数据。

过去的2~3年，部分上市影视企业选择债券融资方式，以公开发行公司债券、可转换公司债券和融资券为主，募集资金主要用于偿还企业债务、补充流动资金等项目。由于发行债券手续复杂且对发行主体要求较高，目前国产电影项目较少直接使用这种融资方式。部分上市影视企业债券融资情况见表6。

表6 部分上市影视企业债券融资情况

影视企业	发行债券情况
中南文化	2016年7月发行4年期公司债券"16中南债"，面值总额6亿元，用以补充流动资金
新文化	2016年11月发行5年期公司债券"16文化01"，面值总额10亿元，用于新项目投资、股权投资或收购资产、偿还银行贷款等
刚泰控股	2017年11月发行5年期公司债券"17刚股01"，面值总额5亿元，用于偿还公司到期债务、补充流动资金

续表

影视企业	发行债券情况
凯撒文化	2017年8月发行3年期公司债券"17凯文01",面值总额3亿元,用于偿还公司债务、股权投资以及补充营运资金
奥飞娱乐	2018年3月发行2年期公司债券"18奥飞01",面值总额1亿元,用于偿还金融机构借款等有息债务
当代明诚	2018年非公开发行3年期公司债券共三期,"18明诚01"1亿元、"18明诚02"1.5亿元、"18明诚03"3.5亿元;11月拟公开发行5年期公司债券8亿元,用以偿还有息债务和补充流动资金
慈文传媒	2018年6月拟公开发行可转换公司债券10.8亿元,用于电视剧项目开发
广电网络	2018年7月公开发行6年期可转换公司债券8亿元,用于投资"秦岭云"融合业务系统建设项目
华谊兄弟	2018年2月发行3亿元的超短期融资券"18华谊兄弟SCP001",期限为270日;4月发行7亿元的短期融资券"18华谊兄弟CP001",期限为365日
唐德影视	2017年5月拟公开发行公司债券6亿元,用于调整债务结构、补充流动资金、投资于资本性支出项目

资料来源:根据巨潮资讯网公告整理。

(五)完片担保和电影保险初步发展

2015年,全球业务量最大的完片担保公司——美国电影金融公司(FFI)开启了进军中国市场的进程。2017年6月,FFI宣布与中国人保财险达成合作协议,共同引入完片保险,中国人民财产保险股份有限公司将为FFI在国内服务出具保单,为国内电影项目提供在人身、财产、责任保险等基础上的一揽子风险解决方案,联手推进影视完片及制作保险本土化。由合一影业主控的影片《机器之血》是首部使用FFI完片担保服务的国产影片。

国内的金融机构近年在电影保险业务上也积极开展本土化探索。和力辰光于2016年与太平洋保险签订独家合作协议,推出了"完片担保""完片担保+制作""完片担保+制作+投资"等不同产品模式[1]。和力辰光作为

---

[1] 《完片担保:能否成为影视超预算拍摄"必杀器"?》,《21世纪经济报道》2018年7月21日。

担保方为《心理罪》《迷途杀机》等影片设计了"完片担保＋＋"模式，即在影片摄制保险和债权融资的基本功能基础上，通过银幕外增值途径的方式，为完片担保加入投资收益保险的功能①。2015年，平安保险推出电影完片保险产品，主要包括人身意外险和财产险。联合影视制作公司中央新影集团，在承保前进行风险评估，对影片的整体情况、预算合理性、拍摄计划等内容进行审核，承保后进行拍摄进度审查并提出建议，但不对影片拍摄过程全程监控。同时，提供"完片＋物损"的打包服务，降低完片费率。2018年平安保险比较典型的案例是其联合北京华城泰通传媒投资有限公司推出"平安影视制作财产损失保险"，为影视剧《一代洪商》开展此项专门电影保险业务。

当前，我国电影行业的电影保险发展仍处于初级的萌芽阶段，不仅需要学习国外成熟、先进的电影担保机制，而且需要结合中国电影产业发展实际探索适合中国电影的保险制度。

四　中国电影金融发展对策

（一）强化顶层设计

"深化金融供给侧结构性改革必须贯彻落实新发展理念，强化金融服务功能，找准金融服务重点，以服务实体经济、服务人民生活为本。"② "要以金融体系结构调整优化为重点，优化融资结构和金融机构体系、市场体系、产品体系，为实体经济发展提供更高质量、更有效率的金融服务；要构建多层次、广覆盖、有差异的银行体系，端正发展理念，坚持以市场需求为导向，积极开发个性化、差异化、定制化金融产品，增加中小金融机构数量和

---

① 王伊琳、刘怡君：《博弈论视角下中国电影完片保险融资效应和可行模式研究》，《上海保险》2018年第4期，第23~29页。
② 中共中央政治局2月22日就完善金融服务、防范金融风险举行第十三次集体学习。习近平在主持学习时发表了重要讲话，就推动金融业高质量发展做出了重要部署。

业务比重，改进小微企业和'三农'金融服务；要建设一个规范、透明、开放、有活力、有韧性的资本市场，完善资本市场基础性制度，把好市场入口和市场出口两道关，加强对交易的全程监管；要围绕建设现代化经济的产业体系、市场体系、区域发展体系、绿色发展体系等提供精准金融服务，构建风险投资、银行信贷、债券市场、股票市场等全方位、多层次金融支持服务体系。"[1] 中央关于金融供给侧结构性改革、服务实体经济以及金融体系调整等方面重大决策方针也为科学、健康的电影金融体系的构建指明了方向。

当前，我国电影产业的法治化进程仍处于初级阶段，以《电影产业促进法》为核心的一系列法律法规构成了电影产业主要的法律体系。电影产业的发展是极为迅速的，电影产业与其他行业的联系日益密切，但是相关的配套规范化建设未能紧跟产业发展的脚步。因此，面对日新月异的电影产业，切实推进《电影产业促进法》落地生效，还需加快相关规章、制度的建立健全。

电影产业是一个资金密集型的产业，没有有效的资金供给，电影产业便是"无源之水"。对于行业外的资本应设立相关的投融资配套机制，引导资本理性入局，力求双赢。对于行业内部的资本，应当积极引导建立内部的良性循环，使得内部资本充分发挥最大效益。进一步推进行业整合进程，不断提升行业集中度，提升行业运行效率。此外，有关部门应当在法律许可的范围内尽量提升电影行业投融资信息、数据的透明度，结合相关的配套规范化体系，为我国的完片担保制度的建设奠定行业规范基础，有利于从制度保障层面化解部分风险。

国家对于电影产业的顶层规划仍旧是持积极态度的，因此对于电影企业来说应当充分利用电影产业发展的相关优惠政策。尽管行业监管趋严对电影行业带来了一定的冲击，但是国家对于电影产业的支持的基本方针依旧未

---

[1] 中共中央政治局2月22日就完善金融服务、防范金融风险举行第十三次集体学习。习近平在主持学习时发表了重要讲话，就推动金融业高质量发展做出了重要部署。

变。2018年12月18日,国务院办公厅发布《关于印发文化体制改革中经营性文化事业单位转制为企业和进一步支持文化企业发展两个规定的通知》,对进一步深化文化体制改革、财政税收优惠都做出了明确的表态。因此,电影企业应当充分把握政策导向,对这些具有含金量的优惠政策充分地加以研究和有效利用。

(二)进一步打造专业化的金融扶持政策

可借鉴轻资产企业在融资和担保等方面的相关政策,逐步放宽对影视行业的资本市场限制,企业对接资本市场应根据企业发展水平和盈利能力来决定,而不能一刀切地进行限制;在丰富投融资渠道等方面加大扶持力度,提供国家、政府基金层面上的支持,降低轻资产的担保要求;积极探索内容版权交易的创新模式,以影视有形资产和无形资产如著作权、商标权、专利权等质押形成组合担保作为托管标的,提供确权、确价、交易流通服务,实现行业与金融市场的充分对接。同时要加强数据统计的规范化,做好与电影产业相匹配的"金融业综合统计,健全及时反映风险波动的信息系统,完善信息发布管理规则,健全信用惩戒机制"。①

(三)引入科学规范的项目运作机制

行业乱象丛生根本原因在于没有科学合理的运作机制作为保障。电影行业应当进一步提升信息的公开化水平、数据的透明化水平,为行业运作体制机制营造一个公开透明的健康环境。例如,设立电影版权份额登记制度,对于重复转让、重复融资以及不合规的股权溢价转让等操作予以制止。在有效保护商业秘密的前提下,对电影的制作费用、发行费用以及票房收益分配等数据进行合理的信息数据披露,提升行业投资的透明度,促进行业投资机制健康发展,提升行业风险化解能力。

---

① 中共中央政治局2月22日就完善金融服务、防范金融风险举行第十三次集体学习。习近平在主持学习时发表了重要讲话,就推动金融业高质量发展做出了重要部署。

加快完善金融投资渠道建设，理性对待跨界资本，合理开展异业合作，积极引导专业投资合理化进入，新技术和平台型公司掌握着优势的渠道，是影视行业内部公司当前面临的巨大挑战与机遇，利用其强大的技术优势、平台优势、渠道优势以及资本优势，可以有效地弥补传统影视行业的不足，更好地适应飞速变化的社会环境与行业环境，将挑战有效地转化为自身的发展优势。积极加强全媒体、无边际的跨界融合，通过科学地兼并、合并、收购、购并和重组，实现资源的互补和有效整合，发挥规模与集聚效应，共谋发展，互利共赢。

（四）内容至上、品质为先，铸造电影文化名片

在中国电影产业蓬勃发展的过程中，资本的大量涌入导致一段时间内电影产品唯明星、唯 IP、唯流量的生产标准，为了实现快速的盈收，采用快餐式的电影制作方法批量生产了一大批电影产品，而这也造成了中国电影产品过于注重产品形式而忽略产品内容的现象。随着观众观影次数的增加，观众审美水平也不断提升，依靠形式吸引大批量观众走进影院消费的模式越来越难以成功。

2018 年被确定为中国电影产业的"质量加强年"和"市场规范年"，质量成为电影产品的重要衡量标准。经过一年的发展，一些流于形式的影片出现断崖式的市场反应，而相反，内容过硬的影片产品反而可以依靠口碑实现逆袭。当下电影产业发展的主要矛盾是人民日益增长的文化娱乐需求与电影市场供给不平衡不充分发展的矛盾，电影产品内容表达不够充分，电影内容和形式尚不能满足广大观众。诚然，电影产品仍然可以依靠明星、IP、流量来确保一定基础的受众，但若不能在此基础上深挖内容，则会出现观众难以接受的结果。电影产品不仅仅承载着人民群众的日常娱乐，作为一种可以跨越语言障碍的传播形式，也担当着中华文化的传播任务，未来我国对于电影的定位将增加将电影打造成为能够传播中华优秀文化的文化名片这一项，这就进一步提升了电影的社会属性。

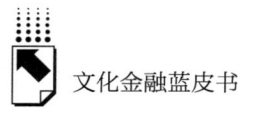

（五）提振信心、促进项目运作良性循环

电影企业应当以优质项目为导向，实行精细化的运作与管理，构建良性的商业模式。由于中国制片方与电影院的分账比例几乎处于全球电影市场的最低位置，因此，片方在整个影视项目开发与制作流程中承担着较大的风险，同时其资金流动性较差、回款速度较慢，这也进一步加大了电影生产的风险，无法建立起良性的商业循环的闭环。

目前，电影项目化解风险主要是通过拼盘投资的手段，这不失为一种有效的方式，但是更深层次显示的是项目主控方对于项目的信心不足，项目的收益率无法有效地预估。因此，在项目投资运作方面，应当加快影视投融资机制及配套体系的建立，引入专业化的投资公司，明确项目的基本收益率，依靠内部的良性投融资体系，化解风险，提升信心，促进资金的良性循环。

电影仍旧是"内容为王"的行业，电影项目的内容质量对于项目的成功的影响程度将越来越高，中国影视产业的核心驱动力逐渐向优质内容转变后，在资本缺失的背景下，如何提高资本的运行效率，将内容做到极致，拥有对影片内容准确的判断力与制作能力极其重要，良性的商业运作模式与资金循环链条是不可或缺的部分。

B.7
2018年中国艺术品金融发展报告

范勇 韩汉君*

摘　要： 20世纪80年代末以来，全球艺术品市场进入兴盛时期，艺术品成为继股票、房地产后又一个重要的投资标的。本文首先分析了2018年我国艺术品市场和艺术品金融的运行发展情况，重点考察了我国艺术品拍卖市场、画廊以及艺术博览会的发展情况。其次分析了我国艺术品金融的发展环境和发展趋势，认为我国艺术品市场发展拥有广阔的前景。最后提出相关的意见和建议，当前我国艺术品金融发展面临的关键问题在于社会对于艺术品金融尚未有一个清晰的观念，政府相关管理部门、文化艺术界、金融业界应对艺术品金融的巨大市场空间、发展潜力及其重要作用要有充分的认识，支持艺术品金融业的发展。

关键词： 艺术品交易　艺术品金融　艺化率

一　艺术品市场与艺术品金融发展现状

（一）拍卖市场

2018年，15家指标拍卖行艺术品上拍数量和总成交额分别为72823件、

---

* 范勇，亚洲艺术品金融商学院创始人，艺术品金融专家。韩汉君，上海社会科学院经济研究所副所长、研究员、博士生导师。上海社会科学院经济研究所吴明玺助理研究员、金阳博士，亚洲艺术品金融商学院盛大鹏对文章亦有贡献。

343.01亿元，分别较上年下降1.4%、9.7%。从数据来看，导致2018年上拍数量和成交额的下降的原因主要来自秋拍市场。2013~2018年度15家指标拍卖行上拍卖数量及成交总额走势见图1。除香港苏富比、华艺国际等少数拍卖行较上年同期有少许回升外，其余各主要拍卖行成交额均同比大幅度缩水。其中，北京保利2018年秋拍成交额为25.5亿元（见表1），比上年同期减少达40.5%。佳士得香港2018年秋拍成交额为27.4亿港元，较上年同期减少20%。此外，亿元级高端拍品区间的表现也乏善可陈。据雅昌艺术市场监测中心（AMMA）统计，2018年春拍亿元以上拍品成交件数为13件，好于2017年春拍11件的成绩，但成交额总体不如以前，同比下降了16.98%。而2018年秋拍则仅有8件拍品成交价过亿元，数量远低于2017年秋拍的20件。据多家机构分析，拍卖市场行情受经济环境、发展策略等多因素影响，未来几年将是整个拍卖行业的调整期。

图1 2013~2018年度15家指标拍卖行上拍卖数量及成交总额走势

资料来源：雅昌艺术网。

1. 亿元拍品成交不及预期

中国嘉德在2018年秋拍成交额为24.75亿元，较春拍提升了22%。在书画板块中，潘天寿巨幅指墨《无限风光》、张宗宪旧藏齐白石《福祚繁华》11种、安思远藏《善本碑帖》分别以2.875亿元、1.926亿元、9200

表1 部分拍卖行2018年秋拍成绩

拍卖行	总标的数（件）	成交数量（件）	2018年秋拍成交额	亿元拍品（件）	过千万元拍品（件）	2017年秋成交额
香港苏富比	3199	3194	36.4亿港元	4	51	30.7亿港元
北京保利	5526	3500	25.5亿元	1	44	42.86亿元
中国嘉德	6879	5130	24.75亿元	3	37	30.39亿元
佳士得香港	3038	2376	27.4亿港元	3	42	34.26亿港元
西泠拍卖	4503	3913	8.26亿元	0	3	10.77亿元
北京荣宝	2606	2070	7.65亿元	0	6	8.54亿元
北京匡时	1767	1333	7.51亿元	0	11	15.93亿元
华艺国际	2083	1599	6.77亿元	0	8	6.29亿元
中贸圣佳	2186	1405	6.22亿元	0	4	5.16亿元
广东崇正	1807	1493	3.22亿元	0	2	2.8亿元
北京翰海	1677	1341	2.5亿元	0	1	3.07亿元

资料来源：雅昌艺术网。

万元位列成交价前三位。同时，北京保利在拍卖市场中也展现出较高的性价比。被视为吴冠中代表作的组合《双燕》在本次拍卖中以1.66亿元成交。其中，油画《双燕》的成交价为1.127亿元，是2018年保利在内地唯一成交价格过亿元的作品。同时，清乾隆御制洋彩"江山一统"八卦玲珑旋转笔筒的表现也同样抢眼。该作品起拍价格为2000万元，最终以4830万元成交。据悉，该价格不但远远超过2200万～3200万元的最高估价区间，还同时刷新了同类拍品在世界上的最高纪录。

另外，部分拍品定价与市场预期差距过大导致一部分重器失守。在近现代书画板块中，曾在2009年以2017万元的价格成交的潘天寿巨幅画《春塘水暖图》此次流拍，其原因经分析归结为起拍价过高；古董珍玩板块中，康熙珐琅彩对碗拍卖价也止步于6000万元而最终流拍。同样，现当代艺术领域也同样面对该问题。北京保利2018年秋拍"现当代艺术夜场"仅成交了57件作品，成交率为56.44%。其中，冷军的《文物——新产品设计》以3800万元的价格起拍价，但现场没有藏家参与竞价；朱德群作品"流拍"则已成常态。

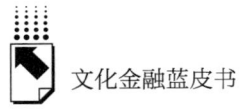

2. "减量提质"成为市场主基调

拍品数量的下降与拍卖质量的上升,是 2018 年艺术品拍卖市场的主基调。在 2018 年的秋拍中,北京保利在拍品数量只有往年七成的情况下,在近现代书画、古代书画、现当代艺术以及古董珍玩等多个门类共取得了总成交额 25.5 亿元、拍卖价格 500 万元以上的藏品 78 件的好成绩。特别要指出的是,在这 78 件艺术品当中 1000 万元以上的拍品有 45 件,5000 万元以上的拍品有 7 件,超过 1 亿元大关的艺术品有 1 件,许多艺术品是高价甚至是破纪录成交,成绩令人瞩目。

提升运营效率也是一些中小型拍卖企业的当务之急。由于无法像大型拍卖企业把握自身在市场中的份额,包括北京东正拍卖在内的一部分中小型拍卖企业选择悄然退出 2018 年秋拍序列。但与此同时,也有一部分中小型拍卖行选择迎难而上、抓住机遇,另辟蹊径出奇招吸引广大藏家。北京银座推出"声闻振雅——梅兰芳暨师友故物"专场,将京剧用品拍卖作为主题吸引买家进场;北京荣宝斋在本次秋拍中推出"石蕴山辉·巴林石集珍""以文会友·当代名家书画"等板块组成的 16 大专场,由于目标群体明确,针对性强,因此收到了非常良好的效果和反馈,共获得 7.58 亿元的佳绩。

3. 新藏家进场对艺术品市场的作用尚不可知

2018 年秋拍出现了大批入场的新藏家,为本季艺术品市场增添了新气象。这批新进买家不仅关注中低端艺术品的交易,并且有能力竞拍亿元级的拍品。在 2018 年的中国嘉德秋拍当中,包括潘天寿的《无限风光》以及傅抱石的《蝶恋花》这两件过亿元拍品在内的相当一部分藏品都是被这批新进买家所购得。据业内人士分析,具有较高购买力的新藏家的进入将会产生正反两种效果:一方面,新藏家进场会增加艺术品的需求,繁荣目前正处于调整期的艺术品市场;另一方面,新藏家进场延长艺术精品流通的周期,抑制艺术藏品的供给,而难以满足艺术品市场上需求日益增长的基本面。因此,新藏家进场对艺术品市场的影响还没有一个定论。

（二）艺博会

1. 艺博会总体发展良好

近年来，艺术博览会在中国快速兴起。据《2018 全球艺术市场报告》统计，目前全球性的重要艺博会共有 260 个，包括"艺术北京"、"杭州艺术博览会"、"艺术南京"、"艺术厦门"和"广州国际艺术交易博览会"以及在下半年举办的"艺术深圳""上海艺博会""西岸艺博会"等一批国内知名的艺术博览会榜上有名。2018 年各地的艺术博览会无论从规模、成交额还是创新等方面都取得了很好的成绩，呈现良好的发展态势。与往年相比，本届"艺术北京"共有来自 20 个国家和地区的 160 余家艺术机构参加，在历届"艺术北京"中当中规模最大、档次最高、观众最多；为集中展现亚洲地区的艺术生态，上海艺术博览会通过设立"荣耀亚洲"展区，共吸引来自日本、韩国、马来西亚、中国香港和中国台湾的近 40 家画廊将组团参展；西岸博览会以"双馆"亮相，除保留原有的西岸艺术中心外，又向人们展示了一座近万平方米的全新场馆；广州艺术博览会此次参展的 300 余家艺术机构中超七成实现了成交，总成交额达 4.85 亿元。

2. "非遗"或成为艺博会发展的新动力

将非遗文化融入艺博会，既可以借助艺博会的平台作用，提升市民艺术品艺术审美素养，带动文化产业及其他相关行业发展，营造更加浓厚的文化氛围，同时还能为艺博会提供差异化题材，增加其自身的特色。中共十八届五中全会提出："要构建中华优秀传统文化传承体系，加强文化遗产保护，振兴传统工艺。"同时，国务院办公厅印发的《转发文化部等部门中国传统工艺振兴计划的通知》也明确指出，要"举办多种传统工艺博览会和传统工艺大展，为传统工艺搭建更多展示交易平台"。

因此在政策利好之下，2018 年各地以非遗文化为主题举办的艺博会，形式多样、内容丰富。4 月 12 日，第十届中国（兰州）艺术品收藏博览会在甘肃国际会展中心开幕。12000 平方米的展场展出包括古玩字画、珠宝玉

器、陶瓷紫砂、观赏石、红木家具、茶叶茶艺、家居艺术、佛事用品、非遗产品等艺术精品，以及海量民间珍藏。9月29日，中国艺术品产业博览会在北京市通州区开幕。本届艺博会设立大运河文化带特展，通过动态展示再现漕运盛景，邀请非遗文化传承人讲述文化历史，在社会各界受到了广泛的积极反响。11月15日，潘家园第十一届非物质文化遗产手工艺品交易博览会于北京潘家园旧货市场开幕，汇集了料器、漆器、泥人、烙画、紫砂壶、苗绣、传统毛猴等数十种历史悠久的传统手工艺品。12月1日，在第23届秋季广州国际艺术博览会"走进永庆坊，留下城市的记忆——广州非遗展"的非遗主题展馆内，主办方将非遗元素融入花城广州，全面呈现了岭南文化和岭南视觉元素。

（三）民间艺术品市场

1. 画廊：积极探索新型的代理机制

与欧美等地区经济发达的国家相比，画廊作为一级市场的职能在中国始终没有得到明确和重视。画家可以绕过画廊直接与拍卖和藏家联系，使得画廊无法实现其作为艺术品市场质量把关者和艺术家推手的职能，并让画廊与拍卖行在功能定位上互相替代、互相倾轧，使两者不能相互配合、协调发展，导致艺术品市场无法良性运行。早在2014年，国务院就在《关于推进文化创意和设计服务与相关产业融合发展的若干意见》中明确提出要"推动画廊业健康发展，扶持经济代理制画廊等市场主体，引导、培育和建设艺术品一级市场"。2017年底，中共上海市委、上海市人民政府在《关于加快本市文化创意产业创新发展的若干意见》中指出，要"支持在沪发展的艺术品拍卖机构做大做强，鼓励代理制画廊发展"。目前，潍坊市画廊协会结合当前艺术市场和画廊业界的现实状况，已经率先开始实践书画作品的新型代理制。

新型代理制具备三个特点。第一，画廊为画家提供成长的平台，可根据画家的实际需要，通过报纸、网络、电视、出版物、新媒体、实体展览等传播媒介进行推广服务。第二，画廊与画家通过协商议定合理的市场价格，在不让画家利益受损的同时,杜绝过度炒作导致泡沫发生。第三,画廊出售未经艺术家倒手一手货源,同时采用现代技术手段建立登记制度,使作品流通渠道更加规范,传承更加有序,杜绝赝品问题。

目前,代理制已经在潍坊市开始逐步推广,相关的规则也正处于逐步厘清当中。随着代理制模式的不断完善成熟,靠单个画廊"独斗"的模式将逐渐淡出市场,在群体画廊基础上形成的行业式联合模式以及集团化模式,吸引更多客户前来合作。

2. 民营博物馆亟须积极支持

(1) 发展迅速但不平衡

民营博物馆是指利用或主要利用非国有文物、标本、资料等资产设立的博物馆,在博物馆体系中占有重要地位。近年来,随着我国对非公有资本进入文化产业的政策以及对民营博物馆准入条件的逐步放开,我国民营博物馆得到了比较充分的发展。根据国家文物局的统计,截至2018年8月,全国登记注册的博物馆为5164家,其中非国有博物馆1398家,占全国登记注册博物馆总数的27.07%(见图2),从对2010年到2018年8月中国民营博物馆数量的统计来看,民营博物馆数量占登记注册博物馆总数的比重不断上升,年均增长率为1%~3%。

同时,受历史和经济发展等因素制约,各省份民营博物馆数量呈现区域间发展不平衡的特点。国家文物局公布的相关数据显示,中国现有非国有博物馆1398家,山东、浙江和河南顺次占据非国有博物馆数量排名前三位。其中,非国有博物馆数量排名第一位的山东省拥有民营博物馆267家,占全国民营博物馆总量的19.10%;其次为浙江省,拥有126家民营博物馆,比重为9.01%;河南省90家,比重为6.44%。四川省与湖北省均拥有58家民营博物馆并列排名第九位,比重为4.15%(见图3)。

(2) 运营资金来源比较困难

经费不足是我国民营博物馆发展当中的一个严重障碍。与国有博物馆大力度的财政支持相比,国家对民营博物馆补贴捉襟见肘,无法保证民营博物院的正常运营。因此,民营博物馆只能依靠办馆方自筹资金的方式解决经费

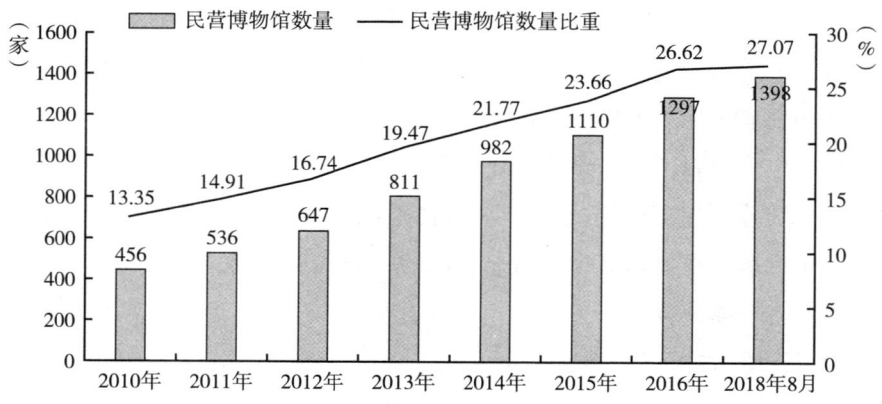

图2　2010~2018年8月中国民营博物馆数量及比重

注：2017年数据缺失。
资料来源：前瞻产业研究院。

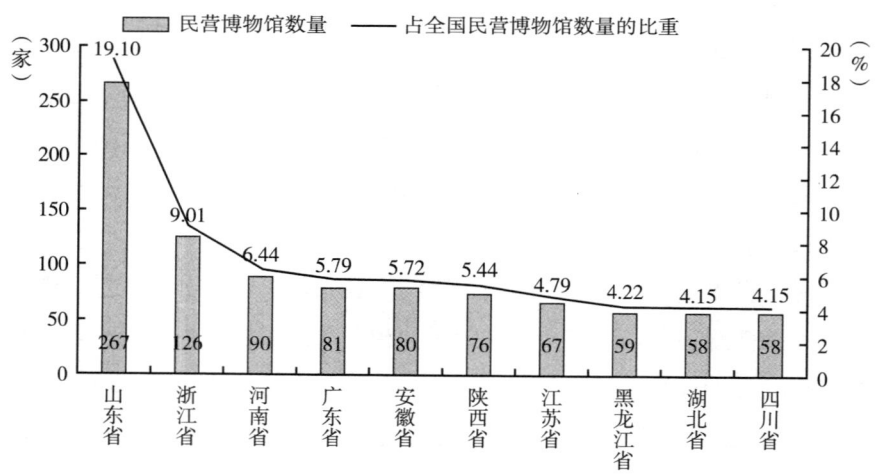

图3　2018年民营博物馆数量最多的10个省份

资料来源：前瞻产业研究院。

问题。

民营博物馆的主要投资方式有三种：个人投资，如杭州高氏照相机博物馆和马未都创办的观复博物馆；民营企业投资，如上海玻璃博物馆；国助民办，即政府在资金、土地、场馆建设方面给予一定的资助，如北京炎黄艺馆和浙江宁海十里红妆博物馆。

由马未都创立的国内首家民营博物馆——观复博物馆，是个人出资创办博物馆的成功典范。但观复博物馆之所以成功除财力、运营方面的因素外，还有凭借出资人在社会上声誉和名望，所以其发展在博物馆运营方面不具备可复制性。事实上，目前有部分博物馆，如建川博物馆、上海玻璃博物馆、保利博物馆等，凭借企业资金支持，保障了丰富的藏品、优秀的展览、专业的运营团队和专家团队，实现运营的良性循环。但从全国角度来看，民营博物馆出现的问题中，资金问题依旧是最主要的。2016年8月，位于深圳曾号称"国内最大民营博物馆"的隆盛博物馆，开馆仅1年就因拖欠房租千万元被南山区法院下达了强制搬迁的通知。2018年，山东青岛市北区中国（青岛）汉画像砖博物馆由于债务问题影响其正常的开馆营业，引发了当地对当事博物馆的热烈讨论，造成了比较负面的社会影响。

（3）亟须探索新的运营模式

面对财力紧缺、藏品单一、鱼龙混杂、精品较少等问题，部分民营博物馆已经转变经营思路和管理模式，培养"造血"功能：通过为民间收藏提供了专业化的"存储"和转化平台，以同类合展、精品汇展等活动拓展馆藏空间，提升民营博物馆的影响力；通过吸收民间藏友"存宝"的方式，盘活民间艺术资本，以"存宝"扩展，以"租宝"增息，以"出宝"促销的方式实现博物馆与藏友利益"双赢"；探索艺术品保管+艺术品展览+融资担保的新模式，为经济活动提供金融服务，与商业银行形成一个"艺术品+艺术品托管"的全链条。此外，部分博物馆从挖掘博物馆产业化潜力入手，探索民营多元化的文化产品开发模式，依托民营博物馆的馆藏资源进行展览、拍卖、交易等业务，采取合作、授权、独立开发等方式开展文化创意产品开发，以市场经营收入和其他收入积累运营资本，增加博物馆与藏品持有人的经济效益。

3. 家族办公室的艺术品经营活动

（1）家族办公室的发展

根据美国家族办公室协会（Family Office Association）的定义，家族办

公室是"专为超级富有的家庭提供全方位财富管理和家族服务，以使其资产的长期发展符合家族的预期和期望，并使其资产能够顺利地进行跨代传承和保值增值的机构"。1838年，J. P. Morgan创办了摩根办公室用以管理家族资产，是世界上第一家严格意义上为特定家族服务的单一家族办公室。1882年，约翰·D. 洛克菲勒建立了洛克菲勒家族办公室，为自己及其他家族进行财富管理。后来，众多顶级富豪家族开始逐步采取这种模式管理财富，如默多克、比尔·盖茨、希尔顿等。

家族办公室被划分为单一家族办公室（Single FO，SFO）和多元家族办公室（Multi FO，MFO），区别在于家族办公室服务对象的数量。家族办公室的主要任务是管理家族的金融资本、家族资本、人力资本和社会资本。据FOX（Family Office Exchange）估计，除独立的私人理财师或非正式管理的部分以外，2008年在美国运营的家族办公室有2500～3000个，而整个欧洲则有1200～1500家。由于目标客户的人群数量比较固定，且像瑞银集团（UBS）、瑞士信贷（Credit Suisse）等私人银行的服务也延伸了家族办公室的概念，因此家族办公室通常被视作一种高端的私人银行服务。

（2）中国的家族办公室

近年来，随着中国高净值人群规模的迅速增长，人们越来越重视家族财富的保值增值、管理、传承等问题，并开始与国外专业从事家庭财富运营的服务机构开展广泛的合作与交流。2012年以来，洛克菲勒、古根海姆、皮特卡恩等拥有家族办公室业务的大财团纷纷进入中国，逐步开始与国内企业家及其家族进行业务往来。中国企业家及其家族也多次依托相关机构赴欧洲学习，与国外的大家族继承人共同探讨家族传承过程中的种种问题。此外，以吸引亚洲知名企业家及其家族瑞士银行（UBS）也于2012年首次在新加坡举办全球家族办公室年会。

目前，国内很多中国企业家已经开始搭建投资架构和专业团队，以便成立专属私人投资平台。这些投资平台以投资公司、资产管理公司的名义，旨在通过资本市场运作行使单一家族办公室的实际功能，以便管理家族的财富。不过，国内家族办公室无论从数量还是规模上来讲尚处于起步阶段。相关数据显示，截至 2015 年底中国境内有家族办公室业务的机构仅有大概 200 家，本土家族办公室主要分布在北京、上海、深圳等特大城市中，半数以上的家族办公室成立于 2015～2016 年。正在运营的本土家族办公室中，从事信托业务的占比为 39%；具有商业银行和律师背景的家族办公室各占 25%；企业家背景占 21%，业务面总体比较均衡。从资本面来看，绝大部分管理的资产规模为 100 亿元以下。

（3）艺术品经营活动

收藏、经营艺术品并为其提供有效的管理是家族办公室的一项主要业务。一方面，家族办公室会有意识地通过著名博物馆和展览等渠道提高持有艺术品的价值和知名度；另一方面，对于一些有特定艺术作品收藏偏好的客户，家族办公室会从艺术品资产配置的角度建议客户考虑文物艺术品的多样化投资，以便规避发生艺术品品类过于集中所产生的风险。同时，家族办公室会根据客户的收藏理念，提供包括艺术品购藏的流传考证、法律归属、定价估值、买卖程序、跨国流通、税收谋划、保险保管、专业运输等全方位的服务。目前，国内家族办公室的主要问题是客户和潜在客户对行业认知度低。由国内多家专业咨询机构联合发布的首份《中国家族办公室活跃度调查报告》显示：在国内家族办公室的目标客户群体中，从未听说过家族办公室的人数占被调查群体的 30%；超过 50% 的被调查群体有考虑过组建家族办公室；国内家族办公室的认知率低于受访目标群体的 23%；通过行业论坛了解家族办公室受访群体只有 40%。

（四）艺术品电子商务

1. 健全线下体验是艺术品电商发展的重要趋势

自 2000 年嘉德在线成立至今，国内已聚集了大小艺术品在线交易平台 2000 余家。目前，中国的艺术品电商主要分为四种业态：①艺术品综合类电商平台，是指通过搭载互联网技术为企业或个人提供艺术品线上交易和服务，具有代表性的有嘉德在线、雅昌艺术网、博宝艺术网，这一类平台通常在国内起步较早、存续时间较长，拥有数量庞大的用户群体；②艺术品专业

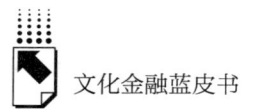

类电商平台,与综合类电商平台形成时间基本相同,通过专一性、垂直化的服务满足特定用户的专业需求,如赵涌在线;③综合类电商平台中的艺术频道,一般是国内老牌的电商平台,凭借自身的流量优势,试图占领部分用户市场,如淘宝、国美和京东;④艺术品移动电商,也就是通过大流量的移动互联网群体发展起来的App类电商平台,如阿里拍卖、翰墨千秋艺术交易中心、微拍堂等。

目前尚无对中国艺术品线上销售的年度统计,显然艺术品交易的主体依旧在拍卖行和画廊两个板块中进行。目前,电商平台还不能满足消费者和艺术家双方最直接的诉求,即对于消费者来说,由于无法上手和亲见,无法保证艺术品的真伪和品相。对艺术家来说,艺术品电商无法帮助其了解市场信息,创作出"适销对路"的艺术品。对大多数艺术品电商来说,有能力维护艺术品领域的垂直门户网站,也有能力从事艺术品拍卖和提供市场数据分析业务,还能与线下的画廊、美术馆等合作举办实体展览,但尚未做到线上拍卖与线下资源相互融合。

近年来,部分艺术品电商已经开始尝试线上线下融合发展。翰墨千秋艺术交易中心早在2013年就已领先布局艺术品电商市场,并率先推出翰墨千秋艺术交易中心电商平台(以下简称"翰墨千秋")。一方面,翰墨千秋根据用户大众的需求,在线上提供品类丰富的艺术品及时信息资讯,同时又针对有特殊需求的中高端人士推出艺术名家订制业务,提供艺术品私人专属定制服务。而另一方面,翰墨千秋也在线下成立自己的艺术馆和旗舰店,展出国画、书法、油画、艺术教育和衍生品。目前,该平台"线下拍卖+线上艺术电商+互联网金融"的模式基本形成,与之相关的全产业链也正在逐步健全当中。

艺典中国与北京保利、北京匡时、北京荣宝、中贸圣佳、北京东正、上海明轩、广东崇正等22家拍卖公司深度合作,研发出"艺典拍""同步拍""艺术市集"三个App,为艺术衍生品提供线上交易,打通线上线下的交易壁垒。旗下社交平台"艺典达人"则实现了线上线下交互对话,充当销售平台与买方市场;京东作为电商业的翘楚,对线上线下融合发展已经驾轻就熟。旗下京东拍卖自2016年成立以来，经过两年的沉淀已逐渐完成并完善了体系搭建和拍卖布局，利用巨大的流量锁定线上用户群。同时，京东于2017年底开办线下体验馆，对中国近现代书画、当代水墨、古代书画、欧美原版铜版画、日本动漫作品原创手稿、当代艺术家签名版画作品及古玩杂项等数百件作品进行展示、宣传和拍卖。另外，2018年3月，为提升在艺术领域的品位和专业度，经过精心策划的京东艺术品频道正式上线。该频道目前主打四个板块。其中，名为"艺藏"和"艺+"的板块互为表里，主要展示艺术原作和衍生品。而名为"艺趣"与"艺咖"的板块则是介绍与呈现当前市场上热门的艺术专题和艺术家，四个板块互相联系，将艺术品与电子商务紧密地联系起来。

2. 社交电商或成为艺术品电商的新模式

社交电商，是指"将关注、分享、沟通、讨论、互动等社交化的元素应用于电子商务交易过程的现象"。目前，在中国已经出现了艺术品与社交电商相融合的趋势，表现为专业App类艺术品电商、微信小程序艺术品电商、直播电商三类，大大提升了艺术品的交易效率。

（1）专业App类艺术品电商

移动互联网及智能收集的普及，颠覆了人们对很多传统行业的认知。对于艺术品电商来说，以用户为中心、简单到极致的操作，结合该应用拍卖的主要业务，在互联网经济的推动下吸引了大量目标客户，成为拉动中国艺术品市场发展的一个因素。以微拍堂App为例，该应用2015年上线，以自身的用户体验为出发点，主打"兴趣爱好+社交"的运营理念。在2017年收获了120亿元销售总额，超过当年保利拍卖成为中国最大的艺术品销售平台。目前微拍堂月活跃用户数量高达600万人，累计在线用户达3000万人，月成交量超过500万单。

（2）微信小程序艺术品电商

相比于艺术品传统电商，App类艺术品电商进一步降低了交易的便宜度。但从客户端的推广到用户对该应用的认同需要有一个时间上的过程，因此微信的小程序在艺术品拍卖过程中被逐步重视起来。通过微信小程序，既

可让客户享受线上交易的便利,又解决客户不愿下载App、固有客户网络难以迁移等问题。以小程序宝拍为例,"宝拍"小程序曾于2017年10月获得加速器型早期投资机构深度加速及维创资本的投资。经过半年的内测和产品迭代,"宝拍"已于2018年7月正式上线,虽然还未正式开始商家拓展,但每周都有5场左右的拍卖主题专场,交易额超过200万元。9月,宝拍宣布完成天使轮融资。

(3) 直播艺术品电商

电子商务的一大痛点是不能使顾客有足够的购物体验。对于一般的商品,电商可以通过线下实体体验的方式解决。但艺术品的数量一般比较少,甚至具有唯一性,所以电商只能通常采取短片、图片和文字介绍等方式做宣传,这为藏家了解艺术品的品相和质量造成了很大困难。直播电商模式的出现增加了买卖双方的实时互动,极大地改善了互联网购物的一大瓶颈问题。在直播的过程中,卖家可以全方位、无死角向买家展示商品,而买家如果遇到一些问题与卖家沟通,也可以直接在直播间里同步进行。此外,由于买家通过屏幕可以看到没有经过人为美化的艺术品,更加能够确保产品的真实性。KK直播在原有在线直播技术和庞大的用户资源的基础上,设立了"KK直播购"板块,即通过在直播间直接下单付款等方式,提高了艺术品交易效率,减少了交易的时间成本,同时简化了交易过程,使艺术品成交率得到显著提高。同时,直播可以减少中间商环节,降低交易成本,保障消费者的利益。此外,KK直播还会聘请专人对艺术品质量进行评鉴和把关,提供经过质检机构认证的专业证书,保证产品信息真实可靠。

3. 艺术品电商国家标准正在逐步完善

2018年11月,国家标准《电子商务交易产品信息描述:艺术品》获得了通过,标志着首部艺术品电子商务国家标准编制的完成。一直以来,"真伪"和"定价"都是艺术品消费的两大基础性问题。该项国家标准通过之后,国家各部门在艺术品的科学鉴定、物证技术鉴定和司法鉴定将更加有的放矢,各种鉴定之间的交流与借鉴也可以创新鉴定方式、提升鉴定技术,最终在司法层面上能够保证民间艺术品交易市场合法合规。此外,随着《电子商务交易产品信息描述：艺术品》的逐步具体实施，艺术品参数及流通交易信息将会被艺术品大数据公共服务平台实时采集。届时，人们可以通过建立分析模型，对艺术品进行准确的评级和估值，从而使艺术品交易行为更加透明化，保证交易市场的科学与开放。

（五）青年艺术家群体

1. 青年艺术板块的相关数据普遍回落

近年来，以"70后""80后"为主体的青年艺术市场在经历了2014~2015年的爆发式成长之后，行情逐步开始回调。以12家指标拍卖行作为样本拍卖行可以发现，青年艺术家市场2018年春季的成交额延续了近两季的下滑趋势（见图4）。同时，作为衡量市场整体活跃指标，自2017年秋拍开始，青年艺术家们的艺术品上拍量也跌破百件。

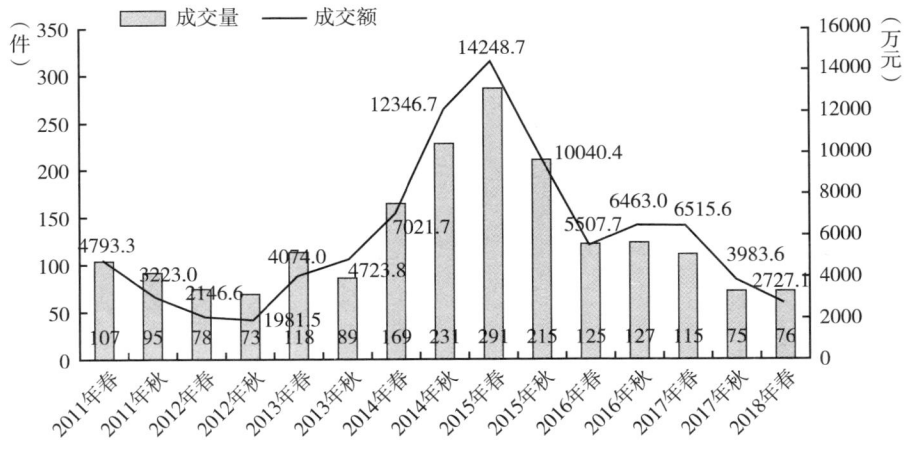

图4　2011~2018年春70后、80后青年艺术家市场成交走势

资料来源：雅昌艺术网。

2. 青年艺术家作品行情分化明显

目前，青年艺术板块的艺术品市场呈现冷热交替的局面。在目前比较有代表性的一些青年艺术家中，贾蔼力、王光乐、郝量等人在2018年春季拍卖会中出现了没有作品上拍或成交的情况。造成没有作品上拍或成交的原因

可能有二：一是市场行情下行、藏家惜售；二是可流通作品数量稀缺，拍卖行挖掘其作品的动力并不充足。与此同时，部分艺术家作品价格则是一路走高。刘韡在本季有5件作品上拍，其中4件出现于两岸大拍行的夜场。在香港苏富比以432万港元成交的《紫气》是本季青年艺术家最高单价；黄宇兴凭借2015年在上海余德耀美术馆和民生美术馆的两场重要个展，获得了佳士得等几家拍行的追捧，其作品在二级市场上则不断刷新最高成交价；仇晓飞的《界河》以172.5万元成交，大大超越了70万~100万元的估价。从整体来看，青年艺术家群体已经表现了明显的市场分化。

3. 青年艺术家群体的潜力巨大

青年艺术板块具有市场体量小、投资风险大、潜在回报率高的特点，因而一直以来都受到媒体、艺术机构以及藏家的殷切关注。虽然近期青年艺术家作品的市场价格走低，但艺术作品价格并不是衡量这个群体乃至行业的唯一标准，艺术品品质与艺术品市场的结构来说，整个群体的潜力依旧不容小觑；近几年青年艺术家创作面貌的丰富性、多元性，让专业从事艺术品鉴赏的专业人士看到了其在创作上的无限可能性。因此，为了培养青年艺术家团体以及构建出能够令其更快成长的生态系统，策展人需要投入大量精力，并为他们提供更多用以展示自我的平台。另外，由于青年艺术群体的艺术作品价格在艺术品价格当中处于低位，所以在艺术品质量能够得到保证的前提下，将会有更多资深藏家和新兴藏家开始聚焦青年艺术板块，以便博取日后的高额回报率。

（六）艺术品金融

1. 艺术品金融发展的政策支持

近年来，国家和地方从政策层面逐步重视艺术品金融化的国际化进程，逐步放松艺术品金融国际化的外部条件。早在2014年，财政部、文化部和中国人民银行联合出台《关于深入推进文化金融合作的意见》。该意见提出着力创建"文化金融合作试验区"，同时聚焦创新发展文化金融。2017年1月，《关于实施中华优秀传统文化传承发展工程的意见》由中共中央办公厅、国务院办公厅印发。该意见提出，"推动中外文化交流互鉴。加强对外文化交流合作，创新人文交流方式，丰富文化交流内容，不断提高文化交流水平"；2017年2月，《国家文物事业发展"十三五"规划》正式发布实施，提出"要切实加大文物保护力度、多措并举让文物活起来"。2018年底颁布的《中华人民共和国文物保护法修订草案（送审稿）》，删除了《文物保护法》第五十五条规定的"禁止设立中外合资、中外合作和外商独资的文物商店或者经营文物拍卖的拍卖企业"，苏富比、佳士得等外资公司因此能够有机会在内地以正式身份成立拍卖机构并开展相关业务。另外，2013年9月至2018年4月，国务院先后在上海、广东、天津、福建、辽宁、浙江、河南、湖北、重庆、四川、陕西、海南设立自由贸易试验区，规定在自贸试验区，除负面清单之外的领域，按照内外资一致的原则对外商投资实行准入前国民待遇以及负面清单管理制度。在服务贸易领域，开展保税文化艺术品的展示、拍卖、交易业务，为进行艺术品金融创新创造了有利条件。

2018年以来，国家在艺术品进口税率和审批方面做出了很大调整。在税率方面，国家规定包括除唐卡外的油画、粉画、雕版画、印制画、石版画的原件以及雕塑品的进口原件税率，从原先的3%降至1%；唐卡从原先的12%降至6%；绘画作品的复制品、拼贴画和装饰板从14%降至6%。11月，国务院发布《关于支持自由贸易试验区深化改革创新若干措施》，提出大力推动自贸试验区文化市场繁荣发展，简化艺术品进出活动的审批与监管。

2. 国内艺术品基金得到进一步规范

2018年4月，有关部门颁布了《关于规范金融机构资产管理业务的指导意见》。该意见明确了私募基金的发行资质，同时要求"金融机构不得为资产管理产品投资的非标准化债权类资产或股权类资产提供任何直接或间接、显性或隐性的担保、回购等代为承担风险的承诺"。"资管新规"的出台将从两方面影响艺术品基金的未来发展。一方面，"资管新规"的颁布限制了艺术品基金的规模和数量，同时打破了艺术品基金的刚性兑付，对基金管理人判断市场能力和资金配置能力的要求增加；另一方面，无论是艺术品基金的准

入门槛、市场销售、产品托管，还是艺术品基金信息披露、风险控制，将受到严格的约束和监管。任何涉及内幕交易和道德风险的行为都将受到更加严厉的追责和处罚。同时，新规对艺术品基金从业者以及艺术品基金的相关资质也做出了规定，要求发行机构持有相应的牌照，从业者必须具备一定资质，否则将会被强制清退出市场。

3. 艺术品交易机构的金融实践有所创新

（1）"以本人作品进行质押融资"模式

2018年4月，北京文化产权交易中心中国书画艺术品交易平台（以下简称"北文书画平台"）联合中国检验认证集团艺术品鉴定评估中心、中国工商银行、华夏银行、北京银行等金融机构，与北京市文化科技融资担保有限公司共同发起"创作贷"项目。"创作贷"针对艺术家个人的艺术作品进行质押融资服务。北文书画平台签约艺术家通过"创作贷"取得银行授信，经鉴定评估后将艺术作品通过银行进行质押融资，从而快速实现其作品的金融属性，为书画艺术品成为文化资产配置奠定基础。

（2）"艺术品拍卖+抵押贷款"模式

2018年8月，深圳至正国际金秋拍卖会与银行合作，增设贷款席。在交易期间，凡经深圳至正国际拍卖并有记录的艺术品，银行将会为其提供贷款，贷款率为拍品成交价的60%，同时享受利息优惠。此外，至正国际通过鉴定权威和资本实力，为投资人向银行提供反担保的形式，令投资人可以再次拍卖投资人获得的拍品，以便其迅速将所得拍品变现获利。

（3）"艺术品典当+互联网"模式

2018年11月，江苏首家互联网典当服务平台"蚌蚌拍当App"正式上线。市民可通过App对艺术品进行展示、评估，经线下的专家实物复检后，即可给出典当流通价格。平台集合省内13个城市超过60家典当公司线上线下，为市民提供"闲置艺术品变现"服务。平台根据评估报出典当价格，市民自主选择报价的典当公司完成业务，最后通过互联网支付完成放款。该平台不仅实现了闲置艺术品的再次流通，也帮助客户回笼了资金。

二　艺术品金融发展环境分析

（一）世界艺术品金融发展状况

自1744年苏富比拍卖行成立以来，艺术品市场已经走过了几百年的历史。伴随着艺术品市场的发展，艺术品金融在西方也存在了上百年。法国熊皮基金（1904年）和英国铁路养老基金（1974年）的出现，开创了一种新兴的投资渠道。从20世纪80年代末起，世界艺术品在全球范围内开始大受关注，对艺术品的投资也变成了一种同房地产投资、股票投资并行的重要投资方式。艺术品投资与金融市场也开始更加广泛的结合，形成了包括艺术担保贷款、艺术租赁、艺术信托、艺术投资基金等多样化的艺术品金融模式，并建立起相应完备的艺术品金融市场机制。

国外艺术品金融业务大致分为艺术品遗产继承、艺术品投资管理两类。当前全球艺术担保贷款市场的估值为150亿~190亿美元，其中，由私人银行主导的贷款规模为130亿~150亿美元，并且还将以每年13%的速度增长。相对来说，美国的艺术品担保贷款业务则比较成熟[1]。当今世界投资业务量最广、规模最大的金融机构（例如，瑞士联合银行集团、德意志银行、巴黎银行、荷兰银行、摩根大通银行等）都普遍设立了艺术品金融管理相关的部门，为客户提供诸如艺术品真伪鉴别、艺术品投资顾问、艺术品价值估测、艺术品购买贷款等在内的多种艺术品金融服务[2]。

除银行机构外，艺术品拍卖公司也在艺术品金融业务市场占据极大的市

---

[1] 美国政府发布的《统一商法》（*Uniform Commercial Code*，UCC），要求将艺术品借贷统一登记后录入系统，以保障借贷各方利益。该法案的实施也意味着在法律制度和流程管理相对规范的前提下，艺术品担保贷款业务的风险可以得到有效控制。

[2] 根据德勤公司发布的艺术与金融报告，可以看出全球范围内有72%的收藏家是出于热爱而投资购买艺术品，同时高达78%的财富管理人认为艺术品和收藏品应该纳入财富管理服务，72%的收藏家是出于热爱而购买艺术品作为投资。同时，全球市场有73%的受访人希望将艺术品和其他收藏品纳入财富报告，从而能更加综合地反映其财富总量。

场份额。相比于银行机构，艺术品拍卖公司的业务专业性更强，在艺术品鉴定、艺术品估值等业务上能够给顾客提供更优质的服务，因此，艺术品拍卖公司的艺术品金融业务的发展势头良好。例如，全球有名的苏富比拍卖行，其艺术品融资贷款业务凭借高额低息的优势广受市场欢迎，2010～2016年，苏富比拍卖行的艺术品贷款规模远超8亿美元。另外，随着互联网的发展，国外许多艺术品金融企业开始了对线上艺术品金融业务的探索，例如，英国个人借贷平台Borro就可在24小时内以抵押物估价的70%进行放贷。与传统贷款模式相比，其在速度和灵活性上有着极大优势。

全球艺术品基金的发展模式主要有艺术品组合投资、艺术品对冲投资和艺术家信托投资三种。其中最具有创新性的是艺术家养老信托（Artist Pension Trust）模式。该养老信托模式借鉴了社会保险的运作模式，让艺术家以艺术品"入股"，将艺术与金融有机结合，通过投资组合的运作方式，能够将资源有效利用，大大提升了市场的运作效率，从而有效降低艺术家的金融风险。当前，这类信托基金已经在纽约、伦敦、香港等全球十几个城市建立起了本地化的市场运作模式。在艺术品风险管理方面，西方艺术品保险相关业务也已经形成了相对成熟的市场模式。20世纪60年代初，德国安盛保险公司（AXA）已经设立了独立部门专业从事艺术品类保险业务。除了全球跨国保险公司外，也有一些小型的艺术品保险公司开通了艺术品保险业务，促进了世界范围内艺术品金融市场的发展，也在一定程度上确保了艺术财富的完整传承。

综上所述，国外金融机构在艺术品领域的业务开拓主要是基于高净值客户对财富传承、避税管理、资产投资等金融理财方面的需求，而相关艺术品金融市场的发展也是围绕这些内容展开的。

（二）国内宏观经济金融规模庞大

1. 经济金融实力与社会财富规模

我国国民经济经过多年持续的快速增长，经济规模达到相当高的程度。同时，伴随经济的发展，社会财富的积累也日益雄厚。2018年，我国国内生产总值达到900309亿元（见图5），比2017年增长6.6%；央行提供的数据表明，我国在2018年的社会融资规模为200.7万亿元，国家货币存款额为182.7万亿元，人民币存款余额为177.5万亿元，这些宏观经济和金融数据显示我国具有庞大的经济实力和社会（个人）财富规模，这为艺术品交易和艺术品金融的发展奠定了非常坚实的基础。

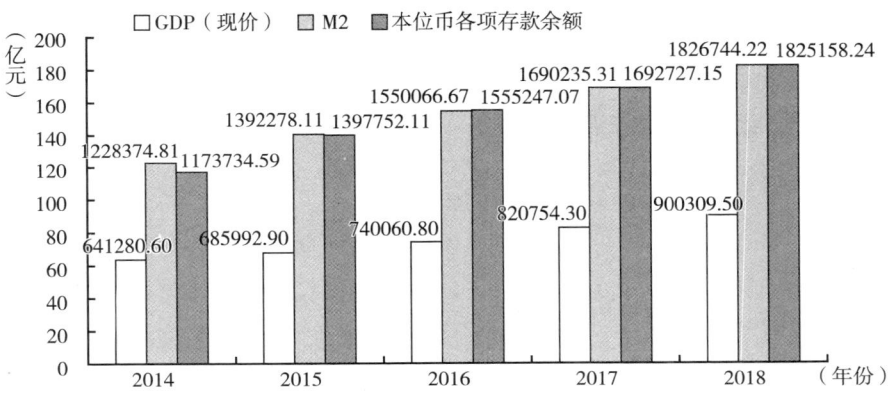

图5　2014～2018年我国GDP、M2和本外币各项存款余额规模

资料来源：WIND资讯。

2. 消费模式发生深刻变化

从2014年开始中国经济增长的结构发生了重要的变化，消费成为国民经济增长中重要的驱动力量。国家统计局2018年发布的统计数据表明，2018年度我国的国民消费总额达380987亿元，比2017年增长9.0%。中国的消费市场也呈现新的特点，具体表现在以下方面。

一是消费方式发生了变化。由于互联网技术的发展，电子商务成了消费支出的重要方式，消费模式实现了线上和线下融合发展。根据相关的统计数据，网购的规模占社会消费品零售总额的比重逐年递增，从2008年的1.13%上升到了2017年的16.04%。

二是服务性消费快速增长。消费品类从以商品为主向商品和服务并重转变，健康、文化、娱乐、旅游、养老等服务性消费快速发展。中国消费市场开始细分，一般性商品产能过剩，而个性化消费则呈现持续增长的态势。

产阶级将成为消费升级的主力军,他们更加重视生活的品质和品牌的意识,所以会对艺术品给予更多的关注,国民消费模式的转型升级给了艺术品市场规模扩张的空间。

三是消费需求发生转变。消费需求发生明显改变,由满足日常需求转变为追求更高的品质。因此文化精神消费等消费在持续增长,根据相关的数据分析,可以看出教育、文化、娱乐在总支出中的比重呈现逐年上升的发展趋势,由10.75%上升到11.43%。

(三)艺术品金融需求强劲

1. 高净值人群的财富管理新哲学

对于艺术市场而言,高净值人群是推动市场发展的重要命脉。根据胡润《2017年度中国高净值人群资产配置趋势全解析》,中国约有134万名千万富豪、8.9万名亿万富豪。2016年3月,巴塞尔联合瑞银集团也发布报告指出:亚太地区的高净值人群已超越北美地区,这表明亚洲地区众多的藏家资源需要挖掘,市场潜力较大。财富管理不仅是帮助客户实现从资金到产品的配置,而且更重要的是实现资产的保值增值和持续稳定收益。

而艺术品的财富管理,无论从国家还是个人的角度来说,都具有重大意义。艺术品是一个国家传统文化的物质财富表现,它在一定程度上反映了一个国家的历史发展进程,侧面体现了一个国家的综合国力水平,对于个人来说,艺术品的收藏不仅是个人精神内涵的体现,而且是家庭文化传承的精髓,只有加强对艺术品的财富管理意识,才能让艺术品真正发挥它的文化价值。另外,近年来艺术品也逐渐成为个人或企业的物质资产,许多金融领域的财管专家都表示艺术品也应该成为财富管理的对象,全球范围的很多金融机构都为客户提供了艺术品资产管理的咨询服务。

目前,艺术品金融领域还属于新兴市场,规范化的管理制度还不完善。在这种市场环境条件下,艺术品财富管理专业咨询机构应运而生,这类机构主要是为客户提供专业的艺术品鉴定估值业务以及艺术品投资咨询业务,为客户降低艺术品金融投资风险,因此也在一定程度上维护了艺术品金融市场秩序，这类艺术品专业咨询机构主要有私人银行客户①和家族办公室②、家族信托③和慈善组织基金会④等几种模式。

国外的艺术品财富管理市场发展时间较长，有完善的国家法律法规制度体系为人们的消费权益提供政策保障，所以专业的艺术品管理机构在国外还是受到了普遍的欢迎。而国内的艺术品管理机构却还处于初步发展阶段，国内的市场环境和企业的信用水平普遍比较差，而且缺乏完善的法律制度体系为人们的消费权益提供保障，所以很少有消费者将艺术品托管在这些艺术品管理机构内，因此说国内的艺术品财富管理还有很长的道路要走。

2. 艺术品市场总规模快速增长

相关数据统计显示，全球艺术品的成交额在2016年达到了历史最高水平，实现了1.6万亿美元，而且随着近几年的发展，有望突破这一数值，实现新的增长，分析其原因，主要是受到了几个因素的影响：首先是从消费角度分析，在整体收入不断提高的同时，也刺激了艺术品市场消费能力的提

---

① 私人银行客户一般是在银行净资产超过100万美元或者600万元人民币的高净值客户，他们能够承受更高的风险，也希望得到更高的收益。私人银行可以为客户提供艺术品咨询和鉴定估值服务，组织客户参加艺术展、古董博览会和拍卖会，代客买卖等。私人银行还可以为客户提供艺术品质押贷款融资和艺术品理财产品。

② 家族办公室是为超级富有家庭提供整个家族综合的和定制化服务的财富管理机构。其服务涵盖投融资安排、股权设计、法律咨询、税务筹划、子女教育、慈善公益、财富传承等多方面。通过对所有权、控制权、经营权和收益权的有效安排，将风险隔离，帮助客户实现家族财富的保值增值、代际传承和企业的基业长青。有金融牌照的信托公司的家族办公室比第三方机构更容易取得客户的信任。

③ 家族信托是指家族或家族企业委托人通过设立信托，将家族资产（包括房地产、有价证券、艺术品、企业、专栏和版权等动产和不动产）委托给受托人，受托人根据信托合同，秉承着让专业的人做专业的事的原则，以信托的形式进行投资、继承和公益事业等方式管理资产，合同的受益人享有信托的利益。

④ 信托公司和慈善组织基金会具有各自的比较优势，信托公司是资产管理、专用账户运作等方面的专业机构，慈善组织在开展慈善活动方面具有专业的素养和渠道。慈善信托的"免计风险资本+免于认购信保基金+监管评级加分"等多重导向和激励，将促进信托公司开拓主动化程度高、风险可控的新业务模式。高净值家族通常采取"家族信托+基金会+慈善信托"的模式进行运作，借助专业机构，协调和实现家族财富的保值增值、代际传承和社会责任等多个目标。慈善信托与基金会彼此独立，相互合作，均享有免税待遇。信托公司作为商业机构的介入，将有效地提升中国公益慈善事业的专业性、效率性和规范性。

升，特别是部分具有经济实力的人士，对艺术品的投资占总财富的1/5，而且每年都在增长，这也促进了艺术品消费市场的发展；其次从投资角度分析，受市场的影响，艺术品收藏也吸引了大量的资金注入，成了新的投资热点。此外，随着国内经济的发展和转型，人们的消费观念也发生了改变，逐步重视对文化精神的追求，这也带动了精神消费的提升，随着社会的进步和发展，艺术品市场将持续升温。

3. 艺术品各板块深度融合

艺术品的发展在融合了多方面的因素之后，实现了深度扩张，特别是随着经济的快速增长，艺术品的多种金融工具实现了与金融业务的良性融合，进一步丰富了艺术金融的形式。艺术品金融包括三方面内容：①在资金投入方面，主要是具有一定经济实力的投资人进行的投资，在投入大量资本的同时，也可以带动艺术品市场的发展；②在公共文化方面，主要是个人投资或者政府出资的博物馆；③在商业经济方面，主要是艺术品的商品交易。以上几方面相互促进，共同发展，实现了高度的融合；此外，随着全球经济一体化的实施，艺术品的发展也受到了影响，打破了国家和地区之间的界限，促进了彼此间的文化交流和进步。同时，随着国内消费能力的提升，传统的以欧美商品为主导的商品结构正被国内的文化艺术品代替，亚洲市场也得到快速发展，成交额也不断提高，甚至可能超过美国。社会变化、艺术与技术的革新也会促进艺术品金融的发展。

4. CRS全球税收征管因素的影响

全球税收共同申报准则（Common Reporting Standard，CRS）① 是各国和地区之间交换税务信息的共同准则，旨在提升税收在参与国和地区之间的透明度，建立公平公正的税收环境，实现对税务资料的监控，避跨国偷税、漏税；中国对此也积极推进，并在2018年首次和其他国家进行海外

---

① CRS（Common Reporting Standard）即为"共同申报准则"。中国政府于2017年7月1日开始实施"全球金融账户涉税信息自动交换制度"，并于2018年9月与世界其他100个国家或地区的政府进行第一次共同申报准则下的金融信息交换。理论上到2018年底，中国政府将掌握中国税收居民在其他100个除美国以外的国家或地区的金融账户信息。

金融资产的金融互换，主要有现金合同，部分保单以及账户信息，此外还有证券期货账户、股权债权权益。因此，可以看出非金融资产如房产、艺术品、字画古董、贵金属、珠宝、飞机游艇、跑车等，则不在申报披露的范畴。

因此，CRS 对于艺术品投资具有积极影响。①增加艺术品投资市场份额，由于非金融资产的特性，艺术品将会作为 CRS 下避税的重点投资对象。②规范艺术品投资市场，在以往的艺术品投资中，洗钱、避税、兑换外汇是一些人购买艺术品的真正目的。在今后的资产披露排查中，此类交易因操作难度增加会大幅度减少。今后的艺术品投资市场将会更规范，更纯粹。艺术的价值和艺术投资的魅力会逐渐被认可。③增强艺术品资产配置专业性，虽然 CRS 有助于艺术品投资市场的扩张，如何保证艺术品投资的优势，即具有除了纯经济价值以外的审美价值和文化价值，能够提供共同认识的可靠资源交流平台，能够作为树立家族文化的标识，能够符合个人兴趣偏好等，也是专业的艺术品投资从业人员需要深入挖掘的。④积极推进艺术品的价值共识，在艺术品作为高净值人群的资产重要组成部分后，其交易数量和交易频率的提升会增强价格的可靠性，从而为价值评估和未来交易提供合理依据。另外，艺术品的审美价值、艺术价值、文化价值在逐渐被了解后，也会从其他方面佐证其交易价格。从而，两方面可以形成合力来推进艺术品的价值共识，从而加快人类文化进程。

5. 艺术产业自身的发展需要

艺术品金融是源于艺术品产业而发展起来的，艺术品产业不仅是我国文化产业体系中的核心产业之一，而且是繁荣和发展文化市场的重要载体，也是推动中国文化"走出去"的重要力量。我国加速供给侧改革，加大创意创新驱动，艺术品产业进入了加速发展的重要阶段，因此，要抓住机遇，加快创新发展，做强做大艺术品产业，促进艺术品金融的良性发展，主要包括以下几方面的措施。

一是艺术品产业依托艺术品金融的支持，实现快速发展。艺术品金融需要以国家战略叠加发展为背景，实施新的发展策略，不断创新金融产品的发展模式，推动创新体制的形成，打造强有力的品牌建设，进一步拓宽艺术品金融的渠道，引导艺术品产业的深度发展。

二是加速艺术品金融的产业化进程。艺术品金融是艺术品产业链的有力支撑，通过艺术品金融的发展，可以有力带动艺术品产业的规模化发展，要不断加强对艺术品金融的生态研究，在其结构以及模式上深入分析，进一步获得国家政策的相关支持，获取经济上的帮扶，加快产业化的进程。

三是随着互联网技术的发展和进步，很多产业融合其中，实现了快速的发展，利用互联网+的模式，也可以方便、快捷地实现艺术品金融的有效提升，从而为艺术品的发展提供强有力的资金支持，以进一步实现"艺术品+金融+互联网"新的发展模式，拓展艺术品金融的渠道。所以，要积极发展金融新领域，实现模式创新的体系化，产生新的动力，同时，还要加强艺术与金融之间的融合，合理实现资源的有效配置。

四是增强风险防控意识，提高艺术品金融的安全性，实现健康平稳的发展。只有在良好金融环境下，才能体现资金的有效支持，促进金融艺术品的发展，但是，受到市场各种不确定因素的影响，对艺术品金融会形成一定的风险，为了避免以上问题的发生，需要建立艺术品金融风险防控机制，完善风险防控制度，加强后续的保障，增强对源头控制，从而促进其良性发展。

三 艺术品金融发展趋势

（一）科学技术将促进艺术品金融新业态发展

1. 科技要素有利于催生新的艺术品金融新业态

网络强国、数字中国，构建网络空间命运共同体是当今中国信息技术发展的主基调。在艺术品市场中，科技的进步已经催生了艺术数字化、网上艺博、网络竞拍、艺术品电商等全新的业态。"科技+艺术品""互联网+艺术"的应用，会丰富艺术品市场的交易模式，拓宽交易渠道，健全艺术品市场数据，助推中国艺术品市场的可持续发展。

在艺术品金融领域，科技进步主要会促进四个方面的融合：互联网技术、通信技术及信息处理与管理等技术的融合，大数据、云服务及终端进步等技术的融合，大数据、人工智能等技术的融合，第三方支付、数字资产及区块链等技术的融合。伴随着新科技的融合发展，将催生智能投顾、数字资产、鉴定鉴证、信用管理、风控管理等更多新业态，扩大中国艺术金融市场的交易范围延长交易边界以及增加交易规模，推动中国艺术金融更加趋向成熟，最终改变艺术金融发展的格局。

2. 科技要素有利于艺术品金融产业聚集

科学技术的创新融合发展将促使产业支撑体系逐步健全，保障艺术金融及其产业的成熟和发展。如艺术品质量鉴证溯源系统与体系就是在相关技术逐步成熟而呼之欲出的产物。该体系于2015年全国政协十二届三次会议上首次被提出，旨在构建一个"以科技鉴定为基础，以经验鉴定为借鉴，以标准计量为依据，以检验检测为依托，以认证认可为手段，以信息化为平台"的具有国家认可的鉴证体系。近年来，该体系基础功能不断完善，艺术金融、产业跨界所必需的艺术品标准的确定、艺术品真伪的检验检测等功能更加健全，相关艺术金融及其产业开始成长并出现集聚的趋势，与之相配套的艺术金融产业集群也正在逐步形成。

（二）艺术品金融与文化创意产业紧密互动

1. 文创产业将助力完善艺术品金融体系

一直以来，关联与文化产品生产和服务相关的资本市场，是艺术品金融通过关联文化产品生产和服务的资本市场，服务于文化领域实体经济发展的一种重要方式。由于文化产业的发展具有多边界性和强渗透性，因而其对金融有更高的要求。未来，艺术品金融体系将会得到进一步的完善。具体来说，一方面，专利权质押、著作权质押、商标权质押等方式的一系列金融创新逐步落地，金融服务的针对性融资渠道将得到提升；另一方面，文化产业

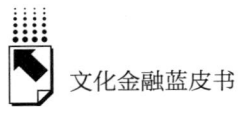

的发展将促进文化金融基础技术研发与创新，使金融服务于文化创意产业链上的创作、传播、展示等每个环节。

2. 金融机构将协助文创企业完善各类服务平台

金融在文创领域功能的逐步确立与完善，将使金融机构更好地帮助文创企业搭建各类平台。在不久的将来，文化创意企业信息库、文化产业项目库、信息披露制度、文化产业发展协作体名录等服务平台将逐步建立，有效解决文化创意企业和金融机构之间信息不对称的问题，提升双方的沟通效率；知识产权评估公司、国内版权资源信息数据库、无形资产评估和转让体系等专业机构评估平台的构建，更精确地评估和测算文化创意企业的资产价值；文化金融银企对接会、文化创意企业版权运营交流会等形式的落地，也将大大促进对文化创意企业、金融机构的培训交流。

3. 艺术小镇的创新性和生命力

2016年，住建部等相关部门联合发布通知，决定在全国范围内开展培育特色小镇的工作。其中，艺术小镇就是特色小镇中一个重要的门类。艺术小镇的特点表现为：以文化、艺术为发展特色，以融合创新为发展动力，以带动当地可持续性发展为目标。可以说，艺术小镇具备产业经济发展与文化艺术创造的双重功能，能够兼顾协调物质文明与精神文明，是推进特色小镇建设的重要突破口。

艺术小镇能够带动当地经济发展根本在于其文化艺术功能。艺术小镇通过因地制宜地发扬其特色艺术文化，打造其他地区差异化文化生态，以此聚集相关的文化艺术产业，融合相关产业业态，构建以旅游为流量、以文化为存量的文化艺术产业集群，实现可持续性发展。在艺术小镇里，艺术与产业将深度融合，单一文化艺术以及单一产业业态，都会通过深度融合的形式，形成"1+1>2"的效果，迸发更多、更强的创新性与生命力。

（三）"一带一路"建设将助推艺术品金融国际化

1. 艺术品金融的国际化发展加速

在全球经济一体化的大趋势下，我国的经济社会开放力度也将不断加大，艺术品交易、艺术品金融的国际化进程必然加速推进，而且，基于世界各国对艺术品、艺术品交易以及艺术品金融等所形成的共识，艺术品金融的国际化发展顺理成章，是各国艺术品金融业界的共同目标。目前，国内外的艺术品经营者已形成良好的互动。中国艺术家、画廊、拍卖公司、文化艺术机构、收藏家积极走向国际，进行全球化的布局和运营。在看好中国艺术品市场的情况下，国外艺术品经营者也在快速布局中国，开设画廊、拍卖等分支机构，展览、销售国内外艺术品，这在丰富我国艺术品产业门类的同时，也助推我国艺术品交易和艺术品金融的国际化发展。

2. "走出去"理念助力跨境艺术品交易

艺术品"走出去"需要通达的外贸环境。目前，我国艺术品国际贸易的整体环境良好，艺术品关税减免、出口退税制度日益完善，自贸区内艺术品免税区数量逐步增多。未来，我国将在进一步完善监管、把控风险的基础上，为打造丝绸之路文化艺术品国际交易平台提供两个方面便利化的政策安排。具体来说，一是积极探索"设立艺术品等文化产品交易的本外币内外互通的自由贸易账户，健全艺术品的展示、拍卖、仓储保税等服务"；二是完善对试验区内艺术品金融产品和服务创新，同时为文化企业提供艺术品资产评估、变现和流转。

3. "一带一路"建设带动艺术品金融创新

"一带一路"倡议提出以来，国家在文化金融领域逐步积累了丰富的经验，开始探索建设推动"以文化金融公共服务设施，丝绸之路经济带文化金融服务中心，文化企业及项目数据库等平台，以及国家版权贸易基地、国家级文化产权交易"的文化类交易平台，并同步展开对文化金融组织形式的创新。如"在试验区注册设立面向文化产业的金融、证券、保险、基金及投资机构；鼓励金融机构设立服务文化产业的专营部门以及专业团队，设立文化银行，加大文化产业领域的信贷投放；鼓励新型金融业态与文化产业深度融合，开展以文化企业的股权、债权、收益权、文化产品等为标的物的众筹、P2P等互联网金融业务模式探索"。

文化金融蓝皮书

四 艺术品金融发展面临的问题及对策

（一）艺术品金融发展面临的问题

1. 真正的关键在于对艺术品金融的认识观念

一谈到艺术品市场、艺术品交易、艺术品金融发展中面临的问题，通常就会想到赝品猖獗、定价困难等。而事实上，这些问题在现代技术支持下、在现代市场环境中，都很容易解决。借助于可以高倍放大的高清晰度影像技术，辅助其他鉴定技术，赝品的藏身之处越来越少。定价说难很难，但说不难也确实不难——交给市场。艺术品定价由市场说了算，我们要做的就是建设和维护一个公平、充分的市场环境。

所以，真正的关键在于社会对于艺术品金融的认识观念问题，即如何认识艺术品金融庞大的市场潜力以及在经济社会发展中的重要作用。

事实上，一个完整的艺术品金融产业体系包含三大板块。一是金融板块，包括"艺术品基金、艺术品信托投资、艺术品抵押、艺术品产权交易等金融工具，与价格价值、财富管理、增值保值、投资管理等金融业务，私人银行家、家族办公室以及艺术投资人等艺术品金融组织"。二是文化板块，如"私人博物馆、公共博物馆，同时还有文艺人士"。三是商业板块，包括"拍卖行、画廊、艺术交易博览会等"。三个板块相互连接、互为补充、相辅相成，共同构成一个庞大的产业体系，成为宏观经济运行的重要组成部分。如此重要的一个产业组织体系怎么能不被重视。

从地域的角度来看，艺术市场正在走向全球化，艺术品跨界文化合作有增加的趋势。随着近年来中国的迅速扩张，欧美不再仅仅是当前艺术市场的主流，国人开始将视线聚焦于自身的艺术和文化，并开始发挥新兴艺术品市场消费主体的作用。据业内人士透露，到2026年，亚洲金融市场的规模将达到或超过美国的体量，达到2.7万亿美元。因此，私人银行家、家族企业和金融机构目前进入亚洲这一新兴的艺术金融市场是绝佳的时机。

2. 艺术品金融供给与强烈的市场需求不相匹配

从目前艺术品金融发展的现状看，存在一个基础性问题，即艺术品金融供给与需求完全不相匹配，供给远远满足不了需求。

从艺术品金融需求看，第一，经济的持续快速增长，使人们的物质生活水平有了大幅度的提高，人们开始追求更高层次的文化精神生活享受，因此人们对于艺术品有极大的需求，艺术品交易、艺术品金融的需求非常强烈。第二，当前，一大批企业和金融机构已经拥有了大批的艺术品收藏，构成他们巨额的表外资产，这些资产需要管理，就对艺术品金融服务提出需求。第三，个人和企业组织的上述需求形成一个庞大的艺术品交易市场。而这一艺术品交易市场的运行非常需要金融服务的支持。

但是，从当前艺术品金融供给情况来看，其发展水平和运作效率远远不能满足市场的需求，金融机构的艺术品金融服务能力远远不足，包括专业人才缺乏、相关资源投入严重不足等。根据2014~2018年的数据，包括银行、证券、保险和信托在内的传统金融形式并未参与中国艺术品金融的发展。虽然一些金融机构正在试图创新金融服务，即采用各种金融工具，开发各种金融产品，振兴艺术品存量，以满足业务的市场和业务需求，但由于艺术品金融的专业性以及多方面的原因，艺术品金融在相当长一段时间内只是被用作传统金融主营业务活动助推器，用来维护营销品牌或维持与客户的关系。

3. 艺术品金融的行业生态不理想

一个优异的艺术品金融行业发展生态应该具备一些要素，包括宽松的进出口贸易、合理的税收政策，成熟规范的法制体系和商业体系，宽松的信用环境，诚信的市场氛围，专业的客服以及营销能力，广泛的客户群体，足够的国际影响力，等等。所以，纽约在未来一段时期仍将保持其国际艺术品交易中心的地位。

反观我国的艺术品市场和艺术品金融，市场体系是扭曲的。在西方艺术市场中画廊是艺术初次交易的市场主阵地，即一级市场。在一级市场中，画廊以类似中介的形式从艺术家手中取得作品，并向买家呈现作品；如果买家打算放弃这一作品，该作品将重新进入市场，形成二次交易，即进入二级市

场。二级市场通常是以拍卖的形式进行交易,因此拍卖行是二级市场主要的交易场所。一级、二级市场共同发挥作用,由此形成了一个完整有效的市场体系。

中国的情况则要相对尴尬一些。与西方艺术市场数百年的历史相比,中国直到20世纪90年代初才刚刚形成真正意义上的艺术品级市场。由于种种原因,中国拍卖行的发展要早于一级市场,但没有像画廊一样的机构为艺术家做代理,拍卖行只能直接向艺术家联系拍品。因此,拍卖行实际上承担了一些本不属于它的艺术品直销的职能,以至于后来兴起的画廊因为拍卖行的先入为主而被架空,进而形成了一级、二级市场形势恶化的局面,导致中国艺术产业的不确定性增加。这样的市场发育状况,加上其他法制建设、市场诚信、税收环境等方面的不足,共同造成了我国艺术品目前不甚理想的行业生态。

(二)加快发展艺术品金融的对策建议

1. 重视并积极推进艺术品金融的发展

包括政府相关管理部门、文化艺术界、金融业界在内的各相关领域,对艺术品金融的巨大市场空间、发展潜力及其重要作用要有充分的认识,支持艺术品金融业的发展。进一步完善艺术品金融相关的法规制度,鼓励艺术品金融相关的企业和组织机构增加资源投入,以纽约为标杆,营造更加有利于艺术品金融发展的环境,形成艺术品金融发展的行业生态。

2. 金融机构积极创新以满足民众的艺术品金融需求

社会对艺术品金融服务的巨大需求就是金融机构拓展艺术品金融的动力源泉,其中的关键就是金融机构要积极创新,不断推出能满足民众不同需求的新产品。艺术品金融服务有其特殊性,金融机构提供服务不能单打独斗,而要与其他机构充分协作。为此,构建艺术品金融的综合服务平台非常重要。建设一个具有高度公信力的服务平台,对接投资者,对接金融机构,对接艺术品交易相关的产业支持体系,这是金融机构满足社会对艺术品金融服务需求的关键。

3. 重视培养青年艺术家

青年艺术家是艺术品市场的未来，只有不断涌现出高水平的青年艺术家，才会有持续发展的艺术品市场。青年艺术家有不同的风格特点，针对不同情况加以不同的引导。一般来说，年轻的艺术家有很好的理论知识与专业知识，他们之中一些人对自身作品有很好的自我定位，其作品也能够依靠展览、宣传等方式表现出很高的出镜率，但其创作缺乏真正的生活意识，对于艺术的贡献比较低，其作品更像是他人作品的复制品；一些艺术家具有良好的个人敏感性，强调自尊和判断力，可以比较准确地表达生命的本质，但由于为人过于自我，无法融入商品社会当中，从而无法找到其作品的商业定位。

因此，真正优秀的艺术家，不仅要对作品有艺术上的想法，而且要培养对于艺术、社会的深刻认知。只有加深对于艺术的理解，才能创造出叫好叫座的艺术作品。对于具有一定创造力的艺术家来说，如果他们拥有丰富而深刻的个人经历或对自己命运的历史经验，他们的艺术作品及其运营能够得到社会的认同进而产生共鸣，会更加容易地激发青年艺术家群体的创作灵感和创作热情。

4. 制定城市文化发展的"艺化率"指标

参照城市规划建设中的"绿地率"①指标，我们建议政府相关部门制定"艺化率"指标，并在城市规划建设和文化艺术发展中，作为一项法规要求严格执行。"艺化率"即艺术化率，其基本含义是规划建设用地（建筑物）范围内，用于艺术品展示的面积与建设用地（建筑物）面积之比。

制定并执行"艺化率"指标，旨在提升市民的文化艺术鉴赏能力，营造艺术氛围。尤其是在一些办公楼宇内开辟相应的空间，设立艺术品展示厅，展示各类艺术品，并且结合所展示的艺术品，邀请专业志愿者，讲解宣

---

① "绿地率"是一个具有法律效应的规划指标，是指居住区用地范围内各类绿地的总和与居住区用地的百分比。类似的同样具有法律效应的还有一个指标是"绿化覆盖率"，是指绿化垂直投影面积之和与占地面积的百分比。必须指出的是，通常所说的"绿化率"，是指项目规划建设用地范围内的绿化面积与规划建设用地面积之比，但这只是房地产开发商宣传楼盘绿化时用的概念，并没有法律和法规依据。

传相关的艺术品鉴赏知识。由此，给楼宇内工作的从业人员、附近居民和游客，以便捷的途径欣赏艺术品、获得相关艺术品知识。同时，也是在一个城市营造更加浓厚的艺术氛围。有了这样的社会氛围，艺术品市场、艺术品金融就会有更加优异的发展环境和发展基础。

5. 重视艺术品金融安全

要推进艺术品金融稳定发展，一定要重视防范艺术品金融风险，确保艺术品金融安全。一方面，由于艺术品市场交易规模巨大，相应地艺术品金融服务的规模也会很大。作为一个金融市场的子市场，与其他金融市场一样，艺术品金融也可能会出现市场大幅震荡的风险事件。另一方面，在市场运行现实中，艺术品交易经常被用来进行洗钱、贿赂以及非法转移资金等犯罪行为的途径，从而有可能严重扰乱艺术品市场运行，甚至危及整个金融体系的安全。因此，发展艺术品金融，保障艺术品金融市场的稳定和安全非常重要。

参考文献

［1］雅昌艺术市场监测中心（AMMA）：《中国艺术品拍卖市场调查报告（2018年春季）》。

［2］雅昌艺术市场监测中心（AMMA）：《中国艺术品拍卖市场调查报告（2018年秋季）》。

［3］欧洲艺术和古董展览会（TEFAF）：《2018全球艺术市场报告》。

［4］黄隽、高常梓：《中国艺术品金融市场年度研究报告（2018）——艺术品财富管理的商业模式》，中国金融出版社，2018。

［5］马健：《艺术品金融——实践与探索》，经济管理出版社，2018。

［6］西沐、宗娅琮：《2018~2019中国书画艺术市场年度回顾与前瞻》，《艺术品鉴证（中国艺术金融）》2018年第12期。

［7］蓝庆伟：《民营美术馆的多重性质与收藏属性》，《绝对艺术》2018年第9期。

［8］任瑞媛、杨璇、王彦博：《家族办公室中外差异》，《银行家》2016年第2期。

B.8
2018年中国传媒产业与资本市场发展报告

杨永民 田 威*

摘 要： 随着科技进步及交叉学科的演变升级，传媒产业的内涵及外延不断发生变化。为了方便报告使用者梳理框架、理顺逻辑，本文首先将传媒产业按照传统媒体/新媒体的分类，并进一步深化细分传统媒体与新媒体的子行业，然后选择2018年度发展变革较为突出的子行业分别论述。针对传统媒体的每一个子行业，从发展现状、资本市场、经营趋势（主要通过分析A股同行业全部上市公司）三个角度进行论述；针对网络音频行业，从分析其发展现状并根据整理的公开资料对其行业龙头"喜马拉雅"做案例分析；针对直播行业，从其发展现状以及两大分支——游戏直播、秀场直播再结合龙头公司做比较分析；针对短视频行业，由于尚无已经登陆资本市场的行业巨头，更多从行业发展现状结合其两大巨头"抖音""快手"的比较分析中进行解读。最后，本文分析了传媒行业投资机遇，主要分布在"三四线城市＋农村"流量红利的进一步挖掘；持续看好人工智能对内容生产、渠道分发、广告营销等领域的赋能；积极在应用端迎合5G赋能的公司。

---

* 杨永民，亮马投资创始合伙人，亮马商学院秘书长，香港家族办公室协会华北区副秘书长，励岸投资咨询公司离岸金融业务高级顾问，原天弘基金股权投资部总经理。田威，亮马投资创始合伙人，亮马商学院副秘书长。

关键词： 传媒产业　资本市场　新媒体　传统媒体

传媒产业是指传播各类信息、知识的传媒实体部分所构成的产业，它是生产、传播各种以文字、图形、艺术、语言、影像、声音、数码、符号等形式存在的信息产品以及提供各种增值服务的特殊产业。传媒产业可以分为以下两类：一类是传统媒体产业，包括图书、平面媒体、广播、电视、电影等；另一类是新媒体产业，包括互联网、移动互联网以及基于这二者进行数字信息传播的数字出版、移动资讯、在线阅读、动漫、游戏、数字化影视、IPTV、自媒体视频、自媒体社交、网络音频、在线直播、短视频等。

本报告的研究范围主要涵盖传统媒体中的图书、电视（主要为剧集制作行业），以及新媒体中的网络音频、在线直播、短视频。

一　图书业发展状况及资本市场分析

（一）图书业发展状况

1. 我国图书零售市场规模延续两位数增长，但网络渠道增速放缓，实体书店呈现负增长

2018年我国的图书零售市场码洋规模为894亿元，比2017年增长11.3%，保持两位数增长（见图1）。

网店渠道销售规模继续保持较高速度增长，2018年网店渠道码洋规模达573亿元，但2018年同比增速为24.7%，较前些年有所放缓（见图2）；实体店渠道则出现负增长，较2017年下降了6.7%，码洋规模为321亿元（见图3）。

2. 少儿类图书的码洋占比持续增长

少儿类图书为我国图书零售市场的增长贡献了主要力量。少儿图书

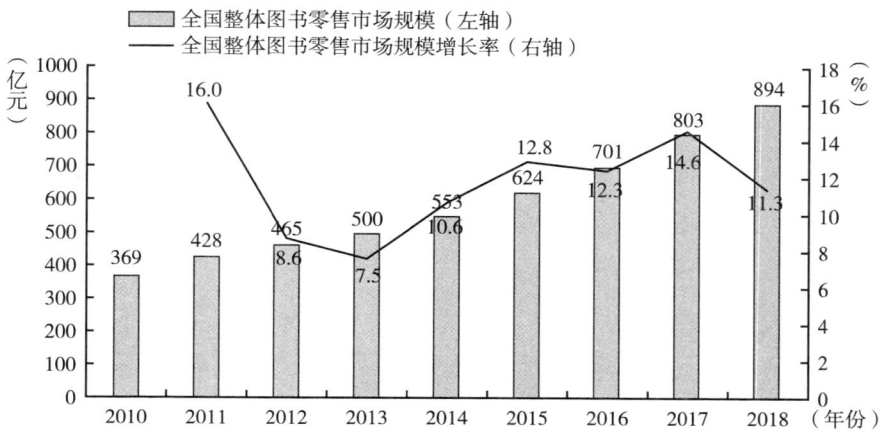

图 1　2010～2018 年中国图书零售市场规模

资料来源：开卷信息、华泰证券研究所。

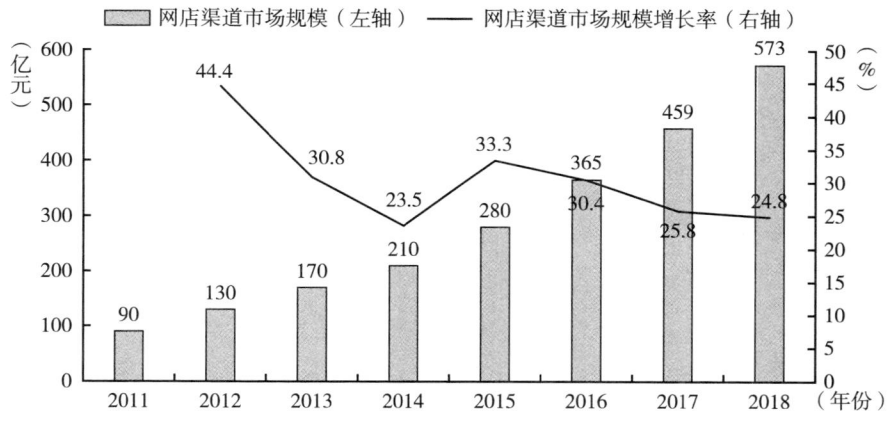

图 2　2011～2018 年中国网店渠道市场规模

资料来源：开卷信息、华泰证券研究所。

2016 年的年增长率为 28.84%，2017 年的年增长率为 21.18%，2018 年 1～9 月的同比增长率为 14.24%①。

---

① 资料来源：开卷信息。

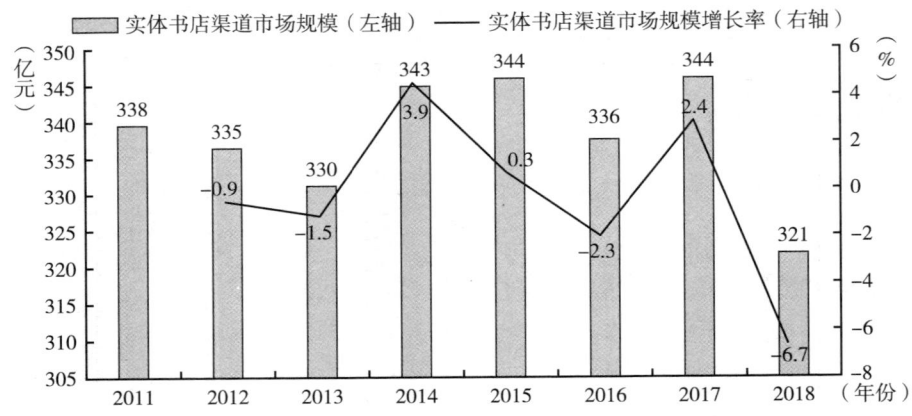

图3　2011～2018年中国实体书店渠道市场规模

资料来源：开卷信息、华泰证券研究所。

3. 新书的创意创新缺乏，码洋占有率持续下降

我国图书零售市场2018年全渠道口径的销售达194万种，其中新书品种数达20.3万种（见图4），从历史年度看，新书种类占比基本稳定。

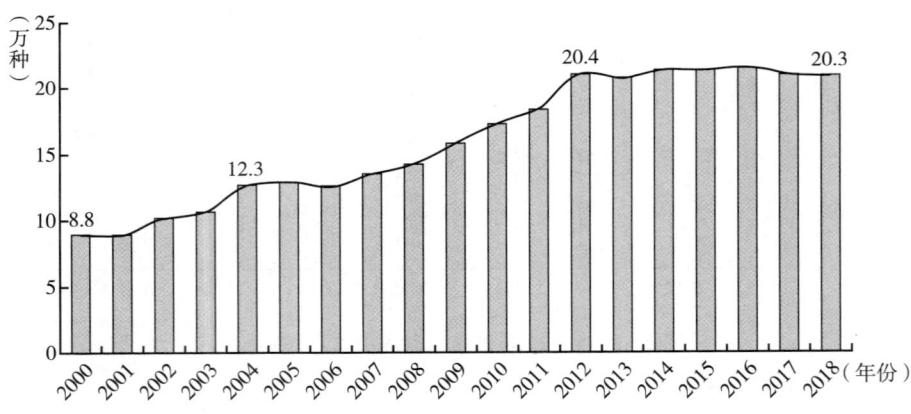

图4　2000～2018年中国图书零售市场新书品种数

资料来源：开卷信息、华泰证券研究所。

但新书的码洋贡献度持续下滑——2008年下降到不足30%，在2015年下降到不足20%（见图5）。

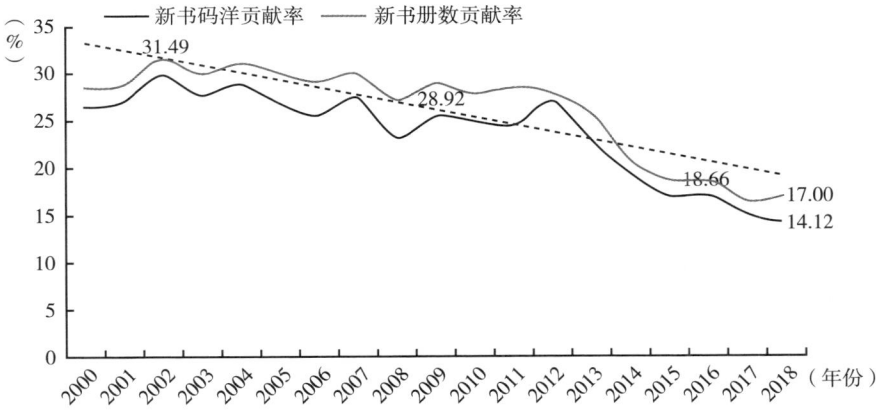

图 5　2000~2018 年中国图书零售市场新书贡献度

资料来源：开卷信息、华泰证券研究所。

4. 畅销榜固化，以老书为主

新书出现在三大榜前十名中的次数越来越少（见图6），并且入榜单的新书无外乎：①主题出版，②畅销作者，③畅销系列的新作。

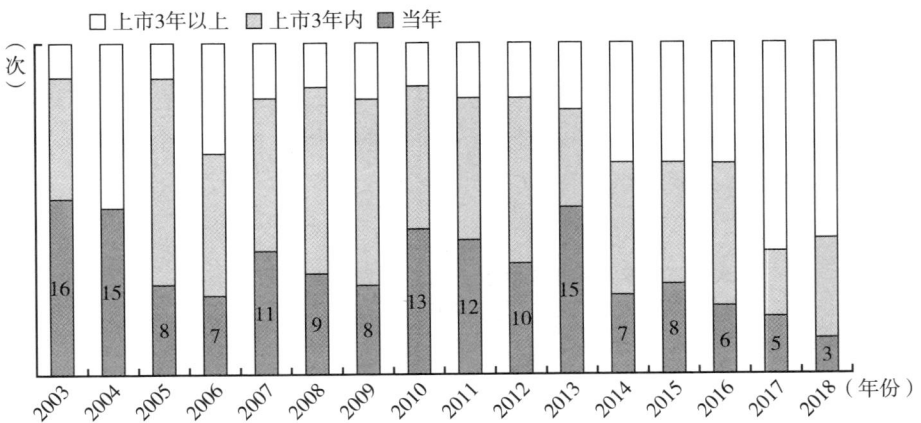

图 6　2003~2018 年中国畅销书新书占比

资料来源：开卷信息、华泰证券研究所。

5. 畅销榜马太效应加剧

根据开卷信息数据，2014 年的图书销量第一名的图书贡献了

173

43.73%的市场份额,并且这一数字在持续增加,到2017年更是达到了51.70%。

(二)图书业资本市场分析

2018年,我国图书业合计2家企业挂牌新三板(见表1),无企业IPO;共有8家企业发行了11支债券融资;一级市场中,有2起股权融资案例但无并购案例。

1.新三板市场

表1 2018年挂牌新三板的图书业企业

证券代码	简称	挂牌日期	省份	城市
872706.OC	天一文化	2018-02-22	河南省	郑州市
872898.OC	库课文化	2018-08-09	河南省	郑州市

资料来源:新元文智-文化产业投融资大数据系统(文融通)。

2018年,我国图书业合计2家企业新三板挂牌,较2017年减少3家,较2015年减少8家。总体来看,近两年挂牌数量趋于收敛。

2018年度挂牌的2家企业按照区域分布来看,均在河南省。

2018年度,共有2家图书业新三板企业进行了增发募集资金(见表2),合计募集资金80059993.01元。

表2 2018年度图书业新三板企业增发募集资金规模

证券代码	证券简称	2018年度增发募集资金(元)
833632.OC	荣信教育	60060000.00
835126.OC	金版文化	19999993.01

资料来源:WIND资讯数据资料。

2.IPO及再融资市场

2018年,我国图书业无公司IPO,较2017年减少4家。

在上市公司增发市场,图书业上市公司仅有中文在线于2018年度增发募集10.23亿元。

3. 债券融资市场

2018年共有8家图书业企业合计发行了11支债券（见表3）。其中，安徽出版集团有限责任公司、山东大众报业（集团）有限公司、中文天地出版传媒集团股份有限公司各发行2支。

表3 2017年图书业企业债券融资情况

发行时间	企业名称	债券名称	债券类型	发行量（亿元）
2018年1月31日	江苏凤凰出版传媒集团有限公司	18凤凰传媒MTN001	中期票据	20
2018年4月8日	华闻传媒投资集团股份有限公司	18华闻传媒MTN001	中期票据	13
2018年7月26日	安徽出版集团有限责任公司	18皖出版SCP002	超短期融资券	5
2018年7月27日	山东大众报业（集团）有限公司	18大众报业MTN001	中期票据	2
2018年8月20日	青岛出版集团有限公司	18青岛出版SCP001	超短期融资券	5
2018年8月30日	山东大众报业（集团）有限公司	18大众报业MTN002	中期票据	2
2018年9月13日	广东南方报业传媒集团有限公司	18南报01	公司债	2
2018年9月25日	中文天地出版传媒集团股份有限公司	18中文天地SCP001	超短期融资券	10
2018年10月18日	中文天地出版传媒集团股份有限公司	18中文天地MTN001	中期票据	5
2018年10月22日	重庆市国有文化资产经营管理有限责任公司	18渝文资MTN001	中期票据	5
2018年11月26日	安徽出版集团有限责任公司	18皖出版SCP004	超短期融资券	6

资料来源：WIND资讯数据资料。

11支债券合计融资75亿元。2018年图书业企业债务融资工具包括公司债、中期票据与超短期融资券，11支债券中，1支公司债、6支中期票据、4支超短期融资券。

4. 非上市股权（PE）融资市场

根据新元文智-文化产业投融资大数据系统（文融通）数据平台统计，2018年度图书业非上市股权融资市场较为平淡，但均为早期融资。北京方舟阅读科技有限公司（豆瓣阅读）A轮融资6000万元；郑州点读电子科技有限公司（咿啦看书）A+轮融资4000万元。

5. 并购市场

根据新元文智-文化产业投融资大数据系统（文融通）数据平台统计，2018年度图书业企业无并购案例。

（三）图书业行业上市公司经营趋势

1. 图书业收入规模增速疲软

2017年A股20家图书业上市公司营业收入合计1121.03亿元，较2016年增长1.59%（见图7）。对比10年数据来看，自2010年起合计营业收入额增长率稳定在10%以上，其中，增速最快为2011年，高达25.47%；但2017年增速骤然回降至1.59%。

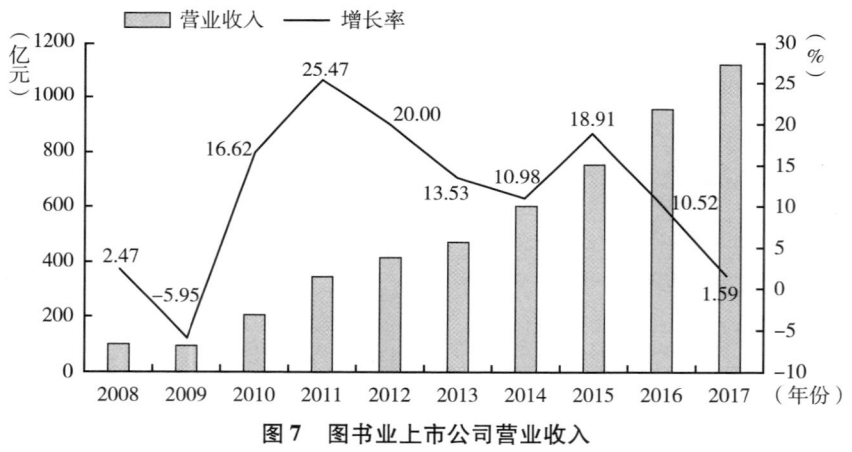

图7 图书业上市公司营业收入

资料来源：WIND资讯数据资料。

2. 净利润增长疲软，利润率趋于稳定

2017年A股20家图书业上市公司净利润合计122.30亿元，较2016年增长1.16%（见图8）。自2011年起，合计净利润增长率保持在10%～20%。上市公司毛利率、净利率也自2012年起，分别稳定在30%左右、10%左右（见图9）。

3. 现金销售比稳定在100%以上，但占比呈下降趋势

2017年A股20家图书业上市公司销售商品收到现金合计1138.17亿元、

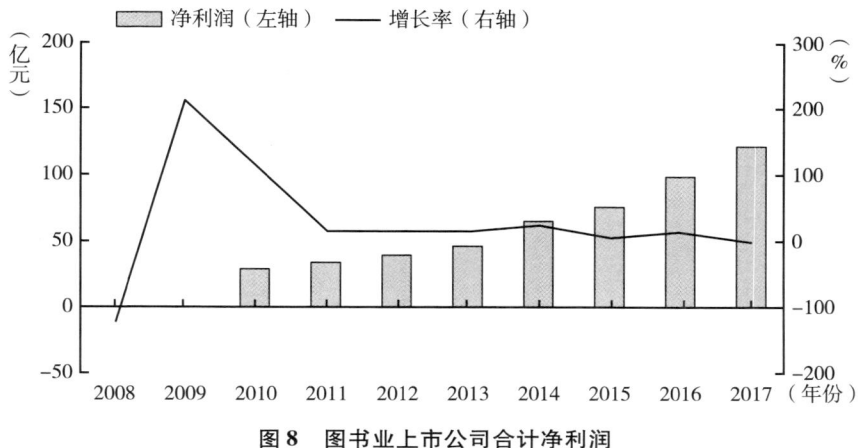

图 8　图书业上市公司合计净利润

资料来源：WIND 资讯数据资料。

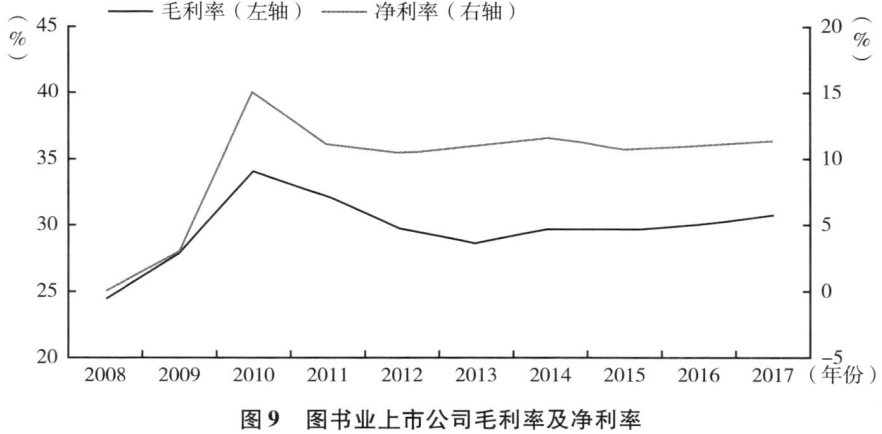

图 9　图书业上市公司毛利率及净利率

资料来源：WIND 资讯数据资料。

营业收入合计 1121.03 亿元，现金销售占比为 101.35%（见图 10），较 2016 年增长 1.31%。对比 10 年间数据来看，现金销售占比呈现明显下降后回升趋势。

4. 资产负债率呈下滑趋势

A 股图书业上市公司整体资产负债率自 2010 年回落至 30.88% 后持续上涨，2014 年为 35.47%，2016 年又连续回落至 31.70%，2017 年又反弹回升至 33.83%（见图 11）。

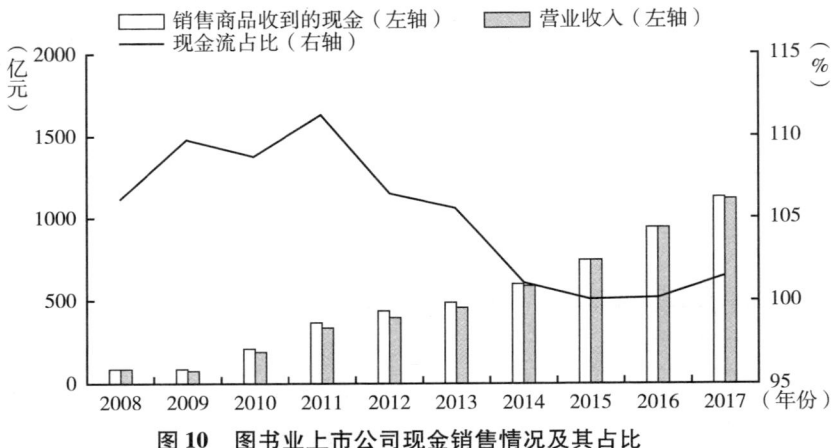

图10 图书业上市公司现金销售情况及其占比

资料来源：WIND资讯数据资料。

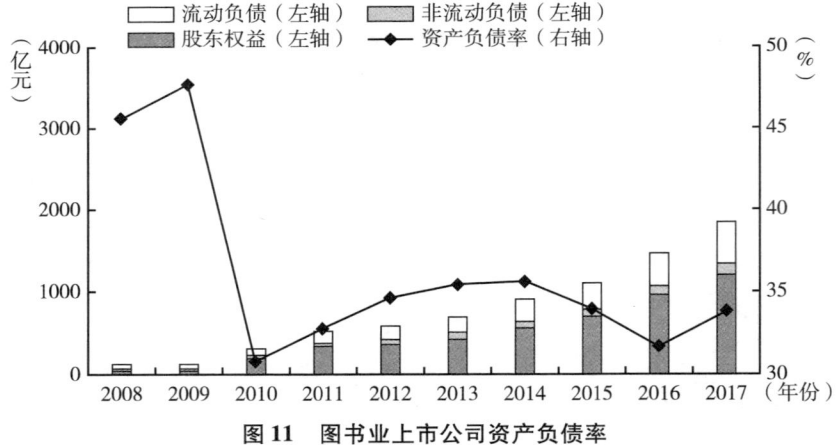

图11 图书业上市公司资产负债率

资料来源：WIND资讯数据资料。

附：A股图书业上市公司整体核心财务指标见表4。

表4 A股图书业上市公司整体核心财务指标

	2017年	2016年	2015年	2014年	2013年	2012年	2011年	2010年
收益率	—	—	—	—	—	—	—	—
销售毛利率(%)	30.63	29.9	29.5	29.6	28.52	29.55	32.09	34
三费/销售收入(%)	20.1	20.01	19.11	18.65	18.17	18.78	20.64	24.31

续表

	2017年	2016年	2015年	2014年	2013年	2012年	2011年	2010年
销售净利率(%)	11.24	10.91	10.64	11.49	10.92	10.36	10.96	14.95
资产获利率	—	—	—	—	—	—	—	—
ROE(%)	10.58	11.14	11.51	12.41	10.97	10.5	10.55	11.74
ROA(%)	6.95	7.35	7.43	7.99	7.49	7.13	7.55	10.43
增长率	—	—	—	—	—	—	—	—
销售收入增长率(%)	1.59	10.52	18.91	10.98	13.53	20	25.47	16.62
净利润增长率(%)	1.16	13.1	8.91	24.72	17.41	13.95	17	110.51
总资产增长率(%)	10.08	12.8	14.59	15.44	17	10.26	23.09	29.57
股东权益增长率(%)	11	16.62	17.39	16.08	15.63	7.36	24.48	47.68
资本结构	—	—	—	—	—	—	—	—
资产负债率(%)	33.83	32.95	34.04	35.61	35.46	34.66	32.87	30.88
流动比率	2.29	2.19	2.31	2.11	2.2	2.24	2.24	2.07
速动比率	1.92	1.87	1.99	1.77	1.88	1.9	1.87	1.76
资产管理效率	—	—	—	—	—	—	—	—
总资产周转率(次)	0.62	0.67	0.7	0.7	0.69	0.69	0.69	0.7
固定资产周转率(次)	6.44	6.76	6.31	6.01	5.62	5.29	4.8	4.1
应收账款周转率(次)	8.77	9.07	9.67	10.17	11.49	12.43	11.48	9.03
存货周转率(次)	4.16	5.05	5.07	4.77	4.92	4.56	4.39	3.96

资料来源：WIND资讯数据资料。

二 剧集行业发展现状及资本市场[①]

（一）剧集行业发展现状

1. 税收政策收紧，行业整体承压

2014～2016年，国家发展改革委、国家税务总局、新闻出版广电总局等多部门共同发布的《关于支持电影发展若干经济政策的通知》和财政部、海关总署、国家税务总局《关于继续实施支持文化企业发展若干税收政策

[①] 区别于2017年的报告，由于剧集行业（包含电视剧、网剧）网台联动越来越频繁，且审查标准趋同，因此合并分析，不再将电视剧、网剧做分类讨论。

的通知》等文件给予影视产业部分税收优惠政策。

但近两年，由于部分影视作品中，主创的线上成本（尤其是主演明星片酬）在总成本中所占比例过高，严重压缩了剧本、摄制、后期等线下制作成本。一方面行业主管部门出手严控"影视行业天价片酬"——规定所有演员的总片酬不超过制作总成本的40%，且主演片酬不超过总片酬的70%；另一方面税务系统严厉打击"阴阳合同"，对2016年以来的申报纳税情况进行自查自纠，自觉补缴或有的通过"拆分合同"等手段逃漏缴的税款，同时对影视明星影视工作室个人所得税从定额定期征收方式改为查账征收。

税务风波带来成本的高企和不可控风险的放大，导致剧集行业融资难度骤升、融资成本骤涨。剧集行业上市公司财务费用率2018年第二、第三季度走高，显著高于2017年同期（见图12）。

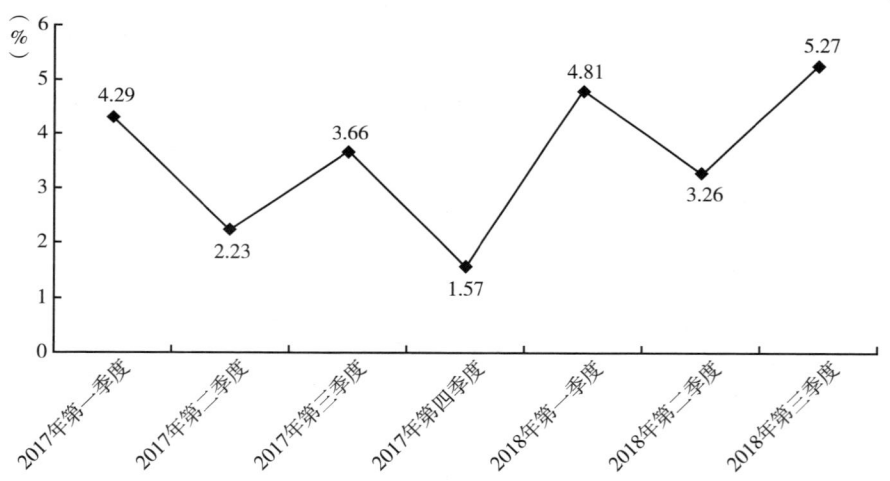

图12 剧集行业上市公司财务费用率

资料来源：中国银河证券研究院。

2.网剧内容增长迅速，且内容趋于同质化，但质量有所提升

供给方面：网剧2018年上半年上新数量共162部，相较于2017年上半年的127部同比上升了28%，相较于2017年下半年的115部环比提升41%。2017年、2018年各季度上新网络剧数量见图13。

需求方面：前十名网剧 2018 年上半年累计播放 374 亿次（见图 14），相较于 2017 年上半年同比提升 88%。

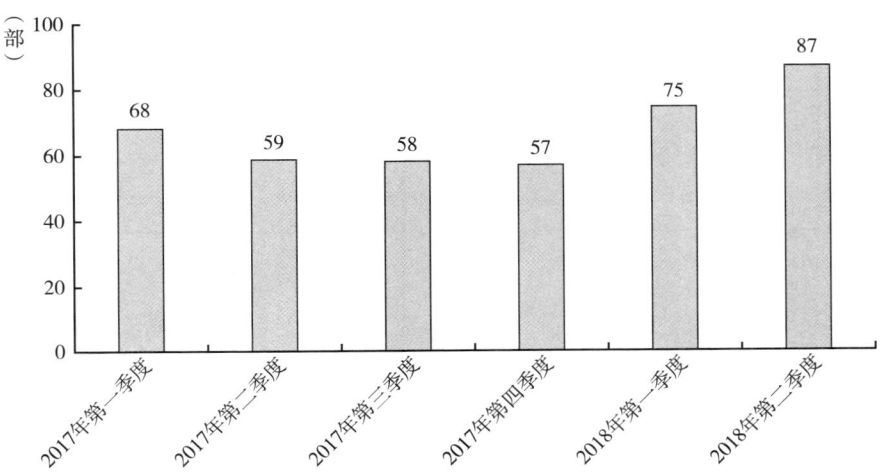

图 13　2017~2018 年第二季度上新网络剧数量

资料来源：云合数据、联讯证券研究所。

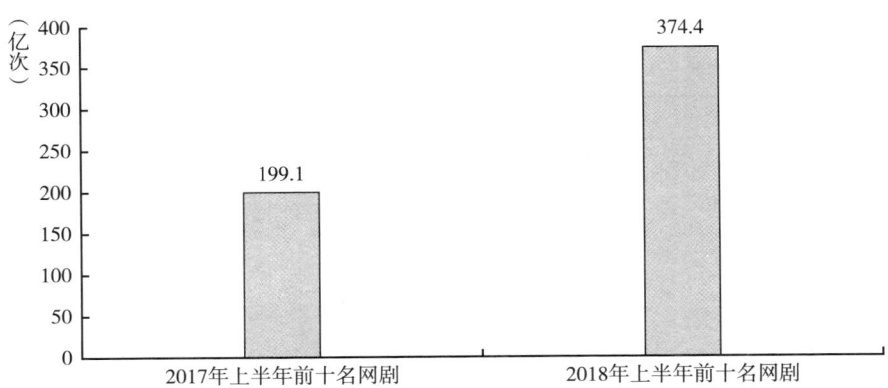

图 14　2017 年、2018 年上半年网剧播放量

资料来源：艺恩咨询、联讯证券研究所。

2018 年上半年网剧的头部效应大幅减弱，且无现象级作品出现，前十名网剧内容的有效播放占比自 2017 年的第三季度开始至 2018 年第二季度均徘徊在 50% 以下（见图 15）。

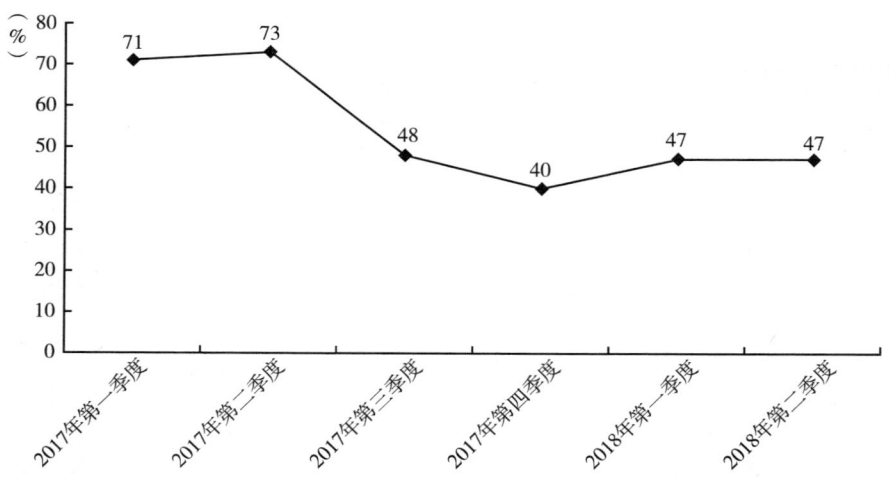

图15　2017~2018年第二季度有效播放量占比

资料来源：联讯证券研究所。

2018年上半年网剧口碑普遍良好，累计有效播放前十名网剧的平均豆瓣得分为5.6分，优于头部电视剧，且5分及以上作品高达70%。

表5　2018年上半年累计有效播放前十名网剧豆瓣得分

剧名	评分	评论人数
《谈判官》	3.4	26347
《恋爱先生》	5.9	19851
《凤囚凰》	3.3	26845
《归去来》	5.3	9930
《南方有乔木》	5.8	21520
《和平饭店》	8.4	19422
《利刃出击》	3.4	1410
《远大前程》	7.7	10691
《我的青春遇见你》	7.7	4823
《好久不见》	5	4359

资料来源：联讯证券研究所，云合数据，豆瓣。

3. 视频付费市场进入高速发展期

根据艺恩咨询数据，截至 2016 年 12 月，中国视频有效付费用户规模已突破 7500 万，增速为 241%，其中爱奇艺占据行业用户规模的 40%。2017 年，爱奇艺、优酷、腾讯等主要视频网站付费会员数量均超过 2000 万，中国视频付费用户已经超过 1 亿（见图 16）。预计 2018 年中国付费会员数量将达到 1.4 亿。

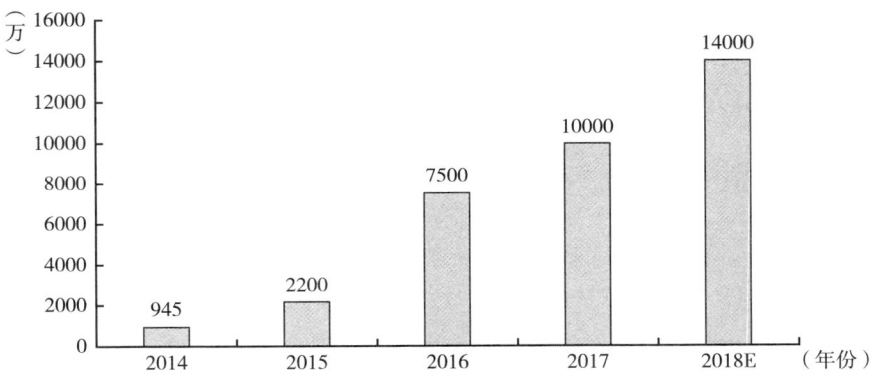

图 16　中国视频付费用户规模

资料来源：联讯证券研究所，艺恩咨询。

4. 现实题材的剧集继续繁荣，而电视剧"网剧化"趋势明显

在明确监管限制下，2018 年的卫视古装剧数量骤减，《香蜜沉沉烬如霜》作为首部卫视黄金档古装剧直到 8 月才正式播出。反而，现实题材将迎来繁荣——五大卫视（湖南、东方、浙江、江苏、北京）2019 年招商会公布的片单中，有 21 部现实题材剧集，对比古装剧则只有 4 部；与此同时，爱奇艺、腾讯、优酷分别推出"忆英雄"剧场、"献礼剧场"、"改革开放 40 周年"专题，拥抱监管部门对主旋律题材的要求。未来，网剧与电视剧的审查政策必然趋于同步；政策的进一步收紧，会使古装题材进一步受到冲击，而都市题材剧将持续坐拥市场最大份额，同时在都市题材的垂直细分领域（如家庭、反腐、教育、缉毒、军旅等）将进一步涌现代表性作品。

《延禧攻略》于 2018 年 9 月登陆浙江卫视，晚于网络平台 2 个月；《天坑鹰猎》同样采用先网后台的播出。"先网后台""网台联动"的占比再未

来剧集发行中的占比已经形成不可逆趋势。剧集制作公司并重电视台与网络平台的协同发力，综合考量，进一步加快制作、发行、回款速率是从竞争中脱颖而出的必然选择。

5. 采购成本压力、剧集定价压力促使剧集产业2C转型

传统意义上，对于影视产业来说，电影属于2C业务，剧集属于2B业务（因为电视台及网络平台采购）。剧集未来大部分的变现方式将会是向网络大电影一样实施"点击分账"，原因在于一方面购剧成本的不断上升，另一方面平台极力规避"天价买烂剧"。

（二）剧集行业资本市场分析

2018年，我国剧集行业7家企业新三板挂牌，无企业IPO，1家上市公司再融资；2家企业发行4支债券融资；一级市场，1起股权融资案例，无并购案例。总体来看，我国剧集行业企业资本较冷。

1. 新三版市场

2018年，我国剧集业合计7家企业新三板挂牌（见表6），较2017年减少18家，较2016年减少26家。总体看，近两年挂牌数量骤减。

2018年度挂牌的7家企业按照区域分布来看，北京、上海各2家，云南、湖南、陕西各1家。

2018年度，无剧集业新三板企业进行了增发募集资金。

表6　2018年挂牌新三板的剧集企业

证券代码	简称	挂牌日期	省份	城市
872542.OC	永乐聚河	2018年6月4日	上海	上海市
872610.OC	妙音动漫	2018年2月14日	北京	北京市
872716.OC	金彩影业	2018年4月2日	云南	昆明市
872735.OC	山猫传媒	2018年3月2日	湖南	长沙市
872819.OC	非常时代	2018年6月15日	北京	北京市
872838.OC	金翅鸟	2018年7月24日	陕西	西安市
872935.OC	郡谷文化	2018年8月17日	上海	上海市

资料来源：WIND资讯数据资料。

2. IPO 及再融资市场

2018 年,我国剧集业企业有无公司 IPO,较 2017 年减少 1 家。

在上市公司增发市场,仅 1 家上市公司——芒果超媒于 2018 年增发募集 115.50 亿元。无电视上市公司发行可转债进行融资。

3. 债券融资市场

2018 年共有 2 家电视企业发行了 4 支债券(见表 7)。

武汉当代明诚文化股份有限公司与浙江唐德影视股份有限公司共发行合计 7 亿元债券。其中武汉当代明诚文化股份有限公司发行 6 亿元,浙江唐德影视股份有限公司发行 1 亿元。债券类型均为公司债。

表 7 剧集行业企业 2017 年度债券融资情况

发行时间	企业名称	债券名称	债券类型	发行量(亿元)
2018 年 2 月 6 日	武汉当代明诚文化股份有限公司	18 明诚 01	公司债	1.00
2018 年 3 月 6 日	浙江唐德影视股份有限公司	18 唐德 01	公司债	1.00
2018 年 3 月 14 日	武汉当代明诚文化股份有限公司	18 明诚 02	公司债	1.50
2018 年 8 月 15 日	武汉当代明诚文化股份有限公司	18 明诚 03	公司债	3.50

资料来源:WIND 资讯数据资料。

4. 非上市股权(PE)融资市场

根据新元文智 - 文化产业投融资大数据系统(文融通)数据平台统计,2018 年仅 1 家企业——上海余洲影视制作有限公司完成天使轮融资,引进天神娱乐。

5. 并购市场

根据新元文智 - 文化产业投融资大数据系统(文融通)数据平台统计,2018 年度剧集业企业无并购案例。

(三)剧集行业上市公司经营趋势

1. 整体营业收入持续增长,但增速下降

2017 年 A 股剧集业上市公司营业收入合计 234.81 亿元,较 2016 年增

长15.89%（见图17）。对比10年间数据来看，增长率始终保持零线以上但波动较大；2015年增速最快时高达61.27%，2010年增速仅为1.63%。

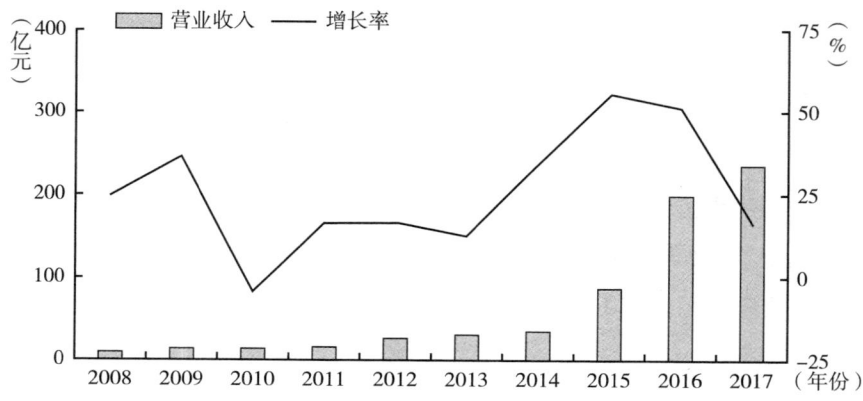

图17　剧集行业上市公司合计营业收入

资料来源：WIND资讯数据资料。

2. 净利润增速趋缓，毛/净利润率反向变化。

2017年A股剧集行业上市公司净利润合计41.53亿元，较2016年增长23.15%（见图18）。对比5年间数据，A股剧集行业上市公司净利率增长率为20%～65%；A股剧集行业上市公司，毛利率基本保持上升——由

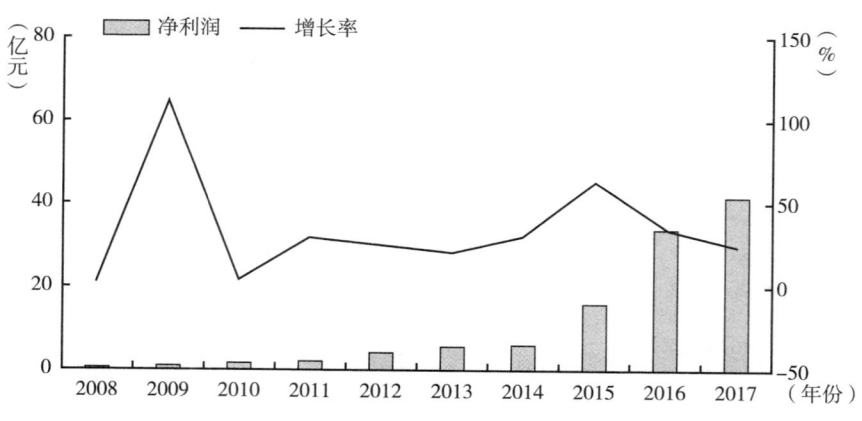

图18　剧集行业上市公司合计净利润

资料来源：WIND资讯数据资料。

2013年的32.57%增长至2017年的37.71%，净利率呈现微降趋势——由2013年的19.37%降至2017年的18.03%（见图19）。

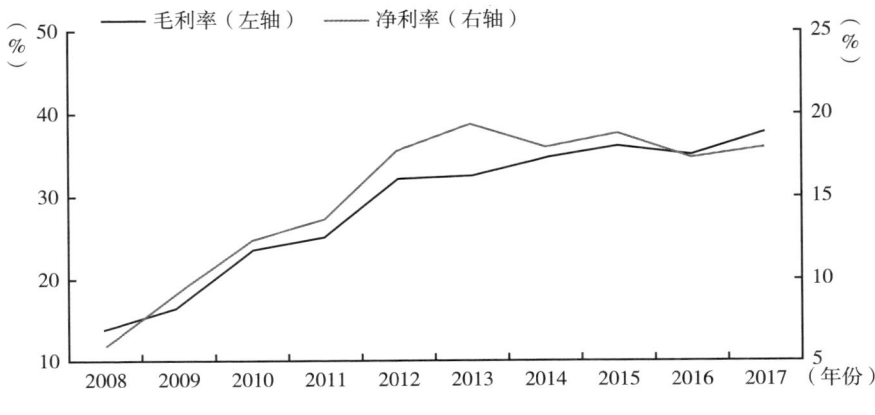

图19 剧集行业上市公司毛利率及净利率

资料来源：WIND资讯数据资料。

3. 现金销售比反弹上升

2017年A股剧集行业上市公司销售商品收到现金合计221.57亿元、营业收入合计234.81亿元（见图20），现金销售占比为94.36%，较2016年上升6.73个百分点。对比10年间数据来看，现金销售占比处于下降后反弹上升趋势。

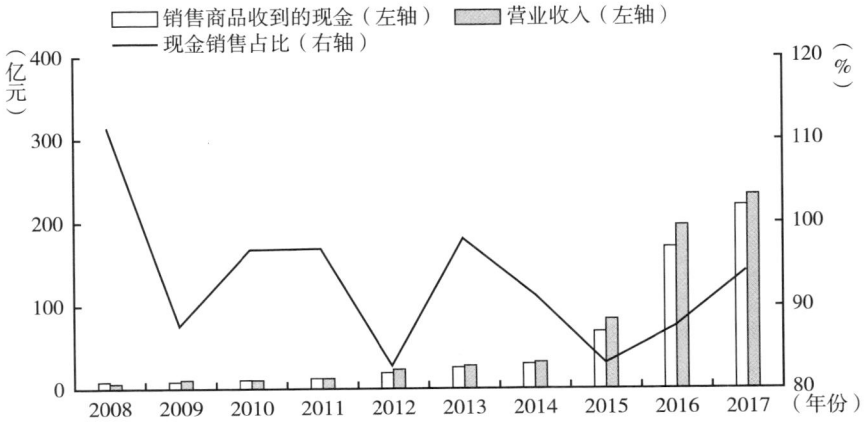

图20 剧集行业上市公司现金销售占比

资料来源：WIND资讯数据资料。

4. 资产负债率连续上升

A股剧集行业上市公司整体资产负债率经历了2011～2013年连续3年的下降后,2014～2016年连续4年上升至36.77%(见图21)。

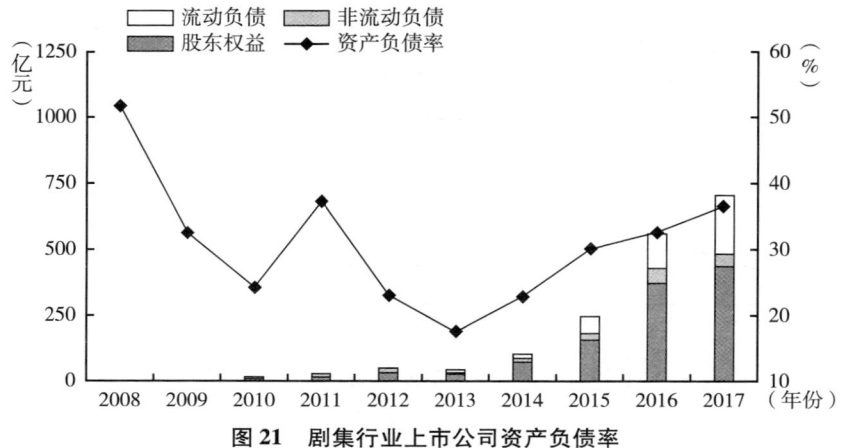

图21 剧集行业上市公司资产负债率

资料来源:WIND资讯数据资料。

A股剧集行业上市公司整体核心财务指标(见表8)。

表8 A股剧集行业上市公司整体核心财务指标

	2017年	2016年	2015年	2014年	2013年	2012年	2011年	2010年
收益率	—	—	—	—	—	—	—	—
销售毛利率(%)	37.71	35.1	36.11	34.73	32.57	32.18	25.22	23.59
三费/销售收入(%)	15.42	13.36	12.76	13.6	7.7	6.89	4.48	5.45
销售净利率(%)	18.03	17.34	18.83	18.03	19.37	17.86	13.69	12.39
资产获利率	—	—	—	—	—	—	—	—
ROE(%)	10.03	10.46	11.41	10.12	12.33	13.22	10.12	10.68
ROA(%)	6.55	7.23	7.99	8.06	9.91	9.2	6.89	7.81
增长率	—	—	—	—	—	—	—	—
销售收入增长率(%)	15.89	50.91	55	34.54	12.63	16.45	16.44	-4.28
净利润增长率(%)	23.15	34.34	62.31	30.15	20.25	25.02	29.17	3.46
总资产增长率(%)	23.28	47.63	68.08	117.45	3.67	23.45	29.4	74.25
股东权益增长率(%)	16	40.78	71.51	105.23	12.03	57.62	7.04	92.6
资本结构	—	—	—	—	—	—	—	—
资产负债率(%)	36.77	32.86	30.21	23.13	17.83	23.08	37.39	24.31

续表

	2017年	2016年	2015年	2014年	2013年	2012年	2011年	2010年
流动比率	2.34	2.78	2.9	3.09	4.87	3.79	2.22	3.46
速动比率	1.74	2.13	2.22	2.38	3.77	3.15	1.95	3.03
资产管理效率	—	—	—	—	—	—	—	—
总资产周转率(次)	0.36	0.42	0.42	0.45	0.51	0.52	0.5	0.63
固定资产周转率(次)	14.13	13	10.15	7.3	6.2	5.75	3.9	3.45
应收账款周转率(次)	1.5	1.85	1.9	2.28	2.67	3.64	14.66	27.33
存货周转率(次)	1.28	1.65	1.56	1.93	1.86	2.23	3.7	4.21

资料来源：WIND资讯数据资料。

三 网络音频业发展现状及重点案例分析

(一)网络音频业发展现状

音频这一媒介并非近两年的创新技术,然而伴随着移动互联网的发展至流量红利见顶的阶段,C端应用从争夺用户数到争夺用户的时间与注意力,相较于竞争惨烈的视频市场,网络音频市场成为相对的流量洼地。用户消费网络音频内容除了移动互联网固有的碎片化消费特征外,往往还属于伴随性消费场景,即有效地解放用户的双眼及双手。

1. 网络音频市场增速远超其他移动媒介且潜力巨大。

比较网络音频、移动视频、移动阅读三类应用在2017~2018年的用户规模增速,音频市场30.8%的增速远超移动视频和移动阅读。同时2018年网络音频用户有望增至4.16亿人（见图22）,但基数仍小于2017年移动视频6.27亿用户数量以及移动阅读6.6亿用户数量的规模,网络音频市场挖掘空间仍然巨大。2015~2019年中国网络音频用户及同比增速见图23。

2. 多类型参与主体将业务模式不断翻新,盈利模式多头并进

截至现阶段,网络音频行业的业务模式主要包括五种：播客(RSS)、付费音频节目、网络电台、音频直播、有声书（见表9）。围绕五种业务模式,各网络音频平台开创了以下盈利模式组合使用：广告、内容付费(含

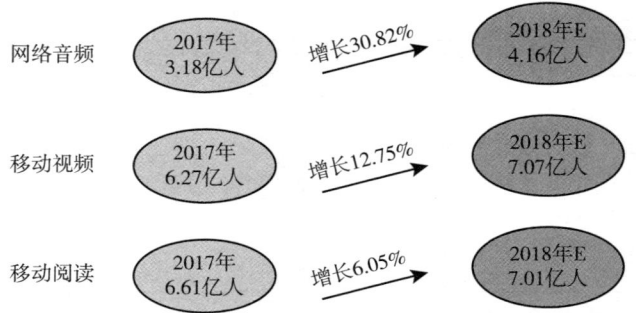

图 22　2017～2018 年中国音视频及移动阅读用户规模及预测

注：2018 年 E 表示对 2018 年数据的预测。
资料来源：艾媒咨询、国海证券研究所。

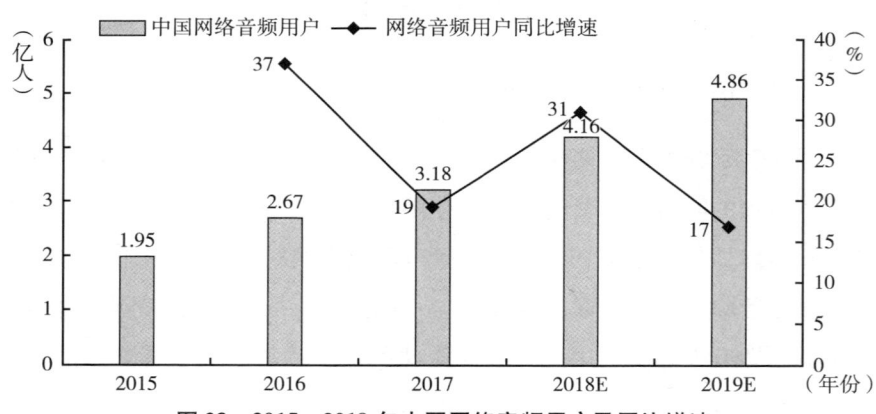

图 23　2015～2019 年中国网络音频用户及同比增速

注：2018E 和 2019E 表示对 2018 年和 2019 年数据的预测。
资料来源：艾媒咨询、国海证券研究所。

购买付费与会员付费）、直播打赏分账以及智能硬件销售。

对应的，目前我国网络音频业公司按照其业务模式的基因可以分为三类：①综合性音频平台——业务模式多元，提供全类型的音频内容；②音频直播平台——主要业务模式为提供音频直播服务，注重主播与用户间的即时互动；③综合类阅读平台——公司基因为数字出版①公司，业务基因为有声书。

---

① 详见《中国文化金融发展报告（2018）》B8 内容。

表9 2018年中国网络音频平台业务模式分布

类型	平台 App	播客	付费音频节目	网络电台	音频直播	有声书
综合性音频平台	喜马拉雅	√	√	√	√	√
	蜻蜓 FM	√	√	√	√	√
	企鹅 FM	√	√	√		√
	听伴	√		√		
	懒人听书	√	√			√
音频直播平台	荔枝	√			√	√
	KilaKila				√	
综合类阅读平台	QQ 阅读		√			√
	掌阅		√			√
	咪咕阅读	√				√

资料来源：艾媒咨询、国海证券研究所。

3. 网络音频消费场景进入全场景时代

按照收听音频内容的渠道/载体，可以把网络音频划归为三个时代：①播客时代，②移动时代，③全场景时代（见图24）。目前，我国网络音频业正在进入全场景发展时代。

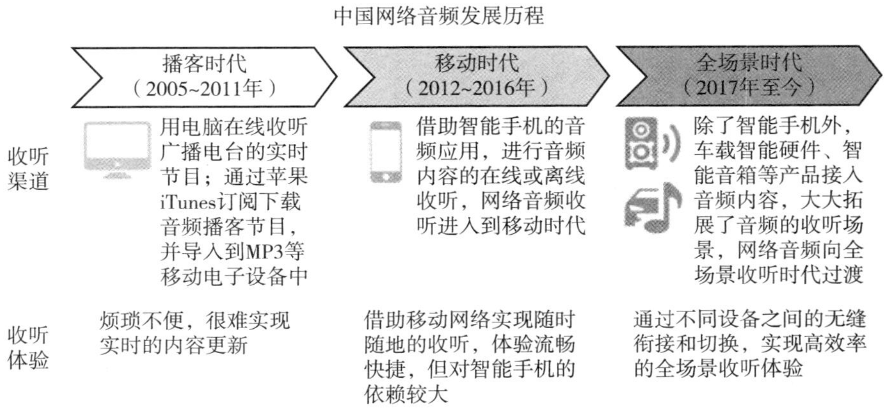

中国网络音频发展历程

	播客时代 （2005~2011年）	移动时代 （2012~2016年）	全场景时代 （2017年至今）
收听渠道	用电脑在线收听广播电台的实时节目；通过苹果iTunes订阅下载音频播客节目，并导入到MP3等移动电子设备中	借助智能手机的音频应用，进行音频内容的在线或离线收听，网络音频收听进入到移动时代	除了智能手机外，车载智能硬件、智能音箱等产品接入音频内容，大大拓展了音频的收听场景，网络音频向全场景收听时代过渡
收听体验	烦琐不便，很难实现实时的内容更新	借助移动网络实现随时随地的收听，体验流畅快捷，但对智能手机的依赖较大	通过不同设备之间的无缝衔接和切换，实现高效率的全场景收听体验

图24 网络音频业发展历程

资料来源：艾媒咨询。

4. 网络音频行业对语音交互技术的应用将成为各平台竞争的下个主要战场之一

5G时代带来的物联网等信息交互与处理技术将带来终端设备的更新，而云计算、人工智能、大数据等信息技术的进步将直接赋能语音识别、语义识别、内容匹配等。而这些正是目前网络音频行业现阶段交互技术的痛点。哪个平台能够率先在语音交互上实现商业化应用，必然在下一次竞争中脱颖而出。

（二）网络音频业龙头——"喜马拉雅"案例分析

喜马拉雅是上海证大喜马拉雅网络科技有限公司旗下的一个专业的互联网音频分享平台。截至2018年，喜马拉雅的境内手机终端用户超4.7亿，境内其他终端用户超3000万，同时，还拥有超过3500万的海外用户。

1. 喜马拉雅的历次股权融资及估值沿革

喜马拉雅的发展迎合了我国网络音频行业的发展趋势，吸引了一大批知名机构的投资。KPCB、阅文集团、小米集团等知名财务投资人和战略投资人，强大的股东背景，不仅提供了品牌背书，而且带来了丰富的战略资源和协同效应，如获得了腾讯阅文20年的排他有声改编版权。2018年刚刚结束的E轮融资投资者则包括：腾讯、高盛、泛大西洋、春华资本等。喜马拉雅的历次股权融资及估值沿革见图25。

2. 喜马拉雅业务模式的特色

喜马拉雅的核心业务分为上游内容生产和连接，中游平台生态运营和主播孵化，下游内容分发三个模块（见图26）。其中上游内容生产和连接主要以锁定各个垂直细分头部内容为核心，引入稀缺的优质内容资源和将喜马拉雅推广至各行各业，成为首选发声平台；中游平台生态运营和主播孵化是指以主播运营为核心，建立主播—粉丝的社群关系，并且提供各类平台功能，生态化规模化地源源不断地产生优质内容，并且去孵化和扶持生态中生长出来的草根主播，帮助其进行内容创业；下游内容分发只是通过大数据分析和人工智能实现App内容千人千面地高效分发，站外通过喜马拉雅inside的开发平台战略，形成万物有声的"新声活"场景。

2018年中国传媒产业与资本市场发展报告

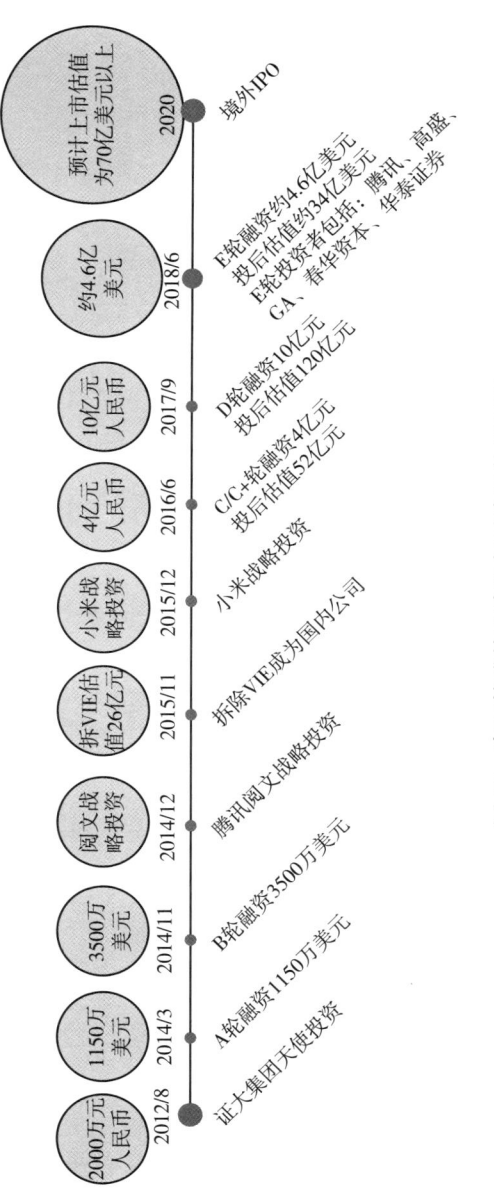

图 25 喜马拉雅的历次股权融资及估值沿革

资料来源：公开资料整理

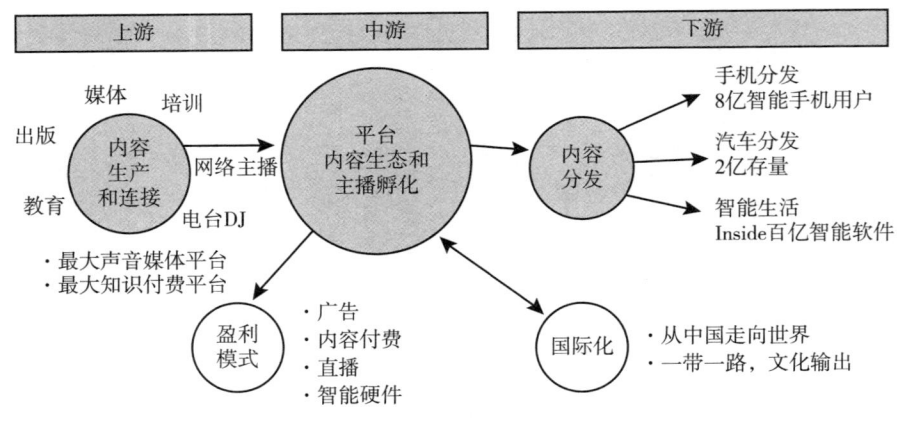

图26 喜马拉雅的业务模式

资料来源：公开资料整理。

喜马拉雅与上游网络文学、出版图书、传统著名音频内容达成独家版权合作，完成上游内容版权的布局（见表10）。

表10 喜马拉雅的版权布局

主要情况	网络文化	出版图书	UGC/PGC王牌节目	传统著名音频内容
已控制市场份额	90%以上	60%以上	唯一深度运营UGC+PUG主播的平台	绝大部分传统优质内容3~5年独家排他，少量或非独家授权
合作方式	20年阅文独家排他有声改编权	与国内最大的9家图书公司签订3~5独家排他有声改编权	数万认证主播，超300位独家签约主播	郭德纲、秦朔朋友圈、乐嘉等为3~5年独家排他版权；百家讲坛唯一付费正版
主要合作对象	起点中文网，红袖添香，潇湘书院，小说阅读网，榕树下	博集天卷，中信出版社，读客，果麦，凤凰联动，爱悦读，儒意欣欣，作家直签	朗读者，晓说2017，吴晓波，音乐大明星，段子来了，波波有理	德云社，北京台，极视文化，爱奇艺，21cn

资料来源：公开资料整理。

喜马拉雅核心三大商业化路径为：①基于移动互联网流量变现的广告销售，②基于优质内容和粉丝经济的付费内容，③基于内容增值和语言交互的智能硬件。其中，广告包括"展示广告+音频广告+软广"；付费内容包括

"付费音频＋会员"；智能硬件主要为其推出的国内首款内容型 AI 智能硬件产品——小雅音箱。

3. 喜马拉雅的竞争地位

根据易观数据，目前喜马拉雅属于大音频行业的绝对龙头。主流移动电台的渗透率远高于第二名的蜻蜓 FM，更是遥遥领先荔枝 FM、考拉 FM 等竞品。高付费群体的 IOS 系统中，喜马拉雅下载排名为 50 名左右，其他竞品为 200 名左右。在电台使用频度和时长上也领先竞品较多。喜马拉雅的竞争地位见图 27。

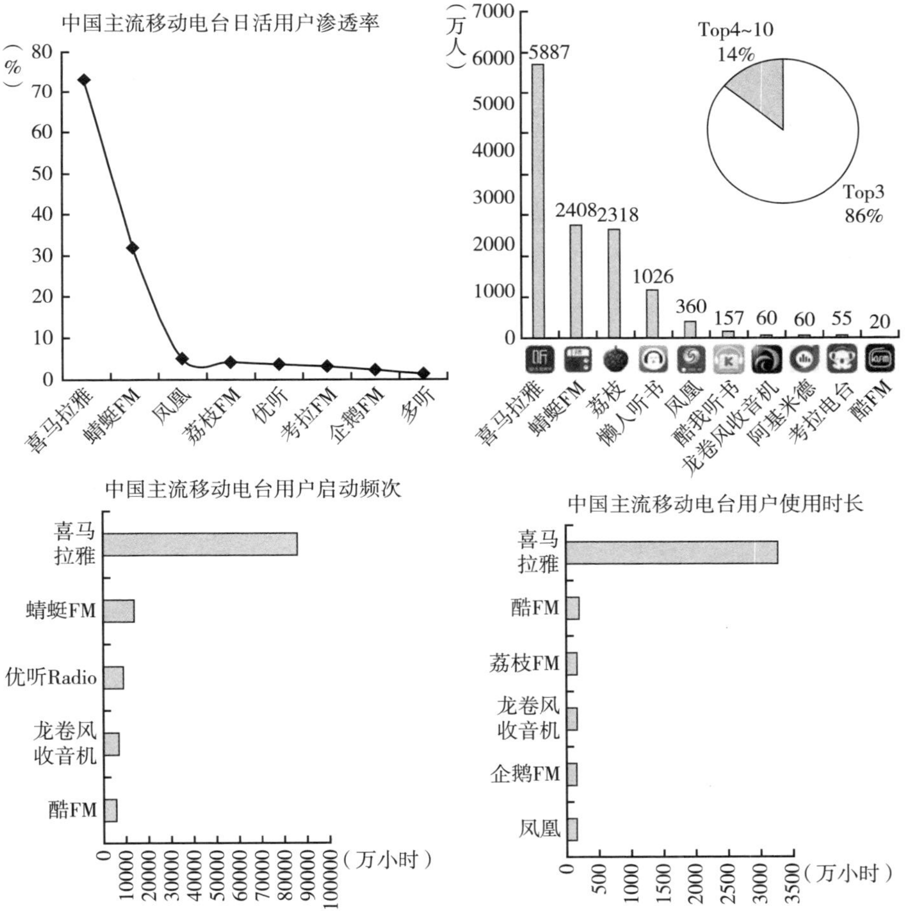

图 27　喜马拉雅的竞争地位

资料来源：易观千帆。

四 在线直播行业发展现状及重点案例分析

(一)在线直播行业发展现状

2012年,在线直播行业兴起于PC端;2016年,在线直播行业借助移动互联网与让消费者能够更加碎片化地享受即时互动的文娱内容。一时间曾上演过"千播大战"的蓬勃场面;然而,截至2018年,行业热潮回归理性的时候,出现了一系列的深刻变化,这其中又孕育了新的生机。

1. 在线直播行业的发展阶段由爆发期进入稳定增长期

根据Frost & Sullivan的数据监测及预期,在线直播行业自2017年告别了以往几年连续2~3倍增长的阶段,市场增速回归至100%以内(见图28);2018年及未来几年,中国在线直播行业市场规模的增速将从50%上下回落至20%以下。

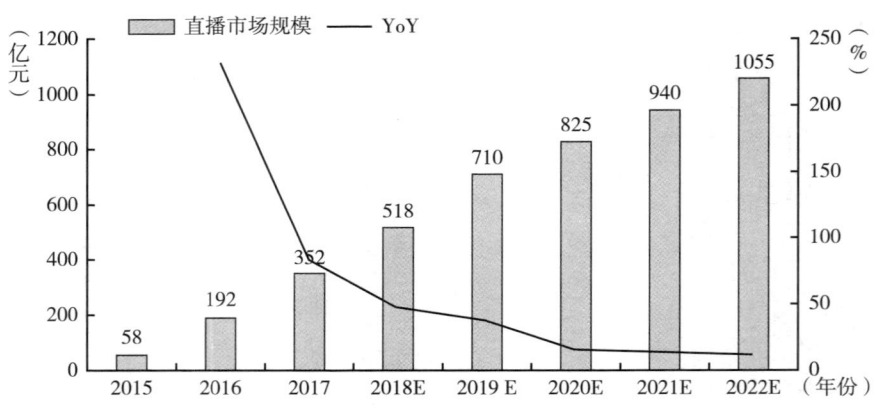

图28 中国在线直播行业市场规模

注:2018~2022年数据均为预测数据。
资料来源:Frost & Sullivan,兴业证券经济与金融研究院。

2. 头部直播平台资本运作频繁，中小体量平台被清洗，新势力进场

总体市场增速的下滑以及直播观众数量和主播数量形成良性循环的规律，导致资金资源不断地向头部平台聚集。众多头部平台融资能力及资本整合能力较强。中国在线直播行业市场规模见图29。

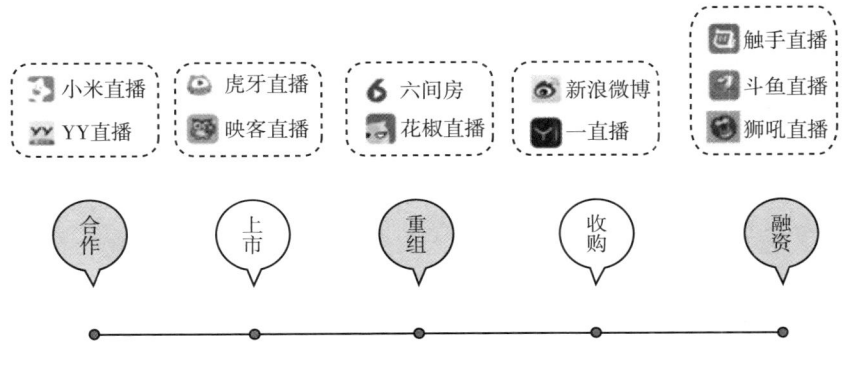

图29　中国在线直播行业市场规模

资料来源：Frost & Sullivan，兴业证券经济与金融研究院。

行业总体增速下滑的过程中，流量短缺、资金困难等问题进一步挤压中小平台生存空间。此外，监管部门的监管力度加大进一步导致众多中小平台出局（见图30）。而自带流量的新势力，利用自身的平台流量及生态圈也纷纷进入在线直播领域寻求流量变现（见图31）。

3. 主播的形象更加规范化、职业化

随着近些年在线直播行业的迅猛发展，"大主播"收到粉丝的极度追捧，但是部分主播忽略了自己作为公众人物应当对社会进行正确的价值观引导的身份，同时违背契约精神进行跳槽。对此，主管部门对"越红线"主播予以"封停""封杀"等处罚；仲裁、法院对"违约"主播也依照法律法规及相关合同进行了裁定、判决。在一系列的组合拳下，主播的生态更加规范化、职业化。

熊猫直播陷资金链断裂、并购疑云

全民直播出现欠薪、公司倒闭风波

电商直播平台土豆泥、网易薄荷直播宣布停服

2018年11月龙珠直播因内容违规停运整改

图30　中小平台出局

资料来源：艾媒咨询。

快手开放全民直播，延续亲民路线，内容监管成新问题

抖音面向精品直播，提高主播准入门槛，主打优质内容

今日头条旗下西瓜视频平台上线游戏直播板块

花椒直播针对PC端市场推出"猫啵"，构建多维生态

图31　新势力入局

资料来源：艾媒咨询。

(二)在线直播行业龙头公司比较分析

1. 秀场直播与游戏直播创收能力比较分析

秀场运营能力是在线直播行业公司是否挣钱核心指标。仅看 2017 年度营业收入:YY 为 115.9 亿元,陌陌为 86.2 亿元,映客为 39.4 亿元,而游戏直播龙头虎牙 22 亿元(见表 11)。

表 11　2017 年各大平台收入情况

平台	成立时间	主要类型	2017 年收入(亿元)
斗鱼	2014 年 6 月	游戏	(2016 年 10 亿元以上)
虎牙	2014 年 11 月	游戏	22
花椒	2015 年 6 月	秀场	估计 50
映客	2015 年 5 月	秀场	39.4
陌陌	2011 年成立,2014 年推出直播业务	秀场	86.2
YY	2012 年推出直播业务	秀场+游戏	115.9

资料来源:公开资料、兴业证券经济与金融研究院。

秀场直播是所有在线直播平台的主要变现方式。2018 年 6 月,虎牙礼物收入前 50 名的主播中,游戏主播占 4 名。对比主播礼物收入 ARPPU 值,秀场主播 438.10 元,而游戏主播 80.57 元。2018 年 6 月,斗鱼礼物收入前 50 名的主播中,游戏主播占 9 名。对比主播礼物收入 ARPPU 值,秀场主播 311.36 元,游戏主播 20.63 元[①]。

2. 头部公司竞争力比较分析

(1)泛娱乐直播平台竞争力对比

泛娱乐直播平台竞争力对比见表 12。

---

① 资料来源:小葫芦数据。

表 12　泛娱乐直播平台竞争力对比

	YY	陌陌	花椒	映客	一直播	天鸽互动（9158）
产品定位	全球领先的互动直播平台	用视频认识我	美颜疯狂卖萌——高颜值直播App	看直播，玩直播，尽在映客App	明星大V、美女帅哥集结地、中国社交直播媒体平台	美女视频、美女直播、聊天大堂、视频聊天
直播类型	秀场/游戏/电商/户外	秀场/多人交友/户外	秀场	秀场	秀场/明星	秀场
上线时间	2005年	2011年11月	2015年6月	2015年5月	2016年5月	2008年
直播推出时间	2012年PC端，2014年末移动端	2016年4月	2015年6月	2015年5月	2016年5月	2008年PC端，2012年移动端
股东背景	CEO李学凌持股13%，雷军持股10.5%	CEO唐岩持股22.2%，经纬中国和张颖持股3.1%	奇虎360控股45.17%	CEO奉佑生持股映客母公司北京蜜莱坞20.9%，多米网络持股14.59%	一下科技创始人韩坤持股61.11%，一下科技CTO汤力嘉持股15.75%	CEO傅政军持股23%，新浪香港持股23%
2018年5月MAU	2073.20	5195.50	817.8	553.7	891	暂无
活跃主播数	100883	暂无	35786	22479	8554	暂无
2017年营业收入	116亿元	86.2亿元	约50亿元	39.4亿元	暂无	9.2亿元

续表

	YY	陌陌	花椒	映客	一直播	天鸽互动（9158）
导流渠道	自带流量			外部导流		
	YY语音2015年7月注册用户突破10亿	陌生人社交网络导流，推出直播前，已经积累7000万MAU	明星导流：张继科、范冰冰分别以"首席体验官""首席产品官"身份入职花椒直播；《一起睡bar》（邀请明星陪练习生选手）	2016年广告投入7亿元；2018年5月举办"樱花女生星光夜"，邀请华晨宇、袁娅维、杨千嬅等明星助阵	贾乃亮任首席创意官，赵丽颖出任副总裁，入驻明星超过3000位；2017年8月举办"心动一下明星盛典"，邀请TFBOYS、梁静茹、好妹妹等助阵	暂无
分成机制	平台：公会：主播＝6:1:3	平台：主播＝6:4	平台：主播＝6:4 若主播加入公会，则平台与公会的分成比例不变，主播与公会自行协商	平台：主播＝6.8:3.2	平台：主播＝7:3	平台：分销商＝30%~40%:60%~70%
最新动态	2018年5月推出YY信用，布局互联网金融	收购探探；2017年第四季度开始与公会进行合作；推出两款短视频App	与六间房合并重组后，360为实际控制人，线下建立花椒网红学院	2018年7月12日港股上市	暂无	收购无他相机，入股花椒

资料来源：易观千帆、极光大数据、Quest Mobile、公开信息、公司资料、兴业证券经济与金融研究院

（2）游戏直播平台竞争力对比

游戏直播平台竞争力对比见表13。

表13 游戏直播平台竞争力对比

	斗鱼	虎牙	熊猫
产品定位	每个人的直播平台	中国领先的弹幕式互动直播平台	泛娱乐直播平台
上线时间	2014年6月	2014年11月	2016年4月
股东背景	创始人陈少杰持股28.85%，林芝利创（腾讯系）持股18.98%	欢聚时代持股48.3%，腾讯旗下基金Linen Investment Limited为第二大股东，持股比例为34.6%	王思聪控股40.07%，奇虎360控股19.35%
2018年5月MAU	1622.50	1157.20	756.2
2017年营收	暂无	22亿	暂无
跳槽情况	2017年至少7名知名主播跳槽到斗鱼	2017年至少4名知名主播跳槽到虎牙，包括《绝地求生》知名主播韦神	英雄联盟主播仓鼠王等
分成机制	平台：主播＝5:5	平台：（主播＋公会）＝5.2:4.8；公会与主播的分成按照公会的等级有不同分成比例（主播70%~90%），主播提现按照元宝数有不同的结算比例（88%~96%）	个人主播：打赏收益分成为50%，竹子打赏奖励比例80%经纪公司主播：无论签约与否，观众赠送礼物收益分成为50%，竹子打赏奖励比例50%
最新动态	2018年3月获得腾讯6.3亿美元投资；计划第三季度在香港IPO	2018年3月获得腾讯4.6亿美元投资，5月于美股上市	传闻经营窘境

资料来源：易观千帆、极光大数据、Quest Mobile、公司资料、公开信息、兴业证券经济与金融研究院。

五 短视频行业发展现状及重点案例分析

（一）短视频行业发展现状

本报告探讨的主要是独立运营的短视频平台；某些互联网产品发力短视频内容，但并没有独立运营的App/应用的，则不在本报告的讨论范围内。

1. 短视频行业流量水平快速爆发，用户使用时长跃升

短视频行业流量水平自2016年爆发，2017年全年的平均月环比增速为6.72%。2018年上半年增速放缓，主要源于监管压力，但平均月环比增速仍有3.42%。月活用户数在同年7月升至5.08亿（见图32），同比增长79.5%。

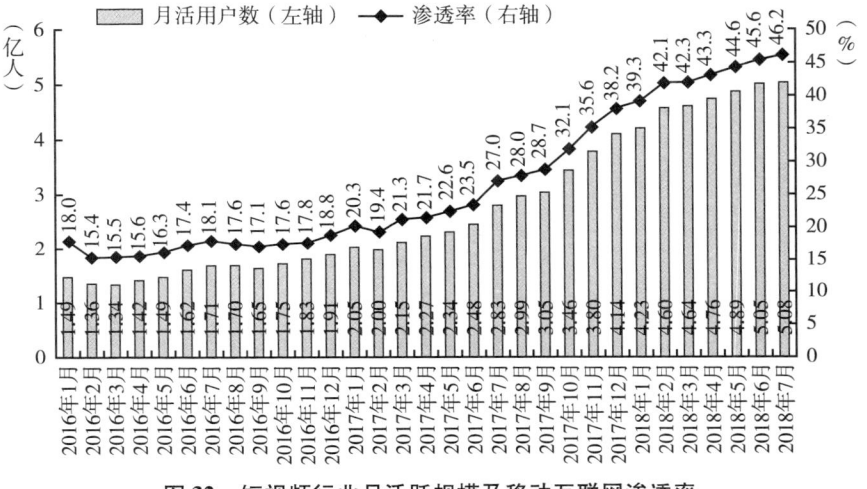

图32　短视频行业月活跃规模及移动互联网渗透率

资料来源：Quest Mobile，兴业证券经济与金融研究院。

用户短视频使用时长/移动互联网总使用时长占比于2018年6月达到8.8%，仅次于即时通信（30.2%）和长视频（9.2%）。同年7月，该占比提升至9.2%。

2. 外部通信条件的提升、内容消费需求的升级加之内部持续迭代优化的算法分发技术持续助力短视频行业增速

通信条件的提升包括：流量资费降低、定向及非定向的流量不限量套餐普及、4G普及率升高以及高清前后摄像头和2K高清屏的普及。内容消费的升级主要体现在——用户的可视化内容消费时间结构上逐步提升视频内容的占比，相对地减少文字、图片的占比；其内在原因在于——短视频结合拍摄手法、音乐、故事、画面的多样性能够在碎片化时间里更多元地满足人们的精神需求。算法分发以视频与用户匹配度、视频热度和发布时间等参数进行计算并进行精准分发，并在海量的运营数据训练后越发智能、精准、高效。

3. 短视频行业海外流量红利更胜

伴随着境内业态进入爆发期末尾，各短视频大厂瞄准并进驻了互联网红利充足的地区（如印度、东南亚）以及日韩美俄等尚未形成独立短视频产品矩阵的地区。2018年8月底App下载量海外地区排名见表14。

表14　2018年8月底App下载量海外地区排名

抖音海外版－"Tik Tok"	ios免费榜——摄影与录像类	印度	俄罗斯	美国	加拿大
		3	3	4	4
	Google Play——摄影与录像类	日本	韩国	印尼	泰国
		1	1	1	
快手海外版－"Kwai"	ios免费榜——摄影与录像类	巴西	韩国	印尼	印度
		59	54	80	68
	Google Play——摄影与录像类	巴西	印度	俄罗斯	韩国
		2	5	5	22

资料来源：苹果App store，Google Play。

4. 短视频行业内容生态格局演变

追求内容的精品化，是短视频平台争夺用户时长的最重要阵地。现阶段主流的UGC内容将逐渐演变成"UGC+PGC"双头发展，通过PGC更强的创意及制作水平，提高对用户的吸引力。短视频行业产业链见图33。

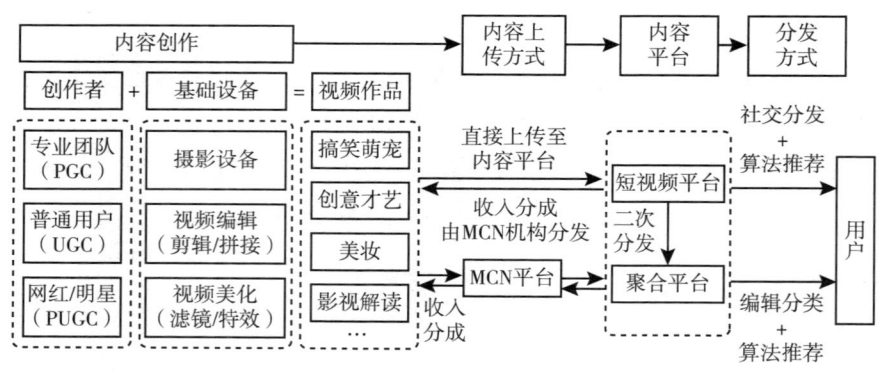

图33　短视频行业产业链

资料来源：公开资料，兴业证券经济与金融研究院。

其中，MCN机构方兴未艾。所谓MCN，即聚合若干短视频内容创作方，为其提供包括内容创作、版权管理、直发推广、用户拓展来获取收益分成的机构，以实现在短视频行业孵化更多职业化、专业化的内容生产者。短视频MCN机制见图34，其商业模式见图35。

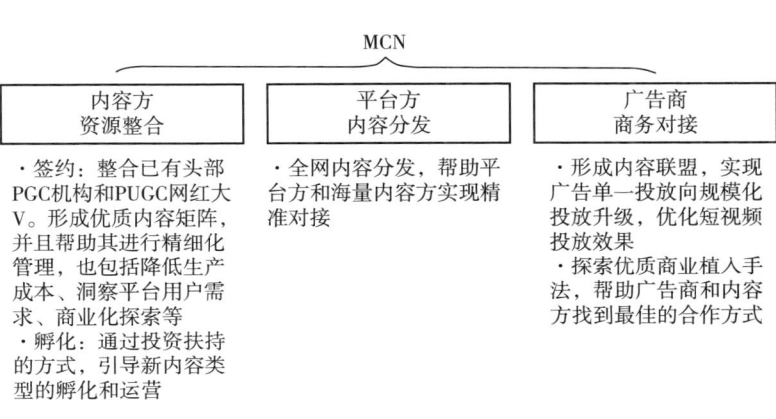

图34　短视频MCN机制

资料来源：艾瑞咨询，兴业证券经济与金融研究院。

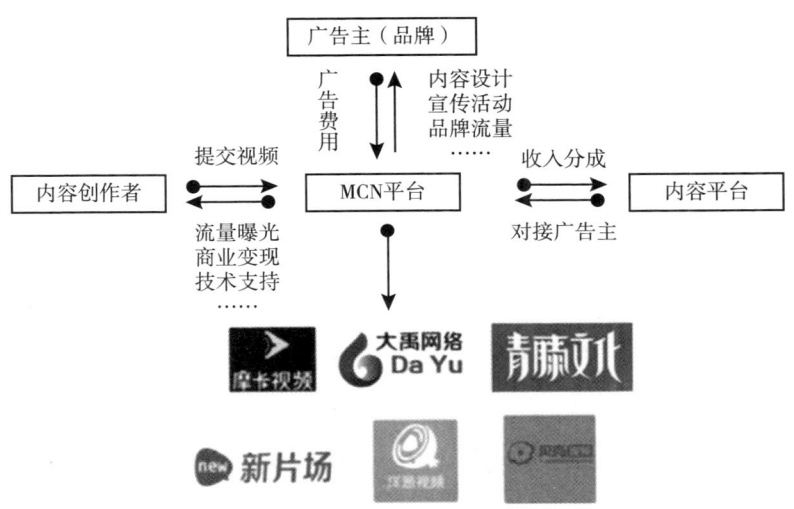

图35　短视频MCN商业模式

资料来源：摩卡视频，兴业证券经济与金融研究院。

5. 增强社交属性是短视频下一个阵地

传统社交应用纷纷布局短视频的同时，独立短视频平台也开始强化自身的社交属性。差异在于——传统社交平台是将短视频作为表达方式的扩充；而短视频平台则是通过强化社交关系扩充内容消费的场景，以此带动更多的用户自我表达。短视频用户主要受众——年轻人，具有强烈的社交需求（包括熟人社交及陌生人社交）；短视频 App 已经并可以更进一步地为年轻人带来更多元的人机交互介质、交互模式和 DIY，彰显社交中的个性化。

（二）短视频行业巨头——"抖音""快手"比较分析

1. 抖音短视频、快手均为短视频行业霸主，但抖音月活用户数（MAU）已反超快手，且其增速亦超过快手

抖音短视频（以下简称"抖音"）、快手 2018 年 7 月 MAU 分别为 2.63 亿、2.59 亿（见图 36），环比增长 13.3%、3.3%。抖音增速强劲——2018 年 3~7 月 CAGR 达 11.2%，远超 3.4% 的行业增速；快手增速和行业增速相当（见图 37）。

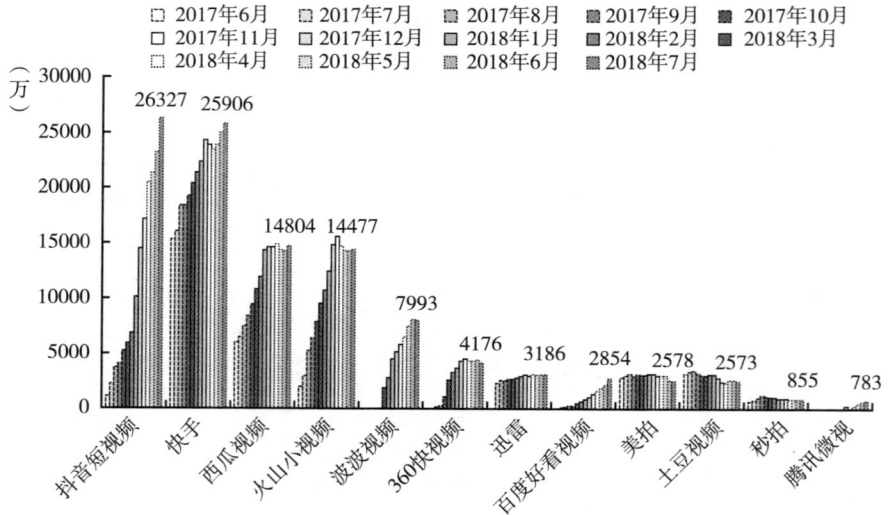

图 36　2017 年 6 月至 2018 年 7 月短视频平台 MAU

资料来源：艾瑞咨询，兴业证券经济与金融研究院。

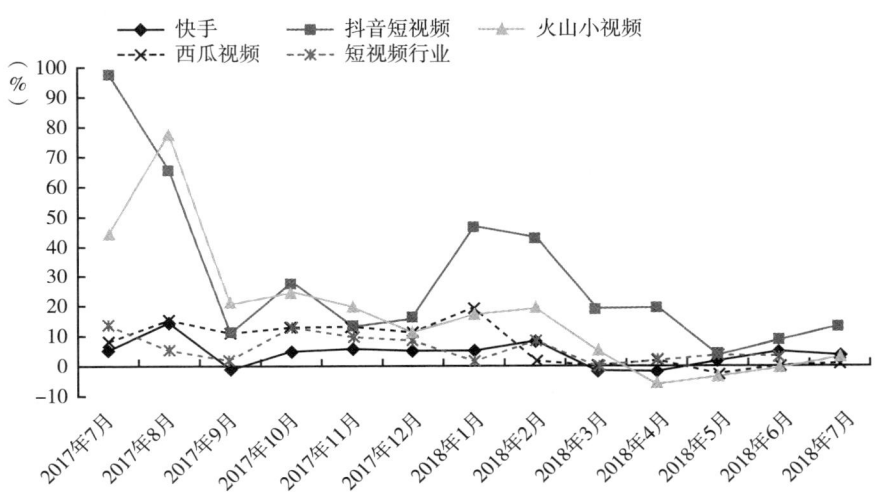

图 37　2017 年 7 月至 2018 年 7 月短视频平台增速和行业整体增速比较

资料来源：艾瑞咨询，兴业证券经济与金融研究院。

2. 产品定位上，抖音重视内容服务，快手追求用户自我表达

快手重点发力草根文化和搞笑内容；抖音则发力"高大上"的潮酷路线，结合音乐创意来吸引用户。快手强调记录普罗大众生活百态，抖音从俊男美女发力，引发用户模仿性传播。快手将三、四线城市乃至农村作为流量原点，"农村包围城市"；抖音则是先占领一、二线城市的用户，再持续下沉。抖音和快手产品定位比较见表15。

表15　抖音和快手产品定位比较

产品	口号	产品定位	核心用户群体
抖音	旧:让崇拜从这里开始 新:记录美好生活	专注新生代的音乐短视频社区	24岁以下约占八成，"95后"是主力；一、二线城市渗透率高；女性用户，高学历用户多
快手	记录世界,记录你	以短视频记录生活的社交平台	24岁以下用户约占六成；三、四线城市及以下渗透率高；男女比例接近，平均学历水平稍低

资料来源：艾瑞咨询、兴业证券经济与金融研究院。

3. "大V"群体不同

抖音前50名账号包含21个明星艺人、17个网络红人、2个萌宠达人、

3个抖音音乐人、1个官方账号、4个专业内容团队、2个动画角色；而快手前50名账号中网红账号高达46个，另外4个账号中明星艺人、快手音乐人各占2个（见图38）。

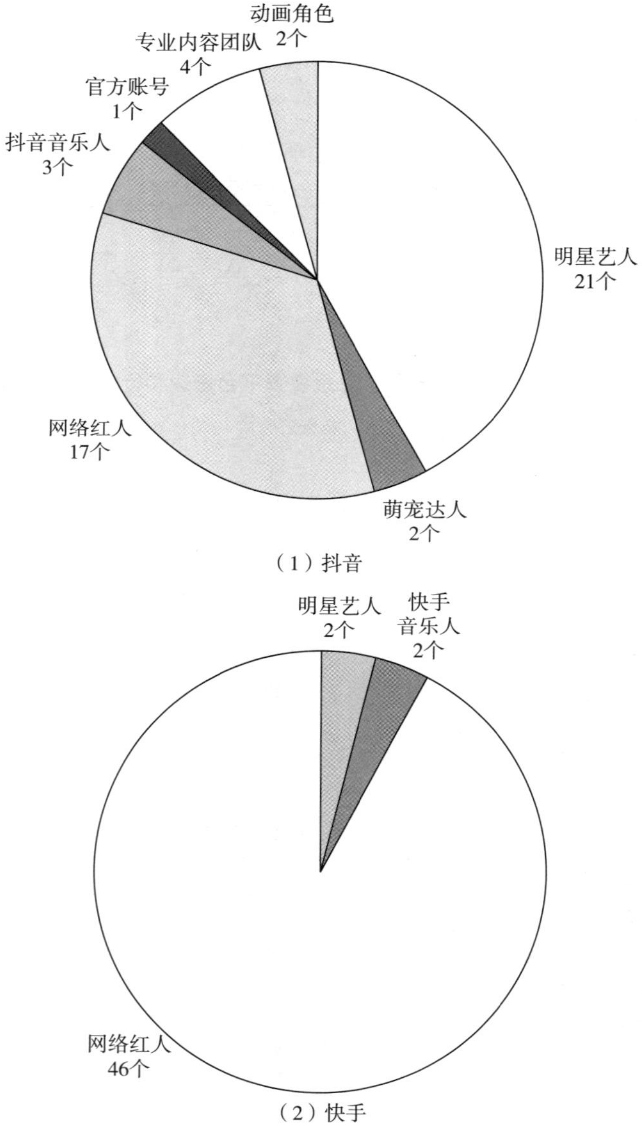

图38 抖音、快手粉丝排行前50名账号类型分布

资料来源：抖音，快手，兴业证券经济与金融研究院。

4. 其他维度对比

抖音、快手其他维度对比见表16。

表16　抖音、快手其他维度对比

	快手	抖音
上线时间	2011年	2016年9月
股东背景	腾讯、百度均有投资	字节跳动
内容风格	主打普通人的猎奇生活、去中心化分发、自下而上的运营策略	主打年轻人潮流、去中心化分发、自上而下的运营策略
界面	瀑布流，一页显示多个，上滑进入评论区	单个视频占据整个页面，上滑进入下个视频
用户性别结构	男42%，女58%	男34%，女66%
用户年龄结构	24岁以下占66%	24岁以下占75%
用户地域结构	三、四线城市占61%	三、四线城市占55%

资料来源：Quest Mobile，兴业证券经济与金融研究院。

六　传媒行业投资机遇

从国家统计局的官方数据来看，2013～2017年，我国人均消费支出占比增加的领域主要集中在交通和通信，教育、文化和娱乐，医疗保健等（见图39）。

一方面，消费的支出分布上逐渐向发展型、享受型的产品和服务加大倾斜的趋势，消费者追求"品质效"提升、追求精品化和高附加值；另一方面，消费者追求性价比、追求物美价廉。一时间"消费升级""消费降级"之争喧嚣尘上，其实更加精确地描述为"消费升级大趋势下的回归理性"叠加"城镇化背景下的消费下沉"。

而整个传媒行业当然呈现消费升级为主线，消费下沉为辅助的明显趋势。

在这一趋势下，传媒行业未来几年的投资机遇集中在以下几点。

1. "三、四线城市＋农村"流量红利的进一步挖掘

在整个传媒市场，"三、四线城市＋农村"流量属于"消费分级"后，内容提供商、分销/发行商将"一、二线城市"视作流量运营方式降维打击的最佳战场。一方面避开了与BAT等互联网巨头的直接竞争；另一方面可以大量借鉴在"一、二线城市"的流量经营思路，与此同时，"三、四线城

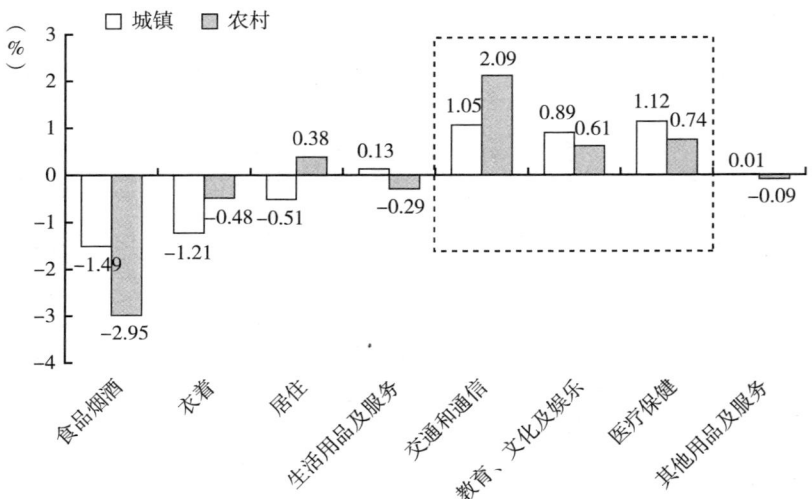

图 39　全国城镇及农村居民人均消费支出结构变化（2017 年较 2013 年增幅）

资料来源：WIND 资讯数据资料，国家统计局，中信建投证券研究发展部。

市 + 农村"的消费升级趋势确定而清晰。

2. 人工智能对内容生产、渠道分发、广告营销等领域的赋能

传媒行业的两大核心是内容与渠道，核心的 B 端变现渠道是广告营销。人工智能已经并将继续且更加赋能内容生产、分销/发行、广告营销领域。智能内容生产案例、分发案例、营销案例见图 40 至图 42。

理解
通过自然语言理解（Natural language under-standing）技术，分析所有类型的数据，包括文本、音频、视频和图像等非结构化数据

推理
通过假设生成（Hypothesis gen-eration），透过数据揭示洞察、模式和关系。将散落在各处的知识片段连接起来，进行推理、分析、对比、归纳、总结和论证，获取深入的洞察以及决策的证据

学习
通过以证据为基础的学习能力（Evidence based learning），能够从大数据中快速提取关键信息，像人类一样进行学习和认识。并可以通过专家训练，在交互中通过经验学习来获取反馈，优化模型，不断进步

交互
通过自然语言理解技术，获得其中的语义、情绪等信息，以自然的方式与人互动交流

图 40　智能内容生产案例——IBM-Watson

资料来源：IBM。

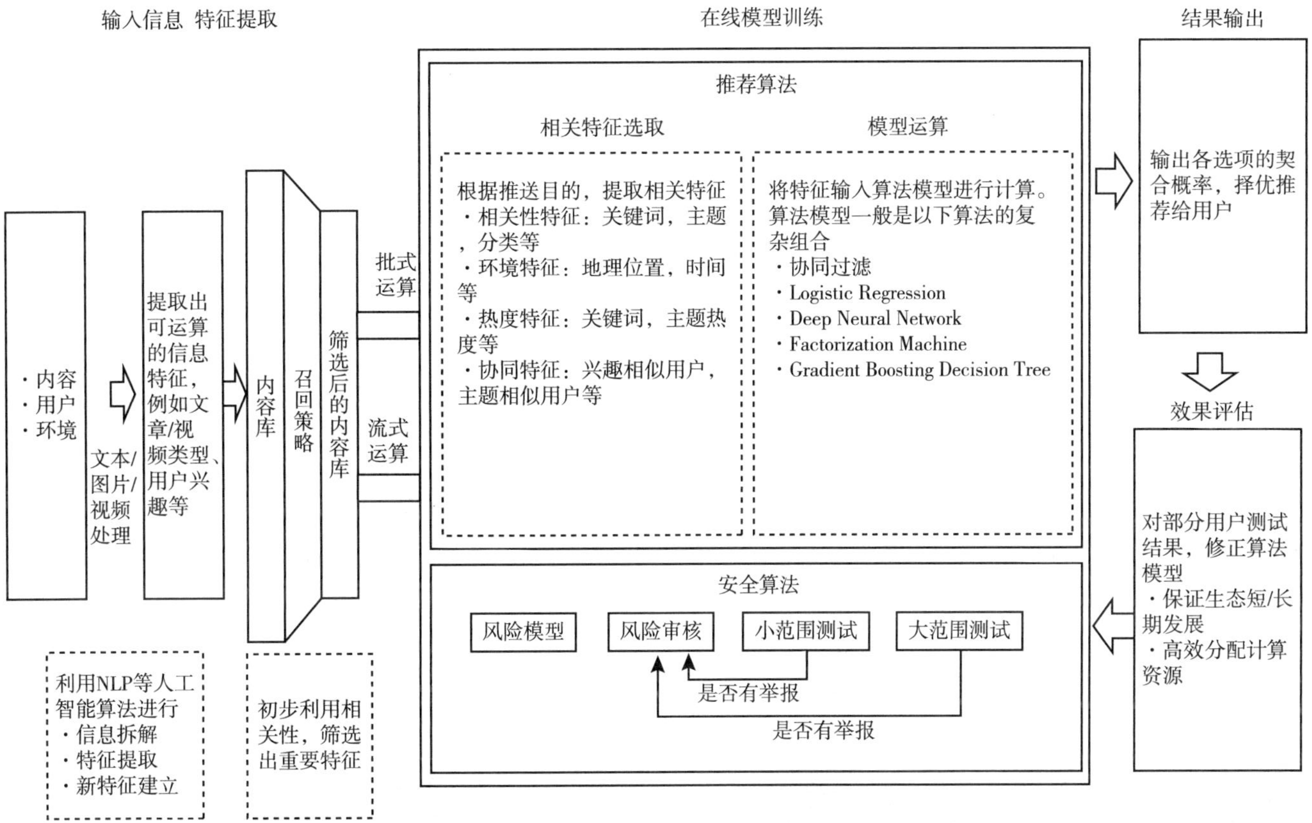

图 41 智能渠道分发案例——今日头条

资料来源：字节跳动

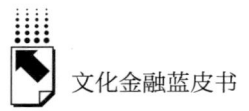

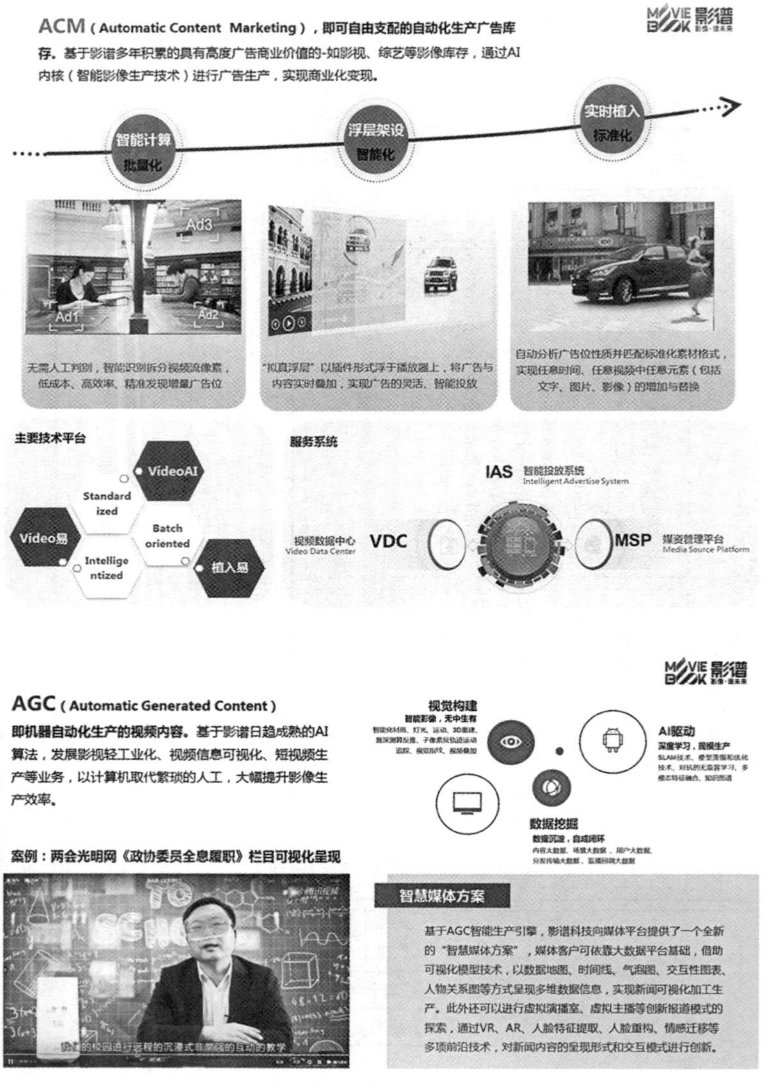

图42　智能营销案例——影谱科技（ACM、AGC）

资料来源：影谱科技。

3. 积极在应用端迎合5G赋能的公司

"4G改变生活，5G改变社会。"我国的5G时间表为2020年实现全面商用（见图43），其本身eMBB（增强移动带宽）、eMTC（海量物联）、uRLLC（高可靠低时延）的三大应用特点必然为传媒行业带来巨大的空间及想象力。eMTC 将导致人类所有的精神消费终端彻底多元化；eMBB 将导致 3D 视频、UHD、VR/AR/MR 等内容介质的传输不再停留于实验室和大型终端/专用网络；uRLLC 使得即时交互不再停留于理论。

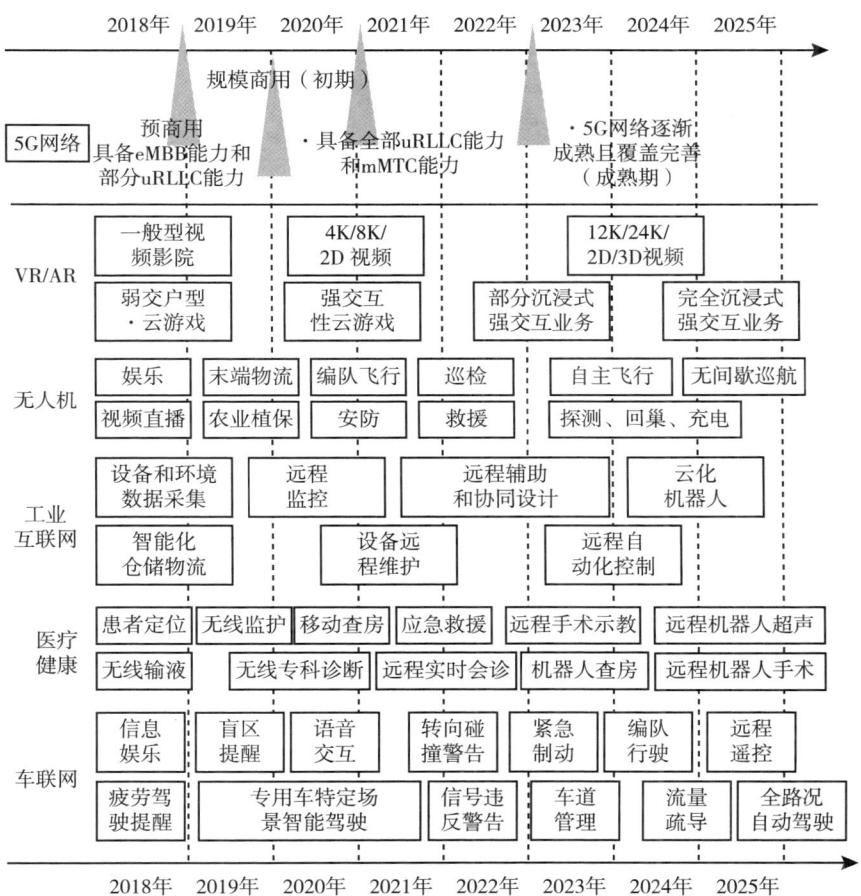

图 43　5G 重点赋能业务发展节奏

资料来源：中国信通院。

参考文献

[1] 许娟:《图书市场延续双位数增长,畅销书固化》,华泰证券研究所,2019。

[2] 陈净娴:《2019年中国传媒行业年度策略:关注细分领域领导者》,联讯证券研究所,2019。

[3] 杨晓彤:《2019年度投资策略报告:去伪存真,聚焦龙头》,中国银河证券研究院,2019。

[4] 艾瑞咨询:《2018年中国网络音频全场景发展研究案例报告》,艾瑞咨询研究院,2018。

[5] 谭倩:《从得到Audible发展看音频赛道投资路径》,国海证券研究所,2019。

[6] 张忆东:《长短视频和直播,正当风起云涌时》,兴业证券经济与金融研究院,2018。

[7] 艾媒咨询:《2018~2019中国在线直播行业研究报告》,艾媒咨询研究院,2019。

[8] 丁婉贝:《短视频发展如火如荼,抖音反超快手的启示》,兴业证券经济与金融研究院,2018。

B.9
2018年中国创意设计服务业与资本市场发展报告

刘德良　段卓杉*

摘　要： 近年来，我国创意设计服务业发展态势良好，新涌入的创业者及投资者数量不断增长，特别是随着"大众创业，万众创新"政策的贯彻与落实，产业融合以及技术更迭换代，融资需求日益旺盛。但由于再融资新规等一系列政策的出台不断向市场释放监管趋严信号，上市及新三板投融资规模、债券等渠道融资规模均出现了不同程度的下滑。相反，私募股权融资作为我国现代金融领域的新兴产业，凭借其自身特殊的融资手段，在统一制度化的模式下进入高速发展的时期，融资规模快速飙升。从行业表现方面来看，随着计算机技术、网络技术和大数据技术的深入应用，互联网广告获得快速增长，市场地位日趋提高，成为拉动全行业增长的主要力量。

关键词： 创意设计服务　投融资　互联网广告　私募股权

一　2018年我国创意设计服务业发展情况

（一）政策环境分析

近年来创意设计服务受到我国政府高度重视，国务院于2014年印发

---

* 刘德良，新元文智智库董事长。段卓杉，新元文智智库研究咨询中心副总经理。

《关于推进文化创意和设计服务与相关产业融合发展的若干意见》,推动创意设计与相关产业融合发展,随后全国各省份政府相继出台相关政策文件为其发展提供良好的政策环境。2018年国务院及相关部门先后出台系列政策促进和规范行业发展,主要包括推动创意设计与主题公园、乡村旅游等方面融合发展、丰富其融资渠道、所得税收优惠和行业监管等几个方面。

1. 推动主题公园与创意设计等领域开展业务合作

2018年4月9日,国家发展改革委、国土资源部等5部门联合印发《关于规范主题公园建设发展的指导意见》,提出要延伸产业链、提升价值链,推动主题公园企业通过合作、互相控股、参股等多种方式,在创意设计、旅游规划、衍生产品开发等方面开展业务合作,打造跨界融合的产业集团;推动动漫游戏与虚拟仿真技术在主题公园设计、制造等领域中的集成应用;鼓励挖掘、保护、发展民间特色传统技艺和服务理念,培育具有地方特色的主题公园企业①。

2. 支持发展小微企业创业投资和天使投资,强化多层次资本市场支持

2018年6月23日,中国人民银行、银保监会、证监会、国家发展改革委、财政部联合发布《关于进一步深化小微企业金融服务的意见》,提出支持发展创业投资和天使投资。完善创业投资、天使投资退出机制。培育和壮大天使投资人群体,积极鼓励包括天使投资人在内的各类个人从事创业投资活动,增加对初创期小微企业的投入。强化多层次资本市场支持。持续深化新三板分层、交易制度改革,完善差异化的发行、信息披露等制度,提升新三板市场功能。推动公募基金等机构投资者进入新三板。规范发展区域性股权市场。稳妥推进资产证券化,有序拓宽小微企业融资渠道。明确创投基金所投企业上市解禁期与投资期限反向挂钩制度安排,更好促进早期小微企业资本形成。该项政策出台将有利于创意设计企业的

---

① 《关于规范主题公园建设发展的指导意见》,中华人民共和国中央人民政府网站,http://www.gov.cn/xinwen/2018-04/09/content_5281149.htm,2018年4月9日。

融资和资本运作①。

3. 所得税优惠政策为创意设计服务企业带来福利

2018年7月11日，财政部和国家税务总局联合发布了《关于进一步扩大小型微利企业所得税优惠政策范围的通知》，表明自2018年1月1日至2020年12月31日，将小型微利企业的年应纳税所得额上限由50万元提高至100万元，对年应纳税所得额低于100万元（含100万元）的小型微利企业，其所得减按50%计入应纳税所得额，按20%的税率缴纳企业所得税。我国创意设计服务业的小微企业数量众多，将成为该政策的直接受益者②。

4. 开展广播电视广告专项整治工作规范行业发展

2018年9月29日，国家广播电视总局发布《国家广播电视总局关于开展广播电视广告专项整治工作的通知》，指出即日起至2018年底开展广播电视广告专项整治工作。重点围绕以下几个方面进行：存在导向问题的广告；存在夸大夸张虚假宣传、误导受众，或者以节目形态变相发布等问题的医疗、药品、医疗器械、保健食品、化妆品、美容等广告，存在未经备案管理擅自播出问题的医疗养生节目；存在内容低俗、格调和品位低下问题的广告；存在超时超量、不按规定播放问题的广告；存在夸大夸张虚假宣传、误导受众、引诱受众上当受骗问题的招商加盟、投资理财、收藏品等有投资回报预期的广告；存在公益广告播出时长、频次达不到规定要求问题的；存在诱使未成年人产生不良行为或者形成不良价值观，损害未成年人身心健康等问题的广告；存在广告播出管理制度不健全、审查把关不严和责任落实不到

---

① 《人民银行银保监会证监会发展改革委财政部关于进一步深化小微企业金融服务的意见》，中华人民共和国中央人民政府网站，http：//www.gov.cn/gongbao/content/2018/content_5341406.htm，2018年6月23日。

② 《关于进一步扩大小型微利企业所得税优惠政策范围的通知》，财政部网站，http：//szs.mof.gov.cn/zhengwuxinxi/zhengcefabu/201807/t20180713_2960459.html，2018年7月11日。

位问题的;存在其他违法违规问题的广告①。

5. 推动传统工艺品的生产、设计等和发展乡村旅游有机结合

2018年11月,文化和旅游部等17部门联合印发《关于促进乡村旅游可持续发展的指导意见》,提出依托乡村旅游创客基地,推动传统工艺品的生产、设计等和发展乡村旅游有机结合。依托当地自然和文化资源禀赋发展特色民宿,在文化传承和创意设计上实现提升,完善行业标准、提高服务水平、探索精准营销,避免盲目跟风和低端复制,引进多元投资主体,促进乡村民宿多样化、个性化、专业化发展②。

(二)创意设计服务业发展现状

随着我国经济的高速发展,人民生活水平提高,日益增长的物质文化需求促使文化创意产业持续增长。创意设计服务业作为我国文化产业的重要组成部分,近年来规模不断扩大。据国家统计局公布的《2018年规模以上文化及相关产业生产经营季度报告》数据显示,2018年全国规模以上文化及相关产业6.0万家企业共计实现营业收入89257亿元,比上年增长8.2%。③其中,创意设计服务11069亿元,增长16.5%,对我国文化产业发展拉动作用明显④。

---

① 《国家广播电视总局关于开展广播电视广告专项整治工作的通知》,国家新闻出版广电总局网站,http://www.sapprft.gov.cn/sapprft/contents/6588/385766.shtml,2018年9月30日。

② 《文化和旅游部等17部门关于印发〈关于促进乡村旅游可持续发展的指导意见〉的通知》,文化和旅游部,http://zwgk.mct.gov.cn/auto255/201812/t20181211_836468.html?keywords=,2018年11月15日。

③ 按可比口径计算。为名义增长,未扣除价格因素。按照《文化及相关产业分类(2018)》新标准测算,上述企业2017年实现的营业收入为82456亿元。

④ 《2018年规模以上文化及相关产业生产经营季度报告》,中华人民共和国中央人民政府网站,http://www.gov.cn/xinwen/2019-01/31/content_5362727.htm,2019年1月31日。

二 我国创意设计服务业投融资情况

（一）资金流入

创意设计服务业作为文化产业的重要组成部分，与其他产业联系紧密，充分体现了文化艺术与科技及人类智慧的融合，具有覆盖领域广、产品附加值高、高知识性等特点，对于推动供给侧结构性改革具有重要意义，是文化产业中具备极大投资潜力的领域之一。

1. 2018年我国创意设计服务业流入资金221.84亿元，私募股权渠道占比近六成

2018年我国创意设计服务业在民间资本寒潮、政策监管趋严等因素的影响下，融资规模出现下滑。新元文智 - 文化产业投融资大数据系统（文融通）统计，2018年资本市场主流融资渠道流入我国创意设计服务业的资金总量为221.84亿元，较2017年同期减少53.86%（2017年资金流入量为480.80亿元）。从资金流入渠道来看，2018年我国创意设计服务业通过私募股权融资、债券、上市首发融资、上市后再融资、新三板融资、信托、众筹等渠道流入的资金分别为130.62亿元、43.70亿元、16.62亿元、14.91亿元、8.83亿元、6.00亿元和1.16亿元（见图1）。其中，私募股权融资规模占比达到58.88%，是资金流入主渠道；其次为债券，占比为19.70%。

2. 互联网广告服务是吸金主力，吸纳资金144.77亿元

在大数据、云计算等新技术的助力下，互联网广告投放更加精准有效，给广告主带来更高的投资回报率，使该领域备受关注。从各领域资金流入情况来看，广告服务业流入资金181.46亿元（见图2），占2018年我国创意设计服务业资金流入总量的81.80%；其中，互联网广告服务流入资金144.77亿元，占比为79.78%，是该领域的吸金主力。此外，我国设计服务行业也得到了快速发展，吸纳资金40.39亿元。

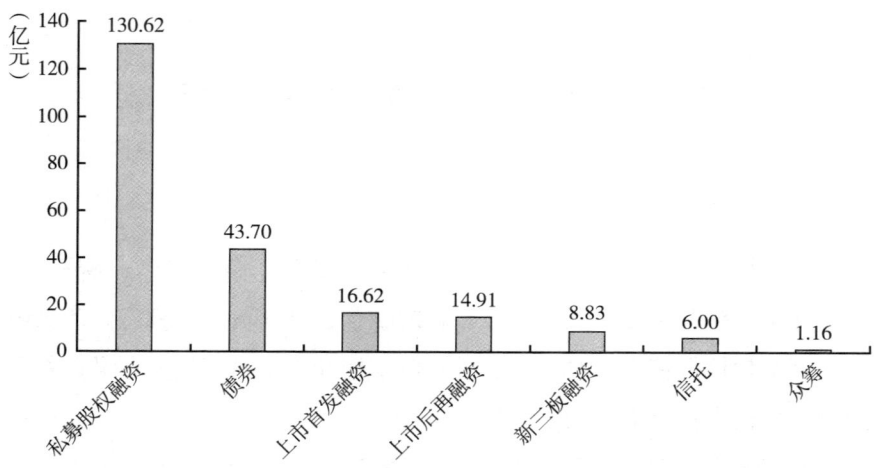

图1　2018年我国创意设计服务业各融资渠道资金流入情况

注：计算资金流入时，为避免重复计算，上市后融资中不计相应的债券、信托融资，新三板融资中不计相应的债券融资。

资料来源：新元文智－文化产业投融资大数据系统（文融通）。

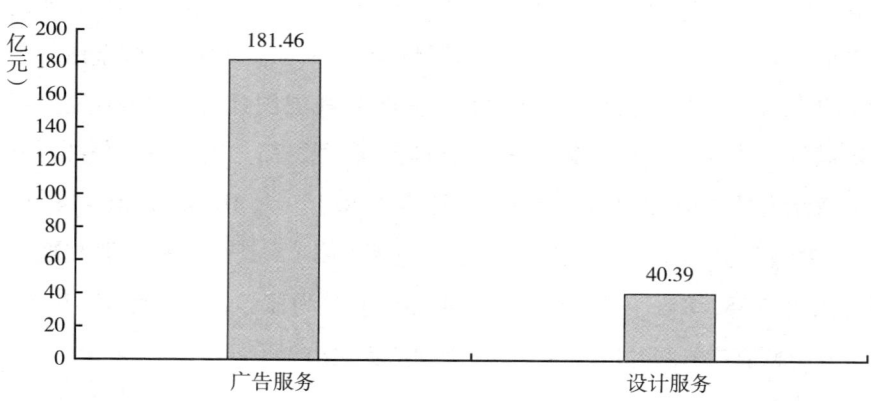

图2　2018年我国创意设计服务业各领域资金流入情况

资料来源：新元文智－文化产业投融资大数据系统（文融通）。

3. 上海创意设计服务业领先全国，浙江发展迅猛受资本青睐

从创意服务业资金流入地区来看，主要集中在上海、广东、浙江、北京四个全国经济领先的地区。其中，居于首位的上海市资金流入规模为64.77

亿元，占比为29.20%；广东以34.68亿元的资金流入量占比15.63%；浙江和北京分别为33.31亿元和26.83亿元（见图3）。对比2017年，北京、广东、上海资本关注度均出现下滑，资金流入量分别同比减少85.68%、50.54%、48.15%；而浙江则逆势增长，同比增长64.46%。综上，上海创意设计服务业的资本关注度全国领先，在多方面政策扶持和经济条件优势下，浙江创意设计服务业发展迅猛，获得资本青睐。

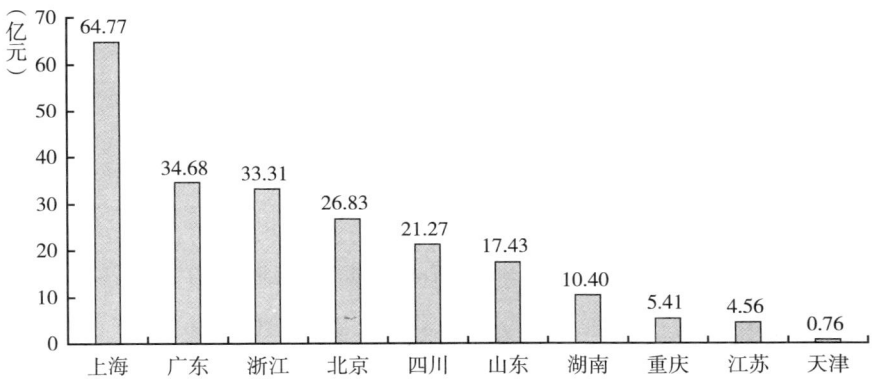

图3 2018年我国创意设计服务业资金流入地区TOP10

资料来源：新元文智－文化产业投融资大数据系统（文融通）。

（二）私募股权

1.2018年创意设计服务业私募股权融资规模量价齐增

近年来，我国创意设计服务业的发展在政策利好、技术升级、产业融合、社会消费需求拉动等条件下呈蓬勃发展态势。其中，一个重要的因素就是与金融市场全面、深入融合和不断创新。2018年我国创意设计服务业私募股权融资市场相当活跃，呈上涨趋势，融资案例数量达123起，融资规模为130.62亿元（见图4），较2017年分别同比增长25.51%、116.69%。

2.细分领域资金流入规模接近二八开，广告服务表现亮眼

在《文化及相关产业分类（2018）》标准中，大类创意设计服务下共

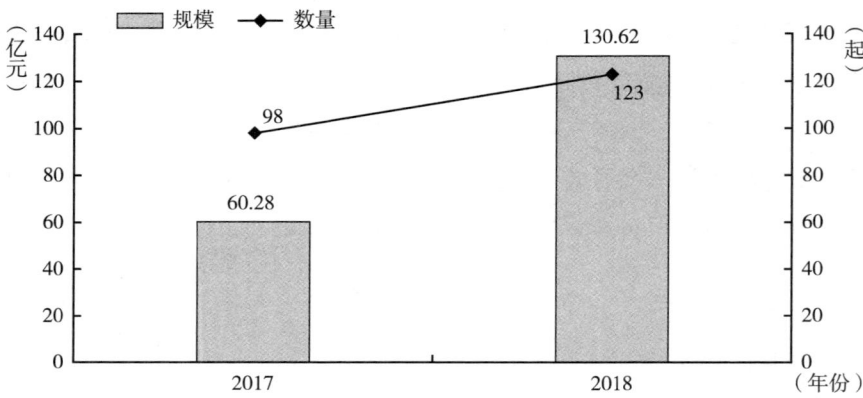

图4 2017~2018年我国创意设计服务业私募股权融资情况

资料来源：新元文智-文化产业投融资大数据系统（文融通）。

有广告服务、设计服务两个小类。2018年两个小类的流入资金对比接近八二开，其中广告服务流入资金额度占优，达到103.09亿元（见图5），占比78.92%；设计服务细分领域流入的资金相对较少，为27.53亿元，仅占比21.08%。

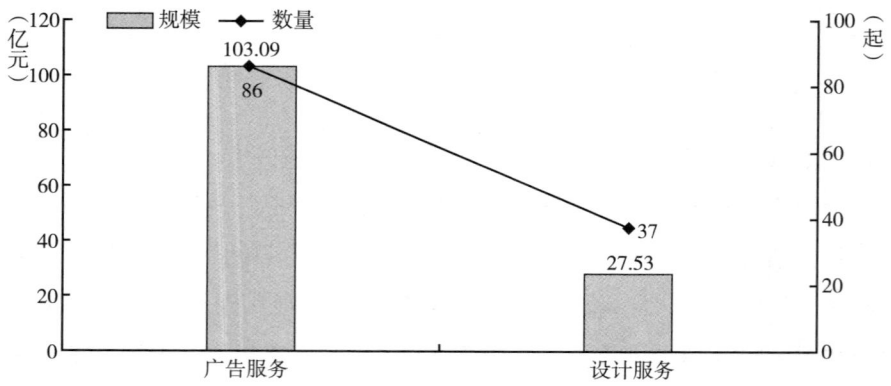

图5 2018年我国创意设计服务业私募股权融资行业分布情况

资料来源：新元文智-文化产业投融资大数据系统（文融通）。

3. 上海、浙江融资规模领先，北京融资市场表现活跃

2018年，我国创意设计服务业私募股权融资共涉及上海、浙江、四川等13个地区，不同地区的融资规模存在一定的差距。上海、浙江、四川分别以40.87亿元、30.03亿元、21.00亿元的融资规模位居三甲（见图6），各自占比为31.29%、22.99%、16.08%；北京、山东排名第四、第五位，融资规模分别为18.02亿元、12.20亿元；广东为6.15亿元；天津、江苏、福建、河北、湖南、湖北、江西私募股股权规模均在1亿元以下。从融资活跃度来看，北京创意设计服务业融资案例数量最高，高达41起；其次为融资规模领先全国的上海、浙江，分别为24起、22起。

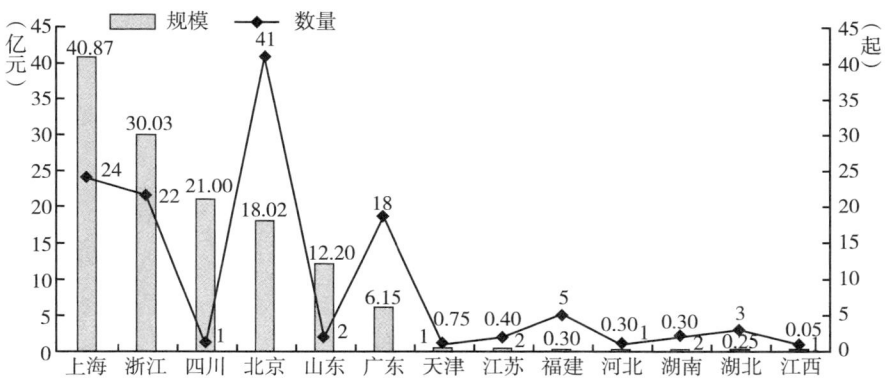

图6 2018年我国创意设计服务业私募股权融资地区分布情况

资料来源：新元文智－文化产业投融资大数据系统（文融通）。

4. 成熟期企业吸金实力强，初创企业融资活跃度高

在私募股权融资中，七成以上创意设计服务企业处于初创期（种子轮、天使轮、Pre-A轮、A轮、A+轮），但由于企业规模等因素的限制，资金热度相对较低，融资额仅为35.5亿元，约占各轮次融资总额的24%。从募集资金上看，D轮募集资金最多，2起融资案例吸纳资金32.59亿元（见图7），占比为24.95%。整体来看，经营体系成熟、盈利模式丰富的企业，虽数量较少，但更受资本青睐。

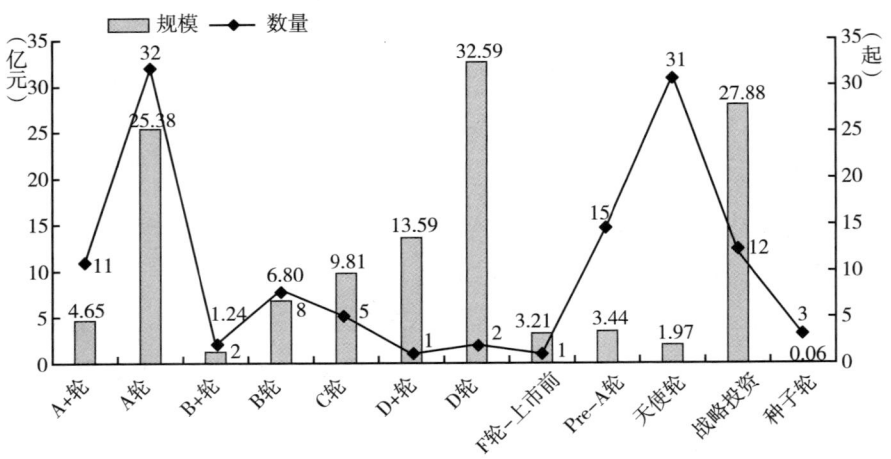

图 7 2018 年我国创意设计服务业私募股权融资轮次分布情况

资料来源：新元文智－文化产业投融资大数据系统（文融通）。

（三）上市

2018 年，我国共有 4 家创意设计服务企业成功上市，数量及融资规模同步下降；此外，上市投融资规模及活跃度均出现不同程度的下滑。

1. 上市首发融资

受环境影响上市企业数量减少，首发募资规模下滑超六成。2017 年以来，证监会不断推行 IPO 新股发行及审核从严"双常态化"，以及再融资新规、并购重组信息披露新规等一系列政策的出台不断向市场释放监管趋严信号，企业上市后定增融资、忽悠式并购重组等行为明显受限。由于监管日渐趋严，2018 年 A 股 IPO 发行缓慢，受环境影响创意设计服务企业上市数量减少，融资规模明显下滑。新元文智－文化产业投融资大数据系统（文融通）统计，截至 2018 年底，我国共有 4 家创意设计服务企业成功上市，较 2017 年减少 7 家；共计募资 16.62 亿元，同比减少 60.17%（见图 8）。

互联网广告上市企业数量领先，募资规模占比超八成。从 2018 年我国新增的 4 家上市创意设计服务企业的所属细分领域来看，主要集中在广告服务业中的互联网广告服务领域，共计 3 家，涉及资金规模达 13.66 亿元（见

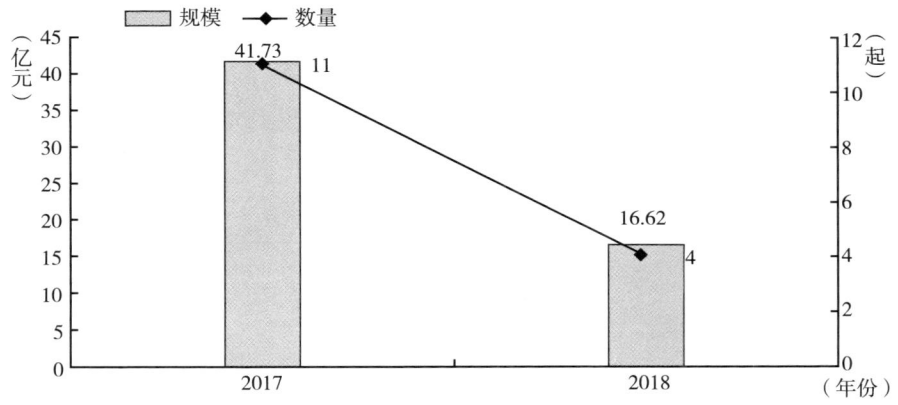

图8　2017~2018年我国创意设计服务业上市首发融资情况

资料来源：新元文智-文化产业投融资大数据系统（文融通）。

图9），占总募资规模的82.19%；设计服务业仅1家企业上市，募资2.96亿元，所属领域为建筑设计服务。

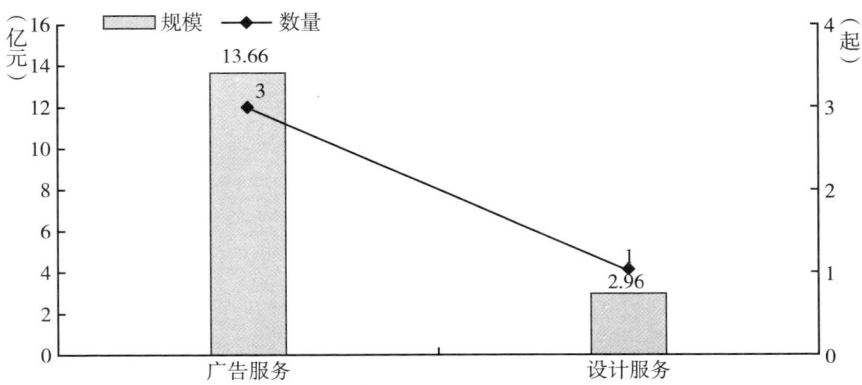

图9　2018年我国创意设计服务业上市首发融资行业分布情况

资料来源：新元文智-文化产业投融资大数据系统（文融通）。

广东、浙江、北京、江苏各有1家成功上市，广东省受资本热捧。从上市创意设计服务企业的所属地区来看，共涉及广东、浙江、北京、江苏4个地区，每个地区各为1家（见图10）；从上市首发募资规模来看，广东遥遥领先,达11.26亿元,即汇量科技有限公司在香港联合交易所上市;浙江和北京募资规模较为相近,分别为2.96亿元、2.39亿元;江苏的三六零安全科技股份有限公司则是通过借壳上市。

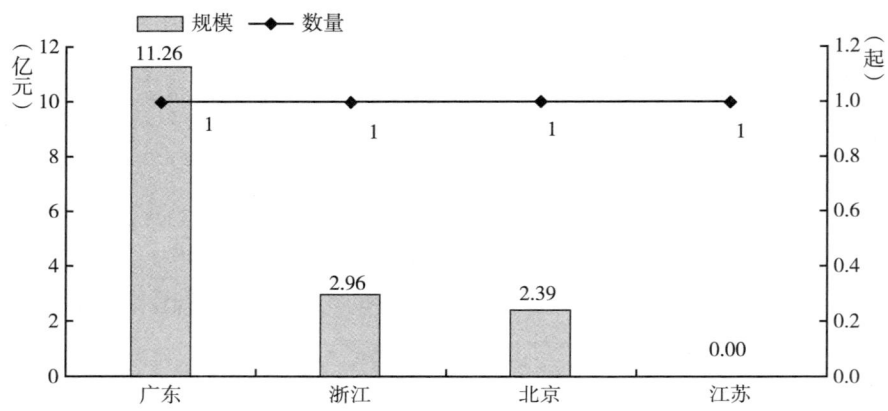

图10　2018年我国创意设计服务业上市首发融资地区分布情况

资料来源:新元文智-文化产业投融资大数据系统(文融通)。

2. 上市再融资

上市后再融资规模大幅下滑,七成以上资金来自债券融资渠道。新元文智-文化产业投融资大数据系统(文融通)统计,2018年,我国上市创意设计服务企业共发生融资案例6起,涉及资金规模49.89亿元,分别较2017年同比减少79.31%、84.98%,下滑趋势明显。从上市创意设计服务企业的融资渠道来看,发行债券、定向增发各为3起,但发行债券涉及金额规模达34.98亿元(见图11),占比为70.11%,是主要的融资渠道。

广告服务业备受资本关注,吸纳资金45.95亿元。从上市再融资企业的所属领域来看,广告服务业共发生5起融资案例,涉及资金规模为45.95亿元(见图12),不论是案例数量还是融资规模均领先于设计服务业,是2018年我国创意设计服务业的吸金主力。

上海上市创意设计服务企业融资实力领跑全国。新元文智-文化产业投

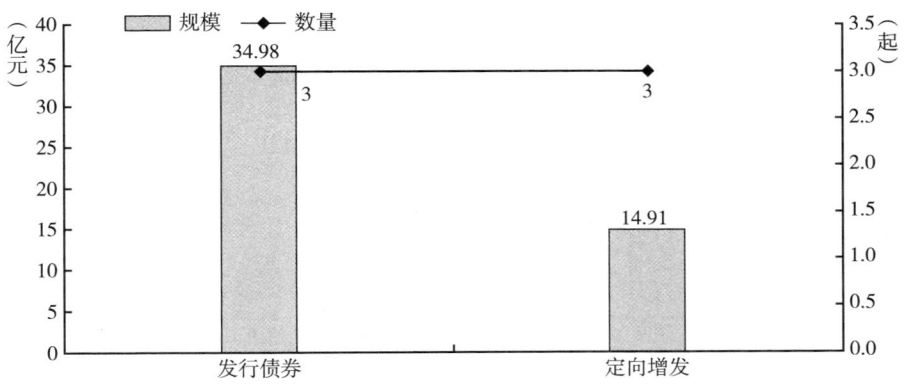

图 11　2018 年我国创意设计服务业上市后再融资类型

资料来源：新元文智－文化产业投融资大数据系统（文融通）。

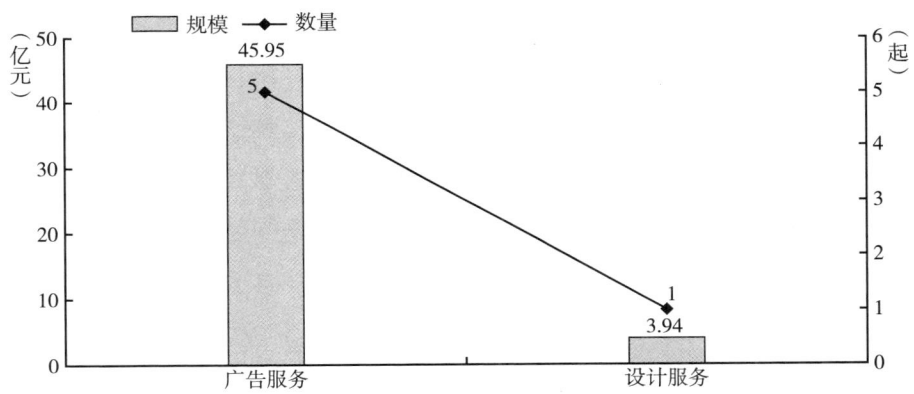

图 12　2018 年我国创意设计服务业上市后再融资类型

资料来源：新元文智－文化产业投融资大数据系统（文融通）。

融资大数据系统（文融通）统计，2018 年创意设计服务业上市后再融资共计涉及 6 个省份，各省份融资实力的强弱表现泾渭分明。上海、湖南、广东、山东、江苏、北京各发生 1 起融资案例（见图 13）；上海融资规模领先，达到 21.98 亿元，占比为 44.05%；融资企业为利欧集团股份有限公司，融资方式为发行债券。

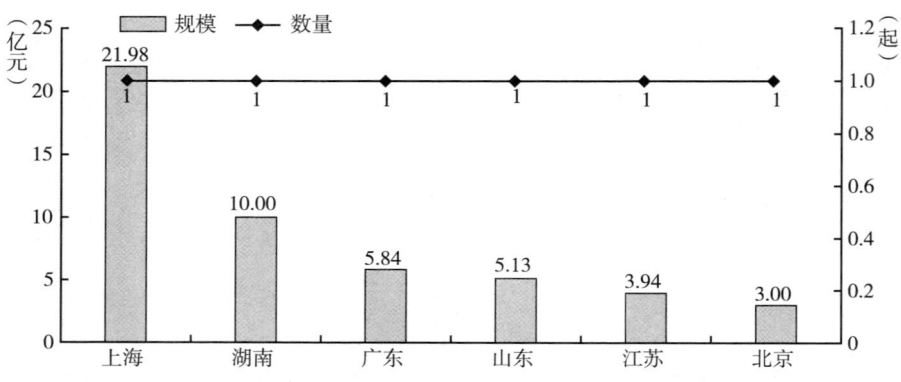

图13　2018年我国创意设计服务业上市后再融资地区分布情况

资料来源：新元文智－文化产业投融资大数据系统（文融通）。

3. 上市后投资

上市企业投资趋于谨慎，并购是主要投资方式，占比超六成。并购作为企业资本运营的重要组成部分，发挥着不可替代的作用，有利于企业整合资源，提高规模经济效益。2018年，我国上市创意设计服务企业共发生投资案例98起，投资规模140.98亿元，较2017年分别同比减少15.52%、53.76%，投资趋于谨慎。从具体投资方式来看，热衷于并购，投资规模达93.77亿元（见图14），占比为66.51%；投资基金、新设子公司、股权投资案例数量虽与并购较为接近，但投资规模相差较大，分别为24.25亿元、13.97亿元、8.99亿元。

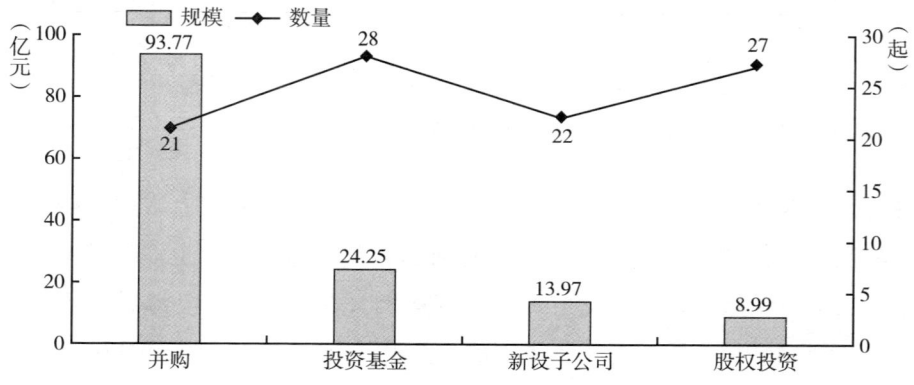

图14　2018年我国创意设计服务业上市后投资类型

资料来源：新元文智－文化产业投融资大数据系统（文融通）。

互联网广告服务业扩张之势最为强劲。从行业分布情况来看，2018年，我国上市创意设计服务企业的投资主要集中在广告服务业，投资规模为114.45亿元（见图15），占比达到81.18%。其中，互联网广告服务扩张迅猛，发生投资案例48起，规模达96.08亿元，分别占比75.00%、83.95%。

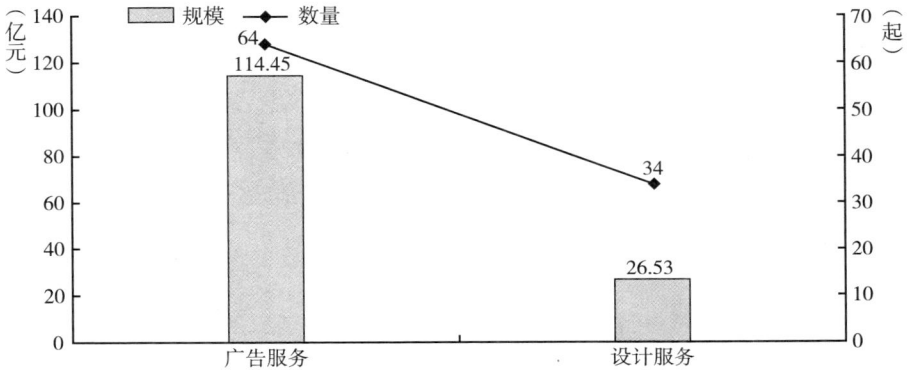

图15　2018年我国创意设计服务业上市后投资领域分布情况

资料来源：新元文智－文化产业投融资大数据系统（文融通）。

广东投资活跃度最高，上海投资规模居首。一直以来，上海、广东、北京都是上市文化企业主要分布地，发展水平在全国也处领先地位。从上市创意设计服务企业的投资规模来看，2018年，上海市相对领先，投资规模达34.12亿元（见图16），占全国投资规模的24.20%；广东投资活跃度全国居首，共发生24起投资案例，北京紧随其后。

（四）新三板

新三板作为主流资本体系中的一员，近年来成为国内创意设计服务企业相继谋求占领"高地"之一。但是受环境影响，2018年挂牌创意设计服务企业投融资规模双边放缓，投资规模为15.78亿元，对比2017年同期减少26.77%；融资规模为9.55亿元，同比下降77.60%。

1. 挂牌

2017年以来，整个新三板市场的挂牌热忱出现了降温，随着新三板改革的深入，企业挂牌新三板的形势也从侧重数量向侧重质量转变，受此环境

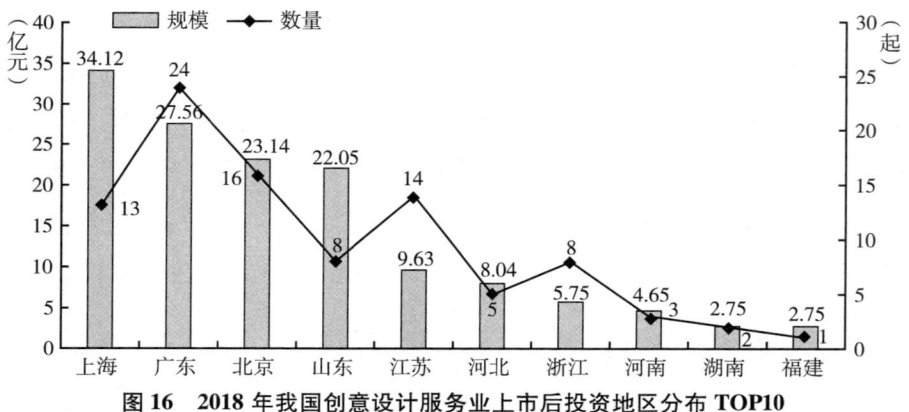

图 16　2018 年我国创意设计服务业上市后投资地区分布 TOP10

资料来源：新元文智－文化产业投融资大数据系统（文融通）。

影响，新增挂牌创意设计服务企业数量呈负增长趋势，2018 年共有 15 家企业登陆新三板，对比 2017 年下降 80.00%。从挂牌企业的所属领域来看，集中在广告服务业，共计 12 家，占比为 80.00%；设计服务业仅 3 家。

挂牌企业数量呈三阶梯分布，广东全国居首。从 2018 年新增新三板挂牌创意服务企业的所属地区来看，共涉及广东、北京等 9 个地区。从挂牌数量上来看，分为三个阶梯。其中，广东以 3 家挂牌企业的数量居于全国首位；北京、江西、上海、浙江各新增 2 家，位于第二梯队；广西、湖北、辽宁、陕西均为 1 家，归于第三梯队（见图 17）。

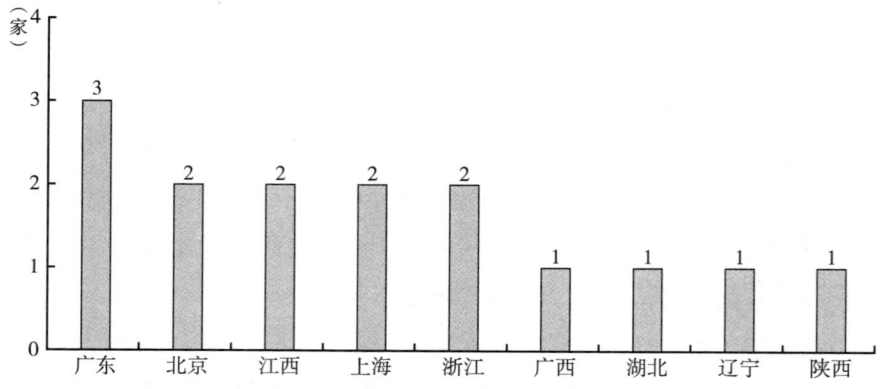

图 17　2018 年我国创意设计服务业挂牌新三板企业地区分布情况

资料来源：新元文智－文化产业投融资大数据系统（文融通）。

2. 挂牌后融资

挂牌企业融资规模出现下滑，定向发行一枝独秀。近年来，通过发行人民币普通股的方式进行融资成为挂牌企业在新三板市场中最主要的融资方式。2018年挂牌新三板的创意设计服务企业融资规模为9.55亿元（见图18），对比2017年同期下降77.61%；其中采用定向发行是主要的融资方式，共计募集资金8.83亿元（见图19），占比为92.46%。

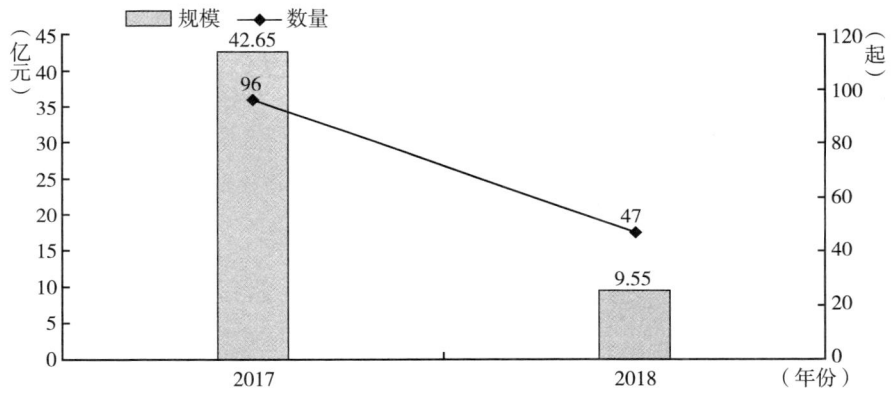

图18　2017~2018年我国创意设计服务业挂牌后融资情况

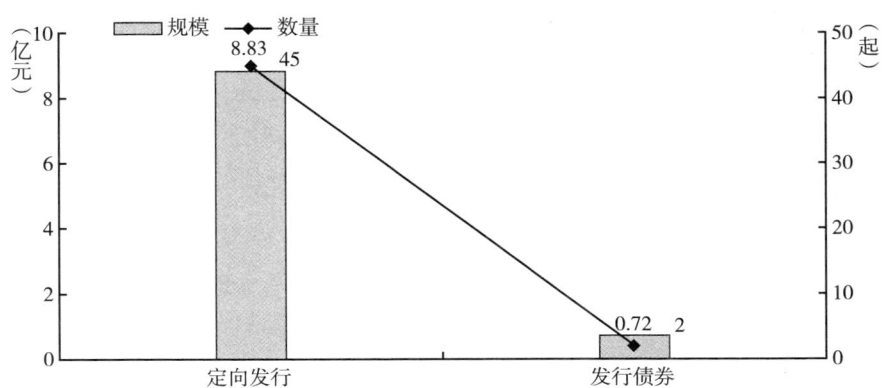

图19　2018年我国创意设计服务业挂牌后融资类型

资料来源：新元文智－文化产业投融资大数据系统（文融通）。

资本汇聚互联网广告业，融资案例数量及规模均远超其他领域。互联网广告具有成本低、效率高、范围广、受众精准等优势，获得市场和资本的青睐。以募集资金规模计，广告服务业融资规模最高，达到7.76亿元，涉及案例37起（见图20）。其中，互联网广告发生融资案例21起，涉及资金规模4.67亿元；其他广告服务发生16起案例，募资3.09亿元。设计服务业共发生10起案例，融资额仅为1.79亿元，资本关注度相对较低。此外，新三板创意设计服务企业融资实力普遍较弱，单起融资金额均不足亿元。

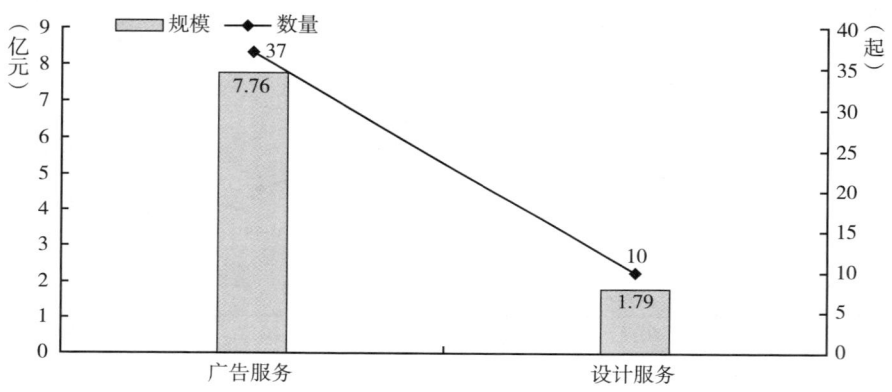

图20　2018年我国创意设计服务业挂牌后融资领域分布情况

资料来源：新元文智－文化产业投融资大数据系统（文融通）。

融资地区主要集中在北广上地区，合计占比超七成。新元文智－文化产业投融资大数据系统（文融通）统计，2018年，北京、广东、上海三个地区的挂牌创意设计服务企业融资规模位列前三甲。其中，北京发生融资案例14起，涉及资金规模3.04亿元（见图21），占比分别为29.79%、31.83%，融资规模及活跃度双居首位；广东、上海分别为2.15亿元、1.83亿元，排名第二、第三；三个地区的融资总额占全国的73.51%，集中程度较高。其他地区挂牌企业融资规模均不超过0.50亿元。

3. 挂牌后投资

新设子公司是主要投资方式，并购投资规模反向增长。2018年挂牌新三板创意设计服务企业共发生295起投资案例（见图22），较2017年同期

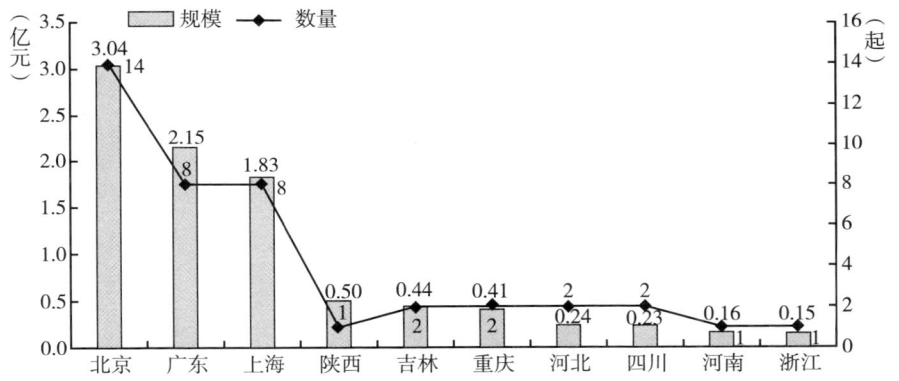

图21　2018年我国创意设计服务业挂牌后融资地区分布情况

资料来源：新元文智-文化产业投融资大数据系统（文融通）。

减少22.77%；涉及资金规模为15.78亿元，同比下降26.77%。新设子公司是挂牌创意设计服务企业投资最多的方式，2018年涉及资金8.45亿元（见图23），占总投资额的53.55%，资金的倾向性远高于其他投资方式；值得关注的是，在投资总额下降的情况下，通过并购的方式进行扩张的投入反向加大，同比增长35.95%。

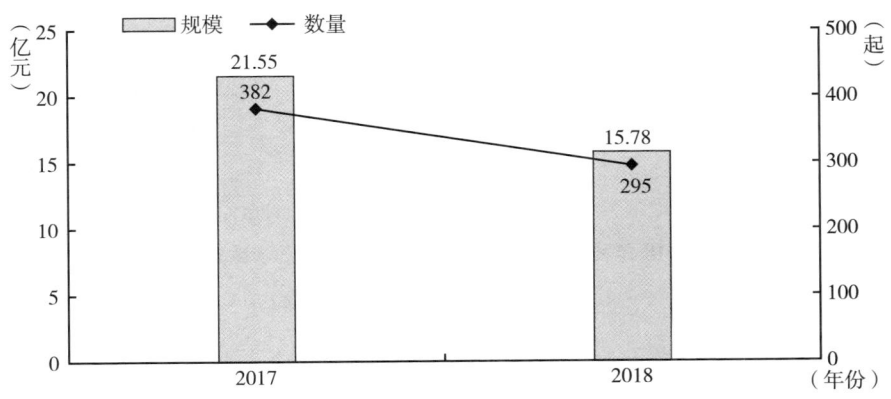

图22　2017~2018年我国创意设计服务业挂牌后投资情况

广告服务业扩张强劲，设计服务业发展向好。从投资企业的所属领域来看，广告服务业扩张强劲，投资金额高达11.40亿元（见图23），占比为

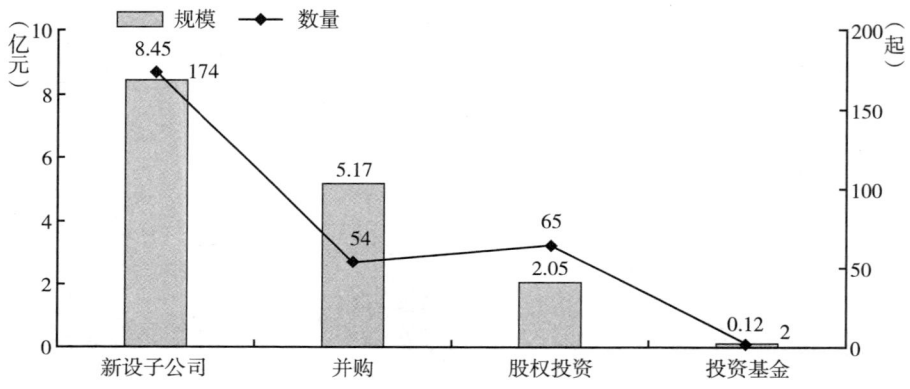

图 23　2018 年我国创意设计服务业挂牌后投资类型

资料来源：新元文智－文化产业投融资大数据系统（文融通）。

72.24%；设计服务业共发生 47 起投资案例，涉及资金规模为 4.38 亿元，分别同比增长 38.24%、8.25%，行业发展向好。

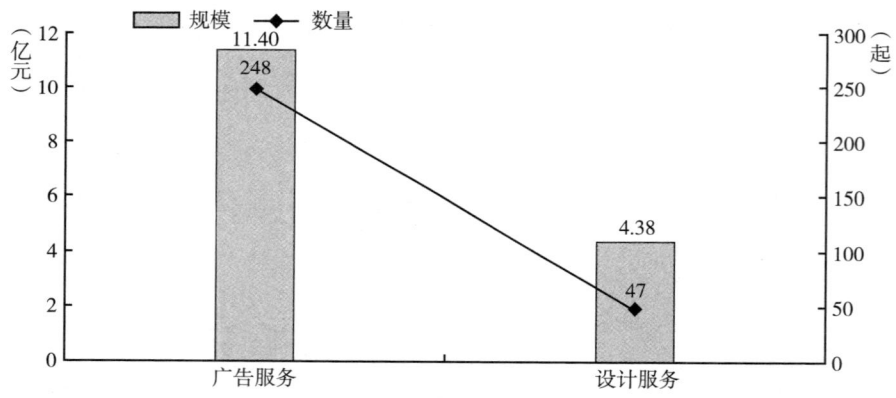

图 24　2018 年我国创意设计服务业挂牌后投资领域分布情况

资料来源：新元文智－文化产业投融资大数据系统（文融通）。

北上广投资实力领跑全国，北京表现尤为突出。2018 年我国新三板创意设计服务企业投资分布地区较为广泛，共涉及 21 个省份。以投资规模计，北京表现突出，投资案例和投资规模分别为 96 起、6.13 亿元，均领先其他地区；上海、广东规模较为相近，分别为 3.10 亿元、2.71 亿元；其他地区投资规模均不足 1 亿元（见图 25）。

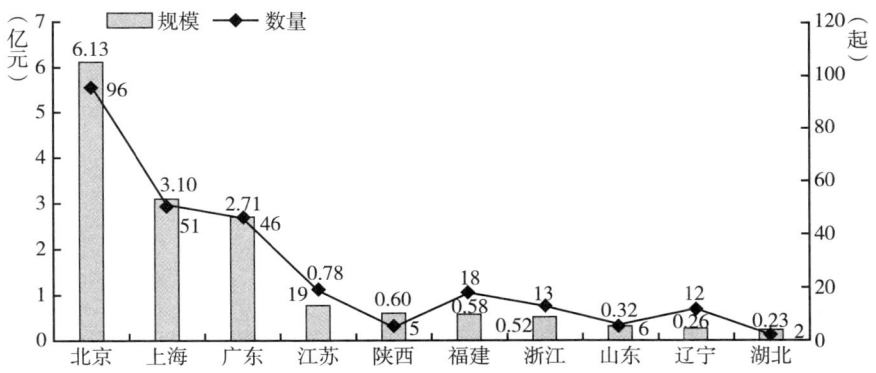

图25 2018年我国创意设计服务业挂牌后投资地区分布情况

资料来源：新元文智－文化产业投融资大数据系统（文融通）。

（五）债券

随着投融资体系的日益完善，金融市场提供了更多的融资选择，推动创意设计服务业加速发展。较其他融资渠道而言，债券具有融资成本低、受资本限制较少、融资渠道更直接等特点，适合重大项目的融资需求。

1. 2018年创意设计服务业债券融资规模呈双向下滑趋势

2018年，我国创意设计服务业债券融资规模大幅下滑。新元文智－文化产业投融资大数据系统（文融通）显示，2018年创意设计服务业共计发行债券融资案例7起，发行规模为43.70亿元（见图26），较2017年分别同比减少30.00%、72.94%，双向下滑趋势明显。

2. 广告服务业是吸金主力，设计服务获得资本关注

2018年我国创意设计服务业债券融资涉及广告服务和设计服务两个领域。其中，广告服务业融资规模为40.10亿元，占比达到91.76%，融资案例数量为5起，在该行业的债券发行数量和融资规模均领先（见图27）；而设计服务行业债券融资打破上年的空白格局，参与到债券融资当中，共发生2起融资案例，涉及资金规模为3.60亿元。

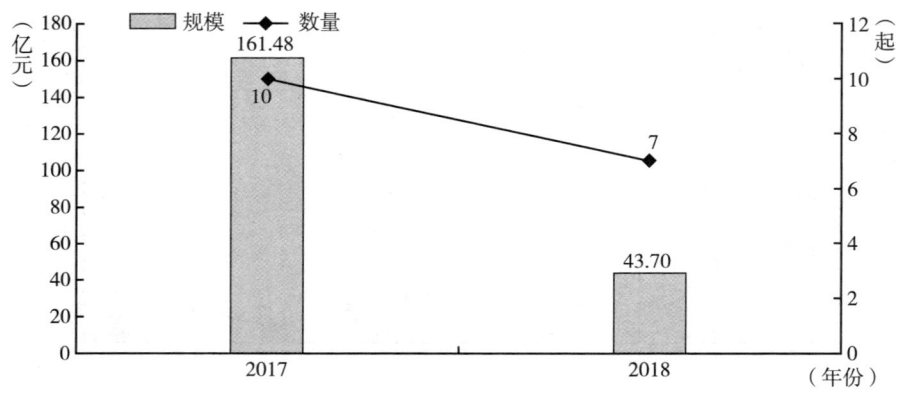

图 26　2017～2018 年我国创意设计服务业债券融资情况

资料来源：新元文智－文化产业投融资大数据系统（文融通）。

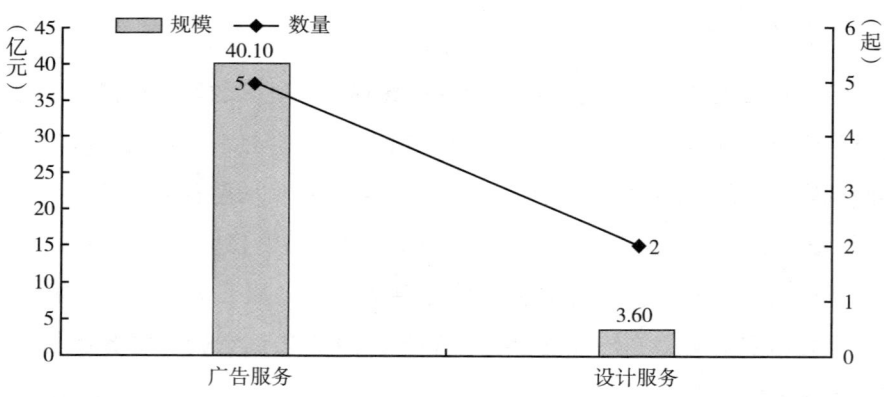

图 27　2018 年我国创意设计服务业债券融资领域分布情况

资料来源：新元文智－文化产业投融资大数据系统（文融通）。

3. 上海市发行规模位居王座，重庆、北京融资活跃

2018 年我国创意设计服务业债券融资辐射上海、湖南、重庆、北京、广东 6 个省份。其中，上海市发行规模稳居王座，仅凭 1 起融资案例募资 21.98 亿元；湖南以 10.00 亿元的融资规模居于第二；从融资活跃度来看，重庆、北京各发生 2 起融资案例，活跃度略高于其他地区（见图 28）。

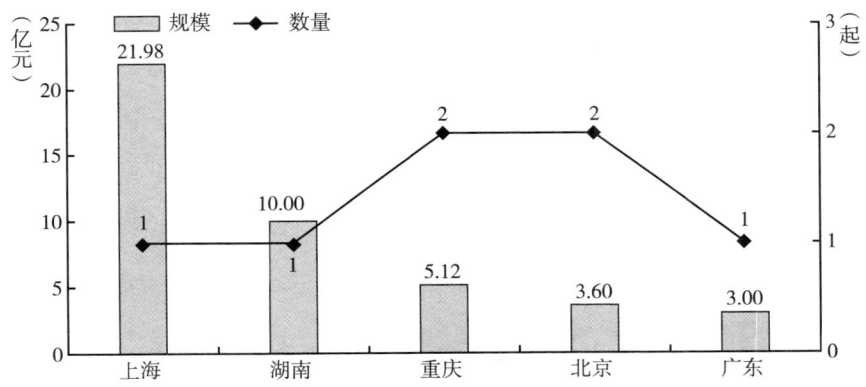

图 28　2018 年我国创意设计服务业债券融资地区分布情况

资料来源：新元文智－文化产业投融资大数据系统（文融通）。

（六）信托

近年来，信托一直是支持实体经济发展的重要力量，从 2017 年下半年以来就面临较大的转型发展压力，由高速度模式转变为高质量模式。新元文智－文化产业投融资大数据系统（文融通）数据显示，2018 年我国创意设计服务业仅广东省发行了 1 支信托，数量与 2017 年保持平衡，所属领域为互联网广告服务，类型为权益投资。

2018 年 4 月，银行间市场交易商协会发布《关于意向承销类会员（信托公司类）参与承销业务市场评价结果的公告》，广东粤财信托有限公司、建信信托有限责任公司、中航信托股份有限公司、中国对外经济贸易信托有限公司、英大国际信托有限责任公司、中融国际信托有限公司 6 家信托公司获得银行间市场债券承销业务资格，此举对于信托行业业务扩张和转型发展具有重要意义。

（七）并购

并购已成为资本市场支持实体经济发展的重要方式，在我国创意设计服务业发展中发挥着重要作用。

1. 全国创意设计服务业成各行业重要布局，并购规模双向增长

随着创意设计在市场中的地位不断提高，成为各行业的重要布局。新元文智-文化产业投融资大数据系统（文融通）数据显示，不计终止并购的相关案例，2018年全国创意设计服务业共发生并购案例20起（透露具体金额的有19起），涉及资金规模为137.84亿元（见图29）；较2017年分别同比增长150.00%、85.00%，涨势喜人。

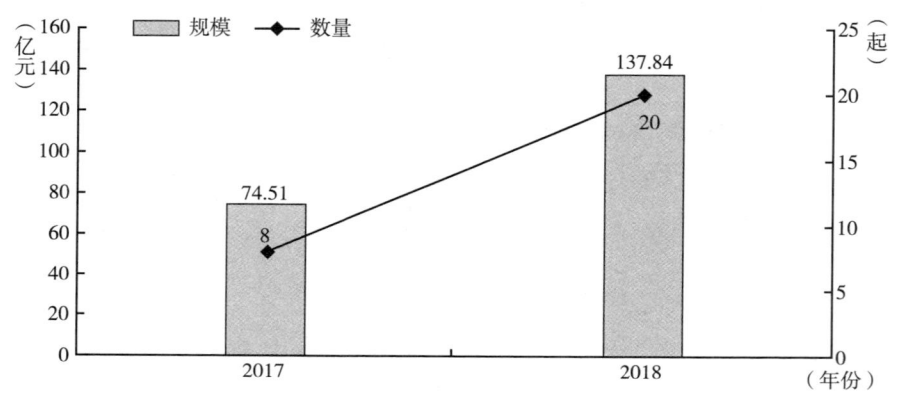

图29　2017~2018年我国创意设计服务业并购情况

资料来源：新元文智-文化产业投融资大数据系统（文融通）。

2. 互联网广告并购火热，规模超九成

我国互联网广告行业飞速发展，市场规模位居全球第二，良好的发展势头获得资本和市场的广泛关注。从并购案例领域分布情况来看，2018年我国广告服务共发生并购案例15起，涉及资金规模达130.91亿元（见图30）。其中，互联网广告是并购集中领域，共发生案例12起，涉及资金124.83亿元，分别占全国广告服务业并购的80.00%、95.36%。

3. 北京创意设计服务业并购规模飙升，浙江破零

作为全国文化中心、科技中心，北京具有无可比拟的优势，政策的灵活扶持、完善的文化产业投融资体系及雄厚的资源优势汇聚了数量众多的创业者和投资者，是我国创意设计服务业并购的榜首。数据显示，2018年北京地区创意设计服务业并购规模飙升至67.38亿元（见图31），较2017年同

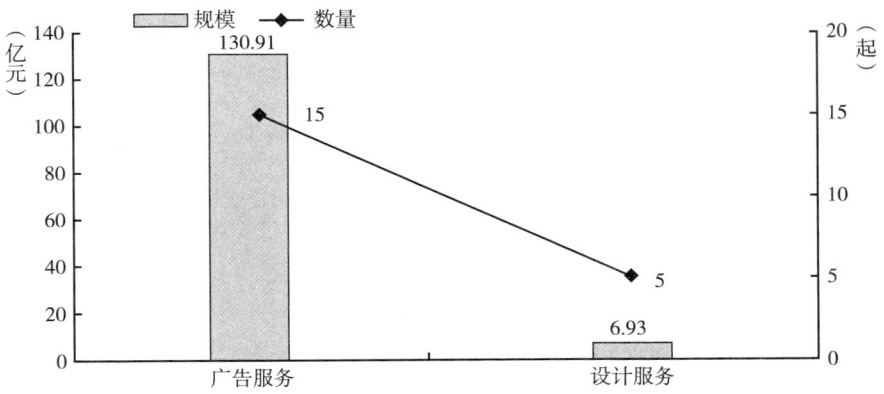

图30　2018年全国创意设计服务业各领域并购情况

资料来源：新元文智－文化产业投融资大数据系统（文融通）。

比增长2138.54%，占全国的48.88%；排名第二位的浙江省后来居上，破零实现了35.50亿元的并购规模。

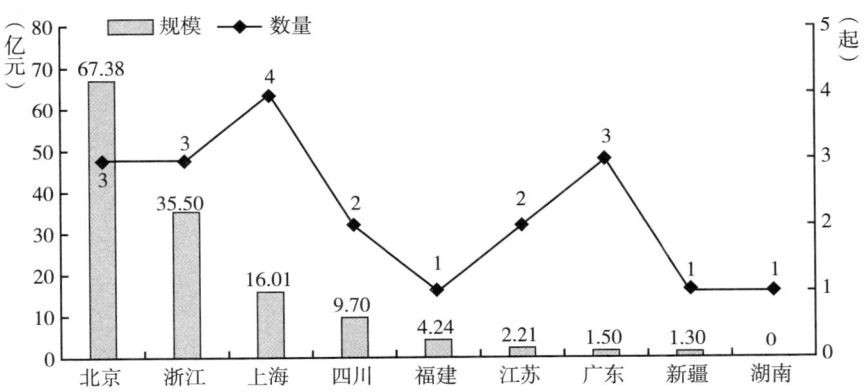

图31　2018年我国创意设计服务业并购地区分布情况

资料来源：新元文智－文化产业投融资大数据系统（文融通）。

（八）众筹

2011年，众筹模式在我国出现，如雨后春笋般快速发展，拓宽了投融资渠道。随后的严监管风暴波及了股权众筹，一定程度上遏制了快速发展的势头。股权众筹在2015~2017年的发展出现颓势,而2017年多项政策利好传来,以及2018年证监会将股权众筹试点管理办法的制定纳入年度立法计划,推动众筹行业的重新崛起。

1. 奖励众筹融资动作频繁,股权众筹融资实力卓越

在经历了严冬期后,我国创意设计服务业众筹市场逐渐回温。新元文智-文化产业投融资大数据系统(文融通)数据显示,2018年我国众筹融资活跃度虽有所下降,由2017年的395起降至351起,但融资规模达到1.16亿元(见图32),同比增长33.33%,整体融资能力有一定的提高。在众筹模式中,奖励众筹更受青睐,2018年创意设计服务业奖励众筹案例数量高达350起;而股权众筹融资实力突出,仅凭一起融资案例就募资0.20亿元。

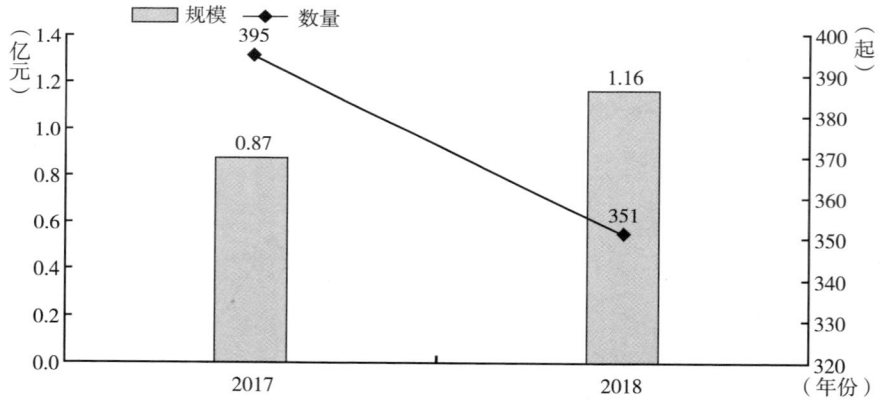

图32 2017~2018年我国创意设计服务业众筹融资情况

资料来源:新元文智-文化产业投融资大数据系统(文融通)。

2. 专业设计服务受追捧,规模和活跃度双居首位

从众筹融资的行业分布来看,均发生在设计服务业;其中,专业设计服务发生融资案例337起,融资规模达1.12亿元(见图33),分别占全国设计服务业众筹融资的96.01%、96.55%,是众筹融资渠道的吸金主力;工业设计服务融资规模式微,仅融资0.04亿元(发生案例14起)。

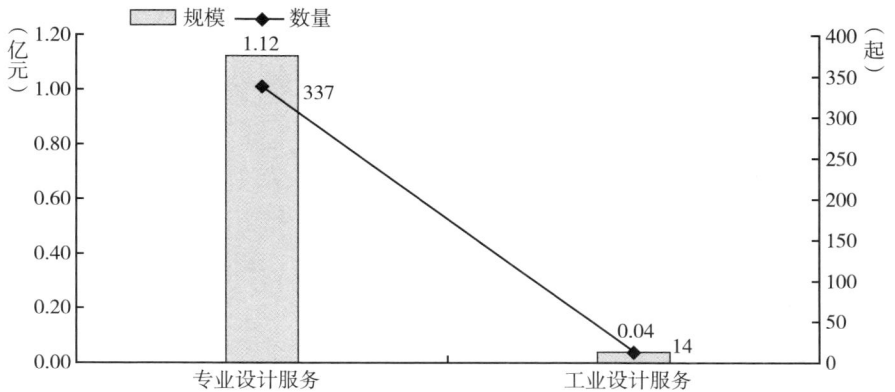

图 33　2018 年我国创意设计服务业众筹融资细分领域分布情况

资料来源：新元文智－文化产业投融资大数据系统（文融通）。

3. 北、广、浙地区为众筹融资渠道领头羊

北京、广东、浙江三大省市作为文化产业的主营地，不仅拥有完备的政策服务体系，还拥有更多高水平的企业、文化人才，活跃的投融资环境更是让创意设计服务业发展如虎添翼。其中，2018 年北京市创意设计服务业众筹渠道吸纳资金 0.37 亿元，规模居全国首位；排名第二、第三的广东、浙江分别成功发生众筹项目 85 起、77 起，是众筹融资最活跃的两个地区（见图 34）。

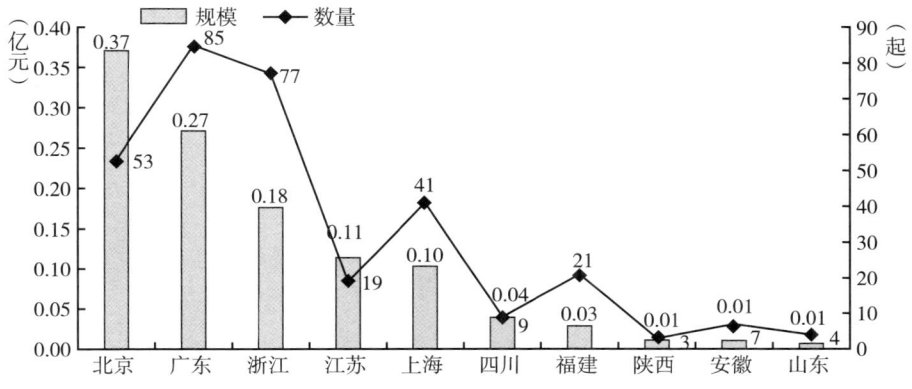

图 34　2018 年我国创意设计服务业众筹融资地区分布情况

资料来源：新元文智－文化产业投融资大数据系统（文融通）。

4. 巨头旗下平台占据优势，奖励众筹融资如火如荼

近年来，在奖励众筹方面，中小平台由于缺乏创新力，盈利越发困难，加之众筹平台乱象迭出，投资人敏感度上升，市场洗牌加剧，互联网巨头旗下众筹平台竞争优势凸显。新元文智－文化产业投融资大数据系统（文融通）显示，2018年创意设计服务业众筹案例共涉及淘宝众筹、长众所、京东众筹、苏宁众筹、摩点众筹、众筹网、开始吧等七个平台。其中，阿里旗下淘宝众筹平台不论是案例数量还是融资规模均处领先地位；而仅有的1起股权众筹案例由长众所完成（见表1）。

表1 2018年我国创意设计服务业众筹融资平台分布情况

众筹平台	规模（亿元）	数量（起）
淘宝众筹	0.68	189
长众所	0.20	1
京东众筹	0.16	63
苏宁众筹	0.08	22
摩点众筹	0.05	68
众筹网	0.002	6
开始吧	0.002	2

资料来源：新元文智－文化产业投融资大数据系统（文融通）。

三 案例解析

（一）汇量科技：新三板转港股上市，首发募资11.26亿元

公司简介

汇量科技成立于2013年，专注于为全球应用开发者提供移动广告及移动数据分析服务，满足应用开发者在其整个生命周期发展中的广告、变现及移动分析需求。2018年12月12日，汇量科技正式在香港联合交易所上市。

与此前赴港 IPO 的"独角兽"不同的是，汇量科技已经实现了连续三年盈利。目前，汇量科技已为百度、阿里巴巴、360、腾讯等国内顶尖互联网企业量身打造全球市场的移动端营销策略，成功助其突破海外市场，并发展数以十亿计的用户。

财务情况

2015～2017 年公司营收和利润较快增长。2015～2017 年，汇量科技总收益年复合增长率为 36.8%；公司利润复合增长率为 77.1%。2018 年上半年收入增速大幅下滑，利润更是同比下降，收入为 1.85 亿美元，而上年同期为 1.72 亿美元，同比增长 7.56%；2018 年上半年利润为 1010 万美元，上年同期为 2020 万美元，同比下降 50%。主要是激励广告发布者整合至 Mintegral SDK 的激励成本增加和服务器成本增加导致的成本上升，从而毛利率大幅下降。

商业模式

汇量科技主要是按照广告投放后为广告主直接创造的效果进行收费并且向渠道资源方支付广告投放费用或者流量费用。盈利模式以效果为导向，有效用户获取成本低，适用于所有类型的客户，特别益于吸引中小型客户。广告投放于媒体后，其投放效果的衡量方式以及计费方式由于推广应用类型的不同采用不同的收费方式。

市场优势

首先，业务全球化。汇量是一家全球化的公司，业务覆盖全球 60 个国家和地区，触达 200 多个国家的终端用户，每日触达设备数量高至 9.5 亿，并在具备巨大经济潜力和人口红利的亚太地区重点布局，占领先机，享受全球移动广告预算在亚太地区的双向流动的高速增长空间。其次，行业地位领先。根据 2018 年接入变现服务的 SDK 的平均 DAU 统计，公司为中国排名第一、亚洲第二、全球排名前十的移动广告平台。再次，服务品类多元化。涵盖游戏、电商、内容及社交、工具等多个行业，突破对于单一产品生命周期的限制，有效规避了单边市场的下行风险。最后，技术水平领先。2018 年 10 月，公司推出 Mindalpha 一站式全链路机器学习平台，是汇量科技在

数字营销领域探索和完善千人千面智能投放的最新成果之一，目前基于MindAlpha 平台的一站式服务体系，已支持汇量科技多个在线业务的服务体系。

（二）微盟：完成D1、D2两轮融资，总规模超过20亿元

案例详情

2018年4月，微盟完成10.09亿元的D1轮融资，由上海自贸区基金、一村资本、国和投资、天堂硅谷领投，腾讯双百、渤海产业基金、辰韬资本、东方富海、优势资本等跟投。2018年6月，微盟完成D2轮2亿美元融资，北拓资本担任独家财务顾问。该轮融资由凯欣创投、GIC领投，四维资本、海峡资本、韩投伙伴、大华创投、凯思博等机构跟投。8月，再次完成3.21亿元F轮－上市前融资，由腾讯GIC新加坡政府投资公司上海国和投资。

公司简介

微盟集团，香港主板上市企业（股票代码：2013. HK），成立于2013年4月，现有员工超2800人，渠道代理商超1600家，注册商户超280万家。微盟围绕商业云、营销云、销售云打造智慧云端生态体系，通过去中心化的智慧商业解决方案赋能中小企业实现数字化转型。目前旗下拥有：微商城、智慧零售、智慧餐厅、客来店、智慧酒店、智慧休娱、智慧美业、销售推、微站、广告助手等解决方案，帮助客户在新零售时代提高运营效率和盈利能力[1]。经过5年的高速发展，微盟在不断扩大业务体系的同时，也赢得了资本的认可。2014年7月，微盟曾获华映资本的3000万元人民币A轮融资；2015年4月，微盟获得上市公司金字火腿领投的1.5亿元人民币B轮融资；2015年11月，微盟完成C轮融资，融资金额5亿元人民币，由海航资本领投。

商业模式

微盟精准营销业务以大数据、智能算法、营销自动化等技术及优质媒体

---

[1] 微盟集团官方网站，https：//group. weimob. com/pages/about。

源，为广告主提供一站式精准营销投放服务。同时微盟旗下微盟云平台通过开放微盟核心产品技术能力，吸引第三方开发者，打造云端生态体系，为商户提供更多应用选择和更好服务。微盟通过在微信、QQ、QQ空间、腾讯新闻等腾讯社交媒体平台销售微盟的产品及精准营销服务并获得绝大多数收益。还推出小程序+电商解决方案；针对线下门店消费场景，微盟推出小程序+门店解决方案，帮助实体门店将线上的流量与线下的服务连接起来，打通线上线下全渠道业务。

产品优势

微盟的渠道合作伙伴数量上升速度很快，截至2018年第一季度，微盟拥有超过1400家渠道合作伙伴，代理商渠道销售获得的收入在总营业收入中的占比一度超过八成。但代理商本身是需要盈利才会和微盟长久合作的，因此微盟早年发力于传统行业，为传统行业中最早接触移动互联网的企业提供服务。这类企业不擅长自我营销，需要靠广告吸引关注，正好与微盟提供营销推广的增值业务相符，微盟及其代理商除了可以向其销售SaaS产品，同时也可以推销广告业务，客单价提升迅速。由此，微盟在餐饮、房产、汽车、婚庆、旅游等行业具备了较大影响力，获得的客群是有较强付费能力的传统行业客户。

四 2018年我国创意设计服务业发展特点与趋势

随着资本市场的不断发展，创意设计服务业在各融资渠道呈现不同的发展特点。高新技术在文化产业中的重要性逐步加强，推进文化创意产业科技创新，改变了广告创意的创作和传播方式，实现创意设计和文化科技的双轮驱动，二者的深度融合是不可避免的趋势。

1. 国内创意设计企业倾向港股上市，A股迎来CDR时代

随着监证会上市审核的日益趋严，2018年A股市场IPO企业的过会率创下历史最低，118家申请IPO的企业中共有58家通过，过会率仅为49.15%，难度不言而喻。4月30日，港交所允许同股不同权公司上市的新

规正式发布，极大地激发了内地公司赴港上市的热情，汇量科技、万咖壹联两家企业先后在港股市场登陆，占2018年全年创意设计服务上市企业的一半。再加上港股上市流程较为简单、审核周期短、门槛低、再融资便利等特点，成为当前不符合A股上市条件和需要快速上市的企业的首选。而随着国内CDR①制度的实施，国外及中国香港地区上市的"独角兽"企业将有可能回归A股。

2. 新三板市场差异化发展不断深化，进入优胜劣汰阶段

2018年1月15日起正式施行的《全国中小企业股份转让系统股票转让细则》，标志着集合竞价的时代到来。新三板交易的差异化进一步深化，如创新层每日撮合5次，基础层每日只有1次，新三板市场上文化企业将面临的差异化发展趋势在不断明朗。在强监管环境下，整个新三板进入优胜劣汰的阶段，截至2018年6月30日，除提交主动终止挂牌申请的公司外，共有103家企业由于未披露2017年年度报告被强制摘牌；文化领域共有69家企业终止挂牌，内容创作生产和创意设计服务两个领域是"重灾区"。

3. 并购市场趋于理性，创意设计领域并购需求旺盛

2017年下半年，监管层表示大幅简化行政审批，鼓励基于产业整合的并购重组，这也导致并购重组的审核节奏从2017年初放缓到年中提速，但不容忽视的是加强并购重组监管从严监管始终贯穿全年，监管部门严格控制并购的一系列监管条例出台和实施，并购市场逐步回归理性。2018年我国创意设计服务业在监管持续严格的条件下，依然保持高速增长，并购案例频出，企业基于业务整合、战略布局、引进新技术和新模式的并购需求依然存在，预计未来创意设计企业在横向与纵向并购上都会有所扩张。

4. 文旅融合背景下，创意设计服务业将起到重要作用

2018年堪称"文旅融合"元年。伴随中央与地方文化旅游系统相继正式挂牌，"诗和远方"从口号走向实际，各地文化建设和旅游融合发展热情

---

① 即存托凭证（Depository Receipts，DR），是指在一国流通的代表外国公司有价证券的可转让凭证。按其发行或交易地点不同，被冠以不同的名称，比如美国市场上的存托凭证就叫作ADR；中国市场上就叫作CDR。

高涨，融合发展的路径逐渐清晰。此外，政府及相关部门先后出台《关于规范主题公园建设发展的指导意见》《关于促进乡村旅游可持续发展的指导意见》，推动创意设计与主题公园、乡村旅游等方面融合发展。在文旅融合背景下，创意设计服务业将在旅游行业、艺术行业、文创行业、乡村振兴、特色小镇等多领域起到至关重要的作用。

5. 互联网广告深受资本关注，精准营销将成主要发展趋势

随着信息技术的进一步发展，大规模分布式计算、海量数据挖掘等基础技术逐渐成熟并得到应用，互联网广告营销将能更深入地洞察消费者需求，制订高效的营销方案，降低营销成本的同时营销效率大幅提升。精准营销过程中对消费者精准定位、海量数据挖掘技术及消费者数据洞察能力的要求将促进全行业的优胜劣汰。优质互联网广告企业获得资本和市场的广泛关注，诸多上市公司通过兼并收购互联网广告营销企业快速进入互联网广告行业。综上所述，精准投放是互联网广告行业的主要发展趋势，良好的发展前景被市场看好。

参考文献

［1］国家统计局：《2018年规模以上文化及相关产业生产经营季度报告》。
［2］新元智库：《2017年中国文化产业投融资报告》。

区域篇
Regional Reports

B.10
2018年北京市文化金融发展报告

段卓杉*

摘　要： 近年来，北京市积极推动全国文化中心建设，大力促进文化金融发展，不断完善金融政策、市场及产业环境，文创企业融资的多元性显著增强，相关文化金融产品与业务模式不断创新，文化金融繁荣发展。新元文智－文化产业投融资大数据系统（文融通）数据显示，2018年，北京市文化创意产业资金流入总额达834.59亿元，其中，私募股权融资、上市首次募资成吸金主渠道。同时，不容忽视的是，北京市文化金融发展中涉及的担保服务、大数据支持、投融资渠道支撑等诸多内容仍需进一步完善，文化金融服务能力亟待再次提高。

---

* 段卓杉，新元智库研究咨询中心副总经理。

关键词： 文化金融　北京文化产业　投融资　北京

一　北京市文化金融发展环境分析

（一）产业环境分析

2018年是全面贯彻十九大精神的开局之年，是改革开放40周年，是决胜全面建成小康社会、实施"十三五"规划承上启下的关键一年。在"一带一路"倡议和"双创""媒体融合"等国家战略的助推下，北京市文化创意产业呈现总体平稳、稳中有进的运行态势。

（1）北京市文创产业稳步增长，2018年文创产业法人单位实现收入10703.0亿元。北京市十二次党代会以来，北京深入贯彻落实习近平新时代中国特色社会主义思想和党的十九大精神，特别是习近平总书记对北京三次重要讲话精神，牢固树立首都城市战略定位，加强"四个中心"功能建设，提高"四个服务"水平，落实新版北京城市总体规划，加快推进全国文化中心建设，确立了"一核一城三带两区"的总体框架，把文化创意产业打造成为首都高精尖经济结构重要增长极。北京市统计局数据显示，2018年，全市规上文创产业法人单位实现收入10703.0亿元，同比增长11.9%。在对营业收入比例的贡献上，新闻信息服务、内容创作生产、创意设计服务、文化传播渠道四个行业营业收入在全产业中的占比均超过10%。

（2）新闻信息服务业创收增速居首，广播影视业规模全国第一。具体来看，2018年以来，北京新闻信息服务业发展迅速，在文化创意产业九大行业中，其创收增速最高。2018年新闻信息服务业规模以上收入2558.3亿元（见图1），同比增长20.7%；从业人员14.2万，同比下滑1.2%。此外，北京作为全国广播影视创意策划、制作生产、宣推发行、国际传播的中心，影视机构总量、产业规模和产量居全国第一。截至2017年底，北京地区持有广播电视节目制作经营许可证机构共7612家，创收867.2亿元，位

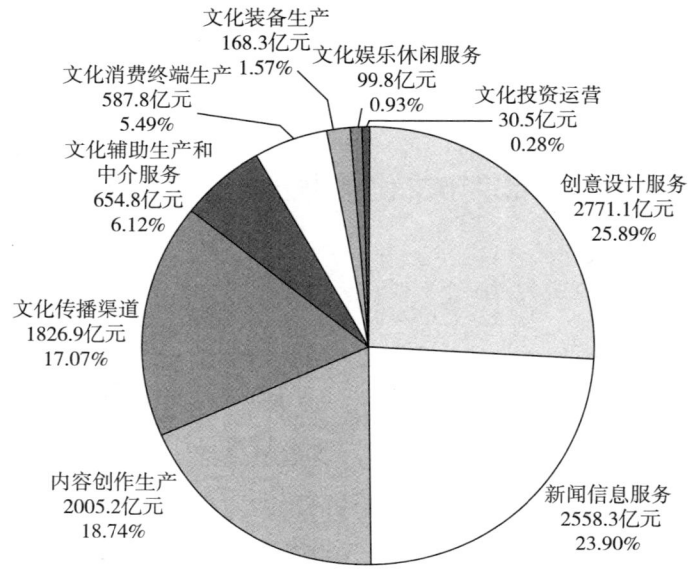

图1　2018年北京文化产业各行业收入占比

资料来源：北京市统计局。

居全国前列。2017年电影剧本（梗概）备案公示1289部，生产国产影片350部，位居全国第一；电影院线25条、电影院209家、银幕1420块，IMAX巨幕17块，座位20.4万个，电影票房收入33.95亿元。

（3）文创产业新兴业态繁荣发展，数字内容产业稳步增长。北京市在1999年提出了"数字北京"发展规划，"数字北京"的提出是北京信息化发展过程中的里程碑，以此为标志，北京市信息化迈入了一个新的发展阶段，培育了一批数字内容新兴产业。2016年，北京市印发《关于积极推进"互联网+"行动的实施意见》，该意见提出发展数字内容产业，鼓励互联网企业以并购、股权合作等形式进入传统文化传媒领域，打造以数字化产品、网络化传播、个性化服务为核心的国家级数字内容文化产业集群，培育一批具有国际竞争力的互联网文创企业。近年来，在政府、企业等各方的共同努力下，包括网络游戏、网络文学、网络动漫等在内的北京数字内容产业稳步增长、社会影响力不断增强。未来，随着人工智能、云计算等信息服务的进一步落地，数字经济在北京经济发展中的主体作用也会持续增强，数字内容服务业在文化创意产业中的地位也会愈加突出。

（4）北京市金融业整体保持良性中速增长，同比增速达7.2%。2018年，在金融强监管背景下，金融降杠杆效果显现，北京市金融业发展反映出良性的变化趋势，为防范化解金融风险奠定了基础，金融业整体保持良性中速增长。北京市统计局数据显示，2018年，北京市金融业实现增加值5084.6亿元，增长7.2%，而在2017年，北京金融业实现增加值4634.5亿元，同比增长7%。

（二）市场环境分析

（1）IPO提速、监管趋紧，上市文企再融资市场环境进一步改善。2018年，包括文化创意企业在内的所有企业在上海证券交易所、深圳证券交易所IPO（首次公开募股）的发审速度提升，企业排队时长缩短，根据大象投资顾问有限公司的统计，2018年截止到12月10日，企业从提交申报稿至上会的平均时间为464天，较2017年缩短了85天（2017年平均时间为549天），接近3个月。证监会对过度融资行为的控制也取得了一定的成效，2017年2月证券会发布的《发行监管问答——关于引导规范上市公司融资行为的监管要求》，提出"上市公司申请增发、配股、非公开发行股票的，本次发行董事会决议日距离前次募集资金到位日原则上不得少于18个月"等内容抑制再融资过程中的不良行为。2018年11月证监会发布《发行监管问答——关于引导规范上市公司融资行为的监管要求（修订版）》，提出了"前次募集资金基本使用完毕或募集资金投向未发生变更且按计划投入的"，可不受18个月限制，"但相应间隔原则上不得少于6个月"等内容，北京上市文化创意企业再融资的市场环境得到了进一步的完善。

（2）新三板改革创新不断推进，优胜劣汰成市场主旋律。新三板市场交易、分层管理、信息披露管理、控制监管等改革创新不断推进。在从量的累积到质的飞跃的调整时期，2018年新增挂牌企业以及申请挂牌企业数量出现较大波动。1~10月，新三板市场共计新增505家企业挂牌（含文创企业，未扣除终止挂牌企业数量），为2017年同期的26.06%。截至2018年

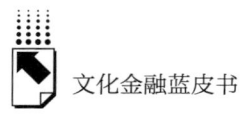

11月23日,全国股份转让系统在审申请挂牌企业为163家;截止到2017年11月24日在审申请挂牌企业为448家,相比于2017年同期大幅度减少。市场发行股票融资也出现了较大的起伏,1~10月整个市场成功发行股票1228起(相当于2017年全年的45.06%),融资516.30亿元(相当于2017年全年的38.64%)。

(三)政策环境分析

北京市明确提出重点发展文化创意产业以来,相继出台了一系列深化与完善文化创意产业投融资体系的政策措施(见表1),反复提出要丰富、拓宽投融资渠道,引导社会资本进入文创产业的相关领域,充分利用金融资本的倍增功能,实现文创产业的跨越式发展。在政策的积极引导下,北京文化创意与资本日趋紧密,文化创意产业融资渠道不断深耕,引领全国文化创意产业腾飞远航。例如,2018年7月5日,中共北京市委、北京市人民政府印发《关于推进文化创意产业创新发展的意见》,明确提出在文化金融创新行动方面,依托国家文化产业创新实验区和文化金融合作示范区,先行探索文化金融融合发展模式,促进金融产品、服务模式创新,打造国家文化金融创新高地。健全完善文化创意产业投融资服务体系,鼓励文创企业合理利用债券、票据、定增、并购等资本市场工具,扩大直接融资规模等举措,为北京市文化金融的发展奠定了良好的政策环境。

表1 2016~2018年北京市文化创意产业投融资政策

时间	发文机构	文号	文件名称
2016年1月9日	北京市人民政府	京政发〔2016〕4号	《关于积极推进"互联网+"行动的实施意见》
2016年1月29日	北京市国有文化资产监督管理办公室	京文资发〔2016〕1号	《北京市文化创意产业发展专项资金企业项目征集评审管理办法(试行)》
2016年1月29日	北京市国有文化资产监督管理办公室	京文资发〔2016〕2号	《北京市文化创意产业发展专项资金项目补助实施细则(试行)》

续表

时间	发文机构	文号	文件名称
2016年1月29日	北京市国有文化资产监督管理办公室	京文资发〔2016〕3号	《北京市文化创意产业发展专项资金项目奖励实施细则（试行）》
2016年1月29日	北京市国有文化资产监督管理办公室	京文资发〔2016〕4号	《北京市文化创意产业发展专项资金项目贷款贴息实施细则（试行）》
2016年1月29日	北京市国有文化资产监督管理办公室	京文资发〔2016〕5号	《北京市文化创意产业发展专项资金项目贴租实施细则（试行）》
2016年1月29日	北京市国有文化资产监督管理办公室	京文资发〔2016〕6号	《北京市文化创意产业发展专项资金项目贴保实施细则（试行）》
2016年1月29日	北京市国有文化资产监督管理办公室	京文资发〔2016〕7号	《北京市文化创意产业发展专项资金文化创意产业孵化器奖励实施细则（试行）》
2016年1月29日	北京市国有文化资产监督管理办公室	京文资发〔2016〕8号	《北京市文化创意产业发展专项资金文化创意企业上市、挂牌和并购奖励实施细则（试行）》
2016年2月1日	北京市人民政府	京政发〔2016〕9号	《关于促进旅游业改革发展的实施意见》
2016年2月29日	北京市人民政府	京政发〔2016〕12号	《关于加快冰雪运动发展的意见（2016~2022）》
2016年3月11日	北京市人民政府	京政办发〔2016〕17号	《关于加快发展对外文化贸易的实施意见》
2016年4月29日	中共北京市委	—	《关于繁荣发展社会主义文艺的意见》
2016年6月3日	北京市人民政府	京政发〔2016〕20号	《北京市"十三五"时期加强全国文化中心建设规划》
2016年7月	北京市委宣传部、北京市发展改革委	京宣发〔2016〕29号	《北京市"十三五"时期文化创意产业发展规划》
2016年7月8日	北京市国有文化资产监督管理办公室	京文资发〔2016〕15号	《北京市惠民文化消费电子券实施管理办法（试行）》
2016年7月22日	北京市人民政府办公厅	京政办发〔2016〕36号	《关于支持戏曲传承发展的实施意见》
2016年8月3日	北京市新闻出版广电局	京新广发〔2016〕112号	《北京市实体书店扶持资金管理办法（试行）》

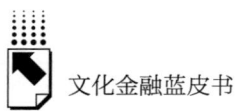

续表

时间	发文机构	文号	文件名称
2016年8月3日	北京市新闻出版广电局	京新广发〔2016〕112号	《北京市实体书店扶持项目管理规定（试行）》
2016年8月3日	北京市新闻出版广电局	京新广发〔2016〕112号	《北京市实体书店扶持项目评审细则（试行）》
2016年9月22日	北京市人民政府	京政发〔2016〕44号	《北京市"十三五"时期加强全国科技创新中心建设规划》
2016年9月26日	市文资办	京文资发〔2016〕16号	《北京市文化企业国有资产产权登记管理暂行办法》
2016年9月26日	市文资办	京文资发〔2016〕17号	《北京市文化企业国有资产评估管理暂行办法》
2016年11月4日	市文资办	京文资发〔2016〕18号	《北京市文化企业国有资产交易管理暂行办法》
2016年11月4日	市文资办	京文资发〔2016〕19号	《北京市文化企业国有资产交易操作规则（试行）》
2016年11月25日	市文资办	京文资发〔2016〕20号	《北京市国有文化企业选聘中介机构管理暂行办法》
2016年12月1日	北京市人民政府	京政发〔2016〕57号	《北京市"十三五"时期信息化发展规划》
2016年12月2日	市文资办	京文资发〔2016〕22号	《北京市文化企业国有资产产权登记工作操作指引》
2016年12月2日	市文资办	京文资发〔2016〕23号	《北京市文化企业国有资产评估管理工作操作指引》
2016年12月28日	市委宣传部、市文资	京宣发〔2016〕65号	《北京市文化企业国有资产监督管理暂行办法》
2017年1月13日	北京市人民政府	京政发〔2017〕6号	《北京市"十三五"时期现代产业发展和重点功能区建设规划》
2017年3月6日	北京市人民政府	京政发〔2017〕4号	《北京市人民政府关于加快知识产权首善之区建设的实施意见》
2017年4月13日	北京市经济和信息化委员会	京经信委发〔2017〕25号	《北京市小型微型企业创业创新示范基地管理办法》
2017年4月13日	北京市经济和信息化委员会	京经信委发〔2017〕24号	《北京市中小企业公共服务示范平台管理办法》
2017年6月12日	北京市旅游发展委员会	—	《北京市会奖旅游奖励资金管理办法》

续表

时间	发文机构	文号	文件名称
2017年7月4日	北京市经济和信息化委员会	京经信委发〔2017〕47号	《加快全国科技创新中心建设促进重大创新成果转化落地项目管理暂行办法》
2017年7月10日	北京市人民政府	京政发〔2017〕20号	《北京市关于培育扩大服务消费优化升级商品消费的实施意见》
2017年8月16日	北京市农村工作委员会、北京市发展改革委、北京市经济和信息化委员会等13部门	京政农发〔2017〕30号	《关于加快休闲农业和乡村旅游发展的意见》
2017年9月	北京市文化局	—	《关于加快推进公共文化服务体系示范区建设的意见》
2017年9月6日	北京市财政局 北京市经济和信息化委员会	京财经一〔2017〕1926号	《北京市支持中小企业发展资金管理暂行办法》
2017年10月10日	中关村科技园区管理委员会	中科园发〔2017〕38号	《〈中关村国家自主创新示范区促进科技金融深度融合创新发展支持资金管理办法〉实施细则(试行)》
2017年10月18日	中关村科技园区管理委员会	中科园发〔2017〕43号	《中关村国家自主创新示范区人工智能产业培育行动计划(2017~2020年)》
2017年11月8日	北京市人民政府办公厅	京政办发〔2017〕45号	《关于深化市属国有文化企业改革的意见》
2017年12月31日	北京市人民政府办公厅	京政办发〔2017〕53号	《关于保护利用老旧厂房拓展文化空间的指导意见》
2018年1月22日	北京市人民政府办公厅	京政办发〔2018〕3号	《北京市加快供给侧结构性改革扩大旅游消费行动计划(2018~2020年)》
2018年1月27日	中共北京市委、北京市人民政府	—	《关于深化投融资体制改革的实施意见》
2018年2月11日	北京市经济和信息化委员会、北京市财政局	京经信委发〔2018〕9号	《北京市传统工艺美术保护发展资金管理暂行办法》

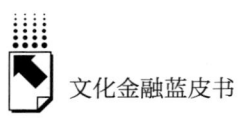

续表

时间	发文机构	文号	文件名称
2018年3月16日	北京市人民政府办公厅	京政办发〔2018〕7号	《关于加强传统村落保护发展的指导意见》
2018年4月2日	北京市人民政府	京政发〔2018〕12号	《关于扩大对外开放提高利用外资水平的意见》
2018年5月24日	北京市人民政府办公厅	京政办发〔2018〕21号	《关于进一步支持企业上市发展的意见》
2018年6月5日	北京市文化局、北京市发展改革委等	—	《关于推动北京市文化文物单位文化创意产品开发试点工作的实施意见》
2018年6月20日	市委宣传部、市政府新闻办公室	—	《北京市文化创意产业园区认定及规范管理办法(试行)》
2018年6月20日	中共北京市委宣传部、北京市人民政府新闻办公室	—	《关于加快市级文化创意产业示范园区建设发展的意见》
2018年7月5日	中共北京市委、北京市人民政府	—	《关于推进文化创意产业创新发展的意见》
2018年7月17日	北京市人民政府办公厅	京政办发〔2018〕27号	《关于支持实体书店发展的实施意见》

二 北京市文化金融发展总体情况分析

（一）北京市文化创意产业资金流入情况

文化创意产业作为北京市重要的支柱性产业，其发展离不开金融资本的推动与支持。新元文智－文化产业投融资大数据系统（文融通）数据显示，2018年，北京市文化创意产业从私募股权、众筹、新三板、上市首次募资、上市再融资、债券等渠道合计流入资金达834.59亿元。

（1）文创产业资金流入额超800亿元，私募股权融资、上市首次募资成主渠道。在货币政策收紧和金融监管持续的背景下，北京市文化创意产业的资金流入有所放缓。新元文智－文化产业投融资大数据系统（文融通）

数据显示，2018年，北京市文化创意产业从私募股权、众筹、新三板、上市首次募资、上市再融资、债券等渠道合计流入资金达834.59亿元，同比减少8.35%。分渠道来看，私募股权融资、上市首次募资、债券、上市再融资、新三板融资、众筹渠道流入的资金分别达到546.40亿元、175.93亿元、77.19亿元、24.73亿元、9.15亿元、1.18亿元。其中，私募股权融资、上市首次募资是资金流入的重要渠道，分别占比65.47%、21.08%。从各渠道资金流入的变化来看，债券、上市再融资、新三板融资、众筹渠道流入文化创意产业的资金规模较2017年出现下滑，分别下滑71.77%、86.40%、81.19%、7.07%。而上市首次募资渠道增长势头迅猛，增速达到140.77%；其次为私募股权融资渠道，同比增长73.03%。

（2）互联网信息服务业为吸金主力，涉及资金406.91亿元。中国互联网协会发布的《中国互联网发展报告2018》显示，截至2017年底，中国网民规模达7.72亿人，相比2016年新增网民4074万人，互联网普及率为55.8%。随着互联网的迅速发展，互联网信息服务越来越多地进入人们的生活，吸引了大量资本加入。文化产业投融资大数据系统（文融通）数据显示，2018年，北京市互联网信息服务、互联网文化娱乐平台、广播影视节目制作、广告服务、数字内容服务、广播电视电影设备制造等文创领域荣膺资金流入十强榜单。其中，互联网信息服务业为吸金主力，涉及资金406.91亿元（见图2），占比为48.76%；互联网文化娱乐平台紧随其后，流入资金241.05亿元，占比为28.88%；广播影视节目制作、广告服务、数字内容服务、广播电视电影设备制造及销售、景区游览服务、广播影视发行放映、出版服务、广播电视节目传输八个行业资本关注度相对较低，合计流入资金142.97亿元，合计占比为17.13%。

（3）海淀区文创产业备受资本关注，资金流入额近600亿元。海淀区是中国科技创新与文化创意的重要源头，备受资本关注；朝阳区是全国首批公共文化服务体系示范区、国家文化与科技融合发展示范区、国家文化产业创新发展实验区、国家文化与金融合作试验区、国家文化消费试点城市，资本也较为热衷。文化产业投融资大数据系统（文融通）数据显示，2018年海

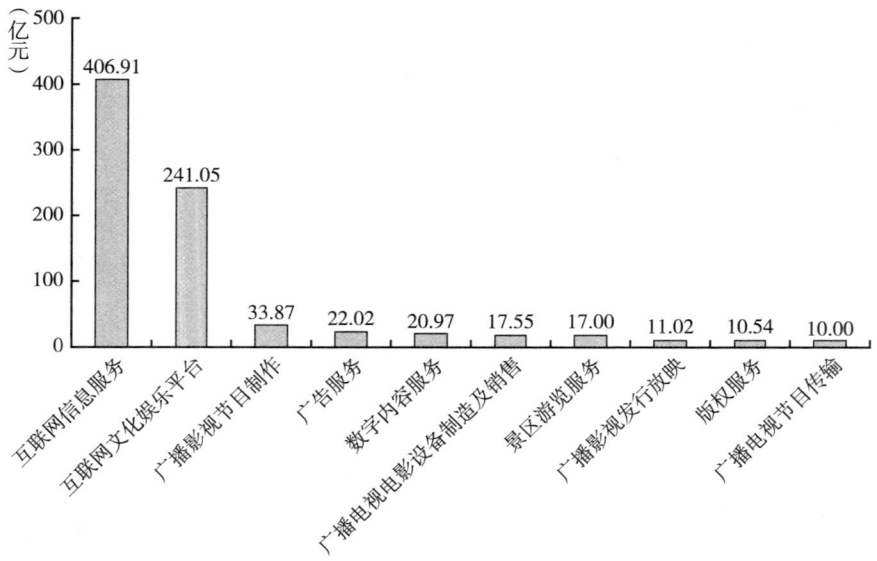

图2 2018年北京文创产业资金流入行业TOP10

资料来源：新元文智－文化产业投融资大数据系统（文融通）。

淀区募集资金569.81亿元，是流入资金最多的行政区；其次是朝阳区，流入资金217.91亿元；密云区排名第三，流入资金18.08亿元（见表2）。

表2 2018年北京市文化创意产业资金流入城区TOP10

单位：亿元

城区	募集资金
海淀区	569.81
朝阳区	217.91
密云区	18.08
东城区	10.80
怀柔区	6.82
丰台区	2.55
昌平区	2.08
大兴区	1.93
石景山区	1.74
西城区	1.67

资料来源：新元文智－文化产业投融资大数据系统（文融通）。

（二）北京市文化创意产业各渠道投融资发展情况

1. 私募股权：互联网信息服务业成吸金主力，初创型企业备受投资者青睐

北京作为我国政治文化中心，拥有着丰富的资源优势，较高的国际化水平，在区域性股权市场拥有重要战略地位。文化产业投融资大数据系统（文融通）数据显示，2018年北京市文创产业私募股权融资发生融资事件331起，其中96起未披露详细金额，其余235起事件涉及资金546.40亿元，与2017年相比分别增长22.59%、73.03%（2017年融资事件270起，涉及资金315.79亿元）。

从行业分布来看，互联网信息服务业私募股权融资规模居于首位，共发生融资事件92起，涉及资金规模为391.14亿元（见图3），占比为71.58%。其中，今日头条的40亿美元F轮－上市前融资直接扩大了此行业的融资规模。互联网文化娱乐平台、广播影视节目制作紧随其后，分别吸纳资金44.81亿元、22.69亿元。

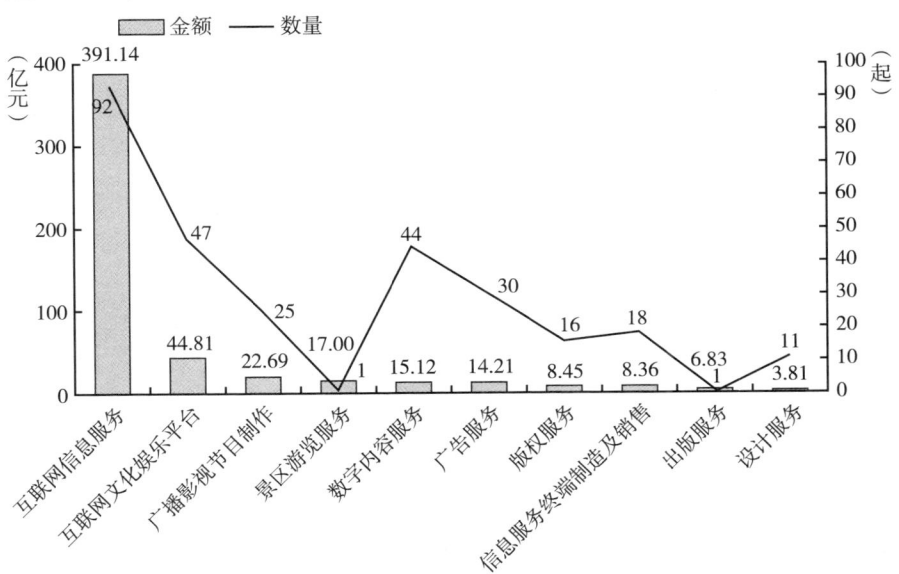

图3　2018年北京市文化创意产业私募股权融资各领域分布TOP10

资料来源：新元文智－文化产业投融资大数据系统（文融通）。

从融资轮次来看，初创期文企融资活跃度最高，备受投资者青睐。2018年北京市文化创意产业A轮、种子天使轮融资最为活跃，分别发生89起、79起事件（见图4），但平均单起事件融资规模较低，分别为0.52亿元、0.09亿元。成熟期企业吸金能力更强，D轮、E轮、F轮－上市前虽然仅分别发生了6起、2起、1起融资事件，但融资规模分别达到了47.68亿元、52.78亿元、276.94亿元。总的来说，较初创期企业而言，成熟期企业的市场竞争实力、资源整合能力和抗风险能力更强，更容易吸引大额投资进入。

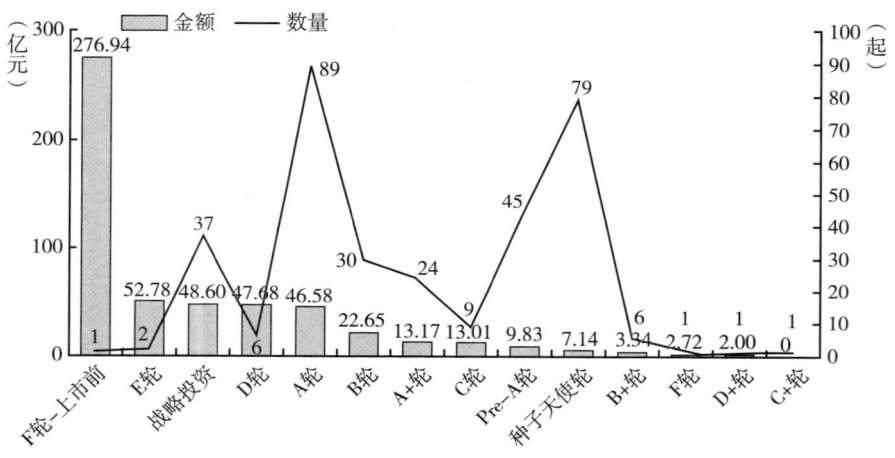

图4　2018年北京市文创产业私募股权融资轮次分布情况

资料来源：新元文智－文化产业投融资大数据系统（文融通）。

2. 上市：IPO首发融资及上市后投资额实现增长，再融资市场表现低迷

新增上市文企6家，首发融资额同比增长140.77%。新元文智－文化产业投融资大数据系统（文融通）数据显示，2018年，北京市新增6家文化创意企业成功上市，分别为淳中科技（海淀区）、天平道合（朝阳区）、映客（朝阳区）、爱奇艺（海淀区）、宝宝树集团（朝阳区）、万咖壹联（朝阳区），较2017年减少1家，首次募资总规模达到175.93亿元（见图5），与2017年相比增长140.77%。其中，爱奇艺首次募集资金141.85亿元，涉及资金规模最大。

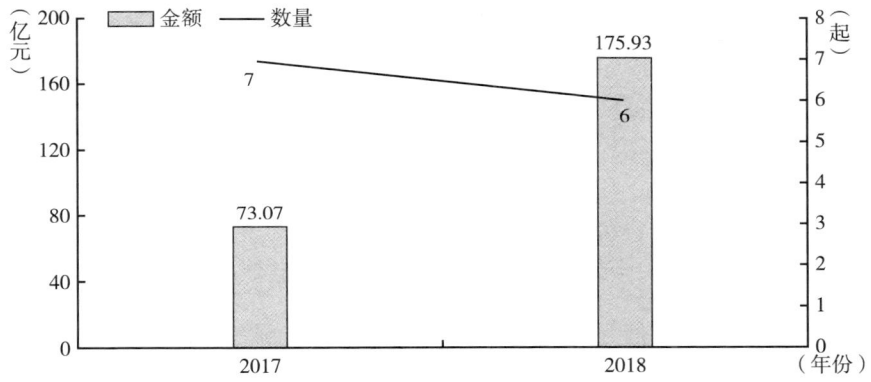

图 5　2017～2018 年北京市文创企业上市首发融资情况

资料来源：新元文智－文化产业投融资大数据系统（文融通）。

上市后投资规模稳步增长，互联网信息服务业表现突出。2018年北京市上市文创企业共发生72起投资事件，较上年减少25起，投资额达到568.03亿元，较上年增加90.69%。从行业分布来看，广告服务、互联网信息服务、数字内容服务三个行业投资动作频繁，分别发生投资事件16起、12起、12起（见图6），分别占比投资事件总量的22.22%、16.67%、16.67%；互联网信息服务、数字内容服务、互联网文化娱乐平台三个行业涉及资金规模领先，分别达到344.69亿元、90.01亿元、69.38亿元，分别占比60.68%、15.85%、12.21%。整体来看，互联网信息服务业无论是事件数量还是投资金额均表现不俗。

上市后再融资量价齐跌，互联网文化娱乐平台业吸金能力最强。2018年北京市上市文创企业再融资的事件数量、融资金额较上年均出现大幅下滑，事件数量由2017年的35起降至16起，融资额由429.24亿元降至101.33亿元。从行业分布来看，2018年发生再融资事件的上市文创企业主要分布在互联网文化娱乐平台、广播电视电影设备制造及销售、广播影视发行放映、广播影视节目制作、广播电视节目传输、艺术表演、数字内容服务、广告服务、版权服务9个子行业。其中，互联网文化娱乐平台业融资规模最大，达43.00亿元（见图7），占比为42.44%；其次为广播影视产业链中的广播电视电影设备制造及销售业、广播影视发行放映业、广播影视节目制作业、广播电视节目传输业，各获得资金12.20亿元、11.02亿元、10.00亿元、10.00亿元，合计占比为42.65%。从融资活跃度来看，数字内容服务业融资事件为5起，活跃度最高；其次为广播影视节目制作业、广播电视节目传输业、艺术表演业，各为2起。

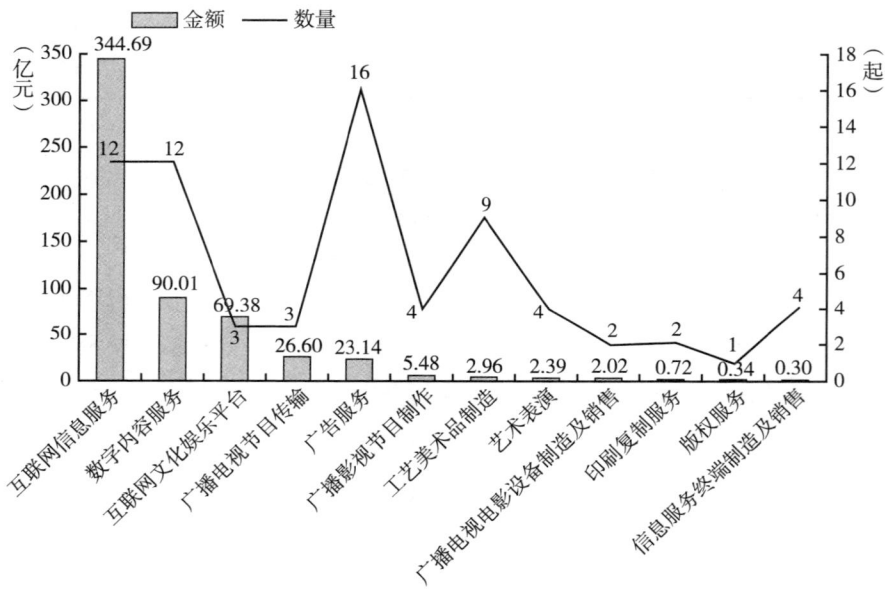

图6　2018年北京市涉及投资事件的上市文创企业领域分布

资料来源：新元文智-文化产业投融资大数据系统（文融通）。

3. 新三板：新增挂牌文企数量明显下降，挂牌后投融资市场表现低迷

新三板挂牌文企数量明显下降，以数字内容服务业与广告服务业企业居多。2018年北京文创企业挂牌新三板的热度出现了明显下降。据统计，共计新增8家文化创意企业登陆新三板，仅相当于2017年全年新增总量的15.69%。从行业分布来看，数字内容服务业与广告服务业均有不俗的表现，新增挂牌企业数量并列第一，各新增2家文化创意企业挂牌新三板，合计占比为50.00%；此外，文化经纪代理服务、会议展览服务、广播影视节目制作、工艺美术品销售四个行业分别新增1家企业挂牌（见图8）。

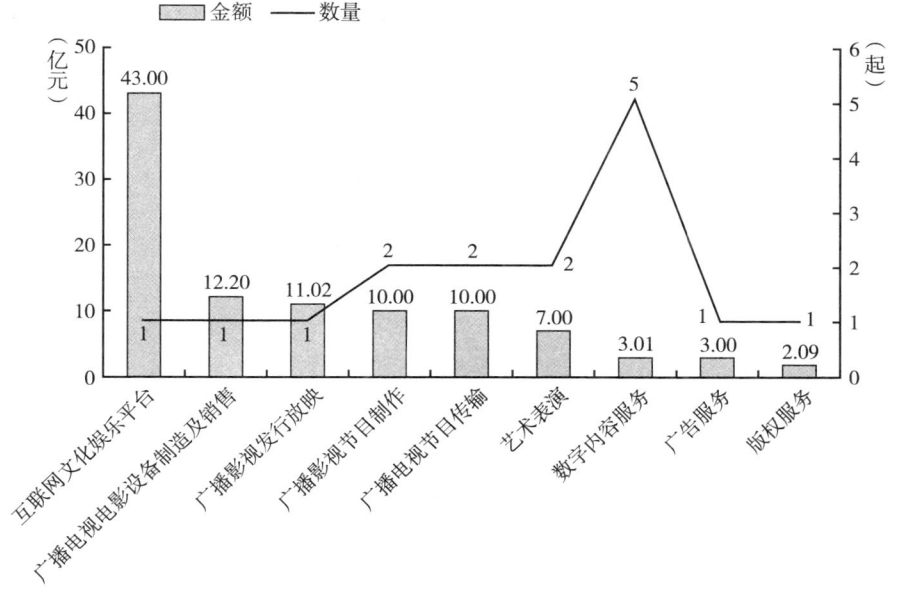

图 7　2018 年北京市上市文化创意企业再融资行业分布情况

资料来源：新元文智－文化产业投融资大数据系统（文融通）。

挂牌后融资量价齐跌，数字内容服务及广告服务业表现活跃。2018 年北京市挂牌新三板的文创企业共发生融资事件 37 起，募集资金 9.75 亿元，融资事件数量、融资金额分别同比下降 52.56%、79.95%。从融资方式来看，全年 36 起定向发行事件共募集资金 9.15 亿元；1 起发行债券事件共募集资金 0.60 亿元。从行业分布来看，2018 年北京市挂牌新三板的文化创意企业融资涵盖数字内容服务、广告服务、广播影视节目制作、广播电视电影设备制造及销售、互联网信息服务等 10 个子行业。其中，数字内容服务、广告服务两个行业融资活跃度、融资规模均领先，分别涉及事件 7 起、12 起，分别募集资金 2.82 亿元、2.41 亿元（见图 9）；此外广播影视节目制作、广播电视电影设备制造及销售、互联网信息服务、设计服务、文化科研培训服务等 8 个行业的融资金额均在 1.50 亿元以下，事件数量均未超过 6 起。

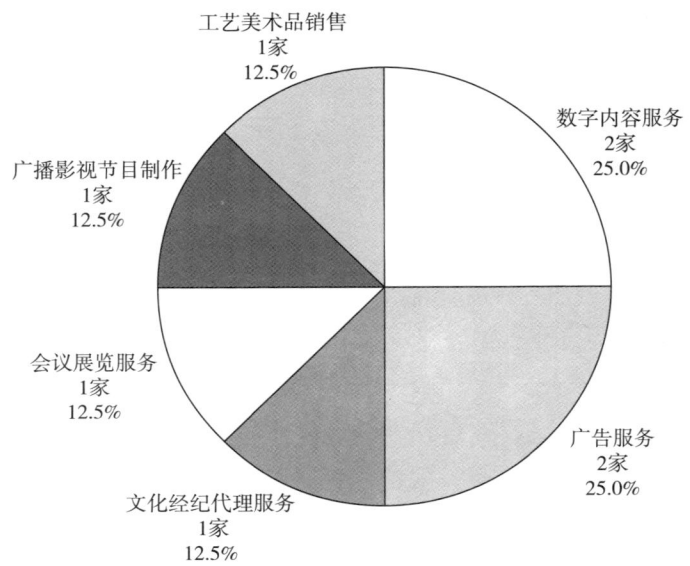

图 8　2018 年北京文企挂牌新三板主要行业分布

资料来源：新元文智－文化产业投融资大数据系统（文融通）。

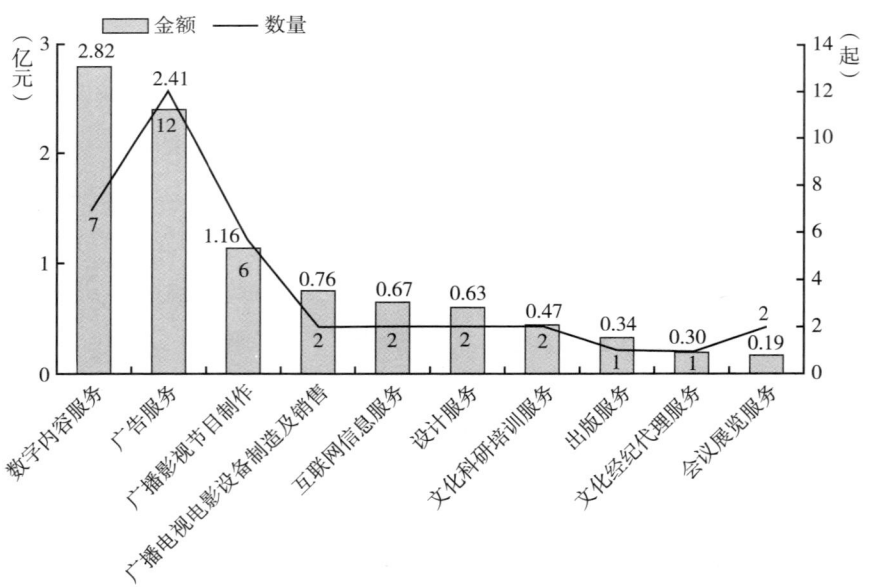

图 9　2018 年北京挂牌新三板文创企业融资行业分布

资料来源：新元文智－文化产业投融资大数据系统（文融通）。

挂牌后投资事件及规模双向下滑，数字内容服务类企业投资规模领先。在经济下行压力加大的背景下，2018年北京市新三板挂牌文化创意企业资本运作相对较少。据统计，2018年北京市已挂牌新三板文创企业发生投资事件257起，同期下降30.73%；涉及投资资金21.22亿元，同期下降59.22%。从投资方式构成上看，新设子公司共发生160起事件，涉及资金规模11.96亿元；此外还有37起并购事件，涉及资金规模6.76亿元；56起股权投资事件，涉及资金规模2.31亿元；4起投资基金事件，涉及资金规模0.20亿元。从行业分布来看，2018年归属数字内容服务业的新三板企业大幅扩张，47起投资事件涉及资金7.13亿元（见图10），分别占比为18.29%、33.60%。此外，对外扩张比较明显的子行业还有广告服务、设计服务、广播电视电影设备制造及销售、互联网信息服务、广播影视节目制作，发生投资事件数量占比分别为33.46%、3.89%、0.78%、5.84%、12.06%；涉及投资资金占比分别为16.78%、12.12%、9.43%、7.40%、7.16%。

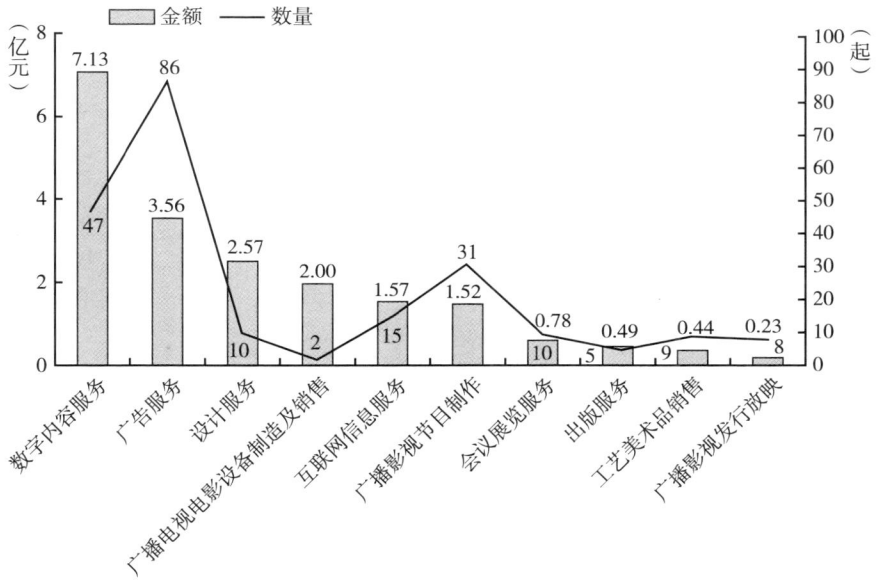

图10　2018年北京各子行业挂牌新三板文创企业的投资情况TOP10

注：因数据四舍五入的原因，本文可能存在总计（或占比）与图中各项求和（或占比）不等的情况。

资料来源：新元文智-文化产业投融资大数据系统（文融通）。

4. 文化债券市场表现低迷，互联网文化娱乐平台企业发债规模领先

2018年，监管新政逐一落地，监管持续严格，市场主动自我规范。在金融去杠杆和资管新政之下，企业面临一定的发债困难。新元文智-文化产业投融资大数据系统（文融通）显示，2018年北京文创企业发行债券融资事件总计12起，同比下降40.00%；发行规模为77.19亿元，同比减少71.77%。从行业分布来看，北京市文创企业债券发行涉及互联网文化娱乐平台、广播影视节目制作、广播电视节目传输、艺术表演、广告服务、版权服务、数字内容服务、设计服务8个子行业。其中，互联网文化娱乐平台企业债券发行融资43.00亿元，遥遥领先于其他细分行业（见图11）。从发债数量来看，各领域发债数量都不高，各有1起或2起事件，分布较为均衡。

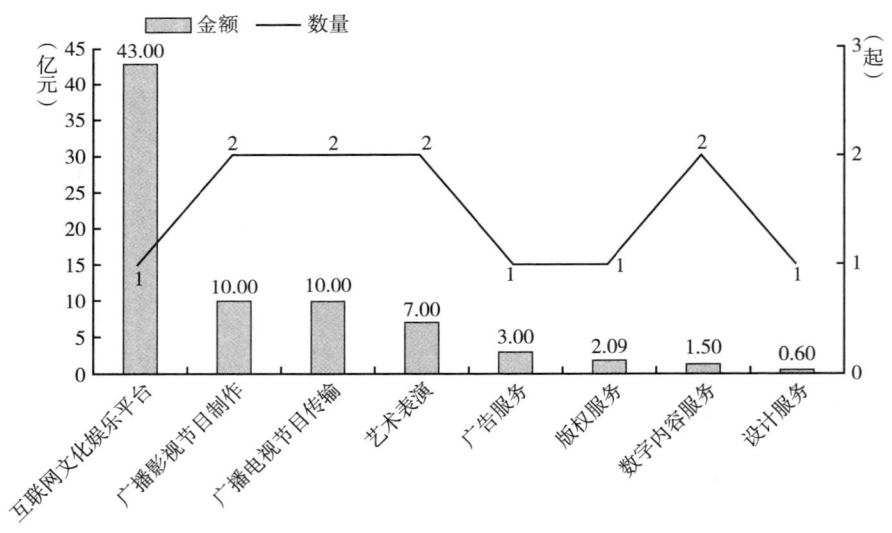

图11　2018年北京市文创企业各领域债券发行情况

资料来源：新元文智-文化产业投融资大数据系统（文融通）。

5. 文化并购事件达22起，广播影视节目制作行业并购规模遥遥领先

据文化产业投融资大数据系统（文融通）统计，2018年北京文化创意产业并购市场共发生22起事件，其中7起未披露详细金额，其余15起事件涉及资金387.76亿元，较上年增长68.05%。从行业分布来看，近年来，

我国居民消费欲望和消费能力快速上升,影视节目作为主要文化消费内容带动相关行业迅猛发展。2018 年北京广播影视节目制作行业 3 起并购事件,共涉及资金 173.00 亿元,规模遥遥领先(见图 12);出版物发行行业紧随其后,1 起事件涉及资金 75.00 亿元;广告服务、互联网信息服务两个行业分列第三、第四位,分别发生事件 3 起、6 起,分别涉及资金 67.38 亿元、53.71 亿元。

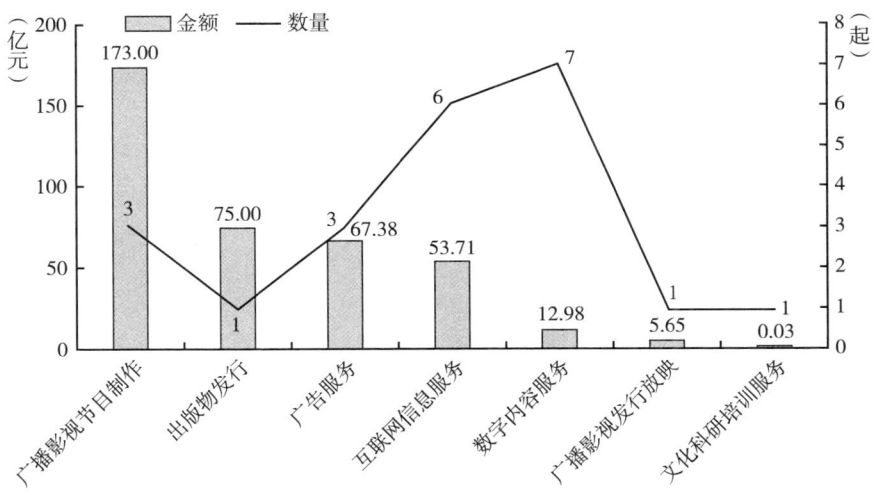

图 12　2018 年北京文化创意产业被并购方细分领域分布

资料来源:新元文智－文化产业投融资大数据系统(文融通)。

6. 北京文化众筹规模全国第二,以奖励众筹为主

众筹融资是一种新兴的互联网金融模式,其出现为互联网金融带来了新的思路,也给文化创意企业的融资带来了新的渠道。据文化产业投融资大数据系统(文融通)统计,2018 年北京市文化创意产业共发生众筹事件 279 起,获得资金 1.18 亿元(见图 13),较 2017 年分别减少 17.21%、7.09%。此外,与全国其他省份相比,北京市通过众筹融资渠道募集资金不及广东(2.00 亿元),位列全国第二。

奖励众筹高达 278 起,是北京文企主要众筹融资模式。从众筹类型来看,新元文智－文化产业投融资大数据系统(文融通)数据显示,2018 年,

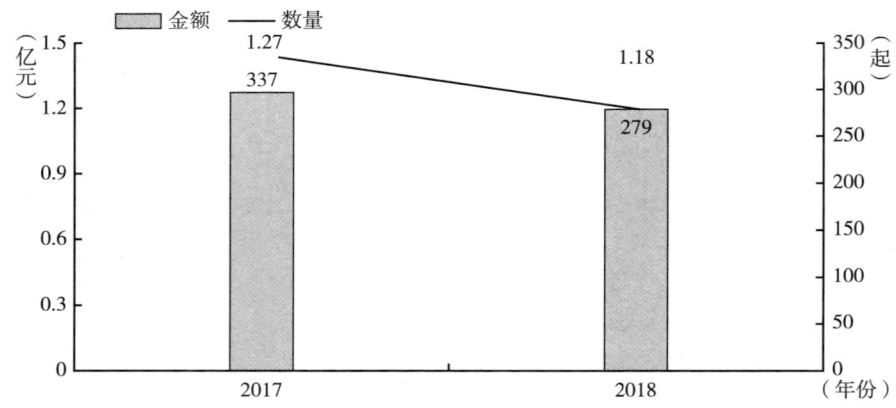

图 13 2017～2018 年北京市文化创意众筹融资情况

资料来源：新元文智－文化产业投融资大数据系统（文融通）。

北京市文化创意产业奖励众筹发生事件 278 起，获得资金 9811.73 万元；股权众筹仅发生 1 起事件，获得资金 2000.00 万元（见表 3）。可以说，目前奖励众筹为北京文企众筹融资的主要模式。

表 3 2018 年北京市文化创意众筹融资模式情况

众筹模式	融资规模（万元）	事件数量（起）
股权众筹	2000.00	1
奖励众筹	9811.73	278

资料来源：新元文智－文化产业投融资大数据系统（文融通）。

（三）北京市文化金融产品及服务创新案例分析

1. 搭建"北京文化创意大赛投融资服务平台"

为进一步激发首都文创产业活力，整合创新创意要素，以京津冀为核心带动全国文创产业协同发展，北京市文化创意产业促进中心在连续成功举办两届北京文化创意大赛的基础上，于第三届大赛举办之际，搭建了"北京文化创意大赛投融资服务平台"，积极联合文化创意专业银行、担保机构、信用评价机构、投资机构和其他为文化创意企业提供投融资服务的专业机构,共同组织文创企业投融资专项对接服务活动。如与交通银行北京分行、北京银行北京分行等银行,与北京市文化科技融资担保有限公司、北京中小企业信用再担保有限公司等担保机构,与北京市文化科技融资租赁股份有限公司、清科集团、91科技等金融服务机构,与北京市朝阳区文创实验区企业信用促进会、北京资信评级有限公司等信用评级机构,与北京市文化创意产业投资基金、华盖资本等投资机构签订专业服务合作协议,策划推出信用评价、投融资方案定制、贷款、担保、抵押等参赛项目专属的金融服务产品,开展财务、资产、信用、融资等方面的咨询与培训,为文化创意企业提供更专业、更高效、更具针对性的投融资服务。

2. 挂牌国内首家服务文化创意企业的上市培育基地

2018年5月21日,上海证券交易所资本市场服务北京基地暨北京文化企业上市培育基地正式挂牌。北京文化企业上市培育基地由北京市文资办、上海证券交易所联合共建,主要为文化创意企业提供改制、路演宣传、投融资对接、辅导上市和互动交流等服务,是国内首家服务文化创意企业的上市培育基地。近年来,文创产业发展较好,北京市不断涌现优质的文化创意企业,具有较高的上市需求。作为北京改善营商环境的具体举措,北京文化企业上市培育基地的建立,对于北京文化创意企业了解上市相关知识、加快上市步伐、尽快登陆资本市场、加快发展具有重要意义,更深一步,有利于推动北京文创产业由高速增长向高质量增长转变,有利于北京文化创意企业与资本市场对接,更好地服务于全国文化中心建设。

3. 北京银行推出"创意贷"——为演艺公司制定3亿元文创产业基金方案

"创意贷"是北京银行为支持文化创意企业发展,推动北京文化创意集聚区建设推出的特色金融产品。除传统抵押担保方式外,北京银行针对文创企业轻资产的特点,创新推出版权质押、商标权、专利权、应收账款质押、未来收益权质押等无形资产质押担保方式,另外还包括法人无限连带责任并对优质的文化创意企业给予信用贷款。产品涵盖影视制作、文艺演出、出版发行、动漫网游、广告会展、艺术品交易贷款、设计创意、文化旅游、文化体育休闲等9大类文化创意行业以及文化创意集聚区10项子产品。例如,

某演艺公司成立于2015年。最初企业开始承接母公司演出运营业务，凭借海内外娱乐机构及艺人资源、国内跨城市执行、媒体营销等资源优势，引进、投资、制作、营销和执行现场演出及体育赛事逾千场次。在蓬勃发展的同时企业亟须灵活的融资方案，北京银行为企业制定3亿元文创产业基金方案，其资金使用时间长、用款灵活等特点充分满足企业对于资金使用的需求。

三 北京市文化金融发展主要问题和对策建议

（一）主要问题

（1）文化空间"存量"惊人，文创产业园区发展提出投融资新命题。北京文创产业作为首都的支柱产业，对经济增长的贡献权重日趋提升。文创产业园区作为文创产业发展的重要载体，在其中发挥了重要的聚集支撑作用。因此金融促进文创产业园区良性发展至关重要。特别是2017年底北京市印发了《关于保护利用老旧厂房拓展文化空间的指导意见》，将拓展文化空间定为老旧厂房转型的一大方向：或"承载文化馆、图书馆、博物馆、美术馆、实体书店、艺术影院、非遗展示中心等文化设施功能"，或"积极推动达到一定规模和符合建筑标准的老旧厂房资源向文化创意产业园区转型"。而根据2018年6月《人民日报》文章《北京转型改造工业遗存七百多万平方米—老旧厂房里的"文创梦"》，依北京市文化创意产业促进中心的调研，目前北京市腾退的老旧厂房有242个，总占地面积达2500万平方米，已经转型利用的老旧厂房有601万平方米，正在转型改造的为138万平方米；3年内还有200多家一般制造业企业，将随着疏解整治促提升行动的开展陆续迁出。这预示着未来将出现大批量的文创产业园区，意味着金融为文创产业园区保驾护航将是北京面临的重点问题。金融产品需要更进一步深入文创产业园区的开发运营当中，银行、保险、担保等金融机构需要为投资周期长、资金回笼慢以及整个开发运营环节等情况提供针对性更强的产品与服务，以应对新产生及增长的需求。此外，未来文创产业园区的开发运营亟须更多社会资本的参与,需要政府进一步总结支持宋庄、北京工艺美术博物馆等园区项目的经验,继续发挥政府投资的引领与扩大作用,激发更多的民间资本参与,更深层次地驱动社会资本对接文创产业园区,促进文创产业的高质量发展。

(2) 文化金融发展遇瓶颈,有待进一步打破壁垒。近年来,北京市文创产业投融资创新不断,如2018年首个文化金融服务中心开始运营,首批就有20家金融服务机构进驻,为文创企业提供特色化的产品及服务;杭州银行北京分行推出"园区一站通""教育直通车"两款服务于北京文创产业的专项产品,为文创企业解决融资难问题提供了不小的帮助。北京市文化金融的融合发展已取得了较为辉煌的成绩,但如今已经在一定程度上进入了一个瓶颈时期,能够为文创企业提供服务的金融创新工具及产品已经得到了较为深入的挖掘,文化金融工具及产品的创新力出现了下降的趋势。这为北京文创产业投融资发展提供了新的要求,一方面是如何促进文化金融发展创新不断,持续保持活力;另一方面是如何极大化激发已推出的创新型文化金融工具及产品的活力与潜能,如文化金融服务中心如何极大化地促进文创产业发展,"投贷奖"如何进一步的提高效用,"园区一站通"及"教育直通车"如何进一步扩大惠及范围等。

(3) 政策性再担保机构缺失,北京文创担保发展缓慢。发展文创担保对于企业加快融资,抢得先发优势,以资金占商机以及分解投资方风险,推进产业发展具有重要意义。然而,当前从数量上看,文创类担保机构特别是中小微文创类担保比较缺失。从所有制上看,国有或者参考投资的担保机构居多,私营及其他所有制的担保机构欠缺。从担保业务开展上看,融资担保、特别是中小微文创融资担保具备收益低、风险高、参与条件高等特点,当前的扶持政策还无法满足文创担保的需求,需要政府加大扶持,为更多的文创企业提供融资担保服务。从文创担保风险的把控上看,紧迫需要再担保机构,特别是政策性再担保机构为文创担保缓释风险,目前,北京市已经拥有一家政策性再担保机构,为北京中小企业信用再担保有限公司,还需要继续加大对文创融资再担保的服务能力,推动扩大文化创意产业的融资规模。

（二）对策建议

（1）积极探索文创园区差异化发展模式，鼓励引导更多社会资本参与。想要进一步推动北京市文化创意园区发展，应建立健全政府资金引导、社会资本参与、市场化运作的扶持模式，积极探索文化创意产业园区差异化发展模式。在明确文化创意产业园区自身发展定位和主导产业的基础上，加大对主导产业的政府资金扶持力度，引导、鼓励各类金融主体积极面向主导产业链条重点环节及薄弱环节文创企业提供精细化投融资服务，在充分保证园区内主导产业链条的完整性的基础上，积极推动区内企业形成良性分工合作，避免同质化竞争，进而推动园区实现差异化发展。同时，鼓励园区运营管理由政府主导招商引资逐渐向市场化招商引资运作机制转变。如老旧厂房改造方面，应进一步加强政府财政资金的引导促进作用，继续推动北京市达到一定规模和符合建筑标准的老旧厂房资源向文化金融、创意设计等特色园区转型，支持老旧厂房所有权主体和运营主体通过厂房所有权、运营权、租赁权等无形资产证券化等方式实现多元化融资，吸引更多社会资本参与老旧厂房保护、改造、利用，进一步拓展文化空间。

（2）鼓励文创企业及金融机构积极探索产业链金融，以高新科技推动文化金融创新。面对文化金融市场的瓶颈期及调整期，无论是投资机构还是文化创意企业，都应该把更多的时间放在产品的打磨、商业模式的转化、运营能力的提升等方面，文化金融创新亟须新的尝试与探索。并且随着大数据、区块链、物联网、人工智能等金融科技的广泛、深度运用，文创产业链和营销链的全程信息集成和共享有望成为现实，金融科技的运用给文化创意产业链金融的发展奠定了基础。因此，建议北京鼓励金融机构与重点文创企业加强合作，大力发展产业链金融产品和服务，围绕核心文创企业的产业链，把控信息流、物流、资金流，以企业在产业链的资金需求、资源需求为出发点，站在整个产业的全局及高度，探索以核心企业信用贷、预付账款融资、应收账款融资等多种方式为上中下游文创企业的融资发展提供服务，促进产业链共同发展。此外，金融机构可以运用大数据等高新技术，结合外部数据及文创企业真实的财务、融资、采购、交易订单、销售、库存等数据构建风险模型，进一步降低文化创意企业的经营管理风险及融资风险。

（3）建立完善的文创担保机构培育机制，提高文创担保服务水平。一是引导鼓励文创企业或专业文化协会类民间组织集资联合建立商业性文化担保公司、互助担保基金，依法开展各类互助性融资担保；二是对现有服务于文创企业的担保机构进行摸底，引导有意愿且符合条件的担保机构并购重组壮大实力，提高服务和风控能力；三是集中各级、各类扶持资源组建"政府政策扶持、市场化方式运作"的市级政策性文化再担保机构，为北京市各区的政策性文化担保公司开展的文创企业担保业务提供再担保。同时，督导各区完善建立政策性文化担保公司，为中小微文创企业提供贷款融资担保、投保联动、商业性担保公司再担保等综合金融服务；四是增强政策对民营文化担保机构覆盖的广度和深度，如免征符合条件的担保机构的营业税、建立小微文创企业担保奖励补偿机制等（如补贴融资担保公司的文创企业担保费率）。

参考文献

[1] 新元智库：《2018年北京市文化创意产业投融资研究报告》，2019年2月。
[2] 新元智库：《（2018年1~12月）文化新三板月度分析报告》，2018~2019年。
[3] 新元智库：《（2018年1~12月）文化股权融资月度分析报告》，2018~2019年。
[4] 新元智库：《北京市文化金融手册2018年版》，2018年10月。

B.11
2018年深圳市文化金融发展报告*

陈能军　史占中　王正凯**

摘　要： 深圳市文化产业发展取得了巨大的成就，其发展与金融对文化产业的支持息息相关。2018年深圳文化产业通过私募股权融资43.13亿元，通过新三板融资定增融资3.78亿元，上市公司通过IPO、定增融资18.72亿元、7.02亿元，截至2018年9月，深圳文化类上市公司长期借款843.37亿元，短期借款367.50亿元，应付债券余额177.32亿元，金融对文化产业的支持力度远超其他城市。但深圳文化金融仍旧存在整体实力和核心竞争力不足、高层次人才匮乏等问题。深圳需以《粤港澳大湾区发展规划纲要》将深圳建设成为具有世界影响力的创新创意之都为契机，进一步加大金融对文化产业的支持力度，做大文化产业整体规模，增强创新创业能力和竞争力，提升文创产品和服务供给与质量，优化文创产业结构布局，落实文化激励政策，引导文化产业成为推动社会经济快速健康发展的重要引擎。

关键词： 文化金融　文化产业　定增融资　深圳

---

* 本文系国家社科基金重大项目"文化产业的金融支持体系研究"（16ZD08）阶段性成果。
** 陈能军，中国人民大学经济学博士，上海交通大学应用经济学博士后。史占中，上海交通大学安泰与经济管理学院教授，博士生导师，战略管理研究所所长，产业经济研究中心副主任。王正凯，企业管理硕士，深圳前海盛世创富基金管理有限公司董事长。

一 2018年深圳市文化金融发展概况

（一）政策环境分析

作为中国"最年轻的一线城市"，深圳对文化产业的支持力度很大。早在 2003 年，深圳就确立了"文化立市"的发展战略，明确提出要把文化产业发展成为深圳市的第四大支柱产业，为此，在"十一五"期间，深圳安排了 3 亿元的文化产业专项资金，对文化企业给予补贴以及政策奖励，对文化企业免征或减征 3 年企业所得税，每年 12 月定期举办文化产业类活动。

2008 年，深圳出台了《深圳市文化产业促进条例》，该条例明确指出金融对文化产业支持的具体方式，既包括金融机构、担保机构、产权交易机构以及中介机构等通过发行债券、股票等方式在国内外筹集资金，也包括设立文化产业专项资金，重点扶持发展新兴文化产业和特色品牌文化企业发展。

2011 年，深圳出台《深圳文化创意产业振兴发展政策》，重点提出要加大财政对文化产业的投入，拓宽文化产业的投融资渠道。要在 2011~2015 年，每年安排 5 亿元文化产业发展专项基金，同时鼓励设立区级专项基金；鼓励 VC、PE 资金进入文化创意产业，支持商业银行创新文化创意产业信贷服务，引导担保机构为文化创意产业提供担保服务，支持开展文化创意产业保险服务，支持文化创意产业上市融资。

2014 年，为了进一步加大金融对文化产业的支持力度，深圳连续出台《关于深入推进文化金融合作的意见》《关于大力支持小微文化企业发展的实施意见》等政策法规，指出：要创新文化金融体制机制，建立完善的文化金融中介服务体系；要创新符合文化产业发展需求特点的金融产品与服务，加快推动适合文化企业特点的信贷产品和服务方式创新，完善文化企业信贷管理机制，加快推进文化企业直接融资，开发推广适合对外文化贸易特点的金融产品及服务等。

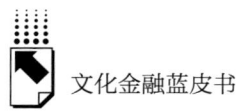

近年来,深圳陆续出台了《深圳文化发展"十三五"规划》《深圳战略新兴产业"十三五"规划》《深圳文化发展2020(实施方案)》等政策法规,推动文化产业取得长足发展的同时,也进一步明确了金融助力文化产业的发展方向。深圳文化金融发展有关的重要政策法规见表1。

表1 深圳文化金融发展有关的重要政策法规

时间	政策法规	出台部门
2008年	《深圳文化产业促进条例》	深圳市人大常委会
2011年	《深圳文化创意产业振兴发展政策》	深圳市人民政府
2014年	《关于深入推进文化金融合作的意见》	文化部、中国人民银行、财政部
2014年	《关于大力支持小微文化企业发展的实施意见》	文化部、工业和信息化部、财政部
2016年	《深圳文化发展"十三五"规划》	深圳市人民政府
2016年	《深圳市战略性新兴产业"十三五"发展规划》	深圳市发展改革委
2016年	《深圳文化创新发展2020(实施方案)》	深圳市文化广电旅游体育局

资料来源:根据公开资料整理。

(二)产业发展概况和特点

2018年是深圳市建市40周年。作为中国"最年轻的一线城市",深圳实现了从"文化沙漠"到"创新之城"的转变,"文化+科技""文化+金融""文化+贸易""文化+旅游"等新业态迅猛发展。

(1)产业爆发式增长,近十年年均复合增长率达到15.34%。2010年以来,深圳文化产业实现了爆发式增长,文化产业增加值占GDP比重逐年提高,文化创意产业已经成为深圳国民经济的支柱产业以及新的增长极。如图1所示,2010年文化创意产业增加值仅为726亿元,占GDP比重为7.72%;到了2018年,文化产业增加值达到2621.77亿元,占GDP比重为10.91%。增长了2.6倍,年均复合增长率为17.41%。依据《深圳文化创新发展2020(实施方案)》,预计2020年文化产业增加值将突破3000亿元,对经济增长的贡献也将越来越大。

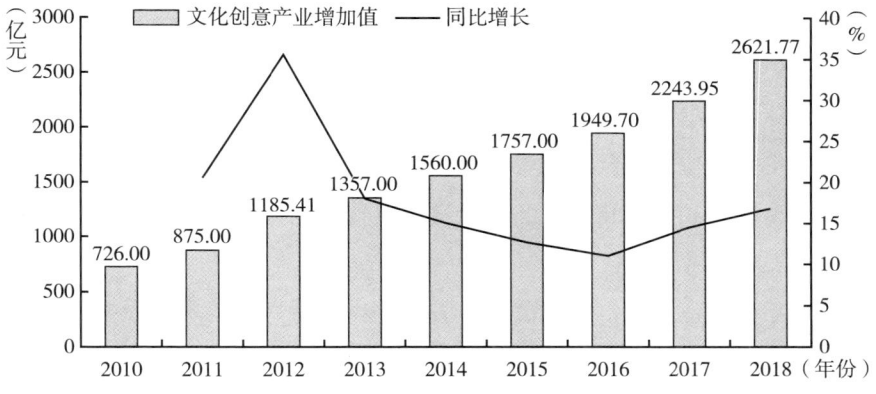

图 1　2010~2018 年深圳文化创意产业增加值

资料来源：根据深圳文化之窗网站、《2015 年深圳市国民经济和社会发展统计公报》等资料整理。

（2）融合产业发力，"文化+"加出产业发展新业态。近年来，深圳积极推动文化产业与科技、金融、旅游等产业的融合发展，形成了"文化+科技""文化+金融""文化+旅游"等文化产业发展新业态。以"文化+科技"为例，2018 年深圳"文博会"堪称艺术与科技结合的典范，新奇有趣的"黑科技"、充满设计感的文创产品、"一带一路"沿线国家的传统手工艺等以数字的形式展现，充分体现了深圳"文化+科技"的力量。通过"文化+科技""文化+金融""文化+旅游"等方式，借助网络技术、数字技术以及软件技术等现代信息技术手段，深圳诞生了腾讯、华强文化科技、华侨城集团等一批以高新技术为依托、以数字内容为主体、以自主知识产权为核心的高成长型文化科技型企业，一定程度上提升了文化产业的科技含量以及文化附加值。

（3）龙头企业引领，六大优势行业初步形成。据统计，深圳市目前拥有文化企业近 5 万家，从业人员超过 90 万人，规模以上企业 3000 多家，境内外上市企业 40 多家，连续两年文化企业增加值保持在 2000 亿元以上。作为一座"科技之城"，深圳依托城市特点，通过财政金融支持、土地空间规划、发展环境保障、人才资源提供等方式，多渠道加大文化创意产业招商引资力度和加强重大项目建设,提升文化创意产业的发展质量,打造领军企业和知名品牌,涌现出一批以高新技术为依托、以数字内容为主体、以自主知识产权为核心的高成长型文化科技型企业。目前,深圳初步形成了以腾讯、华侨城、华强方特、雅昌文化等企业为龙头,涵盖创意设计、动漫游戏、文化旅游、高端印刷、文化会展、黄金珠宝等优势细分行业,产业链上下游日趋完善的文化产业态势。

(4)集聚效应彰显,创意设计、动漫游戏等新兴行业发展迅猛。深圳文化企业集聚效应初步显现。近年来,凭借大数据、人工智能等高新技术和设计人才聚集的优势,创意设计、动漫及网络游戏等文化产业与数字网络技术相融合的新兴行业急速发展,为推动深圳市文化产业更进一步发展贡献了重要力量。目前,"创意设计"已经成为深圳的一张名片,最新出台的粤港澳大湾区规划明确要求将深圳建设成为具有世界影响力的创新创意之都。据统计,深圳目前约有设计机构1.2万家,专业设计人员近20万人,设计产业年产值约230亿元,带动工业产值数千亿元,室内设计、平面设计、工业设计、珠宝设计、服装设计等领域占全国较大市场份额,"创意之都"名副其实。深圳的动漫和游戏产业发展同样迅猛,从十几年前的加工、引进,发展为目前"全国动漫网游创意基地",实现了华丽转身,在全国乃至全球中的地位越来越重要。目前,游戏动漫电竞产业已成为深圳经济的重要增长点,2018年第三季度深圳市66家重点动漫游戏表现突出,营业收入为606亿元,同比增速超过15%。

二 2018年深圳市文化金融发展的资本动态

(一)股权融资

坐拥深圳证券交易所的深圳,是中国金融市场最发达的地区之一。目前已登记的私募基金管理人约为5000家,约占全国的1/5,覆盖基金类型包括天使、VC、PE等,是中国私募基金最主要的集聚地。近几年,国家加大对文化产业的扶持以及数字创意产业被列为战略性新兴产业等各种利好政策出台，私募股权投资基金也逐渐加大对文化产业领域的投资。

（1）企业融资次数以及数量有所减少，但融资规模稳中有升。2015～2018年深圳文化产业股权融资总额总体保持稳定，但略有起伏。如图2所示，从融资规模上看，2016年是深圳文化产业私募股权融资金额的小高峰，2016年的融资金额略高于其他三年。以2015年为起点，融资金额在经历2017年的短暂回调后，2018年依旧实现了正的增长。从融资的企业数量以及案例数量来看，2015年深圳地区通过股权融资的企业数量为110家，2016年为120家，2017年为162家，2018年为125家，2018年融资案例数量以及企业数量和2015年以及2016年基本持平，但少于2017年。总的来说，2018年深圳地区文化类企业融资次数以及融资企业的数量有所减少，但融资规模稳中有升。

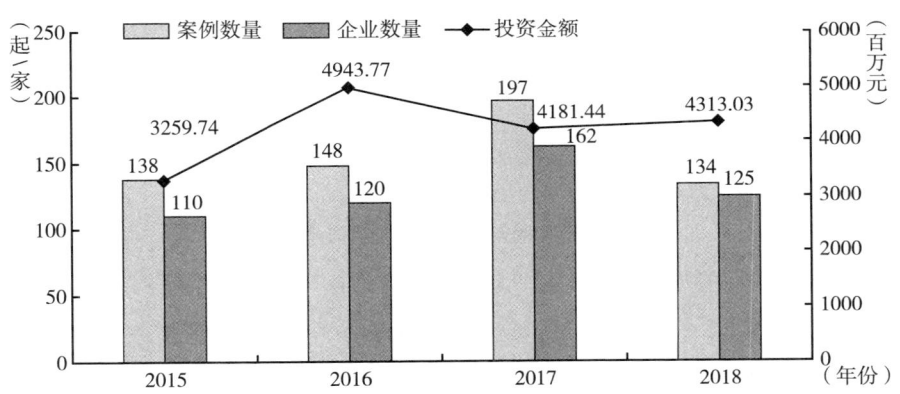

图2　2015～2018年深圳文化类企业私募股权融资总额

资料来源：清科私募通。

（2）初创期和扩张期融资规模较高，种子期和成熟期融资规模较少。风险投资进入企业的阶段按时间划分可以分为以下四个阶段：种子期、初创期、扩张期以及成熟期。如图3所示，以时间为参考标准，2018年深圳文化类企业私募股权融资阶段呈现中间多、两端少的特征。初创期的企业有46起融资案例，共涉及41家文化类企业，扩张期的企业有49起融资案例，共涉及47家文化类企业。两者数量相差不大，但是融资规模相差较大，前者融资9.39亿元,后者融资22.47亿元,后者是前者的2倍还多。

种子期和成熟期的企业融资规模要比初创期以及扩张期少。种子期的融资案例以及企业数量是成熟期的2倍多,但是种子期的融资规模却只有成熟期的1/2。种子期企业融资3.56亿元,成熟期企业融资7.71亿元,因此就单笔融资规模来说,种子期企业单笔融资规模是成熟期的1/4左右。这与所处阶段息息相关,越靠近前期的融资,单笔融资规模往往越少,越靠近后期的融资,单笔融资规模往往越大。

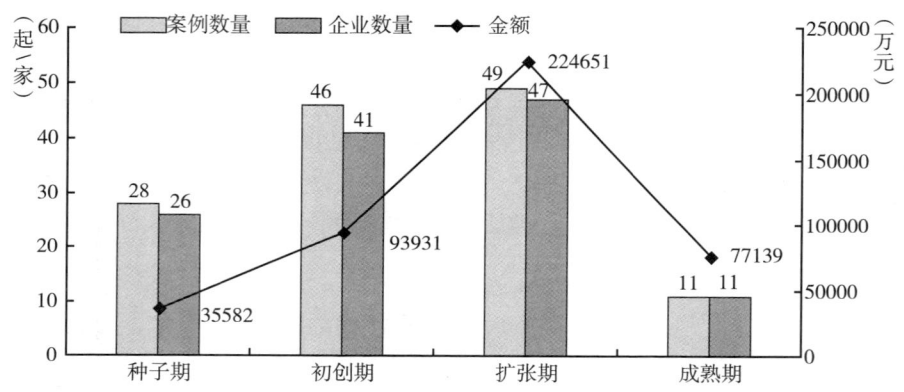

图3 2018年深圳文化类企业私募股权融资阶段

资料来源:清科私募通。

(3)资本较多关注初创企业,企业在天使轮以及A轮融资规模以及次数最多。B轮、C轮、D轮企业商业模式相对而言比较成熟,企业处于扩张期,对资金需求比较大。如图4所示,C轮融资案例数量只有5起,但是融资规模达到11.30亿元,D轮融资数量只有1起,融资规模却比融资次数达到21起的PRE-A轮融资规模还多。文化企业由于轻资产、重产权的属性,体量普遍不大,加之近几年深圳文化产业蓬勃发展,融资阶段大多处于前期阶段。天使轮有38起融资案例,A轮有39起融资案例,融资规模分别为6.08亿元以及13.35亿元。总体而言,深圳私募股权资本市场较多关注文化类初创企业,企业在A轮融资规模以及次数最多。

(4)IT服务业融资规模与融资次数高企,资本关注度最高。2018年,

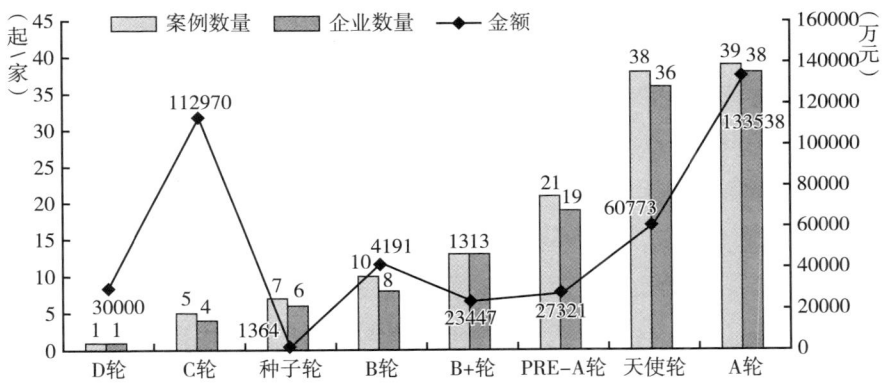

图 4　2018 年深圳文化类企业私募股权融资轮次

资料来源：清科私募通。

深圳地区 IT 服务类文化企业是文化企业融资的主力军。作为"创新之城"，信息技术产业一直是深圳的主导产业。如图 5 所示，把深圳地区文化类企业分为教育培训、娱乐传媒以及 IT 服务三大类可以发现，IT 服务类新兴文化企业融资次数以及规模最高。就融资次数来说，2018 年深圳 IT 服务类文化企业融资案例数量为 74 起，融资的企业数量为 66 家，远高于娱乐传媒以及教育培训等传统意义上的文化企业。就融资规模来说，2018 年深圳 IT 服务类文化企业融资余额为 29.12 亿元，远高于娱乐传媒的 5.68 亿元以及教育培训的 8.33 亿元。

（二）上市公司融资

上市公司是发展较为成熟、盈利能力较为稳定的一批企业，与依靠私募股权基金融资的未上市企业相比较，其融资方式较为多种多样，除了传统的股权融资外，也可以通过交易所市场发行债券融资，以及通过股权质押等融资方式融资，但鉴于股权质押的资金属于股东不属于上市公司，本报告只考虑债券和股权两种方式。深圳文化产业经过这些年的快速发展，拥有一批大而强的文化类上市公司。根据 WIND 资讯所属行业分类，选取商业和专业服务、软件与服务、消费者服务、媒体等行业内的 36 家 A 股上市公司作为研究对象。

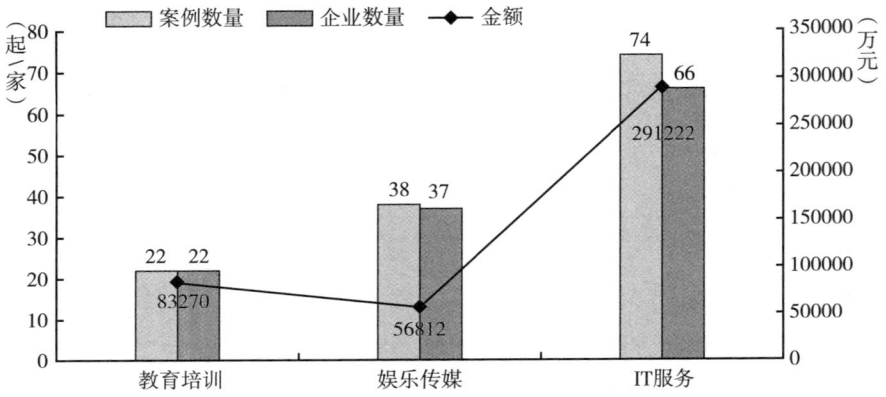

图 5　2018 年深圳文化类企业私募股权融资行业分布

资料来源：清科私募通。

（1）上市公司首发融资规模在 2017 年触底后于 2018 年实现反弹。2017 年 11 月，为了解决 IPO 堰塞湖的问题，证监会发审委加快了对 IPO 的审核速度，与此同时，严格 IPO 审核要求，至此 IPO 过会率大大降低。据统计，2017 年深圳有 40 家公司成功登陆资本市场，而 2018 年只有 11 家上市公司成功登陆资本市场，降幅接近 75%。得益于深圳文化产业的迅猛发展，文化类上市公司过会并未受太大影响。如图 6 所示，2015～2017 年连续三年深圳均有 2 家文化类上市公司首发上市，2018 年达到 3 家，监管趋严后反而还多了 1 家。从融资规模来看，深圳文化类上市公司在 2015 年 IPO 融资 6.53 亿元，2016 年增长到 14.44 亿元，2017 年有所下降，首发融资 3.56 亿元，到了 2018 年，猛增到 18.72 亿元，是 2017 年的 5 倍多，也高于 2016 年的 14.44 亿元。

（2）存量文化类上市公司行业集中度较高，软件与服务行业上市公司占比达 50%。目前，信息技术革命引起了人类社会发生重大变革。深圳历来重视软件产业发展，在全国大中城市中，深圳市软件收入规模稳居全国第二，软件出口额连续保持在全国第一的位置，软件与服务类上市公司数量也较多。如图 7 所示，2018 年深圳存量文化类上市公司总计 36 家，其中软件与服务行业为 18 家，比重为 50%；商业和专业服务 7 家，比重为 19%；媒体 4 家，比重为 11%；消费者服务（旅游）2 家，比重为 6%。

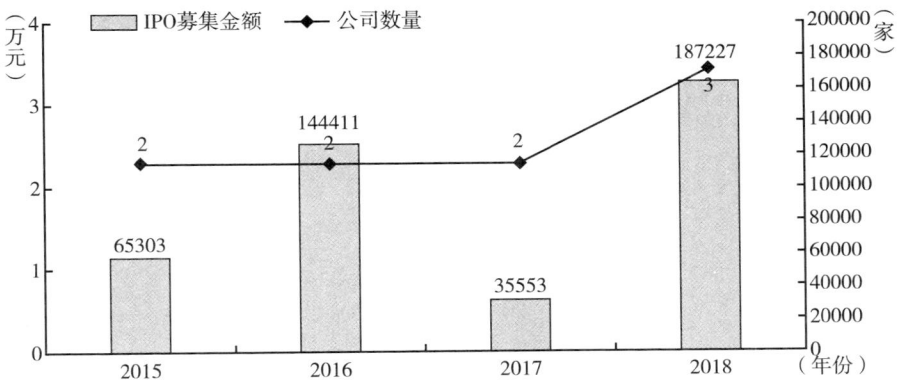

图 6　2015~2018 年深圳文化类企业 IPO 融资总额

资料来源：WIND 资讯数据资料。

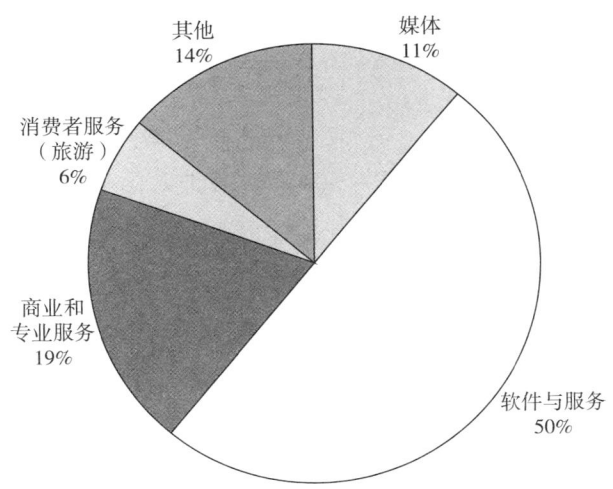

图 7　2018 年深圳存量文化类上市公司所属行业

资料来源：WIND 资讯数据资料。

（3）定增募资遇冷，近三年上市公司再融资持续下滑。2018 年以来，随着"资管新规"颁布、非标融资受限、监管环境趋严，部分发行人融资环境收紧，融资成本升高。一般情况下，一级市场融资规模与 A 股的走势息息相关，A 股的连续下跌不仅影响了二级市场，一级市场的上市公司定增活动也受到明显冲击。如图8所示，2018年A股文化类上市公司定增数量仅仅只有2家，融资规模只有7.02亿元；与2017年的9家92.74亿元，2016年的9家180.62亿元相差甚远。

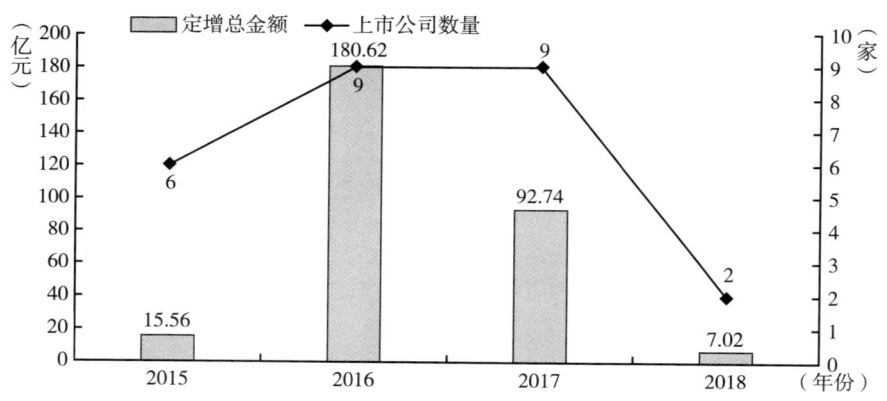

图8　2015~2018年深圳存量文化类上市定增数量与金额

资料来源：WIND资讯数据资料。

（4）债务危机隐现，2015~2018年深圳文化类上市公司债务规模不断攀升。债务危机简单来说就是偿债危机，即借了超出自身偿付能力的债务，一旦债主要求还债，而企业又没有能力筹集足够的资金偿还，则危机爆发。2018年文化类上市公司债务规模增长幅度普遍较快，一方面受国家对影视行业整顿的影响较大；另一方面，也与国家加强对游戏行业版号的审批有关。政策的不利导致文化公司盈利变差，债务规模增长较快。如图9所示，就长期借款来说，2017年文化类上市公司借款共计514.05亿元，到了2018年第三季度，长期借款达到843.37亿元，增长了64%。就短期借款来说，2017年文化类上市公司短期借款共计307.33亿元，到了2018年第三季度，短期借款达到367.50亿元，增长近20%。就应付债券来说，2017年文化类上市公司应付债券余额共计56.74亿元，到了2018年第三季度，应付债券余额达到177.32亿元，增长了2倍有余。

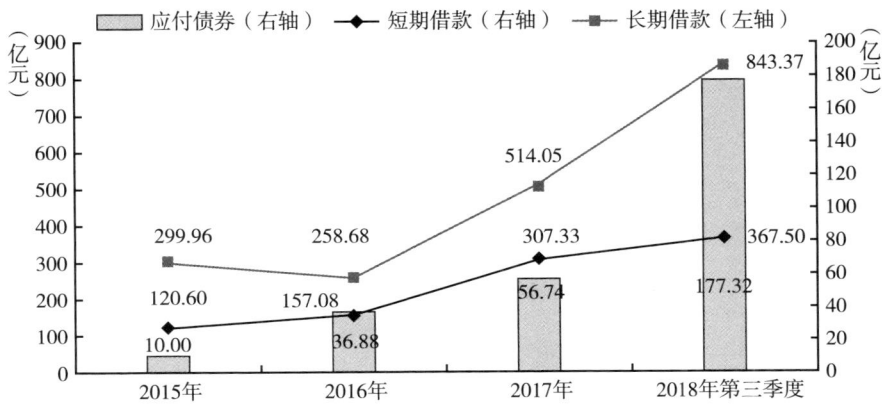

图 9　2015～2018 年第三季度深圳存量文化类上市债务规模

资料来源：WIND 资讯数据资料。

（三）新三板融资

（1）市场下行和募资寒冬，新三板 2018 年文化企业定增严重缩水。2018 年，在资金荒与资产荒同时并存的背景下，新三板市场持续低迷，流动性匮乏，文化类企业无论是增发数量还是募资金额都严重缩水。从统计数据来看，2018 年新三板定增融资与 2017 年相比大幅下滑。如图 10 所示，就融资的案例数量而言，2017 年文化类企业有 164 笔融资，2018 年仅有 21 笔，降幅 87.20%；就融资的企业数量而言，2018 年 11 家企业获得融资，约是 2017 年的 1/2；就融资规模来说，2018 年增发募集资金 4.42 亿元，与 2017 年相比降幅超 30%，略高于 2016 年的 2.68 亿元，远低于 2015 年的 11.6 亿元。

（2）锦上添花，新三板定增文化企业多集中在企业急需用钱的扩张期。企业的成长阶段可以分为种子期、初创期、扩张期和成熟期。对于新三板挂牌企业而言，企业需要符合业务明确、具有持续经营能力，且公司治理机制完善等基本要求。这就意味着新三板定增的企业主要集中在扩张期以及成熟期这两个阶段。如图 11 所示，新三板 2018 年定增融资的文化企业主要集中在扩张期，扩张期阶段的融资案例数量以及企业数量比重分别为 71.43% 和

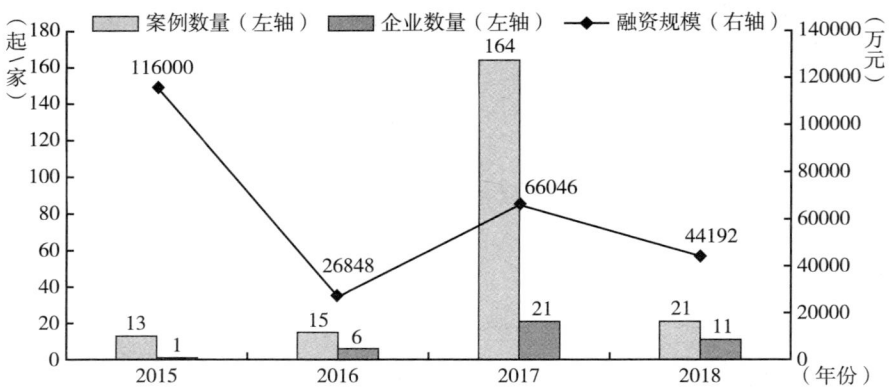

图10 2015~2018年深圳文化类企业新三板定增融资总额

资料来源：清科私募通。

81.82%。扩张期阶段的融资金额为3.78亿元，成熟期阶段为0.64亿元，扩张期占比85.55%。就成长期阶段的文化企业来说，企业还未形成自己的核心竞争力，加之文化产业具有无形化的特点，融资难融资贵现象突出，通过新三板融资可以使企业迅速发展，形成企业的核心竞争力。

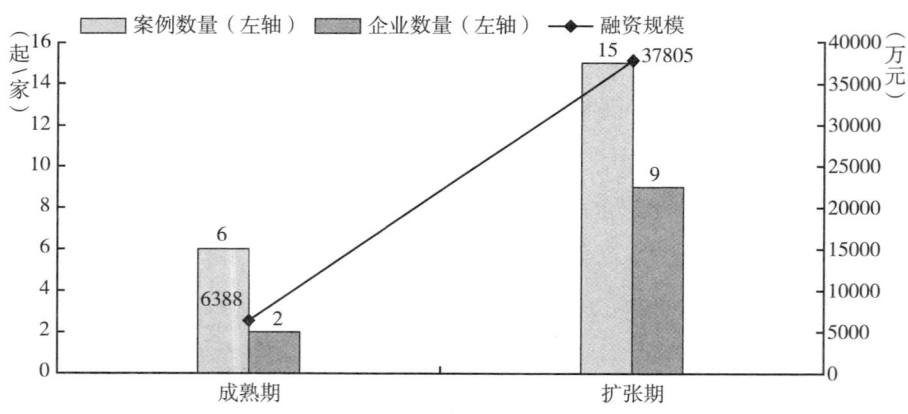

图11 2018年深圳文化类企业新三板定增融资阶段

资料来源：清科私募通。

（3）传统媒体融资案例数量与规模排名第二，仅次于新兴文化产业IT服务行业。2018年，文化传播、教育培训、影视制作与发行、无线互联网服务、传统媒体、IT 服务等文化产业各个子行业都有通过新三板市场定增募集资金。如图 12 所示，与上市公司以及私募股权市场相同，IT 服务依然是新三板市场定增募集资金的主力军，2018 年，共有 4 家新三板挂牌公司通过新三板市场定增融资，融资次数累计达到 10 次，融资规模为 3.13 亿元。传统媒体有 2 家公司通过新三板市场融资 4 起，融资规模 0.4 亿元，融资案例数量与规模排名第二，仅次于新兴文化产业 IT 服务行业。

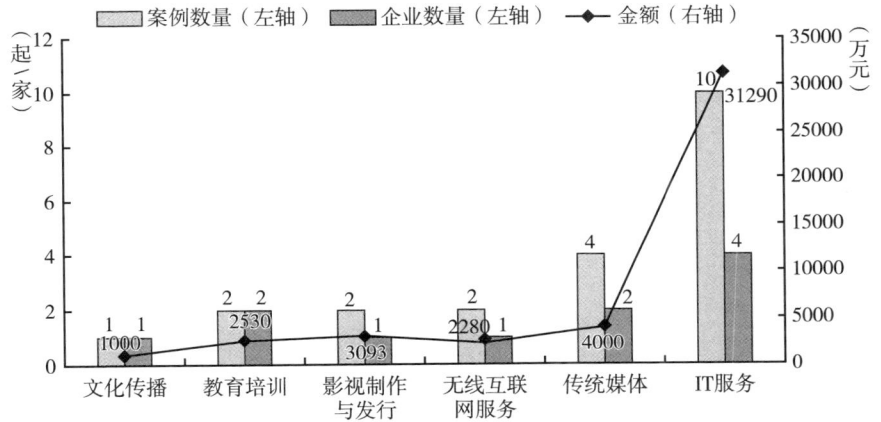

图 12　2018 年深圳文化类企业新三板定增融资细分行业

资料来源：清科私募通。

三　深圳市文化金融发展问题分析

与其他城市相比，深圳是较早探索"文化 + 金融"发展模式的城市之一。早在 2009 年，深圳就成立了深圳文化产权交易所，又称"文化四板"，以服务于深圳文化产业实体经济为立足点，通过登记托管、招标发布、募集发行、挂牌交易、公开拍卖等全交易手段；整合柜台交易、线下撮合、层级路演和线上交易等全平台服务，为全国文化企业提供挂牌上市、资本对接以及转板上市服务。2017 年，深圳在文化金融的政策扶持上又进一步创新，成立了深圳市文化金融服务中心，且在 2018 年，针对文化企业"融资难、融资贵"的老难题,联合深圳十几家银行,合作推出文化金融产品直通车服务,十几家银行金融产品的特点悉数列出,实现银行金融产品与文化企业的精准有效对接。

虽然深圳文化金融创新能力和文化品牌建设取得了长足进步,但与建成现代化国际创新型城市的要求以及当地市民日益增长的精神文化需求相比还有一定的差距,与国内其他一线城市相比,也存在一些差距。主要问题如下。

(1)文化创意产业缺乏银行认可的一般意义上的抵押品,贷款难融资难问题依旧。针对文化产业贷款难融资难等问题,深圳许多银行都陆续出台了专门针对文化产业的金融产品,中国建设银行深圳分行成立文化支行专门对接深圳文化产业,但是,这些产品大多需要"红本抵押",需要房产等抵押品以及担保公司担保。由于文化企业资本较轻,且大部分是中小微企业,其中很多还是创意驱动型公司,成立时间较短,信用等级不是很高,且主要资产为知识产权、版权等,没有银行认可的抵押品,担保公司不愿意担保,银行出于商业考虑也很难放贷。此外,确权难也是银行不愿放贷的另一个原因,文化企业大量的无形资产难以确权,难以确权也就难以评估价值,文化企业也就难以融资。

(2)政府财政扶持政策不稳定,缺乏持续稳定的政策预期。政策的可预期性以及连贯性对企业的稳定发展具有重要作用。保持政策的相对稳定性和可预期性,这大体是政府今后一段时间需要注意的文化产业政策问题。由于政府对企业的扶持,深圳聚集了大量的文化企业,有一些种子期的企业可能就是看中政府的补贴以及扶持政策才选择在深圳创业,有一些表面盈利的企业盈利背后的原因可能也是政府的补贴。政策的稳定性以及可预期性对文化企业具有非常重要的影响,尤其是文化类小微企业,当政策环境突然发生变化,如果企业没有提前接到通知,进行相应的发展战略调整,会对企业的经营产生重大风险。对企业来说,在改变政策的时候要有提前的信号,要让企业有可预期性。

(3)知识产权评估师等文化金融人才匮乏。当下,文化投融资在人才对接上的障碍不小。深圳的文化产业人才不少,金融人才也很多,但深圳一直存在一个现象，就是懂金融的不懂文化产业，懂文化产业的不懂金融，文化与金融相结合的人才急缺。举一个例子，资产评估是文化企业融资的重要一环，如何衡量版权等知识产权的价值需要资产评估师，对资产评估师来说，既需要清楚版权等知识产权的价值，也需要测算版权等知识产权未来的盈利能力，这就需要文化和金融相结合。现有文化企业经营主不太了解资本市场和金融手段，银行券商等金融人士真正懂文化产业规律的也少，急需培养文化与金融结合的复合型人才。

四 深圳市文化金融发展的政策建议

（一）加速文化产业结构调整的步伐

2018年，深圳市生产总值突破2.4万亿元，首次超越香港，跻身亚洲前五位，人均GDP约为20万元。深圳经济实力不断增强，生活水平大幅提高，深圳文化产业也在不断发展和转型，文化产业正在进行一场供给侧改革。以传统纸质传媒为代表的传统文化产业正逐渐被文化休闲娱乐服务业和以"互联网+"为主要形式的文化信息传输服务业所取代，传统的文化企业正在被时代所抛弃，新兴的文化产业正大放异彩。对金融机构来说，出于商业考虑，其投资或贷款的文化企业只能是符合社会发展潮流的文化企业。只有这些企业才能创造更多价值，实现金融机构与文化企业的共赢。金融助力文化产业发展，需要所助力的文化企业能够代表中国先进文化的前进方向，而不是助力落后的文化企业。

（二）提升市场融资能力

文化产业由于特殊性，不能仅仅依靠市场来提高资金，深圳政府需要主动出击，为深圳的文化企业创造更好的条件，拓展融资渠道，提升金融市场的整体融资能力。深圳市政府应该增加在深圳的文化银行数量，成立更多服务于文化企业的担保机构、保险机构，成立以政府为主导的文化产业扶持基

金，鼓励文化产业的私募股权机构落户深圳或在深圳设置分支机构以扩大私募股权机构数量。针对不同阶段的企业，出台不同的办法助力文化企业融资。对于成熟阶段的企业，引导企业不断改善其自身的公司治理能力，并优化其自身的股权结构，鼓励通过股权投资基金、定增配股、发行可转债、股权质押等多渠道融资。对于成长期的企业，鼓励企业做大做强，以专利、版权等知识产权抵押以及资产证券化的方式融资。对文化类初创企业，鼓励企业通过政府扶持基金以及私募股权基金获得资金，完善企业信用信息，出台政策鼓励银行提供纯粹的信用贷款。

（三）建立粤港澳大湾区内的文化金融人才培养和人才引进机制

粤港澳大湾区规划对深圳的定位为"创新创意之都"，这要求深圳有源源不断的人才输送给文化创意产业。现阶段，深圳与粤港澳大湾区内的广州与香港比，人才的培养明显不足，深圳的高校数量远少于香港和广州。粤港澳大湾区的出台给深圳的发展提供了契机，深圳可以和香港、广州合作，建立联合的人才培养机制。深圳的金融管理机构可以与其他地区的教育部门加强合作，教育部门向金融服务部门提供金融职业教育基地和实验场所，金融部门向大学等教育机构列明文化金融人才需要的工作技能并提供学生实习场地，两个部门深度结合，确保教育机构能够培养文化金融产业所急缺的人才。深圳的人力资源部门也需要改进人才引进机制，加大来深毕业生的住房补贴，可以考虑对来深找工作的文化金融人才给予路费补贴。举办文化金融知识讲座和文化金融职业能力的测评和考试，以考促学，建立自己的人才培养机制。

B.12
2018年广州市文化金融发展报告

李明充 陈泽文*

摘　要： 近年来，广州市在文化产业发展与文化金融建设方面取得了一定成效，文化金融融合逐步深入，文化金融服务平台建设加快，文化信贷业务不断拓展，各类社会性文化投资基金相继成立，文化上市企业数量不断增多，直接融资成效显著，对将文化产业打造成为支柱产业具有重要的带动作用。同时，广州市在文化金融融合发展方面还存在若干问题，相对北京、上海、深圳等先进城市，文化产业创投风投相对比较保守，文化与金融融合的结构不平衡，民营文化企业融资难，有效、多元化的文化金融服务体系缺乏，复合型的文化金融人才缺乏。广州市今后要从培育激活文化产业投融资"社会资本"、探索重大项目与文化名片融资先试先行、充分发挥龙头文化企业投融资引领作用、建设粤港澳大湾区文化金融创新中心、完善文化金融人才发展政策和环境等方面出台政策措施推动文化金融创新发展。

关键词： 文化金融　文化信贷　融合发展　广州

---

* 李明充，广州市社会科学院广州文化产业研究中心执行主任、广州文化上市公司产业联盟秘书长。陈泽文，广州文化金融服务中心有限公司总经理。

文化金融蓝皮书

文化金融是一个新的产业业态，它不是简单意义上的文化产业与金融产业的融合，而是在文化资源资产化与产业化发展过程中的理论创新构架体系、金融化过程与运作体系、以文化价值链构建为核心的产业形态体系及服务与支撑体系等形成的系统活动过程的总和。近年来，广州市采取了系列措施推动文化金融创新发展，搭建了文化金融服务平台，推出若干文化金融创新产品，文化企业直接融资也得到快速发展。但总体来看，广州市文化金融目前还处于初级阶段，自身"造血"能力不足，文化产业要得到长足发展，仍然需要金融的大力支持。

一 广州市推动文化金融发展的主要举措

（一）制定出台文化金融融合发展政策

为了推进文化产业的快速发展，广州市高度重视文化产业的顶层设计，在财政、税收、金融等方面加大对文化产业的政策支持，并制定了重要的纲领性文件《广州市关于加快文化产业创新发展的实施意见》，还制定了动漫游戏、电影、文化产业园区、博物馆、实体书店等一系列配套政策文件，初步形成"1+N"的文化产业政策体系。为进一步实现金融产业与文化产业融合发展，2017年4月，广州市印发了《广州市推进文化金融融合发展的实施意见》，提出"用5年时间，通过制度、机构、产品、服务等方面的创新，构建文化金融服务组织体系，开发适合文化产业特点的信贷产品，积极推动文化企业充分利用多层次资本市场融资，完善文化股权投资市场，培育和发展文化保险市场，形成文化与金融良性互动、深入融合发展的创新模式"等目标。该实施意见还提出建设创建文化金融综合服务示范区，在示范区内试行包括资金、财税、土地、人才在内的文化金融融合发展的优惠政策，吸引文化融资担保、文化融资租赁、文化投资基金、文化保险等集聚发展，鼓励文化企业上市直接融资。近年来广州市文化金融发展相关政策见表1。

表1 近年来广州市文化金融发展相关政策

时间	政策法规	文号
2015年	《关于促进广州市股权投资市场规范发展的暂行办法(修订)》	穗府办〔2015〕5号
2016年	《关于加快动漫游戏产业发展的意见》	穗府办规〔2016〕15号
2017年	《广州市促进文化与科技融合的实施意见》	穗府办函〔2017〕223号
2017年	《广州市推进文化创意和设计服务与相关产业融合发展行动方案(2016~2020年)》	穗府办〔2017〕273号
2017年	《广州市促进商旅文融合发展工作方案》	穗府办函〔2017〕325号
2017年	《广州市推进文化金融融合发展的实施意见》	穗金融〔2017〕11号
2018年	《广州高层次金融人才支持项目实施办法(修订)》	穗金融规〔2018〕7号
2018年	《广州市拟上市挂牌企业库管理办法》	穗金融规〔2018〕2号
2018年	《广州市人民政府办公厅加快文化产业创新发展的实施意见》	穗府办规〔2018〕28号
2019年	《关于支持广州区域金融中心建设的若干规定(修订)》	穗府规〔2019〕1号

资料来源：根据相关资料整理。

（二）积极创建国家级文化与金融合作示范区

为贯彻落实文化部、中国人民银行、财政部三部委《关于深入推进文化金融合作的意见》（文产发〔2014〕14号）、广东省《关于贯彻落实深入推进文化金融合作的实施意见》（粤文市发〔2014〕144号）和《广州市推进文化金融融合发展的实施意见》（穗金融〔2017〕11号）的要求，积极推进文化和金融合作，2018年12月，广州市印发了《广州市创建国家文化与金融合作示范区筹备工作方案》，该方案指出要充分尊重文化金融融合发展的规律，以示范区创建为契机，主动创新发展模式，既突出特色，又具有可操作、可复制的经验做法，形成一套具有广州市特色的文化金融合作的机制体制和服务模式，不断完善文化与金融合作服务体系，大力推进广州市创建国家文化与金融合作示范区建设，不断提高文化金融合作水平，助力广州市文化产业发展。

（三）推动文化金融创新

广州市通过设立文化特色银行、文化基金、文化产业投融资联盟，以及大力发展文化小贷、文化融资担保、文化融资租赁等多元化的金融工具来推动文化与金融融合发展。

1. 文化特色银行

广州市通过与国家开发银行、中国银行、中国农业银行、中国工商银行、中国建设银行、中国邮政储蓄银行、招商银行、平安银行、广州银行、广东华兴银行等13家银行签署了文化特色银行战略合作协议，由广州市委宣传部、广州市文广新局和广州市金融局联合授予"广州市文化特色银行"称号。积极与各家银行合作开发了多个文化信贷产品，如中国银行"文化通宝"、中国农业银行"数据网贷"、中国工商银行"银政通贷款"、中国建设银行"大师贷"、浦发银行"股权贷"、平安银行"新一贷"、招商银行"三板贷"、广州银行"知易贷"、广东华兴银行"兴影贷"、广州农商银行"连连贷"、中国邮政储蓄银行"文化旅游贷"和"文政贷"等。

2. 文化产业融资担保

广州市文化金融服务中心公司与广州市融资担保中心有限责任公司、广州市融资再担保有限公司共同建立了"广州市文化融资担保中心"，为符合条件的文化企业提供房产、土地、股权、知识产权等多种形式的抵押或质押，并根据文化企业具体情况提供第三方担保等组合担保方式，积极对符合广州市产业发展方向、依法经营的文化企业融资提供担保。建立完善多层次、多领域、差别化的融资性担保体系，促进银行业金融机构与融资性担保机构加强规范合作，为文化企业融资提供增信服务。广州市文化融资担保中心运营架构见图1。

2018年广东华兴银行推出了一款有特色的电影票房应收账款保理业务——兴影贷。如图2所示，具体说来，就是影片下映、票房数据统计核实分账收入后，融资方向银行提出融资申请，以其应收的票房分账收入为质押，且原则上无须其他抵押担保方式；银行与融资方同时与电影专资办核对票房收入，确认票房分账收入金额，然后确定贷款额度，据悉贷款额度最高可达应收账款分账收入的80%；接下来银行就向融资方发放保理融资；融资方收到票房分账收入之后，归还银行保理融资。兴影贷将有助于缓解电影行业下游回款缓慢、结算周期长等问题，帮助电影行业产业链解决资金需求，提高资金使用率。

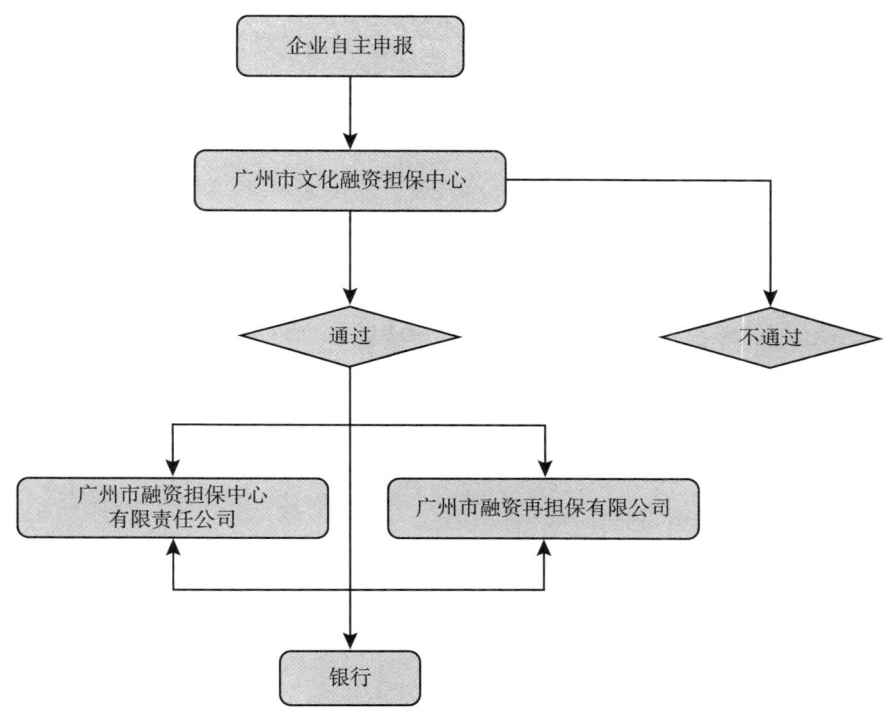

图1 广州市文化融资担保中心运营架构

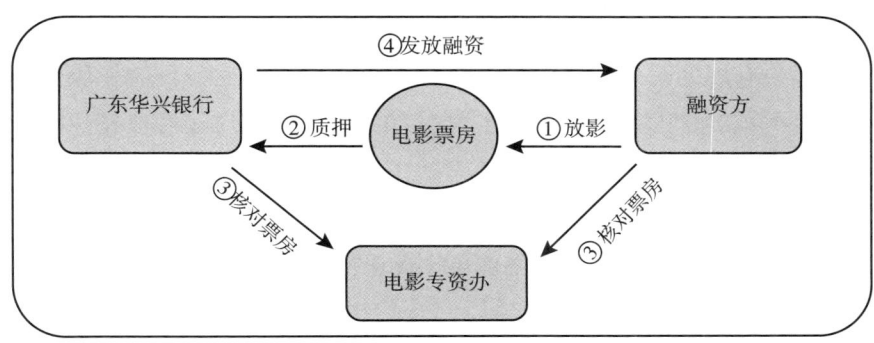

图2 广东华兴银行兴影贷

3. 文化小贷

在文化小贷方面，2018年4月，广州市与广东广发互联小额贷款共同建立了"广州市文化小贷中心"，基于互联网和大数据，联合推出了"文创进修贷"和"文创支持贷"等金融产品。文创进修贷：额度高，最高可达进修费用的80%；速度快，最快可于当天放款；纯信用，无须抵押担保；安全便捷，全线上操作。文创支持贷：额度高，最高授信500万元，可采用应收账款融资；速度快，最快可于当天放款；期限灵活，可依企业实际需要选择。例如，广州市一家动漫公司由2个自然人开设，主要研发IP人物并开发相关周边产品。但是因公司规模较小，抵押物不充足，从银行端很难获得融资。经过深入调研，发现该动漫公司团队有很强的创业创新意识，且开发的动漫IP项目有很好的未来前景。于是以该公司2个自然人为担保主体，评估其动漫专业能力，根据评估结果，加之2个自然人的无限连带责任，最终公司获得60万元的小贷贷款。

4. 文化产业融资租赁

广州市文化金融服务中心与广州市万宝融资租赁有限公司、立根融资租赁有限公司合作，共同建立"广州市文化融资租赁中心"，探索为拥有电影、电视剧、舞台剧、美术作品、动漫、网络游戏等著作权的文化企业提供融资租赁服务。广州市万宝融资租赁有限公司由广东省商务厅批准设立，成立于2017年10月19日，注册地在广州市南沙，注册资本为5亿元，系广州市万宝集团有限公司全资设立的融资租赁企业。广发融资租赁（广东）有限公司（简称"广发租赁"）成立于2015年6月5日，是由广发证券股份有限公司全资设立的中外合资融资租赁企业，目前注册资本为8亿元，股东方将继续分步增资至20亿元。广发租赁通过专业化战略、差异化战略、协同战略三大战略的实施，在大健康、大能源、大交通、大消费及公用事业等专业领域不断深耕，形成行业优势；设计"租赁+"系列具有券商特色的产品，将融资租赁与投资银行相结合，发挥券商优势。

（四）推动成立社会性文化投资基金

在各级文化和金融部门的推动下，广州市社会各界成立了众多专门从事文化领域投资的文化专业投资基金,如众悦电影金融公司和广州市城发投资基金管理有限公司共同发起设立的 50 亿元规模的电影文化产业基金(见表 2)。第一期基金规模为 10 亿元,重点作为电影票房结算投资基金,旨在利用金融创新手段解决票房结算周期长、占用成本高、使用效率低三大行业痛点。后续基金将采取分散投资策略,分别投向影视文化产业链的制作、发行、放映环节及相关周边行业。2015 年,奥飞动漫设立了文化产业投资基金,投资领域已遍及玩具、动漫、游戏、影视、婴童用品等多个文化领域,投资总额超过 50 亿元,立志打造成为"东方迪士尼"。

表 2 2015~2017 年广州市影视基金基本情况

序号	基金名称	设立时间	发起方	基金规模
1	文化传媒产业并购基金广州市广证珠广传媒投资企业(有限合伙)	2015 年 11 月	广州市珠广传媒股份有限公司与广州市证券创新投资管理有限公司、珠海广证珠江文化投资管理有限公司	传媒基金的出资总额(即全体合伙人对合伙企业的出资总额)为 5000 万元
2	珠影越秀影视文化产业发展投资基金	2016 年 4 月	广州市越秀产业投资基金管理股份有限公司、珠江电影集团	50 亿元
3	金棉纪实投资基金	2016 年 10 月	广州市金红棉文化基金会、梧桐综合(深圳)投资基金企业	1 亿元
4	广乐文化影视基金	2017 年 3 月	大家飞乐新媒体电影投资管理有限公司、广发纳斯特投资管理有限公司	10 亿元
5	广州市广证珠广传媒投资基金	2015 年 11 月	广州市珠广传媒有限公司、广州市证券创新投资管理有限公司、珠海广证珠江文化投资管理有限公司	60 亿元
6	电影文化产业基金	2017 年 6 月	广州市众悦电影金融有限公司和广州市城发投资基金管理有限公司	50 亿元

资料来源:课题组根据相关资料整理。

（五）搭建文化金融服务平台

2017年11月，广州市日报传媒股份有限公司、广东省绿色金融投资控股集团有限公司等共同发起了广州市文化金融服务中心有限公司（简称"广州市文化金融服务中心"）。该公司汇集多方力量，不断增强对文化企业的服务支持力度，其探索主要有以下几个方面：依托广州市文化企业库与文化特色银行、文化小贷中心、文化融资担保中心、文化融资租赁中心、文化券商等对接，提供文化金融服务。2017年5月在广州市委宣传部的牵头下，广州市日报传媒股份公司、珠江钢琴、奥飞文化、省广股份、毅昌科技、星辉互动娱乐等20余家广州市地区文化上市公司联合成立了广州市文化上市公司产业联盟。这是全国首个文化上市公司的产业联盟，旨在打造文化创意产业的"广州市队"，通过强强联合、跨界互补，构建起广州市文化上市企业的生态圈、朋友圈，形成最广泛的产业合作联合体和文化金融服务平台。

（六）推进文化金融常态化路演

为破解文化企业融资贵融资难的"痛点"，广州市委宣传部、广州市文化广电新闻出版局、广州市金融工作局等专门搭建了一个投融资对接平台——广州市文化金融路演中心。将常态化路演以"线上+线下"的形式在各区定期推出，把广州市的优秀文化企业推至全国的投资机构面前。企业可以在路演厅进行线上路演推介，而投资人可以坐在这个世界上任何一个有网络的地方，通过PC端或手机端在线观看路演、与企业实时交流。自2018年5月举办首场文化金融路演以来，在越秀、海珠、天河、花都等区举办了近20场文化金融路演活动，已基本建立每周一场的常态化路演机制，为广州市佳华影业股份有限公司、广州市蓝弧文化传播有限公司、广州市新起典数码科技有限公司、广州市迈上品牌策划有限公司、凰豆教育网络科技（广州市）有限公司等近50家富有广州市特色的本土文化企业提供了对外展示宣传、投融资对接渠道，辐射了动漫游戏、传媒影视、文创设计、文化装备制造品等文化产业前沿领域。路演活动不仅让金融机构和文化企业"相遇",促进投融资信息对接,也让一些文化企业在这一平台上找到了产业链上下游可以合作的企业。

(七)加强文化金融区域合作与交流

2018年11月,广州市联合南京市、北京市、山东省、西安市等全国各地近20家文化金融中心、省市文投共同发起设立成立的全国文化金融中心联盟,全国文化金融中心联盟是一个联动全国的文化金融服务大平台。全国文化金融中心联盟首届秘书处设在广州市,联盟致力于开展多样性、多层次的跨区域文化产业合作,促进文化金融跨区域流通。在文化金融"走出去"方面,全国文化金融中心联盟与泰国、马来西亚、尼泊尔、柬埔寨、格鲁吉亚、菲律宾、巴基斯坦、印度尼西亚等多个国家发起设立了"一带一路"文化金融合作联盟,联盟秘书处设于广州市,将每年定期展开"一带一路"国家文化金融发展沟通与交流。

二 广州市文化金融发展的现状

(一)文化产业加快发展

经广州市统计局核算,2017年,广州市文化产业实现增加值1161.07亿元,同比增长18.87%,占全市地区GDP的比重达到5.40%,占广东省文化产业增加值的比重达到24.1%,占全国文化产业增加值的比重达到3.3%。经广州市统计局核算,2017年,广州市文化创意产业实现增加值2928.50亿元[1],比上年增长17.72%,比同期GDP增速高10.72个百分点;占全市地区GDP的比重为13.62%。这说明,文化创意产业成为全市国民经

---

[1] 本文所表述的广州市文化创意产业增加值等相关数据,均为广州市规模以上文化创意产业法人单位的统计数据。

济重要的支柱性产业。2017年，广州市金融业增加值达到1988.8亿元，占全市地区GDP的比重达到9.3%。

（二）文化产业固定投资结构优化

新增投资逐年下降。2014年以来，广州市文化产业固定资产投资和新增固定资产均呈现逐年下降的趋势。2014~2017年，文化产业固定资产投资年均下降7.38%；新增固定资产下降得更快，年均下降速度高达36.71%。2017年，广州市文化产业固定资产投资完成投资额159.93亿元（见图3），同比下滑13.79%；文化产业新增固定资产只有49.65亿元，同比下滑51.97%，这意味着，相当大的一部分投资在当年没有形成新的固定资产。

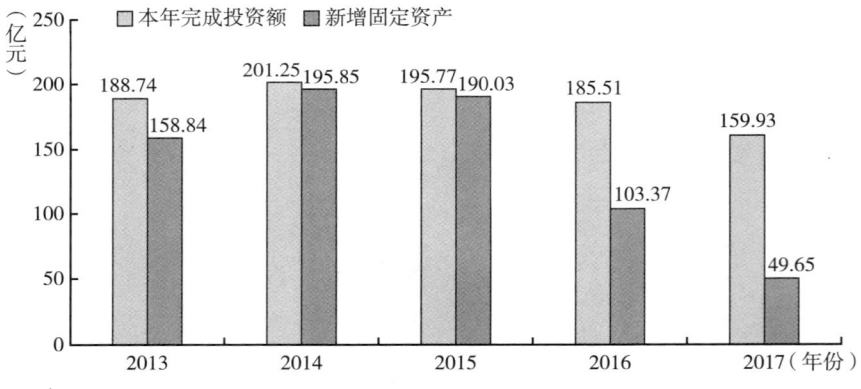

图3 2013~2017年广州市文化产业完成投资额、新增固定资产情况

投资结构有所优化。从2017年广州市文化产业固定资产资金来源看，自筹资金为131.20亿元，占本年资金来源的81.62%，仍然占据主导地位（见图4和图5）；但国内贷款、利用外资和其他资金的利用额度均有较大提升，分别达到15.01亿元、0.39亿元、7.08亿元，分别比2016年增加了12.58亿元、0.39亿元、0.41亿元；尤其是利用外资方面，取得了零的突破。国家预算资金出现明显下滑，为7.07亿元，比2016年减少22.80亿元，这意味着广州市文化产业在减少对国家财政支出的依赖，充分利用市场

融资方面取得了进步。综上所述,广州市文化产业固定资产投资的资金来源更加多元化,投资结构得到进一步优化。

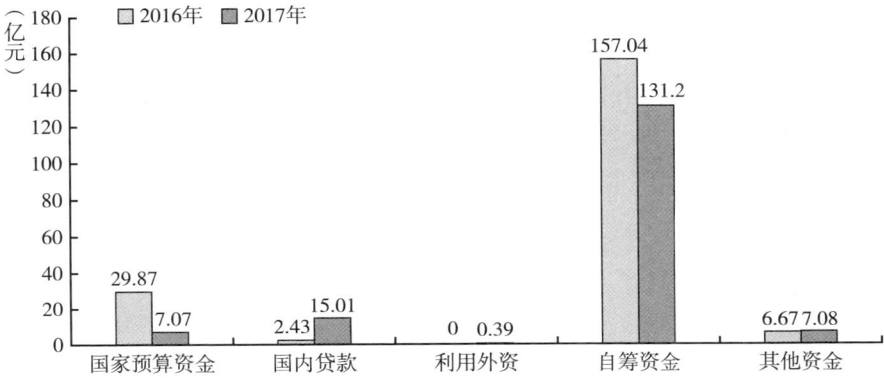

图4 2016~2017年广州市文化产业固定资产资金来源情况

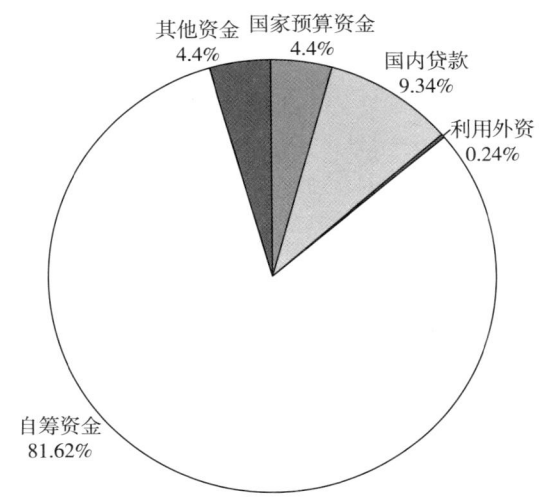

图5 2017年广州市文化产业固定资产资金来源比重

(三)政府文化资助幅度不断提升

根据《广州市人民政府办公厅关于加快动漫游戏产业发展的意见》

（穗府办规〔2016〕15号）和有关文件精神，广州市文化广电新闻出版局于2018年6月28日向全社会发布了《关于申报2018年广州市时尚创意（含动漫）产业发展专项资金动漫游戏项目的通知》，并开展了2018年广州市时尚创意（含动漫）产业发展专项资金动漫游戏项目组织申报、项目筛查、项目初审及专家评审工作。2018年，广州市对动漫游戏企业的扶持金额总计达到3000万元。从数量上来看，截至2018年8月，根据广州市文广新局收到的申报材料，动漫游戏资金项目申报主体共130家，申报项目总数为315个。相比2017年的申报主体共76家、申报项目153个，分别增加了71%和106%，这说明，广州市动漫游戏扶持资金对优秀动漫游戏项目的催化作用立竿见影，广州市动漫游戏行业活力更加迸发。

从上市公司的情况来看，广州市全市主板、中小板及境外市场上市的企业30家。有20家上市文化企业均得到了政府的资金资助，资金资助分为稳岗补助、人才扶持、研发经费、税费返还、专项资金、奖励金和其他等几类。其中专项资金主要为政府对具体项目的资金投入，其他项包括了YY和唯品会的政府补助以及各公司计入其他项的政府补贴。2017年的政府补助包括稳岗补贴852.90万元、人才扶持经费93.60万元、研发经费1152.20万元、税费返还及减免89.72万元、专项资金19302.04万元、奖励金2799.43万元以及其他资金149.77万元，共计24440.29万元。从表3中可以看出政府补助中的专项资金金额最大，人才扶持经费和税费返还及减免金额较小，并且相差甚远。人才是一个行业的基石，政府应该增大对人才扶持经费的投入，培育更多的专业人才。

表3 2017年广州市文化上市企业获得政府资助分类明细

单位：万元

稳岗补贴	人才扶持经费	研发经费	税费返还及减免	专项资金	奖励金	其他资金	合计
852.90	93.60	1152.20	89.72	19302.04	2799.43	149.77	24440.29

资料来源：根据广州市各文化上市企业2017年年报数据整理。

如表4所示，2017年，YY获得政府补助共8.90万元，YY一直以来都是以现金为主的公司，直播的模式带来大量的现金流，相对于其他公司来说，YY不缺资金，在资金方面优势更大。比音勒芬获得政府补助共737.90万元，政府补助对该公司的经营业绩有较大的帮助。2017年，国光电器成为中国电子信息行业创新能力50强企业之一，由于其较强的创新能力和研发能力，获得了较多的政府专项资金补助，达到1152.30万元，包括省市的企业研究开发财政补助、新增孵化面积建设后补助、内外经贸发展与口岸建设专项资金、科技企业孵化器与众创空间专项项目补贴、战略性主导产业发展资金等。2017年南方传媒获得政府补助共5445.60万元，包括办刊补贴、重组补贴、出版经费、项目补贴等，政府补助占利润总额的20%左右，获得政府补助占利润总额的比重比读者传媒、知音传媒、新华文轩等国内同类传媒出版公司都要高。2017年天创时尚获得政府补助达2223.80万元，包括技术改造和制造业转型升级项目、生产线升级技术改造项目、工业和信息化发展专项资金、科技小巨人补贴款和高企受理补贴款等。2017年，威创集团获得政府补助共1631.60万元，但该公司经营状态不好，在不算其他收益前其净收入为－4051.00万元，再加上政府补助和税收补贴后才转亏为盈，以此看来，该公司的经营存在一定的问题。2017年，粤传媒获得政府补助共1550.08万元，但其主要从事广告、销售、电商、物流、印刷和系列媒体经营业务，随着传统媒体行业走下坡路，粤传媒的传统业务，诸如平面媒体广告经营、报刊发行和印刷，不可避免地出现下滑态势，而粤传媒的新媒体又在培育期，盈利能力不稳定。2017年，奥飞娱乐获得政府补助共1379.56万元，其中研发费用补贴891.41万元，专项补贴452.85万元和奖励金35.30万元。

表4 2017年广州市文化上市获得政府资助明细汇总

单位：万元

公司名称	稳岗补贴	人才扶持	研发经费	税费返还及减免	专项资金	奖励金	其他	合计
YY							8.90	8.90
唯品会							34.80	34.80
比音勒芬	3.30				712.00	22.60		737.90

续表

公司名称	稳岗补贴	人才扶持	研发经费	税费返还及减免	专项资金	奖励金	其他	合计
国光电器	111.00				946.67	20.00	74.00	1152.30
好莱客						146.00		146.00
南方传媒	20.00				5405.60	20.00		5445.60
尚品宅配					294.68			294.68
天创时尚					1817.90		405.90	2223.80
威创集团	1.60	3.60	252.16		1374.24			1631.60
星辉娱乐					19.67			19.67
毅昌股份					132.33	189.51	32.07	353.91
粤传媒	12.88					1537.20		1550.08
珠江钢琴	3.50				174.46	0.62		178.58
奥飞娱乐			891.41		452.85	35.30		1379.56
金逸影视	627.00				4729.43			5356.43
蓝盾股份				1.58	1215.70			1217.28
摩登大道	2.12	90.00			98.46			190.58
赛意信息				85.94		110.00		195.94
省广集团	5.63				270.72	71.50		347.85

资料来源：根据相关报表数据整理。

（四）文化企业融资

融资是广州市文化企业重要的资金筹集过程，主要形式有银行贷款、股票筹资、债券筹资和融资租赁等。截至 2018 年 11 月 30 日，广州银行文化类企业贷款余额为 28.31 亿元，凭借其在支持文化企业发展方面的积极探索，广州银行获得了 2018 年第一届广州市文化金融"红木棉"奖——广州市年度最佳文化特色银行奖。

从广州市文化上市企业情况来看，有 19 家企业在 2017 年发生了筹资活动，包括 YY、唯品会、奥飞娱乐和分众传媒等。其中，2017 年，YY 获得融资金额为 408120.00 万元；唯品会获得融资金额为 728030.00 万元；分众传媒获得融资金额为 77632.70 万元，分众传媒取得借款收到的现金 119685.00 万元，收到其他与筹资活动有关的现金 77632.00 万元；国光电器取得借款收到的现金 116022.00 万元、收到其他与筹资活动有关的现金 278.00 万元，合计 116300.00 万元；好莱客吸收投资收到现金流共计

60920.00万元;南方传媒筹资活动现金流入65772.00万元;尚品宅配筹资活动现金流入154478.00万元;威创股份筹资活动现金流入96197.00万元;星辉娱乐筹资活动现金流入174504.00万元;毅昌股份筹资活动现金流入131600.00万元;粤传媒筹资活动现金流入105.00万元;珠江钢琴筹资活动现金流入155220.00万元,主要是本报告期内向特定投资者非公开发行106120.27万元的A股股票;奥飞娱乐筹资活动发生的现金流入达到323387.00万元;金逸影视筹资活动现金流入99412.00万元,主要是首次公开发行新股新增募集资金82716.00万元;蓝盾股份筹资活动现金流入217677.00万元;摩登大道筹资活动现金流入48583.00万元;赛意信息筹资活动现金流入40482.00万元;省广集团筹资活动现金流入178931.00万元。

(五)上市文化企业投资活跃

2017年,广州市的文化上市公司中有18家公司发生了投资活动,分别为:YY、唯品会、比音勒芬、分众传媒、国光电器、好莱客、南方传媒、尚品宅配、天创时尚、威创集团、粤传媒、毅昌股份、珠江钢琴、奥飞娱乐、金逸影视、蓝盾股份、摩登大道和赛意信息。2017年广州市文化上市公司投资活动发生明细见表5。

表5 2017年广州市文化上市公司投资活动发生明细

公司名称	投资方向	投资种类及金额
YY	购买物业、设备、战略投资、银行存款等	购买物业和设备的款项为39730.00万元; 为某些收购和战略投资支付的现金32970.00万元; 短期存款、限制性短期存款及各类银行短期投资74262.00万元
唯品会	仓库建设、设备购买、预付投资款等	仓库建设和租赁改善,以及购买办公室和其他操作设备,汽车,IT软件和土地使用权247000.00万元; 预付投资的款项为24000.00万元; 短期存款、限制性短期存款及各类银行短期投资74262.00万元
比音勒芬	出资设立有限合伙公司	与广东易简投资有限公司共同出资设立广州市比音勒芬易简股权投资合伙企业(有限合伙),出资总额为20200.00万元,首期出资规模为10100.00万元; 产业投资基金拟投向与公司主营业务相关的优秀时尚品牌品类、优质线上/线下营销渠道及相关消费升级项目,首期认缴10000.00万元

续表

公司名称	投资方向	投资种类及金额
分众传媒	长期股权投资、其他非流动资产以及设立合伙企业	对数禾作为联营公司的剩余投资成本按其公允价值入账约为60572.00万元； 入股了5家联营公司，投资成本共计约13000.00万元； 向数禾科技提供的财务资助44300.00万元和向分众娱乐提供的财务资助5000.00万元； 合资设立了北京星实投资管理中心（有限合伙）、宁波梅山保税港区方源创盈股权投资合伙企业（有限合伙）、杭州源星昱瀚股权投资基金合伙企业（有限合伙）
国光电器	增资、认缴股权	与天原集团共同增资广州市锂宝，公司对其实际出资15100.00万元； 与其他几家公司一起以260.00万元认缴时代华易公司26%的股权
好莱客	股权投资、设立合资公司和全资子公司	增加靓美客之股权投资、新增对佛山好莱客投资管理合伙企业（有限合伙）之股权投资； 合资设立宁波好莱客柯乐芙门业有限公司6000.00万元； 设立全资子公司深圳前海好莱客投资有限公司1000.00万元和设立全资子公司湖北好莱客创意家居有限公司30000.00万元
南方传媒	股权投资、投资地块、设立子公司等	澳门启元出版社有限公司约102.90万元、广州市老友记文化传媒有限公司29.00万元、广州市南传越秀产业投资基金管理有限公司195.00万元和广东南方传媒创业投资中心（有限合伙）4900.00万元； 投资广州市天河区东圃地块，用于建设广东国家数字出版基地； 成立广东南方出版传媒投资有限公司； 公司拟认购广州银行不超过1.33亿股，出资金额不超过41700.00万元以及参股企业长城证券
尚品宅配	对子公司投资	广州市圆方计算机软件工程有限公司约481.40万元、佛山维尚家具制造有限公司约94143.70万元、广州市新居网家居科技有限公司约21260.50万元、上海尚东家居用品有限公司约106.90万元、北京尚品宅配家居用品有限公司约77.40万元、南京尚品宅配家居用品有限公司约36.90万元、武汉尚品宅配家居用品有限公司约30.70万元、厦门尚品宅配家居用品有限公司约22.10万元、成都尚品宅配家居用品有限公司约240.50万元、无锡维尚家居科技有限公司约4200.00万元
天创时尚	投资其他公司	投资全球顶级创意鞋履公司及国际设计师品牌United Nude和深圳创感科技有限公司
威创集团	设立股权投资基金	与几家公司共同出资5360.00万元设立威创聚能投金色木棉（深圳）股权投资基金（有限合伙）
粤传媒	投资项目、设立子公司	粤传媒大厦建设项目 设立了子公司广州市广粤文化发展有限公司并且处置了上海香榭丽广告传媒有限公司
毅昌股份	增资认缴股份	将沈阳毅昌科技发展有限公司注册资本增至10000万元，认缴注册资本4900.00万元，股权占比49%

续表

公司名称	投资方向	投资种类及金额
珠江钢琴	投资项目	广州市文化产业创新创业孵化园项目、增城国家文化产业基地项目（二期）、全国文化艺术教育中心等建设项目
奥飞娱乐	追加长期股权投资、追加对子公司投资	追加对苏州奥银湖杉投资合伙企业（有限合伙）投资1500.00万元,对广州市雷神信息科技有限公司投资2320.00万元,对珠海市汇垠广奥股权投资基金管理有限公司投资350.00万元；对子公司汕头奥迪玩具有限公司投资600.00万元、香港奥飞娱乐有限公司42295.00万元、英国奥飞动漫玩具有限公司304.53万元、广东奥飞动漫文化产业投资基金（有限合伙）3280.00万元、广州市奥飞婴童用品有限公司1500.00万元
金逸影视	投资项目	影院建设项目
蓝盾股份	投资项目	蓝盾信息西南总部及研发基地、上市公司信息安全产业园和补充蓝盾信息安全技术有限公司流动资金
摩登大道	投资项目	时尚买手店O2O项目
赛意信息	对子公司投资	子公司广州市能量盒子科技有限公司投资

2017年，YY的投资活动主要包括：购买物业和服务器等设备39730.00万元；进行战略投资32970.00万元；进行短期存款、限制性短期存款及各类银行短期投资达74262.00万元。唯品会投资247000.00万元用于仓库建设、购买办公室和其他操作设备。国光电器对外投资同比增加2606.95%，主要是报告期内公司与天原集团共同增资广州市锂宝，公司对其实际出资15100.00万元；同年11月，与易华录投资管理有限公司、广州市爱浪等其他几家公司一起以260.00万元认缴时代华易公司26%的股权。南方传媒进行投资包括：系列股权投资，澳门启元出版社有限公司约102.90万元、广州市老友记文化传媒有限公司29.00万元、广州市南传越秀产业投资基金管理有限公司195.00万元和广东南方传媒创业投资中心（有限合伙）4900.00万元；投资广州市天河区东圃地块，用于建设广东国家数字出版基地；成立广东南方出版传媒投资有限公司，积极推进南方传媒产业并购基金的筹建工作；为推进文化与金融深度融合，公司拟认购广州银行不超过1.33亿股，出资金额不超过41700.00万元，不超过总股本的1%。毅昌股份与广州市知识城创新创业园建设发

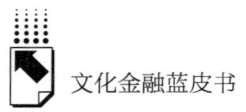

展有限公司签订《增资扩股协议》，将沈阳毅昌科技发展有限公司注册资本增至10000万元。珠江钢琴向特定投资者非公开发行106120.27万元，主要用于投资广州市文化产业创新创业孵化园项目、增城国家文化产业基地（二期）、全国文化艺术教育中心和珠江乐器云服务等项目。奥飞娱乐投资活动主要是追加长期股权投资和对子公司的追加投资共52149.53万元，投资对象包括苏州奥银湖杉投资合伙企业（有限合伙）、广州市雷神信息科技有限公司、珠海市汇垠广奥股权投资基金管理有限公司、汕头奥迪玩具有限公司、香港奥飞娱乐有限公司、英国奥飞动漫玩具有限公司、广东奥飞动漫文化产业投资基金及广州市奥飞婴童用品有限公司等。从奥飞娱乐对其子公司的投资来看，该公司在加大文化行业的投入，并且投资文化方向多元，有动漫、玩具和婴童用品等，这与其主要经营方向相符。金逸影视投资81035.00万元用于影院建设。

（六）文化企业并购与重组

这20家上市文化企业中有7家（YY、分众传媒、南方传媒、天创时尚、威创集团、奥飞娱乐和赛意信息）发生了企业并购与重组活动，主要方式为收购。广州市文化上市公司并购活动明细见表6。

表6 广州市文化上市公司并购活动明细

公司名称	收购时间	具体方式
YY	2018年3月	对海外视频社交平台BIGO的全资收购，总交易额约145000.00万元
分众传媒	2017年	收购韩国LGU+楼宇媒体广告业务相关媒体资源、电信增值业务特许权和客户基础等
南方传媒	2017年	收购了广州市一棉、二棉幼儿园，并已投入运营，同时启动建设东圃幼儿园及南方教育城等项目；还收购了广东新华发行集团广州市教育用品配置有限公司和广东新华发行集团和平新华书店有限公司；设立了南方传媒并购基金
天创时尚	2017年	收购了移动互联网精准营销公司——北京小子科技有限公司和精准定位大码女鞋细分市场领域品牌KASMASE
威创集团	2017年	收购内蒙古鼎奇幼教科教有限公司和北京可儿教育科技有限公司

续表

公司名称	收购时间	具体方式
摩登大道	2018年	收购哈尔滨迈远电子商务有限公司及另一家互联网及相关服务行业公司控股权的重大资产收购事项,但因标的公司股东内部未达成一致意见以及相关各方利益诉求不一等原因,最终终止此次重组
赛意信息	2017年12月	与上海景同信息科技股份有限公司6家股东签署《关于上海景同信息科技股份有限公司51%股权的收购框架协议》,拟以自有资金1.326亿元收购景同科技51%股权

2018年3月5日YY完成对海外视频社交平台BIGO的全资收购,总交易额约145000.00万元。BIGO在全球的直播、短视频等泛娱乐和社交领域处于优势地位。截至2018年底,BIGO全球月度活跃用户数达6900万。分众传媒收购了韩国LGU+楼宇媒体广告业务相关媒体资源、电信增值业务特许权和客户基础等,有利于拓展韩国地区的业务,加速扩张,在做大做强生活圈媒体行业的同时,进一步巩固行业绝对领导者地位。南方传媒收购了广州市一棉、二棉幼儿园,启动建设东圃幼儿园及南方教育城等项目,同时完成南方传媒产业并购基金(广东南方传媒创业投资中心)的设立工作,总规模为50500.00万元,首期到位资金10000.00万元,是南方传媒旗下发起的第一支市场化运作的并购基金。天创时尚收购了移动互联网精准营销公司——北京小子科技有限公司和精准定位大码女鞋细分市场领域品牌KASMASE。威创集团主要是对幼儿园及幼儿教育进行并购,发生四起并购行为,并购金额已高达186800.00万元,威创集团已成为国内转型幼教行业力度最大的上市公司。但2018年11月中共中央、国务院发布的《关于学前教育深化改革规范发展的若干意见》规定,幼儿园一律不准单独或作为一部分资产打包上市,这无疑对威创集团形成了经营风险。

三 广州市文化金融发展中存在的问题

(一)文化创投风投相对比较保守

一方面,相对于北京、上海、深圳等先进城市,广州市的金融机构比较

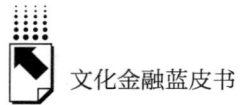

保守。截至2017年10月底,广州市本外币各项存款余额为49500.48亿元,本外币各项贷款余额为33583.03亿元,存贷差高达15917.45亿元;银行业不良贷款率达1.12%,分别比广东省(不含深圳)和全国同期不良贷款率低0.64个百分点和0.82个百分点。另一方面,与北京、上海、深圳创投风投机构用长板视角衡量创业项目相比,广州市的各类创投风投机构和天使投资人很擅长用放大镜挑创业团队的短板,偏重眼前利益和投资回报率,使创投项目在广州市融资比在北京、上海、深圳等先进城市难度更大。

(二)文化与金融融合的结构不平衡

一是现有金融机构偏向于固定资产类文化企业。金融机构各类贷款更倾向于面向大型企业集团和传统资产型文化产业,文化艺术设施、文化旅游景点类项目受到青睐,资金回笼快的文化会展项目以及设备采购类的文化产品生产项目能够得到相应支持,但数字动漫游戏、教育培训、设计服务、传媒等中小文创类项目、新兴文创项目就难以通过信贷指标考核,较难获得相应的金融支持。

(三)民营文化企业融资难

国有文化企业由于拥有政府作有强有力支撑,因此商业银行或者是第三担保方都认为国有文化企业相较于民营文化企业对债务的偿还具有较高的保证度,另外国有文化企业拥有复杂的股东控制链,一个国有文化企业往往拥有众多的子公司或是关联合作企业,这些关联企业常常存在着相互担保的行为,所以国有文化企业想要获得担保贷款也更加容易。将国有和民营文化上市企业中有明确报告贷款利率的数据为样本对比分析发现,民营企业的贷款利率显著高于国有上市公司。这说明,商业银行等金融机构更愿意偏向于国有文化企业贷款,民营文化企业融资难度、贷款利率都远高于国有文化企业。

(四)复合型的文化金融人才缺乏

文化金融是一个新兴的业态,跨越了文化产业和金融业的多个部门,新问题、新情况层出不穷，甚至问题的复杂、困难程度已经超出了问题本身，急需在多点进行创新突破。但目前来看，文化金融人才不仅总量缺乏，而且人才结构不合理。文化产业人才往往不懂金融，而金融人才又不熟悉文化产业。

（五）缺乏多元化、有效的文化金融服务体系

当前文化企业融资对银行渠道的依赖性很大，渠道比较单一。在文化企业无形资产评估缺乏、银行对企业了解不够、针对性的金融产品创新缺乏的情况下，企业融资难是必然结果。其进一步反映的问题是目前对文化产业金融支持还未建立有效的多元化融资服务体系。

四 推动广州市文化金融创新发展的对策建议

（一）培育激活文化产业投融资"社会资本"

完善文化与金融的信息对接和沟通交流应当是首要突破口——"让金融发现文化，让文化找到金融"，通过搭建文化金融信息沟通平台、文化产业投融资服务平台、文化金融机构协同服务平台、文化金融大数据服务平台等，构建文化和金融互动融合集的项目、人才、产业、企业、社会等于一体的资源整合网络体系或"社会资本"，帮助文化企业更好地利用金融手段加快自身发展。

（二）探索重大项目与文化名片融资先试先行

一是聚集重大项目，依托广州市高新区国家级文化与科技融合示范基地、北京路国家级文化产业示范园区等重大项目探索文化金融产品创新。二是聚焦优秀作品、文化名片，打造"文化名片"发挥投融资创新示范效应。三是聚焦示范基地，打造增进文化与金融融合的载体空间。四是聚焦广州市重点扶持发展的文化装备制造、新闻传媒、文化旅游、创意设计、数字互动

娱乐、网络视频、动漫网游、网络社区、数字音乐、数字出版等行业开发文化金融创新产品。

（三）充分发挥龙头文化企业投融资引领作用

一是积极引导市属文化企业通过经营性资产剥离上市等方式发挥积极示范作用。二是尽快建立文化产业资源开放性重组机制，积极引导国有资本进入文化产业领域，鼓励有地、有房的国有文化企业进入文化产业领域，特别是文化产业园区的建设。三是鼓励社会力量、民间资本积极参与文化产业发展，适度引导商业金融与资本介入文化产业，通过PPP模式（政府和社会资本合作）在文化产业领域进行探索。

（四）建设粤港澳大湾区文化金融创新中心

依托广州市建设国际航运枢纽、国际航空枢纽和国际科技创新枢纽的战略契机，通过遍布全市各区的金融功能区或特色金融小镇，构建覆盖全市各区域、各行业的文化投融资服务网络，实现精准、及时、高效的融资对接，为全市文化产业发展提供源源不断的资金供给。积极利用广东自贸区南沙新区片区的政策优势，全面深化与港澳台以及国际资本在文化产业领域的投融资合作，推动穗港澳金融市场双向开放，推进文化企业发行外债登记制度改革，开展全口径跨境融资宏观审慎管理，放宽资金回流和结汇限制，推动粤港澳大湾区文化金融合作发展。

（五）完善文化金融人才发展政策和环境

要在人才竞争大潮中，出台更加积极、更加开放、更加有效、更加精准的文化金融人才政策。制定《广州市文化金融人才支持项目实施办法》，将文化金融机构及高管人才对广州市文化产业重大项目建设的资金支持等作为评审的绩效指标，加强高层次文化金融人才支持项目与"红棉计划"、"菁英计划"、人才绿卡等项目和政策的对接，拓宽覆盖范围，完善配套措施。引进各类国际文化金融论坛、文化金融研究院、文化金融协会等智库和社会组织，不断提升广州市文化金融战略谋划水平。不断优化文化金融的制度规则软环境，努力开发和创新适用于文化金融特色的信用约束机制。优化风险控制环境，挤出文化金融发展中的"泡沫"，实现"良币驱逐劣币"。完善金融支持中法律、会计等相关机构配套机制的建立。鼓励法律、会计、审计、资产评估、信用评级等中介机构为文化金融合作提供专业服务。

B.13
2018年南京市文化金融发展报告

丁铭 陶甜甜 边晓红 朱嘉*

摘　要： 南京的文化金融工作在全国开展得较早，很多文化金融创新在全国起到了示范作用。南京文化金融发展以服务中小微文化企业为中心，被称为"金融服务小微文化企业的南京模式"。南京文化金融的发展，不仅得益于政策系统的顶层设计、金融机构的文化产业服务专业化提升、文化金融产品创新以及文化金融基础设施的完善，还在于政府搭建了全国首家综合性文化金融服务中心。本文在介绍南京文化金融发展和文化企业基本情况的基础上，重点总结了南京市在文化金融政策、文化金融体系（平台、机构与产品）、文化金融公共服务平台（文化金融服务中心）三个方面的发展情况。

关键词： 文化金融　文化银行　文化信贷　南京

一　南京市文化金融发展和文化企业基本情况

金融是现代经济的核心和引擎，文化金融是文化产业发展重要的驱动力，文化和文化产业发展都离不开文化金融的助推和支撑。南京现有3万余家文化企业，文化企业由于资产规模小、营业收入低、实物抵押少、商业模

---

* 丁铭，南京市委宣传部副部长。陶甜甜，南京市委宣传部产业促进处副处长（主持工作）。边晓红，南京文化投资控股集团党委委员、总会计师。朱嘉，南京文化金融服务中心主任。

式特殊，普遍存在"融资难、融资贵、融资慢"问题，由此，南京的文化金融工作是围绕扶持小微文化企业发展展开的。

5年多来，南京文化金融在全国有一定的影响力，不仅得益于系统的顶层设计、众多文化金融基础设施的完善，还在于政府搭建了一个平台，助推了文化企业发展，让区域文化企业从中最大化、最高效受益。2013年11月，由南京市文化改革发展领导小组牵头，宣传部、文广新局（现文旅局）、金融办、财政局、科委、中国人民银行营业管理部通力合作，按照"政府引导、市场运作、公共服务、多方共赢"的原则，遵循"互通融资信息、完善服务链条、搭建综合平台、打通实际路径"的建设思路，依托南京市文化投资控股集团（以下简称"南京文投"），成立了全国首家综合性文化金融服务中心。

作为南京文化金融发展的基础设施连接者和大统一平台，5年多来，全国各地政府、机构参观考察团组100余个，1500余人次，到南京、到中心交流学习文化金融工作；南京特色文化金融改革创新入选文化部《全国文化系统优秀调研成果选编》，入选中宣部《全国文化体制改革创新百例》，《新华社动态清样》予以专刊报道，新华网、人民网、《中国文化报》等主流媒体对南京文化金融工作先后刊发报道百余次，中央领导给予专门批示。在全国文化金融合作会议上，南京文化金融服务中心作为唯一的服务平台，荣获全国"优秀文化金融合作创新成果奖"；南京文化金融工作也因此被文化部、财政部、中国人民银行称之为"金融服务小微文化企业的南京模式"。时至今日，北京、广东、哈尔滨、西安、长沙、济南、潍坊、宁波等地相继建立起20多个文化金融服务中心。

在国家统计局社会科技和文化产业统计司、中宣部文化体制改革和发展办公室共同编著的《中国文化及相关产业统计年鉴（2018）》之"副省级城市规模以上文化及相关产业企业基本情况（2017）"中[1]，南京规模以上文化企业数量为1636家，从业人员为24.23万人，资产总计为5895.11亿元，主营业务收入为4457.86亿元（见表1）。

---

[1] 《中国文化及相关产业统计年鉴（2018）》，中国统计出版社，2018，第103页。

表1 2017年文化及相关产业企业主要经营指标

	企业数量（个）	从业人员（万人）	资产总计（亿元）	主营业务收入（亿元）
全国	60251	881.44	118888.2	96777.85
15个副省级城市总计	12490	208.37	41926.61	28251.13
南京	1636	24.23	5895.11	4457.86
深圳	2337	51.94	14449.15	7296.36
广州	2148	32.75	3847.24	3401.06
杭州	1080	15.49	5555.07	4541.08
副省级城市在全国的占比（%）	20.73	23.64	35.27	29.19
南京在全国的占比（%）	2.72	2.75	4.96	4.61
南京在副省级城市中的占比（%）	13.10	11.63	14.06	15.78

资料来源：根据《中国文化及相关产业统计年鉴（2018）》整理，中国统计出版社，2018。

针对15个副省级规模以上文化企业统计，中宣部文改办副主任高书生做了详细分析，并通过微信公众号"文化产业评论"对外发布①，文章对15个副省级城市规模以上文化企业主要经营指标做了分析和排序。截至2017年底，南京规模以上文化企业数量、从业人员、主营业务收入均排名第三位，规模以上文化企业资产总计排名第二位（见表2）。

表2 2017年15个副省级城市规模以上文化企业主要经营指标排序

城市	企业单位数排序	从业人员排序	资产总计排序	主营业务收入排序	利润总额排序
沈阳	13	13	12	13	14
大连	14	10	14	12	12
长春	12	15	13	14	13
哈尔滨	15	14	15	15	15
南京	3	3	2	3	5

---

① 详见微信公众号"文化产业评论"2019年1月1日推送文章高书生《2019文化产业：从全国15个副省级城市数据说起》。高书生，中宣部文化体制改革和发展办公室办副主任，兼中央文化企业国有资产监督管理领导小组办公室副主任。

续表

城市	企业单位数排序	年末从业人员排序	资产总计排序	主营业务收入排序	利润总额排序
杭州	4	5	3	2	1
宁波	5	6	8	8	8
厦门	10	9	11	9	10
济南	11	12	10	11	9
青岛	6	7	7	5	7
武汉	7	4	5	6	6
广州	2	2	4	4	3
深圳	1	1	1	1	2
成都	8	8	6	7	4
西安	9	11	9	10	11

资料来源：根据《中国文化及相关产业统计年鉴（2018）》整理，中国统计出版社，2018。

水积而鱼聚，木茂而鸟集。经过5年多来的耐心培育，南京在文化企业规模数量上已经取得一些成效，这也是南京文化金融工作的具体成果体现。

二 文化金融政策是南京文化金融发展的重要保障

近些年，南京相继出台了一系列政策，从顶层设计入手，推动文化和金融体制机制改革创新，为文化金融发展提供了有力的政策保障。主要包括：《市政府关于全面深化金融改革创新发展的若干意见》，将文化金融纳入全市金融改革的总盘子；市委宣传部等六部门联合制定的《南京市文化产业投融资体系建设计划》《关于鼓励和促进文化银行发展的实施办法（试行）》等文件，明确了文化银行的管理与服务要求，并从风险补偿、贷款利息补贴、贷款担保补贴等方面给予政策扶持；以及《南京市创建"全国文化金融合作试验区"工作方案》，通过加强文化和金融之间的融通和互动，打通文化金融发展的"堵点和痛点"，政府部门间劲儿往一处使，合力推动南京文化金融发展等。

文化金融蓝皮书

可以说，南京的文化金融工作，离不开系统化的文化金融政策集群制定和执行。南京市发布的与文化金融相关的主要政策文件见表3。

表3　南京市发布的与文化金融相关的主要政策文件

政策类别	政策名称
文化金融综合类	《南京市文化产业投融资体系建设计划》
	《南京市创建"全国文化金融合作试验区"工作方案》
	《江苏省文化金融合作试验区创建实施办法（试行）》
综合金融类	《南京市股权质押融资风险补偿专项资金》
	《南京市融资担保风险分担试点工作实施办法》
	《南京市融资性担保业务补助实施办法》
文化银行类	《关于鼓励和促进文化银行发展的实施办法（试行）》
	《南京市文化银行综合考核实施办法》
	《关于授予工商银行新城科技支行等五家单位"南京文化银行"的通知》
	《关于授予江苏紫金农村商业银行科技支行和招商银行南京分行城东支行"南京文化银行"的通知》
风险补偿资金和文化征信贷类	《关于设立"文化征信贷"风险补偿资金池的通知》
	《关于"文化征信贷"风险补偿资金比例调整的通知》
	《南京市股权质押融资风险补偿专项资金》
贷款利息补贴类	《关于下达2014年上半年文化企业贷款贴息资金的通知》
	《关于下达2014年下半年南京市文化银行贷款利息补贴的通知》
	《关于下达2015年南京市文化银行贷款利息补贴资金的通知》
	《关于下达2016年南京市科技银行和文化银行贷款利息补贴资金的通知》
	《关于拨付2016年下半年南京市科技银行和文化银行贷款利息补贴资金的通知》
	《关于拨付2017年南京市科技银行和文化银行贷款利息补贴资金的通知》
	《南京市科技（文化）银行贷款利息补贴、增量补贴和风险代偿操作细则》
	《关于拨付2017年南京市科技银行和文化银行贷款风险代偿资金的通知》
	《关于开展2018年南京市科技银行和文化银行贷款利息补贴申报工作的通知》
	《关于开展2018年南京市科技银行和文化银行贷款风险代偿申报工作的通知》
基金与股权投资类	《南京市文创天使跟投引导基金管理暂行办法》
	《南京市小微企业应急互助基金实施暂行办法》
	《南京市新兴产业发展基金实施方案（试行）》
	《南京市关于扶持股权投资机构发展促进科技创新创业的实施细则（试行）》
	《南京市级科技创新基金实施细则（试行）》

续表

政策类别	政策名称
金融服务券类	《南京市小微文化企业金融服务券实施管理办法(试行)》
	《关于发放2017年度南京市小微文化企业金融服务券的通知》
	《关于发放第二期南京市小微文化企业金融服务券利息补贴的通知》
	《关于组织申领南京市第三期小微文化企业金融服务券的通知》
	《第二期小微文化企业金融服务券利息补贴申报通知》
	《关于发放第一期南京市小微文化企业金融服务券利息补贴的通知》
	《关于发放2015年度南京市小微文化企业金融服务券的通知》
专项资金类	《南京市文化发展专项资金(产业类)管理办法》
	《南京市服务业发展专项资金管理办法》
科技金融类	《南京市科技银行创新发展实施办法(含南京市文化银行贷款风险代偿操作细则)》
	《南京市科技保险创新发展实施办法》
	《南京市政府关于加快科技金融体系建设促进科技创新创业的若干意见》

资料来源：根据南京市委宣传部、文旅局、金融办、财政局等发布的政策整理。

地方政府通过制定地方性文化金融政策来支持文化产业和文化金融的发展。没有文化金融政策的支撑，区域文化金融工作难以顺利开展。经过数年的基础设施建设，南京文化金融政策体系已基本完备，呈现了以下几个重要特点。

（一）南京科技金融政策适用于文化金融

南京市出台的科技金融方面的相关优惠政策均适用于文化金融，这点在《关于加快科技金融体系建设促进科技创新创业的若干意见》（宁政发〔2017〕142号）里体现最为明显。其他诸如在《南京市科技银行创新发展实施办法》（含南京市文化银行贷款风险代偿操作细则）里也有明确规定，科技金融政策全覆盖文化金融。

为了更全面地展现南京文化金融政策内容，笔者结合《关于加快科技金融体系建设促进科技创新创业的若干意见》（宁政发〔2017〕142号）相关内容，对南京与文化金融相关优惠政策做了梳理和提炼（见表4）。

表4 南京市与文化金融相关优惠政策内容汇总

序号	项目	主要内容
1	投贷联动	银行业金融机构在南京设立投资公司的,最高可给予80万元一次性设立资金补助
2		银行业金融机构在南京设立投资子公司的,最高可给予50万元一次性设立资金补助
3		获投贷联动支持的文化企业在新三板挂牌的,每户最高可给予银行20万元培育资金
4		获投贷联动支持的文化企业在境内外上市的,每户最高可给予银行50万元培育资金
5	支持文化银行专营专业发展	文化银行贷款增量补贴(初创、成长期文化企业贷款余额新增部分的1%)
6		文化银行利息补贴(初创、成长期文化企业基准利率贷款利息的20%~40%,单笔贷款本金不超过500万元)
7		文化银行贷款风险代偿(初创期、成长期文化企业信用贷款、知识产权质押等弱抵押、弱担保贷款逾期90天本金未收回部分的80%,市财政给予提前代偿,单笔贷款本金不超过500万元)
8	扶持文化创业	创业担保贷款贴息。按政策规定,给予企业50%贴息,对大学生等个人创业的给予100%贴息
9		个人创业担保贷款风险补偿。市担保基金对个人创业担保贷款出现风险给予经办银行80%代偿
10		优秀大学生文化创新创业项目,给予20万~50万元的投资资助和资金补贴
11	优化创投发展推动股权融资	安排南京市级产业发展基金100亿元,通过参股引导、直接股权投资等市场化、基金化方式支持南京产业发展
12		南京市政府分期出资不低于50亿元,设立市级科技创新基金。基金不以营利为主要目的,参股天使子基金所取得的全部投资收益,最高80%用于奖励子基金管理机构和其他合作出资方
13		在南京市新设的创业投资基金,给予开办费用补贴,最高可给予1500万元补贴
14		已引进社会创投机构的文化企业,根据发展情况,南京市产业发展基金可跟进投资
15		入选"创业南京"英才计划的企业,获得社会创投机构投资时,按照到位资金的2%给予奖励,同时按到位资金的1%给予投资机构奖励
16		对创业投资发生实际损失的,按规定对实际损失的30%可以予以风险补偿,最高不超过300万元
17		对支持小微企业创新、符合条件的天使投资自然人,给予在南京年度投资额5%、最高200万元奖励,并建立风险补偿机制
18	鼓励利用多层次资本市场直接融资	在境内外主要证券交易所上市、借壳上市且注册地迁来南京市的文化企业,给予200万元补贴
19		在全国中小企业股份转让系统挂牌的南京市文化企业,给予30万元资金补贴

续表

序号	项目	主要内容
20	鼓励利用多层次资本市场直接融资	文化企业在全国法定公开市场发行创新融资工具,最高给予20万元资金补贴
21		对在南京联合产权交易所挂牌及股权融资的文化企业,最高可给予每家10万元补贴
22		设立股权质押融资风险补偿资金,总规模5000万元,开展轻资产文化企业股权质押融资
23	创新保险产品提供增信支持	保险公司承担小额贷款保证保险贷款,对损失超过保费收入150%的部分,给予风险补偿
24		对购买文化保险产品的文化业企业按不同险种给予30%~50%的保费补贴
25	推动文化企业引进来、走出去	对上市公司募集资金投资到南京本地最高可给予40万元投资奖励
26		鼓励南京市文化企业开展以产业升级及文化创新为主导的海外跨境并购
27		鼓励有条件的文化企业到海外发行债券融资
28	完善融资担保	对于文化企业担保业务,按照年度季均在保余额给予担保机构不高于3%的风险补助
29	发挥转贷基金应急功能	建立10亿元小微企业应急互助基金,为企业转贷提供资金服务
30	文化金融创新项目奖励	文化金融创新项目经申报获得市金融创新奖,最高可给予60万元奖励
31		对于文化银行主要依据大数据信用分析结果,发放的贷款产生的实际损失,再由"文化征信贷"风险补偿资金承担部分损失,降低银行损失分担比例至10%

资料来源:根据南京市政府《关于加快科技金融体系建设促进科技创新创业的若干意见》及其他南京市相关政策汇总整理,《市政府关于加快科技金融体系建设促进科技创新创业的若干意见》,南京市人民政府网站,http://www.nanjing.gov.cn/zdgk/201810/t20181022_573681.html,2017年7月6日。

(二)实行贷款贴息和贷款增量补贴政策

为了鼓励金融机构加大对小微文化企业信贷支持,调动文化银行支持小微文化企业的积极性,加大对文化企业创新创业的服务和支持力度,降低文化企业融资成本。数年前南京市财政就安排了预算,建立贷款利息补贴专项资金,用于文化银行利息补贴。具体为:"文化银行向列入扶持的文化企业发放的基准利率贷款,单笔不超过500万元,给予20%~40%的利息补贴。

其中知识产权质押贷款补贴为40%，信用贷款等弱抵押、弱担保贷款（原则上无有形资产抵质押或第三方全额担保，均可考虑视同为弱抵押、弱担保贷款）补贴为30%，其他贷款补贴为20%。"此外，文化银行对初创期、成长期文化企业贷款的，还每年按照贷款余额新增的1%给予文化银行贷款增量补贴，统计口径为：贷款余额新增 = 本年末贷款余额 - 上年末贷款余额。

（三）建立文化信贷的风险补偿金制度

早在2013年，南京就建立了文化信贷的风险补偿金制度，设置了风险补偿金。风险补偿金由市、区财政预算安排1亿元作为文化银行风险代偿专项资金，对文化企业贷款所发生的损失，由风险金和文化银行共同分担。《南京市科技银行创新发展实施办法》（宁金融办银〔2015〕1号）（含南京市文化银行贷款风险代偿操作细则）明确规定："文化银行向列入扶持的文化企业发放的信用贷款和知识产权质押贷款，单笔不超过500万元，产生逾期超过三个月、且未能收回的本金部分，经市金融办会同市委宣传部、市文广新局、市财政局审核确认后，按7∶3比例由代偿资金与文化银行进行分担。代偿资金代偿上限为当年文化银行文化企业信用贷款和知识产权质押贷款余额的6%，由市、区（国家级开发区）财政按1∶1进行分担。"

此后，为进一步扩大对文化企业的扶持，将代偿资金与文化银行进行分担的比例由7∶3调整为8∶2。在《南京市科技（文化）银行贷款利息补贴、增量补贴和风险代偿操作细则》这一政策里，具体表述为："授牌的科技（文化）银行向经市科技（文化）行政主管部门认定的初创期、成长期科技型（文化）企业发放的单笔不超过500万元的信用贷款、知识产权质押等弱抵押、弱担保的创新担保方式贷款发生风险，由市财政给予贷款逾期90天本金未收回部分80%的风险提前代偿。科技（文化）银行年度最高代偿额不超过其发放的初创期、成长期科技型（文化）企业贷款上年末总余额的3%，或其中信用、知识产权质押等弱抵押、弱担保贷款总余额的10%，就高执行。文化金融服务中心系统录入风险代偿信息、贷款追偿信息，追回的资金扣除必要费用后按原比例及时返还市财政。"

（四）贷款风险补偿和文化征信贷

南京市委宣传部等部门在 2016 年共同发起了"文化征信贷"。这是一款基于大数据信用分析支持小微文化企业获得信用贷款的金融产品，是一种无抵质押、纯信用贷款的风险补偿机制，在国内是一项首创的文化金融服务。南京市《关于设立"文化征信贷"风险补偿资金池的通知》（宁委宣通〔2016〕17 号）具体规定为："设立'文化征信贷'风险补偿机制，对于文化银行主要依据大数据信用分析结果，发放的贷款产生的实际损失，符合风险代偿资金补偿条件并已进行补偿的，再由'文化征信贷'风险补偿资金承担部分损失，降低银行损失分担比例至 10%。"

（五）文化产业发展专项资金

南京市每年组织两次文化产业专项资金申报，按照"突出重点、择优扶持、公开公正、严格监管"的原则，重点扶持对象为：重点文化产业项目（文化创意和设计服务与相关产业融合、文化科技融合、文化旅游融合、重点文化产业园区/基地、传统媒体和新兴媒体融合、文化体制改革重点领域类项目）、全市"文化企业 30 强培育计划"项目、优秀原创文化产品项目、"创意南京"服务平台项目、文化金融合作项目、文化产业人才培养项目、文化产业"走出去"项目等。主要采取项目补助、利息补贴、服务购买、绩效奖励、股权投资等扶持方式。

此外，南京还设置了南京市服务业发展专项资金，采用财政补助、以奖代补、购买服务、项目竞选等方式，主要用于老字号保护，广告龙头企业培育及广告产业创新，广告人才培养基地，推动广告发展重点项目和活动等。

（六）股权质押贷款和风险补偿专项资金

南京市级财政安排专项资金 5000 万元，作为股权质押融资风险补偿专项资金。文化企业股东可将所持有的股权出质给合作银行，合作银行发放股

权质押贷款。单户股权质押融资贷款额度原则上不超过 500 万元，贷款期限原则上不超过 1 年，最长不超过 2 年。合作银行对股权质押融资贷款利率执行中国人民银行公布的基准利率的，专项资金给予 20% 的利息补贴。

股权质押贷款采取"回购"和"担保"两种运作模式。在"回购"模式下，企业贷款逾期且触发风险补偿条件时，合作银行将企业股权在南京联交所挂牌处置，设定一定期限内按照不低于协议回购价格转让，成功转让的价款优先偿还银行贷款；未在规定期限内完成转让的，南京联交所使用专项资金按照约定价格进行回购，并办理股权划转手续。"担保"模式主要适用在南京股权托管中心有限责任公司完成股权（份）登记托管的优质企业。企业将其自身或第三方持有的该企业股权质押给南京联交所，南京联交所为该贷款本金提供不可撤销的连带责任担保。企业出现违约触发风险补偿条件时，南京联交所使用专项资金全额代偿企业未归还的贷款本金。

三 南京文化金融体系构建：重要平台、机构与产品

南京文化金融发展除了政策保障作为重要基础设施和前提要件之外，当然也离不开重要的平台、机构以及重要产品，这些要素构成了南京文化金融体系化发展的四梁八柱。

（一）文化银行

南京的文化银行由银行业金融机构自主申报，经南京市文化改革发展领导小组认定授牌，前后认定了三批。第一批文化银行为：南京银行珠江支行、中国银行新城科技园支行、北京银行华侨路支行、交通银行渊声巷支行。第二批文化银行为：江苏银行泰山路支行、中国工商银行新城科技支行、浦发银行新街口支行、广发银行南京分行营业部、民生银行南京分行江宁支行（目前已取消授牌）。第三批文化银行为：江苏紫金农村商业银行科技支行、招商银行南京分行城东支行。

为客观公正评价南京市文化银行的工作业绩和推进实效，充分调动各文

化银行转变理念、改革创新、开拓业务的创造性和积极性，激励和督促各文化银行坚持"专营化、专业化"的发展方向，为南京市文化企业提供更高水平的金融服务和更为有力的金融支持，南京市还专门制定了《南京市文化银行综合考核实施办法》（宁金融办银〔2016〕3号）。

考核由五项内容组成，包括：①文化银行对南京范围内经开区文化改革发展领导小组办公室及南京文化金融服务中心认定纳入扶持范围的初创期、成长期文化企业的信贷支持（具体考核：贷款平均余额；贷款年底新增；当年贷款企业户数；当年贷款企业新增）；②文化银行对文化企业的优惠扶持（具体考核：贷款户均规模；基准利率贷款；文化金融服务券；信用贷款、知识产权贷款；小额贷款保证保险贷款）；③文化银行自身专营专业化改革创新的推进实效（具体考核：机构改革；流程优化；产品创新；团队建设；全行支持）；④文化银行日常管理工作开展；⑤文化银行合法规范经营（一票否决制）。

通过授牌，极大提高了文化银行的积极性。南京文化金融服务中心根据对接的各类市场需求，助推文化银行不断创新文化金融产品和服务。10家文化银行根据影视制作、文艺演出、新闻出版、动漫网游、艺术品、文化旅游等文化产业的经营特征，专门为文化企业设计了独具特色的文化金融服务方案，文化企业早已成为他们服务的常规客户。其中，南京银行珠江支行、北京银行南京华侨路支行，还被评为江苏省文化金融特色机构。

（二）金陵文化小额贷款公司

文化类小贷公司作为区域文化金融发展的重要机构之一，坚持"小额、分散"的经营原则和"灵活、便捷"的业务特色，针对文化企业规模小、流动资金要求高、轻资产特性，探索尝试运用个人信用保证、股权质押、应收账款质押、艺术收藏品质押、软件著作权（知识产权）质押等，为文化企业提供特色化、差异化金融服务。

2013年，南京文投牵头出资8000万元，吸引社会资本1.2亿元，成立了全国第一家文化小额贷款公司——金陵文化科技小额贷款有限公司。此后，

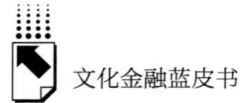

在全国性文化金融专门政策中对设立文化类小额贷款公司（简称"文化小贷公司"）予以鼓励和支持①。2015年，文化小贷公司获南京市金融办组织的全市科技小贷公司信用评级"A"级。2016年，文化小贷公司也因在服务文化科技中小微企业中的突出成绩，被江苏省委宣传部、财政厅、文化厅、中国人民银行南京分行等九部门联合认定为"江苏省文化金融特色机构"。

截至2018年底，文化小贷公司已向南京逾300户文化企业累计发放贷款12.6亿元。2018年金陵文化科贷当年发放各类贷款3296笔，总额11.45亿元，当年收回贷款3351笔，总额10.63亿元，全年实现营业收入7386万元，利润总额2719万元。2018年底发放贷款企业247户，贷款余额6.23亿元。

（三）融资担保、风险分担以及文化保险

南京遴选确定了南京银行、南京紫金融资担保有限责任公司、南京市科技创新投资担保管理有限责任公司、南京长丰投资担保有限公司、南京白下高新技术产业园区投资担保有限公司、瀚华担保股份有限公司江苏分公司作为合作机构，面向全市小微文化企业提供融资增信、融资担保服务。对于面向文化企业开展的担保业务给予风险补助。对小微企业由合作银行发放贷款，担保机构提供担保，省再担保南京分公司提供再担保的，单户在保余额500万元及以下的小微企业，如出现贷款逾期，由担保机构等机构按比例共同承担贷款本金代偿责任。需要说明的是：珠宝加工及零售企业、娱乐服务企业不在该政策范围内。

文化保险也是南京市文化金融工作的重点，太平洋保险南京分公司和中国人保财险南京分公司是南京市首批合作保险公司，为文化企业提供信用保证和风险保障。同时，保险公司与合作银行按照3:1的比例进行风险共担，南京

---

① 2014年文化部、中国人民银行、财政部发布的《关于深入推进文化金融合作的意见》（文产发〔2014〕14号）明确规定："支持发展文化类小额贷款公司，充分发挥小额贷款公司在经营决策和内部管理方面的优势，探索支持小微文化企业发展和文化创意人才创业的金融服务新模式。"同样，在《大力支持小微文化企业发展的实施意见》（文产发〔2014〕27号）中也明确规定："支持小额贷款公司等机构为小微文化企业融资提供相关服务。"

市财政局安排专项资金给予风险补偿，对购买文化保险产品的文化企业给予3保费补贴（具体条款见表4）。

（四）南京市民营企业转贷互助基金

根据南京市委、市政府出台的《关于支持民营经济健康发展的若干意见》第10条①规定，南京市政府办公厅印发了《南京市民营企业转贷互助基金实施暂行办法》（宁政办发〔2018〕91号），成立南京市民营企业转贷互助基金，基金采取政府引导、企业自愿、市场化运作，遵循"专户存储、专款专用、封闭运行、确保安全"的基本原则②。南京市民营企业转贷互助基金用于帮助全市民营企业进行先还后贷的贷款资金周转操作，基金总规模10亿元；原则上单笔转贷服务不超过500万元，手续便利，程序简单便捷，将转贷时间压缩在15天以内。企业也可自愿出资成为会员企业，享有基金收益分配权等权益。基金的受托管理方为紫金投资集团下属南京联合产权（科技）交易所。

（五）大数据征信

小微企业融资难，表面上看是缺钱，实质上是缺信息、缺信用。征信是文化金融的基础，南京在全国较早实践这一领域。早在2016年3月，南京就推出了文化企业大数据信用平台，在全国率先应用服务于小微文化企业的客观信用报告，还被文化部评选为国家文化创新工程项目。

---

① 南京市委、市政府出台的《关于支持民营经济健康发展的若干意见》第10条提出："设立民营企业转贷基金。市财政出资2亿元，并吸纳各区财政出资和民营企业会员出资，组建10亿元民营企业转贷互助基金，在银行承诺续贷的前提下，为民营企业及时提供应急转贷服务，年转贷规模超过200亿元。基金按照市场化原则运作，会员企业可享受优惠费率，原则上单笔转贷服务不超过500万元，特殊情况一事一议，最高不超过1亿元。所有驻宁银行机构应与转贷基金合作，确保不因企业使用该基金转贷而下调企业信用评级或压降授信额度。"

② 《市政府办公厅关于印发南京市民营企业转贷互助基金实施暂行办法的通知》，南京市人民政府网站，http://www.nanjing.gov.cn/zdgk/201812/t20181218_1319205.html，2018年12月6日。

该平台系统对接市信息中心，引入工商、社保、税务等政务数据源，应用大数据和云计算技术，通过动态的企业运营明细数据，依靠大数据信用技术体系，从运营稳健、企业成长、资产规模、经营效率四个方面，以及企业日常运营的能耗、客户群体、产品、银行流水、人力资源、销售、应收账款七项因素、2000多个指标项为有资金需求的中小微企业进行全方位的综合分析评定，从基础信用度、商业信用度和社会信用度三大维度进行分析，包含8项一级指标、31项二级指标、93项三级指标，针对文化企业的行业特点设置了加分项，最后得出客观定量的信用评估报告。

从信息采集、数据运用、分析计算、评价结果到风险预警全自动化作业，大数据信用分析报告不依赖财务数据、不依靠人的主观分析和能力限制。截至2019年1月，累计拜访文化企业304户，录入企业数据185户，完成测评180户，出具信用报告139份，30户次企业完成授信放款，合计3922万元（含484万元授信），户均131.7万元。

（六）小微文化企业金融服务券

南京在全国率先发行小微文化企业金融服务券，探索文化金融形式手段创新。服务券是对符合南京市文化产业发展规划和重点扶持导向，具有实际融资需求及其他服务需求的小微文化企业，经文化主管部门审核后，南京文化金融服务中心发放给企业的具有多项综合服务功能的金融创新券。

2014年9月，南京市发布《南京市小微文化企业金融服务券实施管理办法（试行）》。凭服务券可由南京文化金融服务中心优先向文化银行或文化小贷公司予以推荐，享受贴息补助。企业最高可获得不超过6万元的贷前贴息。具体为："依据借款合同约定的借款额度、期限及利率，对贷款利率高于国家公布的同期贷款挂牌利率（以下简称挂牌利率）、但不超过挂牌利率2个（含）百分点的，按其超出部分的利率乘以贷款总额、贷款期限给予小微文化企业补贴；对贷款利率高于挂牌利率2个（不含）百分点以上的，按贷款总额的2%乘以贷款期限给予补贴。对贷款利率等于或低于挂牌利率的，不予补贴；其中：向文化银行申请贷款的企业单户贷款上限为300万元，贴息总额单户不超过6万元。向文化小贷公司申请贷款的企业单户贷款上限为150万元，贴息总额单户不超过3万元。对企业当年借入多笔文化银行及文化小贷公司贷款，仅能有一笔贷款合同享受贴息优惠，其余不兼得。"

（七）文化产业投资基金

除了活跃在市场上的各类民营文化产业投资基金，南京市政府引导基金参与，以及国有资本主导的文化产业投资基金，例如，规模1亿元的南京文创天使投资基金（面向初创期文化企业股权投资），规模1亿元的南京文化创业投资基金（面向发展期/Pre-IPO文化企业股权投资），规模30亿元的江苏聚合创意新兴产业投资基金（产业基金，面向文化企业并购重组）。

此外，南京市政府还设立南京市新兴产业发展基金，分年安排财政出资100亿元，以此吸收社会资本组建子基金。基金实行母子基金两层架构运作，其中子基金发挥主导作用，母基金必要时经管委会批准可适当直投。目前正在筹备大运河（南京）文化旅游母基金的搭建。未来投资领域将涉及泛文化体验经济、互联网文娱、艺术品经营、文化遗存保护、IP内容开发、文化消费服务、文旅园区运营、文创产品经营、时尚品牌会展、新科技应用、影视舞台艺术等领域。

南京市政府还分期出资不低于50亿元设立了市级科技创新基金，可以说是专门针对文化科技融合型企业和项目的专项基金。基金以合作成立子基金投资为主，以直接投资、跟进投资为辅。合作子基金投资中更加以引导成立天使基金为主。基金不以盈利为主要目的，参股天使子基金所取得的全部投资收益，最高80%用于奖励子基金管理机构和其他合作出资方。

四 建设文化金融服务中心，完善文化金融公共服务

文化企业融资需求具有零散化、个性化、小额化等特点。在文化金融市场，文化企业融资难的很重要的原因是信息不对称，资金供需双方难以达成一致并实现有效对接。在文化金融市场，不能就文化谈文化，也不能就金融

谈金融,把二者融入一个轨道,需要一个平台来整合,所以能够提供文化金融公共服务的平台就显得尤为重要。南京文化金融服务中心正是基于这种需求而于2013年成立的。

南京文化金融服务中心(以下简称"中心")是我国成立最早的文化金融服务中心。成立多年以来,中心打造了包括商业银行、文化小贷、基金公司、担保公司、保险公司、信托公司在内的文化金融全方位服务链条,整合第三方中介及专业服务机构,为文化企业提供会计、审计、法律、信用评级、资产评估等专业服务。同时,南京文化金融服务中心还为文化企业提供项目对接、政策引导、协作服务、企业培训等公共服务。截至2019年2月底,通过中心10家文化银行及文化小贷累计发放贷款136.15亿元,服务企业4056批次,户均469.32万元,其中初创期、成长期文化企业贷款112.08亿元,比重为80%以上。

(一)南京文化金融服务中心主要业务和特点

南京文化金融服务中心的定位是:南京全市文化企业与金融机构的连接中心;南京文化金融政策落地转化器(整合各部门资源建立政策体系;破解市场信息不对称难题;执行文化金融政策落地的"最初一公里"和"最后一公里"),以及区域文化金融发展的各基础设施的连接者和大统一平台。

(1)金融抓手,产业协作。中心每月向各部门、各金融机构、各企业发布文化金融专报,同时,每月收集汇总文化金融数据,对已获得贷款的企业进行追踪调查,为文化金融各主管部门提供可研究的样本数据,形成系统的分析报告。

中心日常举办的各类活动主要有:路演、沙龙、私董会、宣讲、培训、推介会、交流对接等。其中每年会办几十场比较常规的活动:与各区、各机构合作,或者单独举办的文化金融活动,如法规政策宣讲、项目推介、项目路演、企业私董会、企业与金融机构对接会等。比较大型的活动有:每年文交会、融交会期间举办的项目推介会;"金梧桐"民营文化企业十强评选;连续四届的"最具投资价值文化企业"评选;连续两届"南京都市圈最具投资价值文化企业30强"评选；南京—北京资源对接会；其他政府重要活动等。

开展的培训业务有：针对全市文化企业的文化金融方面的培训（包括政府委托的培训服务及游学考察等），全国范围的文化金融培训班；文化部委托的全国政府性文化金融研修班，与文化金融相关的政策、财务、法律、税务方面的专业培训等。此外，中心还承担了文化部"文化金融服务中心建设与运行研究"及"文化金融服务中心功能与服务标准及文化金融创新试点方案设计"等课题。

中心还开展了针对单一文化企业的增值性服务。服务内容包括但不限于：企业需求信息发布；企业融资方案或商业计划书辅导；文化企业战略、商业模式等业务辅导咨询；合作资源对接；企业大数据征信报告；宣传推广服务；"建融智合"上信息发布及资源共享的服务；中心场地出租；会计、审计、法律、信用评级、资产评估等服务。

在高效对接方面，中心搭建了文化企业融资需求信息分发和撮合平台。对于一个区域的文化金融服务中心来说，一头连接着区域所有文化企业，一头连接着区域的所有金融机构及中介机构。如何高效地撮合对接，搭建一个互联网的在线平台是必要的，也就是说用互联网大数据思维完善文化金融服务体系，必不可少，即用金融科技的手段来做文化金融。这个平台主要有两大基础功能，即文化企业信息集成（融资信息收集、分发）和在线撮合对接。平台如同桥梁、道路一般，让文化金融的需求方和供给方最大化、最高效地获得信息、取得收益。换句话说，就是一站式文化金融服务超市，多元对接的线上模式。"要致富、先修路"是推动区域文化金融高效发展的基础之基础。

（2）叠加平台，赋能服务。作为南京全市文化金融的基础设施连接者和大统一平台，联动和整合各文化产业平台、金融平台，为企业提供全方位服务也是应有工作。目前中心合作的平台有南京文化产业协会、南京文化创意产业协会、南京动漫行业协会、南京市文化娱乐业协会、"创意南京"文化产业融合公共服务平台、南京创意设计中心、金梧桐创学院、紫金文创研究院、江苏省文化产业学会、江苏省互联网文化行业协会、数字文化产业公共技术服务平台、南京资本市场学院、南京亚太金融研究院、江苏省金融研究院、江苏省科技企业融资路演服务中心、南京经济技术开发区创新创业服务平台、融动紫金——南京中小微企业综合金融服务信息平台、南京科技金融路演中心、南京金融资产交易中心、江苏省科技金融信息服务平台、江苏省综合金融服务平台、南京市信息中心、南京市信用办、南京市律师协会、南京市会计师行业协会等，已经构建了信息资讯、企业资源、公共技术、创意设计、金融服务、项目对接、人力资源、行业协作、资金申报、产权交易、展会交流、产业咨询12个子模块，形成了文化金融合作的生态圈。

此外，区域文化金融的发展，智库的作用不可或缺。根据《江苏省文化金融合作试验区创建实施办法（试行）》，"创建区域建立文化金融外部专家评审制度，为文化金融合作提供决策咨询和服务"。中心整合了南京、江苏及全国文化金融方面的专家及行业精英，成立了南京文化金融研究院，以便更好地为南京文化金融及文化产业发展出谋献策。2018年中心还牵头发起全国文化金融中心联盟，联动全国各地文化金融服务中心、省市文化投资集团有限公司，形成一张全国文化金融资源集聚和产业合作的对接网，有效促进了各地交流与发展。

（3）开放共享、协调发展。文化金融发展目前还处于初级阶段。现实情况并不是所有城市都有基础和条件成立文化金融服务中心，但每个城市的文化企业均有融资需求。中心在2017年被江苏省委宣传部认定为江苏全省唯一的综合性文化金融服务中心，事实上，经过近几年的实践，一些外地的文化企业和金融机构，也通过中心的平台（收集和分发需求，提供产品供给）获得了融资。对此，中心的业务也理所当然地覆盖了江苏全省文化企业和金融机构。

南京文化金融服务中心还定义了江苏省级文化金融服务中心的建设标准。一个省级的文化金融服务中心，须具备下列条件：要有区域文化金融政策赋能；要有专业运营团队和运营场所；要有融资需求信息分发和撮合平台；要有银行、基金、担保、保险、证券、小贷等合作金融机构；要有法律、会计、审计、资产评估、信用评级等合作服务机构；能够为区域文化企业组织文化金融法规政策宣讲、产业项目推介、融资项目路演等。

（二）做好区域文化金融工作及服务平台的思考

文化金融服务中心的工作有其特殊性，这个特殊性体现在上述工作，企业做不了，政府也不便直接做，因此需要中心这个中间平台来做。在这个背景下，区域的文化金融服务中心一定是系统化的顶层设计的结果，包括但不限于：政策赋能、整合资源、打通路径、搭建平台等。这也就不难理解，南京的文化金融服务中心为什么是宣传部、文广新局、金融办、财政局、科委、央行等相关部门通力合作的结果。

中心之所以存在并有价值，是因为有区域文化金融政策赋能。政策、机制、平台、运作模式等，也是5年多来全国各地政府100多个团组织来南京、来中心学习的主要内容。同时就实践来看，在一个区域内，没有组织和机构比中心更了解文化金融政策的适应情况和落地执行情况，更了解文化企业的金融需求。因此，在这方面，中心还是文化主管部门的助手，承担着推动出台和优化区域文化金融政策和落地执行的重任。同时反过来，出台和优化政策和执行，也才能在制度上反映出南京文化金融模式的创新，以及更好地为中心赋能。

就南京实践来看，这些年通过政策的叠加赋能，诸如贷款利息补贴、风险补偿金、文化征信贷、专项资金申报、融资担保、保险补贴、贷款增量补贴、小微文化企业金融服务券等，就是不断为中心叠加价值的过程。这也必然成就了中心这个载体是南京文化金融的招牌和名片。

当然，实践过程中会遇到相应的问题，这需要各主管部门结合文化金融工作推进过程中的新情况、新特点，定期、不定期召开文化金融问题协调会，商讨实践过程中存在问题的应对措施和解决办法。

文化金融是一项跨多个部门的协作工作，是一项复杂的系统工程，涉及面广，需要文化和金融相关部门的通力合作、一起联动尤为重要。文化金融政策能否出台以及能有多大力度执行和在实践中不断完善，取决于政府各部门领导对文化金融的重视程度和执行力度。这个重视程度又取决于各部门领导对文化金融的认知程度，对创新的驱动力和意愿程度。各部门不仅仅是宣传部、文旅局，还包括财政局、金融办、科委、央行等。

一个区域的文化金融服务中心最大的价值，在于搭建了一个平台，助推了区域的文化产业发展，让区域文化企业从中获得收益。社会效益大于经济效益，是助推别人盈利，而非主要追求自身盈利。中心这样的平台也是可以盈利的，但一定需要结合互联网平台式的盈利模式，在规模化、平台化上做文章，而非通过一单一单的项目获得短期利益。

文化金融服务中心承担着更多政府层面要推动的工作内容，从政府层面推进的文化金融工作，更多的是基础性的工作。这就需要各相关部门有长线不求短期回报的心态，一张蓝图绘到底，一任接着一任干，"功成不必在我"的精神境界和"功成必定有我"的历史担当。要对那些不显山、不露水、周期长、见效慢的"潜绩"上心，要摒弃急于求成的思想，心急吃不了热豆腐，欲速则不达。看得见、摸得着、费力少、见效快的文化金融"显绩"固然重要，但搭平台、打基础式的"潜绩"更加可贵。合抱之木，生于毫末；九层之台，起于累土。只有打好基础、做好长远，才能稳扎稳打、行稳致远。

参考文献

［1］中共南京市委宣传部，徐宁：《南京文化发展报告（2015）》，社会科学文献出版社，2015。

［2］南京市金融发展办公室 中共南京市委宣传部：《南京文化发展报告（2016）》，社会科学文献出版社，2016。

社会科学文献出版社　　**皮书系列**

❖ 皮书起源 ❖

"皮书"起源于十七、十八世纪的英国，主要指官方或社会组织正式发表的重要文件或报告，多以"白皮书"命名。在中国，"皮书"这一概念被社会广泛接受，并被成功运作、发展成为一种全新的出版形态，则源于中国社会科学院社会科学文献出版社。

❖ 皮书定义 ❖

皮书是对中国与世界发展状况和热点问题进行年度监测，以专业的角度、专家的视野和实证研究方法，针对某一领域或区域现状与发展态势展开分析和预测，具备原创性、实证性、专业性、连续性、前沿性、时效性等特点的公开出版物，由一系列权威研究报告组成。

❖ 皮书作者 ❖

皮书系列的作者以中国社会科学院、著名高校、地方社会科学院的研究人员为主，多为国内一流研究机构的权威专家学者，他们的看法和观点代表了学界对中国与世界的现实和未来最高水平的解读与分析。

❖ 皮书荣誉 ❖

皮书系列已成为社会科学文献出版社的著名图书品牌和中国社会科学院的知名学术品牌。2016年，皮书系列正式列入"十三五"国家重点出版规划项目；2013~2019年，重点皮书列入中国社会科学院承担的国家哲学社会科学创新工程项目；2019年，64种院外皮书使用"中国社会科学院创新工程学术出版项目"标识。

中国皮书网

（网址：www.pishu.cn）

发布皮书研创资讯，传播皮书精彩内容
引领皮书出版潮流，打造皮书服务平台

栏目设置

关于皮书：何谓皮书、皮书分类、皮书大事记、皮书荣誉、
皮书出版第一人、皮书编辑部

最新资讯：通知公告、新闻动态、媒体聚焦、网站专题、视频直播、下载专区

皮书研创：皮书规范、皮书选题、皮书出版、皮书研究、研创团队

皮书评奖评价：指标体系、皮书评价、皮书评奖

互动专区：皮书说、社科数托邦、皮书微博、留言板

所获荣誉

2008年、2011年，中国皮书网均在全国新闻出版业网站荣誉评选中获得"最具商业价值网站"称号；

2012年，获得"出版业网站百强"称号。

网库合一

2014年，中国皮书网与皮书数据库端口合一，实现资源共享。

权威报告·一手数据·特色资源

皮书数据库
ANNUAL REPORT(YEARBOOK) DATABASE

当代中国经济与社会发展高端智库平台

所获荣誉

- 2016年，入选"'十三五'国家重点电子出版物出版规划骨干工程"
- 2015年，荣获"搜索中国正能量 点赞2015""创新中国科技创新奖"
- 2013年，荣获"中国出版政府奖·网络出版物奖"提名奖
- 连续多年荣获中国数字出版博览会"数字出版·优秀品牌"奖

成为会员

通过网址www.pishu.com.cn访问皮书数据库网站或下载皮书数据库APP，进行手机号码验证或邮箱验证即可成为皮书数据库会员。

会员福利

- 已注册用户购书后可免费获赠100元皮书数据库充值卡。刮开充值卡涂层获取充值密码，登录并进入"会员中心"—"在线充值"—"充值卡充值"，充值成功即可购买和查看数据库内容。
- 会员福利最终解释权归社会科学文献出版社所有。

数据库服务热线：400-008-6695
数据库服务QQ：2475522410
数据库服务邮箱：database@ssap.cn
图书销售热线：010-59367070/7028
图书服务QQ：1265056568
图书服务邮箱：duzhe@ssap.cn

卡号：193913232985
密码：

S 基本子库
SUB DATABASE

中国社会发展数据库（下设 12 个子库）

全面整合国内外中国社会发展研究成果，汇聚独家统计数据、深度分析报告，涉及社会、人口、政治、教育、法律等 12 个领域，为了解中国社会发展动态、跟踪社会核心热点、分析社会发展趋势提供一站式资源搜索和数据分析与挖掘服务。

中国经济发展数据库（下设 12 个子库）

基于"皮书系列"中涉及中国经济发展的研究资料构建，内容涵盖宏观经济、农业经济、工业经济、产业经济等 12 个重点经济领域，为实时掌控经济运行态势、把握经济发展规律、洞察经济形势、进行经济决策提供参考和依据。

中国行业发展数据库（下设 17 个子库）

以中国国民经济行业分类为依据，覆盖金融业、旅游、医疗卫生、交通运输、能源矿产等 100 多个行业，跟踪分析国民经济相关行业市场运行状况和政策导向，汇集行业发展前沿资讯，为投资、从业及各种经济决策提供理论基础和实践指导。

中国区域发展数据库（下设 6 个子库）

对中国特定区域内的经济、社会、文化等领域现状与发展情况进行深度分析和预测，研究层级至县及县以下行政区，涉及地区、区域经济体、城市、农村等不同维度。为地方经济社会宏观态势研究、发展经验研究、案例分析提供数据服务。

中国文化传媒数据库（下设 18 个子库）

汇聚文化传媒领域专家观点、热点资讯，梳理国内外中国文化发展相关学术研究成果、一手统计数据，涵盖文化产业、新闻传播、电影娱乐、文学艺术、群众文化等 18 个重点研究领域。为文化传媒研究提供相关数据、研究报告和综合分析服务。

世界经济与国际关系数据库（下设 6 个子库）

立足"皮书系列"世界经济、国际关系相关学术资源，整合世界经济、国际政治、世界文化与科技、全球性问题、国际组织与国际法、区域研究 6 大领域研究成果，为世界经济与国际关系研究提供全方位数据分析，为决策和形势研判提供参考。

法律声明

"皮书系列"(含蓝皮书、绿皮书、黄皮书)之品牌由社会科学文献出版社最早使用并持续至今,现已被中国图书市场所熟知。"皮书系列"的相关商标已在中华人民共和国国家工商行政管理总局商标局注册,如 LOGO( )、皮书、Pishu、经济蓝皮书、社会蓝皮书等。"皮书系列"图书的注册商标专用权及封面设计、版式设计的著作权均为社会科学文献出版社所有。未经社会科学文献出版社书面授权许可,任何使用与"皮书系列"图书注册商标、封面设计、版式设计相同或者近似的文字、图形或其组合的行为均系侵权行为。

经作者授权,本书的专有出版权及信息网络传播权等为社会科学文献出版社享有。未经社会科学文献出版社书面授权许可,任何就本书内容的复制、发行或以数字形式进行网络传播的行为均系侵权行为。

社会科学文献出版社将通过法律途径追究上述侵权行为的法律责任,维护自身合法权益。

欢迎社会各界人士对侵犯社会科学文献出版社上述权利的侵权行为进行举报。电话:010-59367121,电子邮箱:fawubu@ssap.cn。

社会科学文献出版社